THE EARLY YEARS
FOUNDATION STAGE

Theory and Practice

(3RD EDITION)

有准备的儿童

早期奠基阶段儿童的学习与发展

［英］约安娜·帕拉约洛戈（Ioanna Palaiologou） 主编

易凌云 严冷 吴伶 段天雪 叶品 尹国强 译

教育科学出版社
·北京·

译者序

　　一个国家的早期教育事业发展与所处时代的社会历史条件、经济发展水平、政治需求偏好及百姓期待等息息相关。进入 21 世纪以来，我国的早期教育事业随着经济社会改革不断发展，从理念到实践都发生了深刻的变化。2010 年《国家中长期教育改革和发展规划纲要（2010—2020 年）》与《国务院关于当前发展学前教育的若干意见》的出台，开启了我国早期教育事业快速发展的新时期。之后，特别是党的十八大以来，党中央、国务院高度重视早期教育，将适龄儿童入托入园问题的解决作为重要的民生工程做出系统部署，通过印发《中共中央 国务院关于学前教育深化改革规范发展的若干意见》《国务院办公厅关于促进 3 岁以下婴幼儿照护服务发展的指导意见》等建立早期教育政策体系，通过出台《3—6 岁儿童学习与发展指南》《幼儿园保育教育质量评估指南》等指导早期教育实践，并且大力推进体制机制改革，连续实施行动计划，使早期教育资源总量快速增加，普及水平大幅提高。目前，我国已经进入新发展阶段，早期教育也站在一个新的发展起点。在这一关键节点对其他国家的早期教育政策与实践进展进行深入研究和分析借鉴，将有助于推进具有中国特色的公益、普惠早期教育公共服务体系的建立。这也正是我们翻译本书的初衷。以下我们将对英国 0—5 岁儿童教育与保育事业的发展做一简单梳理。简便起见，用"早期教育"一词指代"早期教育与保育"。

　　英国历史上第一所幼儿学校是 1816 年由罗伯特·欧文（Robert Owen）在苏格兰的新拉纳克创办的，主要是为工人阶级 1—6 岁子女提供教育。之后很长一段时间，英国政府对于早期教育的直接干预并不多，早期教育更多被视为一种社会慈善事业。直到 1944 年的《巴特勒法案》（*Butler Act*）将"管理早期教育机构"规定为地方教育行政部门不可推卸的责任，早期教育发展才开始受到政府的重视。1998 年，英国提出了第一项早期教育干预政策——确保开端（Sure Start），并首次提出了早期教育的国家战略即《英国儿童保育战略》（*National Childcare Strategy*）。以此为起始和标志，英国政府开始强势干预早期教育。如今，英国早期教育发展体现以下主要特点。

一、践行保教一体化的教育价值观，在法律、管理、机构、师资、经费等各个方面进行保教一体化的制度设计

英国政府 1998 年的绿皮书《应对保育挑战》（*Meeting the Childcare Challenge*）强调教育与保育的关系，指出要改变英国当时教育与保育分离的状况，把保教一体化作为国家在早期教育方面的战略重点。2004 年的《儿童法》（*Children Act*）和 2006 年的《儿童保育法》（*Childcare Act*）都重申儿童早期服务包括教育、保育、卫生等各个方面，明确要求各个机构或部门建立合作关系，为儿童提供整合式的早期教育服务，由此从法律上明确了保教一体化的思路。2008 年的《早期奠基阶段教育指南》（*Early Years Foundation Stage*）彻底消除了儿童早期教育与保育的界限，使早期教育与保育有了统一的标准，英国早期保教一体化体系初步建立。

此后，英国政府采取了一系列举措来巩固和完善保教一体化的早期教育体系。通过颁布法规政策和统整保教标准，对保教服务内容做出明确规定；通过整合中央和地方保教行政部门，理顺管理机制；通过设立保教中心、调整保教机构服务时间等园所层面的改革，使保教一体化得以落实；通过统一保教人员的入职资格、专业标准和在职培训，平衡保教人员工资待遇和师幼比例，统整保教师资队伍；通过加大财政投入和优化投入途径、减免家长保教费用等，为保教一体化提供经济基础；通过整合父母和社区的参与，提供更符合家长和社区需要的保教服务。

二、建立较为完善的早期教育政策体系，从国家层面长远规划和整体统筹早期教育的发展

英国已经颁布的一系列相关政策涵盖了 0—5 岁儿童教育与保育的各个方面，是对 0—5 岁儿童教育与保育的整体设计。可以发现，英国政府的早期教育政策取向和政策视角虽然有一些细微的差异，但基本上保持了早期教育发展思路的一致性和连贯性，

并且呈现了以下几个特点。第一，强调并不断明确政府在早期教育事业发展中的职责。一方面强化中央政府的教育责任，进一步明确地方政府的早期教育发展责任，另一方面明确政府各个部门在发展早期教育事业中的职责，并强调重要部门关键领导者的权利和责任。第二，早期教育系列政策具有明确的教育价值观，且具有延续性和稳定性，如提倡全纳、民主和公平，重视教育起点公平和教育机会均等，强调权利与义务的平衡，重视和利用社区在早期教育服务中的作用，等等。第三，早期教育政策逐步实现体系化，涵盖早期教育事业发展的各个方面，并具有可操作性。从宏观层面的国家早期教育发展理念、发展目标和发展思路，到中观层面的不同年龄段儿童发展指标、教师专业发展标准和不同早期教育机构的准入标准，再到微观层面的早期教育机构质量督导、人员构成等具体规定，基本都以国家文件甚至法律的形式进行了规范。第四，通过逐步立法来保障早期教育政策的贯彻和实施。

三、明确规定早期教育的管理责任，建立以教育部门为首要责任部门，健康、卫生、安全和家庭福利等多部门联合行动的管理体制与机制

1998 年以前，英国针对 0—5 岁儿童教育与保育机构的政府管理部门是分离的：为 0—3 岁儿童提供保育服务的机构由社会保障部门管理，而对 3—5 岁儿童实施教育的机构则由教育部门负责。政府管理部门间缺乏联系与合作、分享与交流，办事效率低。

1998 年以后，英国政府努力整合和扩展教育与保育系统。一方面，通过加强地方对早期教育事业决策与管理的自主权来促进保教一体化进程。如《儿童保育法》规定地方当局必须对本地区的早期教育负责，为儿童及其家庭提供相应的服务。另一方面，英国政府先后出台多个法律及政策，规定各相关部门在共同促进早期教育事业发展中的职责，如教育部门作为儿童青少年及其家庭事务的统筹管理部门，其职责是提高教育标准，实现对教育整合服务的强有力领导。英国早期教育已经形成法律化、制度化的跨部门合作机制，也有相应的机构依托与人员安排。

四、早期教育机构类型多样且性质不一，其中托儿所和幼儿园在读儿童最多，是英国早期教育的实施主体

长期以来，英国的早期教育机构类型多样且性质不一。随着近年来整个社会对早期教育的重视，英国政府采取多种举措规范各种早期教育机构，不仅制定了不同早期教育机构的准入标准，而且同时通过注册、质量督导和财政资助等手段提高不同早期

教育机构的保教质量，以实现英国政府所承诺的"无论选择何种类型的机构，都能确保儿童接受最优质的早期教育"的目标。

英国的早期教育机构可大致分为四大类型，其中在政府注册的早期教育机构、儿童中心和学校附设的早期教育机构承担的是0—4岁儿童的早期教育任务。虽然英国政府鼓励儿童接受高质量的早期教育，但家长可以根据自己的意愿为自己不到4岁的孩子选择是否进入早期教育机构，以及进入何种类型的早期教育机构。儿童进入5岁以后，必须进入第四种早期教育机构——小学附设的学前班，接受为期一年的强制性早期教育。

英国政府认可不同类型早期教育机构存在的价值与合理性，通过文件让家长明确不同早期教育机构各自的优劣，指导家长选择。如育儿员的优势在于居家式的环境有助于低龄儿童更快地适应，可以为家长提供更为灵活机动的服务时间，甚至根据家长的需求提供个性化的服务。小学附设早期教育机构的显著优势在于儿童很容易在居所附近获得学位，并且与学前班的学习保持连续性和一致性，有助于儿童更好地适应小学的学习生活，但由于这种早期教育机构在入园、离园的时间上和小学保持一致，需要家长严格按照既定的时间接送儿童，这对于一部分家长来说是一个需要解决的难题。而独立设置的托儿所和幼儿园能够根据家长的需求和国家的政策进行及时的调整与改进，被认为保教质量最有保障。

五、初步建立早期教育成本分担机制和投入保障机制

从1998年9月起，英国所有的4岁儿童都可以享有每周5天、每天2.5小时的免费早期教育。2003年，英国政府出台了"90%基本线"的规定，所有接受英国教育标准局（Ofsted）督导的公立及私立早期教育机构可根据每学期实际安置的3岁儿童人数或90%的可安置人数，申请免费教育时数拨款（以两项中较高金额为准）。从2014年开始，英格兰地区所有3—4岁儿童每年可以享有570小时（通常为每学年38周、每周15小时）的免费早期教育。此外，部分来自低收入家庭或有特殊教育需要的两岁儿童也可以获得免费的早期教育。

英国政府一方面通过中央财政直接拨款的方式为教育部门举办的早期教育机构提供资助，另一方面对地方政府进行二次拨款，再由地方政府为其他早期教育机构提供经费。公立早期教育机构完全受政府资助，而大部分的私立早期教育机构、游戏小组及育儿员等只能获得部分政府资助，需要收取保教费用维持运营。英国于2006年实施

了儿童青少年及家庭资助计划，2007 年又规定所有地方政府根据当地的情况制定特定经费投入方案（single funding formula），保证教育标准局监管下所有早期教育机构中的 3—4 岁儿童都可以获得法定的每周 15 小时的免费教育。由此可见，英国政府既颁布了具体的拨款法案，又保证了教育经费单支单列，以此来加大对早期教育的投入力度。

六、通过提高早期教育从业者专业标准和提供经费，支持教师参加培训，不断推进早期教育师资队伍专业化

近 20 年来，英国政府对于早期教育从业者的专业要求一直在不断提高。从相继出台的一系列对早期教育从业者专业素养的规定，可以看出英国政府对早期教育师资专业化的重视。在 20 世纪 90 年代以前，英国只要求早期教育从业者具有高中以上文化，远远低于当时对中小学教师的要求。1999 年，英国政府开始研究并制定新的教师资格培训大纲。2004 年，英国通过修订国家职业标准，对早期教育从业者的核心技能与专业知识进行了重新界定。2008 年，英国颁布了《早期奠基阶段专业教师认证标准指南》，对早期教育专业教师提出了具体的要求。2013 年，英国又颁布了《早期奠基阶段教育工作者任职资格标准》，并规定早期教育机构从业者必须达到这一基准职业要求。

英国政府对早期教育师资的培训和专业支持也在不断加强。早期教育基础学位（Early Years Foundation Degree，EYFD）专门为已经参加工作但并无学位的早期教育从业者设计，他们可以针对自己目前的工作选择课程与学习项目，政府为此项目提供了大力的资金支持，并于 2007 年引入了"早期教育专业教师"（EYPS）。2014 年，英国政府又提出全新的"早期教育教师"（EYTS），目的是培养更多的研究生领导者。

为了不断提高早期教育师资的专业水平，英国政府不但从源头上提高了师资选拔标准，而且提供更灵活的培训途径，严格审批培训组织资质与名额分配，重视专业实践，从申请人、培训学校、专业岗位三方面提高教师培训的质量。自 2014 年 9 月起，所有教师培训都由教育部指定的大学或组织承办，以保证统一性与高质量。根据申请者所参加的培训的性质，政府会给予一定的学费补助和奖励支持。

七、制定系列标准规范早期教育实践，建立国家层面的早期教育质量年度督导报告制度

英国是世界上最早建立教育督导制度的国家之一。2000 年颁布的《儿童保育标准

法案》(the Care Standards Act) 授权教育标准局全权代表政府对早期教育机构进行监管与督导。自 2008 年 9 月起，所有为 0—5 岁儿童提供服务的早期教育机构，不论其规模、类型和资金来源，都需要接受教育标准局督导。在实际的操作中，教育标准局主要通过四个方面对英国早期教育质量进行规范与督导：要求所有早期教育机构进行注册，对已注册的早期教育机构进行督导，检查（包括未注册的）早期教育机构的注册资格是否符合法定要求，对督导结果不符合国家标准的早期教育机构采取干预或强制措施。

近 20 年来，英国制定了一系列旨在规范早期教育机构保教实践行为和提高早期教育质量的文件。已经出台的有关早期教育机构管理、早期教育师资标准和培训、儿童发展框架等，都是从早期教育的各个不同要素、不同环节来制定国家标准，以规范不同类型早期教育机构的准入、教育与保育行为、师资聘任与管理、质量监控与督导、财政支持与教研引导等诸多影响早期教育质量的方面。因此，虽然英国政府通过市场化的手段鼓励社会各方面的力量开办早期教育机构以满足民众对早期教育的需求，但为了保障质量，政府对于不同类型早期教育机构的管理和质量监控非常严格、细致和到位。

八、高度重视保障处境不利儿童接受早期教育，并在政策、经费、机构、研究等各个方面予以倾斜

1998 年，英国新一届政府提出"教育是实现社会公平的最有效的手段"，尤其重视对处境不利儿童进行教育补偿，通过一些政策和项目，逐步提高处境不利儿童接受早期教育的机会，缩小儿童早期阶段的发展差距，以缩小社会的贫富分化，实现社会的稳定发展。

其中影响深远的一项著名举措就是确保开端项目。该项目包括学前教育、儿童保育、家庭支持、医疗卫生等四项主要内容，每项内容都为处境不利儿童进行了特别的设计，通过专业团队为处境不利儿童及其家庭提供帮助。英国政府 2011 年设立的优先拨款项目，主要用于帮助家庭环境不利的学生、父母一方或双方为职业军人的学生或双亲亡故的学生，以便于早期教育机构利用这笔额外拨款鼓励更多处于不利环境的儿童入学，并在入学后给予他们更多的关注与帮助。

此外，英国还对处境不利儿童接受早期教育的情况进行了 20 多年的追踪研究，为政府改革和出台针对处境不利儿童教育政策提供科学的依据和参考。

九、颁布《早期奠基阶段教育指南》，为 0—5 岁儿童提供连续学习和发展的早期教育体系，为不同类型早期教育机构开展保教活动设置统一标准

英国政府以"给父母最好的选择，给儿童最好的开始"为宗旨，提出建立有成效的早期教育体系，先后颁布了《每个孩子都重要》（ *Every Child Matters* ）、《奠基阶段课程指南》（ *Curriculum Guidance for the Foundation Stage* ）和《8 岁以下儿童日托中心和育儿员国家标准》（ *National Standards for Under 8s Day Care and Childminding* ）等多个文件。这些不同的文件应用于具有不同服务目标和受众群体的早期教育机构。随着"整合早期教育与保育服务"这一理念在政策和实践领域的逐步深入，"建立一个新的早期教育与保育管理和质量机制，整合面向 0—5 岁儿童的服务，确保所有儿童都能获得同样的高质量经验，而不考虑保育机构的类型"被提上议事日程。《早期奠基阶段教育指南》作为一个面向 0—5 岁儿童学习、发展的统一的政府框架随之出台，并从 2008 年 9 月起在英国全面实施。

《早期奠基阶段教育指南》以"独特的儿童 + 积极的关系 + 有利的环境 = 学习和发展"为核心理念，目标是给 0—5 岁的儿童提供一个能连续学习和发展的体系，使他们在生活中获得更好的发展机会，都成长为身心健康、拥有安全感的成功而快乐的人。《早期奠基阶段教育指南》强调早期教育必须遵循四条基本原则。第一，每个儿童都是独特的个体，具有强大的可塑性，能够不断学习，并在学习过程中不断增强自信心。早期教育工作者必须清楚意识到儿童的独特性与可塑性，并在此基础上有意识地引导儿童发展。第二，营造积极的人际关系氛围。人际交往对儿童的身心发展有重要影响。幼儿园、家庭和社区需要有意识地营造一种良好的人际关系氛围，让儿童在和谐的师幼关系、亲子关系、同伴关系中健康成长。第三，创设满足儿童发展需求的有利环境，并促进早期教育工作者与家长建立紧密联系。良好的环境是儿童健康发展的重要因素之一。早期教育工作者不仅要为儿童创设安全、合理的物质环境，还要关注心理环境对儿童的影响。第四，儿童有自己独特的学习成长方式及节奏。儿童个体是独一无二的，早期教育工作者应当尊重儿童，帮助每个儿童获得成长。

此外，定期对儿童发展水平进行抽样调查并向社会公众进行报告，实施由第三方组织和实施的早期教育质量年度报告与公示制度，也成为英国促进早期教育发展的重要手段。自从《早期奠基阶段教育指南》公布以后，依据《早期奠基阶段教育指南》

规定的儿童发展领域和学习目标对 2 岁儿童、5 岁儿童进行评估已经成为英国早期教育阶段需要进行的两大测评。这种基于评估的年度报告和公示制度，无论是对教育行政部门还是早期教育机构，都产生了很大的影响。

以上简单勾勒了英国早期教育体系的概貌，供读者在翻阅本书的时候参考。建立完善的早期教育体系已经成为世界各国和国际组织的共识，希望本书的翻译有助于我国广大早期教育工作者更好地了解英国早期教育发展的政策和实践情况。

需要说明的是，本书是集体努力的成果。其中，易凌云、尹国强翻译了作者简介、代序、前言和第四部分，段天雪、叶品翻译了第一部分，严冷翻译了第二部分，吴伶翻译了第三部分。

由于水平有限，不足之处请读者指正。

易凌云

2022 年 8 月

作者简介

■ **约安娜·帕拉约洛戈（Ioanna Palaiologou）**

英国伦敦大学学院（University College London）教育研究院领导力学习中心副教授，英国心理学会特许心理学家，主要研究领域为儿童发展和学习理论。

■ **芭布丝·安德森（Babs Anderson）**

英国利物浦霍普大学（Liverpool Hope University）早期教育讲师，研究兴趣为儿童协作学习，欧洲早期教育研究会（European Early Childhood Educational Research Association）"儿童整体健康"专门兴趣小组的召集人之一。

■ **洛娜·阿诺特（Lorna Arnott）**

英国思克莱德大学（University of Strathclyde）教育学院讲师，主要研究兴趣为儿童社会性发展和创造性游戏等，欧洲早期教育研究会"数字童年"专门兴趣小组的召集人。

■ **加里·博尚（Gary Beauchamp）**

威尔士卡迪夫城市大学（Cardiff Metropolitan University）教育学院教授，研究兴趣集中在教育中的信息技术，特别是交互技术在学与教中的运用。他还兼任威尔士教育标准办公室督察员、当地小学校长。

- **约翰·本内特（John Bennett）**

  英国赫尔大学（University of Hull）讲师，主要研究兴趣是国家课程对儿童个性、社会性和道德的影响。

- **伊丽莎白·邓菲（Elizabeth Dunphy）**

  爱尔兰圣帕特里克学院（St Patrick's College，属于都柏林城市大学教育学院）早期教育高级讲师，主要研究兴趣为早期数学、教学法和早期学习评估。

- **谢里尔·埃利斯（Cheryl Ellis）**

  威尔士卡迪夫城市大学教育研究和早期教育研究学位课程首席讲师，主要研究领域包括户外学习和游戏、融合教育和特殊学习需求。

- **藤井美智子（Michiko Fujii）**

  艺术家、创意工作者，主要研究早期教育阶段艺术家作为外来者和协作者的角色，在多个学校、日托中心和画廊等实践创意学习项目。

- **劳拉·格林德利（Laura Grindley）**

  资深早期教育专业从业者，多年儿童中心、托儿所就业经验，担任早期教育专业协调员和导师。

- **尚泰勒·霍顿（Chantelle Haughton）**

  教育研究和早期教育研究高级讲师，研究兴趣为林地户外游戏和学习。

- **克莱尔·黑德（Claire Head）**

  英国赫尔大学斯卡伯勒校区（Scarborough Campus）早期教育本科和研究生学位课程讲师，研究兴趣为儿童阅读的对话式教学法、早期读写能力、协作学习等。

- **萨莉·霍华德（Sally Howard）**

  历任教师、校长、教育顾问、英国教育标准局督察员、大学讲师和助产士，现任英国伦敦国王学院（King College London）的研究员。

■ **安吉·哈钦森（Angie Hutchinson）**

　　早期教育专家带头人，早期教育学位课程儿童早期发展研究方向的负责人，主要研究方向为英国教育政策与儿童早期的社会性和情感学习。

■ **安娜·诺尔斯（Anna Knowles）**

　　多年早期教育领域工作经验，目前任教于麦克米伦幼儿园，主要研究兴趣为家园合作对儿童学习和发展的支持作用。

■ **波莱特·勒夫（Paulette Luff）**

　　英国安格利亚鲁斯金大学（Anglia Ruskin University）教育系高级讲师，早期教育硕士学位课程负责人，主要研究领域为儿童观察及其在早期课程设计、实施和评价中的作用。

■ **纳塔莉·麦克唐纳（Natalie Macdonald）**

　　英国威尔士教育公平中心（Wales Center for Equity in Education）研究员，主要研究领域为早期服务供给、教学法、儿童贫困、教师资格和专业发展。

■ **萨拉·麦夸里（Sarah MacQuarrie）**

　　英国曼彻斯特大学（University of Manchester）教育心理学讲师，主要研究领域为心理学在教育中的应用。

■ **特雷弗·梅尔（Trevor Male）**

　　英国伦敦大学学院教育研究院领导力学习中心高级讲师，英国皇家艺术学会会员，英国教育部联合分析池（the Associate Analytic Pool）成员，主要研究教学领导力和数字技术的运用。

■ **埃丝特尔·马丁（Estelle Martin）**

　　英国东伦敦大学（University of East London）早期教育与教育研究高级讲师，早期教育硕士课程负责人，主要研究领域为儿童情感和社会性发展与儿童学习。

- **戴维·尼达姆（David Needham）**

   英国诺丁汉特伦特大学（Nottingham Trent University）教育学院高级讲师、研究生导师，研究兴趣为教师专业发展。

- **格雷厄姆·尼达姆（Graham Needham）**

   英国利物浦大学桑普福德和奥尔德罗伊德（Sampford and Oldroyd）数学奖得主，高中数学老师。

- **尼瑞·尼科尔森（Nyree Nicholson）**

   美国林肯格罗斯泰斯特主教大学（Bishop Grosseteste University）应用研究高级讲师，早期教育学位课程项目负责人，地方特殊教育需要和残疾人改革指导委员会成员，11 年育儿员、20 年公立寄养监护人经验，主要研究兴趣为儿童语言及如何通过多机构合作发展儿童语言能力。

- **佐伊·尼基弗瑞德（Zoi Nikiforidou）**

   英国利物浦霍普大学早期教育讲师，曾任幼儿园教师，研究兴趣为教与学的方法和理念，尤其关注儿童早期认知发展，特别是推理、决策、概率思维和冒险行为。他还是欧洲早期教育研究会"儿童整体健康"专门兴趣小组召集人之一。

- **克莱尔·纽金特（Clare Nugent）**

   英国爱丁堡大学（University of Edinburgh）讲师，先后在公立和私立学校任教，现移居苏格兰，研究兴趣为丹麦、芬兰和苏格兰三地幼儿园的自然教育实践。

- **亚历克斯·欧文（Alex Owen）**

   英国利物浦霍普大学早期教育系主任，爱尔兰高等教育局高级研究员，主要研究领域为贫困对儿童当前生活经历和未来生活机遇的影响。

- **尼克·欧文（Nick Owen）**

   制片人，教育家，作家，30 多年来一直致力于在英国及世界各地的社区开展艺术教育实践。

- **西奥多拉·帕帕塞奥佐鲁（Theodora Papatheodorou）**

  博士，英国心理学会会员，英国利物浦霍普大学教授。

- **多娜·波茨（Donna Potts）**

  成为母亲后开始对早期教育产生兴趣，先后担任家长志愿者、助教和教师。

- **卡罗琳·西尔贝菲尔德（Carolyn Silberfeld）**

  花 21 年时间研发早期教育学位课程，现任早期教育学位网主席，成功协调数个国际项目，主要研究兴趣为反思性学习、早期教育毕业生就业机会和去向、英国早期教育政策对专业实践乃至儿童学习和发展的影响。

- **格伦达·沃尔什（Glenda Walsh）**

  英国贝尔法斯特女王大学（Queen's University Belfast）斯特兰米尔斯大学学院（Stranmillis University College）早期教育学科带头人，研究兴趣包括早期教育质量，尤其是教学和课程的质量。她在北爱尔兰早期教育强化课程项目（Early Years Enriched Curriculum Project）的纵向评估中发挥了重要作用，指导修订《北爱尔兰早期教育指南》。她还参与了爱尔兰教育部早期教育督察项目。

- **简·沃特斯（Jane Waters）**

  英国威尔士圣三一大卫大学（University of Wales Trinity Saint David）西南威尔士教师教育中心负责人，主要研究兴趣为成人与儿童在教育空间中的互动以及儿童户外空间体验，目前主要和国内外同行合作研究幼儿园户外教学法。

- **克里斯·威廉森（Chris Williamson）**

  多年小学和幼儿园工作经验，主要负责英国《早期奠基阶段教育指南》的落实和英语（作为附加语言）教学研究，主张通过游戏、戏剧及故事等提升儿童的学习能力。

- **马克·威尔逊（Mark Wilson）**

  英国高等教育学会成员，英国东伦敦大学儿童和教育专业讲师，主要兴趣为世界各地非政府组织。

加强早期教育与保育的有效性
（代序）

迈克尔·里德（Michael Read）

伍斯特大学（University of Worcester）教育学院儿童研究中心高级讲师

　　本书不是对英国早期教育与保育政策的简单描述，而是对儿童早期学习的广泛、深入研究，旨在认识优质早期教育与保育对于改善儿童生活机会的经济和社会意义。我们发现，早期学习的质量受多种因素的影响。有些因素显而易见，如政府财政支持、儿童与成人的比例、督察要求或是可供利用的物质资源。有些因素则表现得不那么明显，有可能是受政策的推动，如有的政策将优质早期教育与保育视为增加就业机会、缓解不利社会处境或为儿童上学做准备的手段。然而，有的因素将对早期教育与保育的有效性产生显著影响，如教师与儿童的互动以及领导力，尤其是当领导者让团队成员认真探讨有效学习的特征时。这样，他们可以考虑需要改进哪些学习机会以及如何更好地监控儿童的进展。这有赖于对课程要求的准确理解，也让教师有机会合作，共同思考如何更好地帮助儿童学习。本书可以协助大家完成这一过程。书中考虑到了课程以及其他更广泛的因素，如有关早期学习价值的观念的影响。这些因素涉及了非常复杂的问题，如儿童福利问题、家园合作问题和跨专业合作问题。

　　本书的核心是儿童的学习，部分内容是关于持续性评价的。书中对相关理论的阐述将帮助从业者超越课程结果和产出，思考如何最好地改善和打造学习环境，这是促进有效学习的重要策略。因此，不妨认为本书各章是在"儿童的思维和学习""国家政策""日常实践"这三者之间建立联系。这一点有望成为新的理解和行动的基础，一旦被认为有很大价值或是满足法定课程要求时，将会激发更多创新。

本书对早期学习的深入研究，将会给读者带来很多启发和思考。这项工作意义重大，因为一旦发现了问题，就会影响人们对课程乃至课程与学习环境关系的认识。问题可能还会涉及道德和社会层面。本书将详细解读课程要求，挑战人们常有的一些假设，确保我们对儿童应该学习什么以及如何学习有更深入的理解。因此，本书将有助于提升早期实践的有效性。

前　言

约安娜·帕拉约洛戈

英国《早期奠基阶段教育指南》（*Early Years Foundation Stage*，EYFS）（以下简称《指南》）的实施，激起了人们的大讨论：到底什么是有效的早期教育实践？早期阶段应该做什么？如何开展最适宜的教育？本书第 1 版于 2010 年出版，当时早期教育领域都在学习《指南》。本书第 1 版主要是从政治、社会和教育 3 个视角对《指南》进行了批判性分析，以期有效实施《指南》，发挥《指南》对整个领域的影响。

2012 年 3 月《指南》修订。鉴于此，同时结合读者对本书的很多宝贵意见，我们于 2013 年修订出版了本书第 2 版。这一版坚持之前理论与实践并重的思想，帮助读者批判性地理解《指南》的关键问题。

近年来，早期教育领域又发生了很多变化，于是也就有了本书第 3 版。为了让本书还能继续对读者有所帮助，我们在保留之前版本"反思性任务""案例分析"及"讨论"等环节的基础上，在理论上又做了进一步扩展，同时也不忘对实践的关注。

现在，在早期教育领域，越来越多的人开始寻求有效的教学方法，以及对早期教育与保育的深入理解。学界对早期教育究竟是不是一门学科存在很多争论。本书使用"早期教育与保育"这一专门的术语，也是为了增强早期教育的学科性。我们认为，教科书有责任为学生提供主要的问题解决方法，但同时也有责任和义务使用对本领域有意义的术语。本书尝试摆脱说教的方式，和大家共同学习，共同进行知识的建构。

正如整本书所传递的理念，在决策者越来越强调标准化的时代，我们作为研究儿童生活并与儿童一起工作的人，必须统一专业术语，因为这将从根本上影响实践，展现专业性。"早期教育与保育"应该被视为一种知识体系，一种有效且重要的知识体系，我们也希望将这一想法传递给决策者。所以，本书刻意超越"如何做"这一简单化的思路，而是专注于"为什么做"。

本书前两版试图说明早期奠基阶段儿童是如何成长、学习和生活的。这是否让我们的知识体系有所增益，让读者获取了知识，并有所改变？回答上述问题的最佳方法就是听取那些刚刚完成学位课程的学生的心声。

这一年，对于我来说，是获取知识的一年。我记不住全部学习内容，但我想我至少明白了其中的方法。理论是可以变成实践的。我刚刚明白了其中的理论，我还需要获得支持。总是有人不断告诉我们要做什么，但是从来没有人告诉我们为什么做。知道了"怎么做"时，问题似乎变得容易多了，但我更希望知道"为什么"。只有这样，我才能将我所学的东西转化为实际行动。

《指南》作为早期教育与保育实践的总体指导框架受到了普遍欢迎，但人们仍对其存在一些疑问，尤其是它内在固有的对"入学准备"的重视。本书中有作者关注评估档案、机构审查和入学准备等背后的法定性，他们认为《指南》没有很好地发挥一个指导性框架的作用，而是体现了中心化、"处方式"、标准化的课程的特征。因此，《指南》被认为仍然代表着对0—5岁儿童学习和发展支持的整体控制，并且基于大量法定和非法定的指导建立审查和问责框架。基于此，本版旨在通过政治、社会和教育3个视角对《指南》进行批判性的考察。与第1版和第2版一样，本版意不在成为实施《指南》的指导手册，而是力图对有关早期教育与保育的关键问题进行深入思考，并探究如何将其付诸实践。因此，本书认为：实践工作者需要获得对教育关键问题的理论认识和深度知识，不断反思并落实在自己的教学实践中。

我们认为，早期教育与保育的发展方向应是提高供给的质量，这可以通过多种方式实现，本书各章也都做出了回应。我们必须"听到"多元的"声音"，以便做出明智的选择，所以本书不曾改变每位作者发出的声音。我们认为，早期教育领域应该行之有效地落实《指南》，为儿童创造良好的学习环境，以游戏为中心，而不是为入学做准备。目前的政策令人激动但又充满挑战，迫切需要我们批判性地反思当前的处境，建构适宜的早期教育教学法。

本书共分为 4 个部分。

第一部分讨论《指南》出台的政策背景以及英国概况，同时，放眼国际，探讨早期教育与保育中的专业性问题。本部分分为 5 章。第 1 章为英国早期教育与保育政策的历史发展脉络，第 2 章为《指南》概述，第 3 章是英国早期教育与保育概况，第 4 章是国际视角下的早期教育与保育，第 5 章是早期教育与保育的专业化问题。

第二部分探讨教学论，包括 7 章。其中，第 6 章讨论教学论的本质，第 7 章探讨游戏在儿童早期阶段的作用，第 8 章和第 9 章重点关注观察和评价；第 10、第 11、第 12 章分别围绕教学记录（有效实践之一）、过渡、户外环境等进行讨论。

第三部分重点关注《指南》实施中的关键问题，主要涉及多部门合作。其中，第 13 章探讨与家长合作，第 14 章涉及儿童保护，第 15 章探讨儿童的健康与福利，第 16 章探讨融合教育，第 17 章探讨领导力，第 18 章探讨数字技术的作用。

第四部分具体阐述了《指南》的主要学习领域，分为以下 7 章：第 19 章为个性、社会性和情感，第 20 章为沟通和语言，第 21 章为读写，第 22 章为数学，第 23 章为认识世界，第 24 章为身体发展，第 25 章为表达性艺术与设计。

本书各版受到了早期教育领域的研究者、实践工作者、学习者的认可，为此我深感荣幸，衷心希望能借此书和大家一起全面认识早期教育与保育，高效落实《指南》，同时发展关键专业技能。

目 录
Contents

第一部分

英国早期教育与保育政策背景

英国早期教育与保育政策的发展历史

特雷弗·梅尔 约安娜·帕拉约洛戈

本章概览

英国《早期奠基阶段教育指南》(以下简称《指南》) 于 2008 年 9 月颁布,并分别于 2012 年和 2014 年进行了修订。英国儿童、学校和家庭部(Department for Children, Schools and Families, DCSF)认为其"为英国 0—5 岁儿童学习、发展与看护的标准制定了一个全面指导框架"。可以说,《指南》的出现终结了英国近 200 年围绕着早期教育与保育哲学基础、目的和供给的争论,标志着法定政策取代了建议。英国一直在讨论有关《指南》的适宜性问题(本书对此有所体现),但是政府最终阐明了立场,并正式批准了这一政策。

在过去的两个世纪里,有几个关键性报告和议会法案影响了英国为 5 岁以下儿童所提供服务的性质,直到今天,影响仍然广泛存在。其中,1870 年《福斯特法案》、1923 年和 1933 年哈多委员会报告系列、1967 年《普洛登报告》(Plowden Report)发挥了主要作用,另外还有一些法案和报告也对现今英国早期教育与保育情况产生了影响。

本章的目标在于帮助读者了解以下几点内容。

- 在发展大众教育,特别是大众早期教育与保育过程中出现了 3 个关键性问题:
  - 大众教育应该为国家的经济利益服务;
  - 解放儿童的教育或者说以儿童为中心的教育并不总能得到政府的认同;

　　　。 教育机构应该在家庭之外为儿童提供看护，充当社会安全网络。
- 早期教育与保育政策的发展历史。
- 早期教育与保育政策的理论基础。
- 《指南》。

政策背景

　　英国（UK）是由 4 个政治实体组成的，所以政府负责保育与教育的部门非常复杂，这样带来的一个后果是，苏格兰、北爱尔兰、英格兰和威尔士分别适用不同的法规。20 世纪末，随着权力下放，情况进一步复杂化。第 3 章将详细探讨各政治实体之间的异同点，但本章不关注其中差异，而是把英国作为一个整体，尤其在探讨 19 世纪的政策时。正是在这一时期，英国涌现出了大量对早期教育与保育核心要素的论述。

　　英国 1870 年《福斯特法案》要求 5 岁儿童接受义务教育。而我们将在第 2 章充分探讨的《指南》，是为 0—5 岁儿童的发展建立一个指导框架。自 1816 年罗伯特·欧文（Robert Owen）在苏格兰的新拉纳克（New Lanark）建立第一所幼儿学校以来，有大量证据表明在家庭以外存在保育与教育，但为更小的儿童提供服务仍然是非义务性的。如果父母在新拉纳克棉纺厂工作，儿童 2 岁时可以进入幼儿学校。随着时间的流逝，为 5 岁以下儿童提供服务的机构名称发生了变化——尽管有个别称作"幼儿园"和"婴儿所"，但一般都叫托儿所（班）（nursery school or class）。这里的关键是区分出为那些较大的儿童提供的服务，为他们建立的"幼儿"（infant，一般 5—7 岁）学校和"青少年"（junior，7 岁以上）学校在 19 世纪后期成为普及教育的驱动力之一。

　　推动托儿所发展的因素有两个：一是提供适龄教育的愿望，二是提供不同于某些社会机构所提供的保育的愿望。这两个因素后来成为政府出资的托儿所的特点，并对私营机构产生了影响。虽然，在不同时期特定的环境下，某一个推动因素会在政府决策中略占上风，但回顾这段历史时发现，以家庭（大多是母亲）为核心是儿童健康、幸福的重要特征。因此，早期教育与保育被视为家庭的重要补充。1929 年，英国卫生部（Ministry of Health）和教育委员会（Board of Education）针对学龄前儿童的联合通告做出了最恰当的表述。

托儿所的目的是为 2—5 岁儿童身心健康发展服务。

可见，目的是双重的：教育与保育。二者此后也很少分开。

1870 年《福斯特法案》之前"早期"教育与保育的影响因素

如上所述，有记载的建立早期教育与保育机构的首次尝试是在新拉纳克，目的是为工作的父母提供儿童看护服务。在这一时期，对 6 岁以下儿童主要教的是"人们觉得有用的而且儿童能够理解的东西，并且注重唱歌、跳舞和游戏"（Hadow，1931：3）。因此，起初设立这些机构部分是为了照看工业区的学前儿童（占大多数），但是他们也力求提高儿童的身体健康、道德和社会性水平，并提供基础教育的一些初级指导，以便儿童入学后会进步更快。

当时，主流教育正在努力适应工业革命的需要，面向年龄较大儿童的学校教育，反映的是迅速发展的经济的迫切需要。建立"工业学校"（Schools of Industry）是为了给穷人提供培训和基本指导，但工业学校很快就被使用导生并进行标准化重复练习的"导生制学校"（Monitorial Schools）超越。在导生制学校，一位教师可以在一个地方同时教几百名儿童。这两种学校的课程包括基本读写算，以及根据年龄和职业安排的实践活动。然而，为进不了这些学校的小年龄儿童提供的服务，往往也与之类似，而非更适合他们年龄和能力的内容。欧文幼儿学校的模式被很多人效仿，尤其是塞缪尔·维尔德斯平（Samuel Wilderspin）（McCann，1966），但这些学校后来因为"过早让儿童开始接受正式教育"而受到批评（Hadow，1931：3）。

1836 年，基于瑞士教育改革者裴斯泰洛齐（Pestalozzi）思想的儿童中心法，通过新成立的英国及殖民地幼儿学校协会（Home and Colonial Infant School Society）[①] 推广开来。这种课程反对机械学习，主张为儿童提供一个安全的情感环境，允许他们依靠自己的感知觉进行学习。

---

① 英国及殖民地幼儿学校协会由伊丽莎白·梅奥（Elizabeth Mayo）、查尔斯·梅奥（Charles Mayo）、J. P. 格里夫斯（J. P. Greaves）和 J. S. 雷诺兹（J. S. Reynolds）于 1836 年创立，主要开展幼儿学校教师培训，尤其是使用裴斯泰洛齐教学法。——译者注

然而，由于社会关键人物公然反对这些"穷人"的教育，因此，无论是使用实用的方法训练儿童将来从事工业劳动，还是通过以儿童为中心的教育解放儿童，都没有受到普遍欢迎。1807年，一位议员指出，儿童"受教育后会对生活中很多事情不满，反而不会好好地待在他们社会地位决定的农业和其他艰辛的行业服务，（最终）会对上层阶级无礼"。

然而，对更多更好的教育的呼声却越来越高，并且获得了督学们的支持（Hadow，1926：8）。从1830年左右起，英国开始为建学校提供资金款项。1841—1852年，英国通过了5项议会法案，鼓励购买土地建造学校，并为穷人提供教育补助，于是新的学校开始兴建，入学率开始上升。

可惜，正如吉拉德（Gillard）所言，历届政府都允许了符合阶层结构的双轨制学校系统的发展，而3个国家教育委员会的存在使情况进一步恶化。它们的报告以及随之而来的法案都涉及为某一特定社会阶层提供服务（Gillard，2011）。只有1861年的《纽卡斯尔报告》（Newcastle report）[①]（以及后来的《福斯特法案》）主张为大众提供教育，其他仍然继续支持更优越的中上阶层接受教育。直到20世纪的下半叶，随着1944年《教育法》的颁布，英国开始转向综合学校教育，为大众提供的普及教育才开始更受关注。[②]

纽卡斯尔委员会的成员们认为，为7岁以下儿童开设幼儿学校"大有裨益"，它提供了一个安全又兼具教育功能的场所，是让贫困儿童不再游荡在城市街道或是乡村田野和小路上的唯一方法（Gillard，2011）。他们把幼儿学校分成两种：一种是公立幼儿学校，通常为普通全日制学校的一部分；另一种是私立学校或"主妇学校"，在城镇和乡村都普遍存在，比托儿所更为常见，"照看者把许多家庭的儿童收在自己家，而不是去幼儿学校照看儿童"（Hadow，1933：17）。《福斯特法案》见证了主妇学校的消亡，因为幼儿学校成了公立小学系统固定的一部分。[③]《福斯特法案》规定去公立小学接受义务教育的最低年龄为5岁，而对于学校里的5岁以下儿童则另有规定。

---

① 即《指定调查英格兰民众教育情况的专员们所作之报告》。——译者注
② 普及教育是相对于以往服务于特定阶级的教育而言的面向更大范围群众的教育，主要在综合学校（comprehensive school）中实施。综合学校是英国的公立中学，与精英学校不同，它不以学业成就为录取标准。综合学校自20世纪40年代开始引入，并从1965年开始盛行。目前，大约90%的英国中学生就读于综合学校。综合学校与美国和加拿大的公立高中（public high school）以及德国的综合中学（Gesamtschule）相对应。——译者注
③ 该法案的颁布标志着英国初等国民教育制度的正式形成，从此，英国出现了公私立学校并存的局面。——译者注

建筑规定

19 世纪 60 年代之前，将较小儿童教育分离出来的主要目的是确保较大儿童的教学"不被不适当地干扰"。1870 年以后，幼儿学校（部）被明确要求和小学其他年级分开。幼儿学校必须在一楼（要单独为婴儿准备房间），要有独立的室外活动区（或单独使用的时段），教室要直接连着操场和厕所。从此以后一直到 21 世纪，托儿所（班）在提供服务时必须认识到儿童的特殊需求以及他们对游戏的需要。

这些规定背后的理论依据似乎源于日益发展的儿童发展理论：正规的"课"应该缩短，课间要让儿童休息或游戏和唱歌。1891 年的《督学指导（修订版）》（*Revised Instructions to School Inspectors*）指出，"课的主题应该是多样的，从熟悉的物体和动物开始引入，并穿插一些适用该课的歌曲和故事"（Hadow，1933：27）。文件还指出，同伴合作是儿童学习的关键因素。

第一届伦敦学校教育董事会（London School Board）设立了一个审查委员会，赫胥黎（Huxley）教授担任主席（Hadow，1931：11）。该委员会深信幼儿学校的重要性，认为这可以使儿童远离邪恶和腐朽势力，训练他们养成良好的习惯。他们还建议将福禄贝尔（Froebel）的方法引入这些幼儿学校。以下两大原则被视为早期教育与保育的坚实基础。

> 原则 1，儿童可以自发地活动，而教师可以促使这些活动朝着某个明确的方向进行。
>
> 原则 2，全面均衡地发展儿童的能力。教师应特别注意引导儿童热爱运动，以确保他们有健康的身体；培养他们运用感知觉，尤其是视觉和触觉进行观察；培养他们具有提问的迫切愿望，就像聪明的儿童那样。在适当的限制条件下鼓励儿童，使其同时发展以上几种能力，完成每个发展阶段的任务。（Hadow，1933：27）

由此，我们可以看到，我们所熟悉的 21 世纪早期教育与保育机构中的学习过程在这里首次出现，即游戏或其他活动穿插在儿童的正式课程中，支持和鼓励儿童发展对周围世界的内在兴趣。

20 世纪以来的儿童发展理论

20 世纪初，人们对儿童身心发展所需的环境和条件有了更多的了解，教育家和医学家都开始研究对 5 岁以下儿童的培养。教育家认为小学提供的教育不适合 5 岁以下的儿童。医学家认为小学在儿童发展关键期剥夺了儿童睡觉、呼吸新鲜空气、锻炼身体和自由运动的机会，实际有损他们的健康（Hadow，1933：30–31）。根据 1902 年《教育法》新成立的地方教育局（Local Education Authorties，简称 LEAs）就此问题进行了咨询。于是，英国教育委员会（National Board of Education）指派 5 位女督学针对公立小学接收 5 岁以下儿童及相关课程的适宜性进行调查。女督学们一致认为学校教学并没有使 3—5 岁儿童的智力提高，机械的教学方式反而常常削弱他们的想象力和独立观察的能力（Board of Education，1905）。早期教育与保育机构的教师本来受人赞颂，但在大班额、机械教学的情况下，她们被批评背叛了幼儿园缔造者福禄贝尔的精神——将重心放在游戏、材料和活动上。

人们对面向 5 岁以下儿童的学校教育的目的的探讨仍在继续。一些人提倡进行正规教育，另一些人则要求停止这种服务，认为它有损儿童的健康，还有一些人提议托儿所才是养育儿童的最佳地方。

> 所有观察者都同意，比起在家，儿童到学校上学能得到更好的照料，更加干净整洁。……一个有能力、有经验且富有母爱的女人，再加上适量的受过培训的助理，可以监管和照料一大群儿童，而一个被打扫屋子、缝衣做饭和刷锅洗碗等家务缠身的女人，并不能很好地照顾自己仅有的一个或几个孩子。
>
> （Townshend，1909：4–5）

案例分析

来源：教育委员会女督学关于公立小学中 5 岁以下儿童的报告（Reports on Children under 5 Years of Age in Public Elementary Schools by Women Inspectors of the Board of Education，1905，London：HMSO.）

芒迪女士（Miss Munday）的报告

在本调查涉及的伦敦的学校中，除了 4 所学校以外，其余学校都为 5 岁以下的儿童准备了一间单独的屋子，有的甚至是两间屋子。尽管有的屋子非常小，但就目前来看还是令人满意的。不过在位置和朝向上，还有很多待改善之处。很多屋子都朝北或东北，因而实际上照不到阳光。

在我们婴幼儿的教室中，主要摆的是桌椅，能容纳 40—60 名儿童，但在学年结束时班上常常多达 80 名儿童，如果教员缺乏，还会把各班集中在一起。

有一些学校提供睡眠设施，如儿童床或床铺架，但从不使用，因为有传播污垢、疫病等危险。4 位女校长告知我，她们曾为婴幼儿配备睡眠设施，但由于卫生原因不得不取消。一位女校长说她希望能配儿童床，但当我问她是否愿意让她自己现在正在这里上学的小女儿使用别的儿童用过的床休息时，她回答得相当愤慨且矛盾："绝不。"

☁ 反思性任务

- 第 1 章和第 2 章中介绍了使《指南》有了法定属性的关键政策和报告。请思考：政治环境如何改变我们对早期教育与保育的看法？你发现 21 世纪的儿童和这个案例中的儿童有什么不同吗？

此后一段时期，包括 1914—1918 年第一次世界大战和 20 世纪 30 年代经济大萧条时期，人们一直在探索早期教育与保育的目标。

20 世纪的早期教育与保育服务

1921 年《教育法》授权地方教育局向 2—5 岁儿童提供保育服务或为此类机构提供资助，尽管这类机构只是关注在园儿童的"健康、营养和身体"，甚至在某段特殊的时期就是"清洁长虫的孩子"。只要它们接受地方教育局的监察，国家教育管理部门就可以提供拨款，但这并不是义务。1908 年进行的一项调查显示，在英格兰和威尔士的所有地方教育局中，有 32 个将 5 岁以下儿童排除在小学之外，有 154 个接收所有 3—5 岁的儿童，还有 136 个走中间道路——接受一些，排除一些（Board of Education, 1908）。这种模式持续了 100 年，政府似乎确信儿童有保育需要，但直到 21 世纪，投入和目标才得以匹配。《普洛登报告》对这种情形做的总结可能是最确切的："大规模的幼儿园教育仍然是一个未实现的承诺。"（CACE，1967：116）

在这一时期，人们关于小学教育性质的争论仍然激烈，约翰·杜威（John Dewey）、玛丽亚·蒙台梭利（Maria Montessori）、爱德蒙·霍姆斯（Edmond Holmes）、玛格丽特·麦克米伦（Margaret McMillan）和蕾切尔·麦克米伦（Rachel McMillan）以及苏珊·艾萨克斯（Susan Isaacs）的著作越来越受到关注。1931年和1933年的哈多委员会（Hadow Committee）关注儿童的需求，被认为成功地吸纳了这些教育家的思想，同时还认识到了儿童的健康，由此确定了早期教育与保育的目标和过程（Hadow，1931&1933）。普洛登女士本人认为"我们没有发明任何新的东西"（Plowden，1987：120），但其报告中提出的建议影响了20世纪余下十几年的英国教育体制。1933年哈多委员会报告在结论部分敦促为2—5岁儿童提供早期教育与保育服务。

> ……这是国家教育体制理想的附属部分。……如果可能，应在住房和一般经济状况严重低于平均水平的地区，提供幼儿园服务。（Hadow，1933：187–188）

哈多委员会1926—1933年的一系列报告，连同1938年关注中学教育的《斯彭斯报告》（the Spens Report），形成了第二次世界大战期间英国联合政府关于教育服务的讨论的基础。

从战争到繁荣：1944—1967年

战后英国的社会规划始于1940年，它是以战时联合政府领袖温斯顿·丘吉尔（Winston Churchill）陈述的愿景为基础的："建立这样一个社会，它不是迄今为止只有少数人可以享有有利条件和特权的社会，而是整个国家的人民和青年广泛享有权利的社会。"（Taylor，1977：158）于是，1944年《教育法》规定对所有5—18岁的儿童和青少年提供免费普及教育服务，以建立一个包括中小学义务教育和15岁以上非义务教育的3级教育体制。然而，早期教育与保育服务显然没有包括在内。1948年出台的《托儿所和家庭育儿员条例法》（Nurseries & Child-Minder Regulation Act）要求地方卫生部门对 5 岁以下儿童一天中大部分时间所在的地方进行登记造册并加以监管，由此，我们再次发现，教育部门与卫生部门对早期服务的管理在持续。

1945 年上台执政的工党政府采取了一系列措施，包括建立国家卫生服务机构（National Health Service），旨在减少贫困和社会阶层的影响，建立福利国家。然而，1951 年丘吉尔领导的保守党政府执政后立即削减了教育开支。在接下来的 13 年中，他们逐渐接受了"增加教育投入会带来经济增长"的观念。于是，从 1953—1954 年到 1964—1965 年，公共教育支出占国内生产总值（Gross Domestic Product，GDP）的比例从 3% 上升到 4.3%，随之而来的是教育供给的大幅增加（Gillard，2011）。

由于越来越多的妇女开始就业，越来越多的父母希望自己的孩子接受早期教育与保育，早期服务需求增加，但公共教育投入却并不包括 5 岁以下的儿童。事实上，即使 20 世纪 50 年代社会相对繁荣，早期服务也仍处于一个较长时间没有任何扩张的阶段。地方政府没有扩大早期服务，从当时政府通告可知，供给的扩大寄希望于私营和志愿部门（Cleave et al.，1982）。只有很少的地方提供日托。于是游戏小组运动（Playgroup Movement）应运而生。1961 年，伦敦一位叫贝尔·图塔耶夫（Belle Tutaev）的年轻母亲给《卫报》（Guardian）写信，讲述在缺乏公立托儿所的情况下，她如何为自己的女儿建立了一个游戏小组。这个办法广为赞赏，很快就有大量的游戏小组建立起来。它们不但为儿童提供必要的保育，而且让父母卷入进来，从而成了育儿宝地。1973 年，英国大臣基思·约瑟夫爵士（Sir Keith Joseph）指出它们提供的家庭支持是"一项必要的社会服务"（Pre-School Learning Alliance，2012）。

案例分析

贝尔·图塔耶夫与游戏小组的诞生

贝尔·图塔耶夫是一位居住在伦敦的年轻母亲，也是一位教师。她在 1961 年给《卫报》写了一封信，由此发起了游戏小组运动。在这封 1961 年 8 月 25 日面世的信中，她请求教育部长为 5 岁以下的儿童建立更多的托儿所，提供更多的游戏设施，并鼓励母亲们为 5 岁以下的儿童寻求保教服务。

后续发展

这一办法获得了想要创建或正在创建这种小组的人们的强烈支持。贝拉凭着借来的一台打字机、一台复印机，在车库里开始让这些人彼此建立联系。一年后，有 150 名成员出席了第一届学前游戏小组协会（Pre-school Playgroups Association）年会，此协会后来发展成为一个重要的教育慈善机构。

到 1966 年，这个新组织会员增加到 1300 人，有了第一间办公室和两名工作人员。第二年，会员人数几乎翻了一番，达到 2200 人，教育与科学部（Department for Education and Science）资助其聘请了第一位国家顾问。

学前学习联盟（Pre-school Learning Alliance）不断发展，如今通过其包含 14000 多个日托、临时幼儿园和亲子小组的会员网络，帮助着超过 800000 名的英国儿童及其家庭。它直接管理着 493 个学前机构，其中包括 113 个已注册的保教机构，这些机构主要分布在发展落后的地区。

在 2012 年女王生日庆典上，贝拉因其对儿童与家庭服务的贡献获勋（OBE）。

《普洛登报告》

大多数评论家承认，中央教育咨询委员会（the Central Advisory Council for Education，CACE）在 1967 年进行的调查（《普洛登报告》为调查报告）是以儿童为中心的小学教育的关键节点。在此之前，尽管 1944 年《教育法》有此意向，但在改变中学选择制度方面进展甚微。大多数小学教育都是为了 11+ 考试，这个入学考试决定了国家公立教育体系中的儿童上文法学校、技术学校还是中等现代学校，成为人生的主要决定因素。新上台的工党政府试图改变这种不公平现象，并发布了新的政府通告，宣称将"终止 11 岁以上的选择（制度）并消除中等教育的分流"（DES，1965：第 1 段）。这是历史上第一次对综合化中等教育的呼吁，本着这一精神，普洛登委员会成立，以对初等教育进行审查。这被认为"关注面向绝大多数人的主流公立学校"，是"解决教育不公平的核心问题的重大推进"（Halsey and Sylva，1987）。

自 1931 年的哈多委员会后，中央教育咨询委员会第一次在教育政策发生重大变化时接受委托，彻底审查小学教育。其调查报告的本质是，"教育过程的核心在于儿童"（CACE，1967：1：7）。

这种理念坚持以儿童为中心的方法、"非正式"教育的概念、内部组织的灵活性以及一般人文主义思想中的非分流（non-streaming）——尤其强调教与学过程中的个体差异和需求。（Galton et al.，1980：40）

中央教育咨询委员会虽然没有专门针对 5 岁以下儿童，但他们指出大规模提供托儿所是可取的，这不仅是出于教育的考虑，也是出于社会、健康和福利方面的考虑（CACE，1967：1：296）。他们认为，应该大量扩充托儿所，但这些托儿所应当是非全日制的，因为小年龄儿童不应该长期与母亲分离。"用苏珊·艾萨克斯的话来说，托儿所不能替代一个好家庭：托儿所的主要功能……是在家庭给予其子女的常规教育之外提供补充服务，并将家庭对儿童自然和必要的培养与广泛的社会生活联系在一起。"（CACE，1967：1：301）该委员会列出了 13 条建议，其中包括为 3—5 岁儿童设立的机构应该由教育部门而非卫生部门负责，并且由合格教师照看。应将这些机构作为小学中非营利性的托儿班或独立的保育中心来投入经费，并与其他所有教育服务的供给者一样接受检查（CACE，1967：1：343）。该委员会就这样为未来 50 年的早期服务制定了标准。

紧缩政策

《普洛登报告》带来了政府白皮书中针对 5 岁以下儿童教育事业的十年发展计划。按计划，到 1982 年，英国半数的 3 岁儿童和 90% 的 4 岁儿童都可以入学，并且经费将主要通过国家托儿所检查委员会（National Nursery Examination Board，NNEB）投给游戏小组、专业教师和助教培训。然而，20 世纪 70 年代处于经济萧条时期，1971—1973 年的劳资纠纷和石油危机共同导致了战后（福利）共识的瓦解（Chitty，2004：31）。普及早期服务所需的进一步投入被暂停。

在接下来的几年中，保守党和工党政府都在与艰难经济形势做斗争，最终引发向国际货币基金组织（International Monetary Fund，IMF）申请财政支持和 1978 年的"不满的冬天"①，这为 1979 年玛格丽特·撒切尔（Margaret Thatcher）的当选奠定了基础。

---

① 不满的冬天（Winter of Discontent）是指 1978 年 12 月到 1979 年 2 月期间发生于英国的一连串工人罢工行动，事件造成执政工党政府声望急挫。——译者注

接踵而至的是市场导向的政策，使用频率和受欢迎程度决定企业和公共服务的生死存亡。双轨教育政策是将权力从地方转移到中央政府，学校教育从公共服务转向市场经济。作为降低通货膨胀的手段，此举并不受欢迎，并在接下来的几年中造成日益严重的社会动荡。至 1990 年，教育投入占国内生产总值比例大幅下降。简而言之，早期服务不受关注，大部分话语、政策和立法都侧重于义务教育阶段。

> ☁ **反思性任务**
>
> - 反思当前的经济形势并参阅上述"紧缩政策"部分。你能找出相同点和不同点吗？

资源配置问题

前文提到的财政紧缩时期中，唯一与学前儿童有关的政策问题是"教育券"（school vouchers）。保守党杰出政治家基思·约瑟夫（Keith Joseph）在 1981—1986 年任教育部长，他是市场哲学的支持者，他相信独立部门（independent sector）更多的供给会增加竞争，并为父母提供更多选择。[1]20 世纪 90 年代，基于吸引人们工作而不是依赖社会福利的理念，政府制定了大量政策，鼓励父母将子女送到正规托儿机构。例如，用人单位在工作场所提供托儿服务可减免税收。随后，在 1994 年，为在职父母设立的家庭信贷计划（Family Credit programme），准许一些人在收入评估中扣除儿童教育与保育费用。1996 年，用于购买非全日制托儿所或游戏小组服务的教育券面向所有 4 岁儿童的父母推出，从此开启了关于教育市场化问题的长期争论。

1997 年，新执政的工党政府为早期教育与保育领域带来了根本性的变化。与前一届政府类似，新工党政府非常重视通过现代化服务来减少贫困，提高学前儿童教育与保育的质量。他们承诺对早期服务机构和有关研究加大投入，提高学前儿童教育与保育的质量。1997 年，教育券制度被托儿所教育拨款（Nursery Education

---

① 独立学校的财务和管理是独立的，通常不依赖国家或地方政府为其运营提供资金，也不依赖纳税人捐款，其经费主要靠学费、捐赠以及捐赠的投资收益。——译者注

Grant）取代，这种拨款面向供给方而非家长。随后，在 1998 年，基于"伙伴关系"口号下的混合经济概念，政府出台了《英国儿童保育战略》（*National Childcare Strategy*）。这是英国政府有史以来首次意识到制定全国儿童保育政策的必要性（Lewis and Lee，2002）。儿童保育服务由教育与就业部（Department for Education and Employment）负责，该部在 1998 年成立了第一个儿童保育部门（Childcare Unit）。

因此，不同早期服务机构之间的行政管理边界因政府资助机制的路径而变得模糊。通过地方政府即资金供给方筹集的资金，经常与父母即需求方收到的资金结合在一起，这导致英国大多数在职父母都使用二者组成"一揽子"儿童保育（Lewis and Lee，2002）。这对于早期服务供给方，尤其是游戏小组，是一场根本性转变——许多公立学校受到这些额外经费的吸引，要么降低了入学年龄，要么新开设了托儿班（Nursery unit）。到 2001 年，英国父母在儿童保育上的支出超过 30 亿英镑，其中托儿所的支出为 13.3 亿英镑，比 2000 年增加了 15%。这一增长与学前儿童母亲稳步增长的就业率有关，与托儿所比其他托儿机构更受欢迎有关，与政府越来越多地帮助父母支付费用有关（DfES，2001）。

进入新千年

新千年伊始，被划为"教育"机构的托儿服务提供者包括：托儿所（公立或私立）、学校里的托儿班、学校里的预备班（reception class）、游戏小组和幼儿园（pre-school），偶尔还可以是有资质的注册家庭育儿员（childminder）。被划为"保育"机构的托儿服务提供者包括：志愿的游戏小组和幼儿园，公立的、使用学校场地的课后俱乐部（out-of-school club）、日托中心（day nursery）、家庭中心（family centre）、学前卓越中心（Early Excellence Centre）、独立日托、社区日托（community day nursery）、校外俱乐部，以及家庭育儿员、保姆（nanny）和互惠生（au pair）[①]。被认定为"教育"机构的托儿服务机构遵循与被认定为"保育"机构的托儿服务机构不同的标准。注册为"教育"机构的托儿服务机构可以为 3—4 岁儿童提供教育（Lewis and

---

① 指住国外家庭，以帮做家务、照顾小孩等换取食宿并学习语言的年轻人。——译者注

Lee，2002)。

此时，政府的政策意图已经转变为利用教育手段为弱势儿童提供一个更好的人生开端。早期教育与保育被视为帮助儿童打破贫困代际传递的关键手段（Baldock et al.，2009)。然而，这并没有转化为一项长期"具有一致性的政策，除非从业人员和当地政府有所作为"（Baldock et al.，2009：20)。政府致力于改善早期教育与保育，提出了"学校卓越计划"（Excellence in school)（DfEE，1997)，列出了 2002 年早期教育与保育的目标——重点提高所有 4 岁以上儿童的保教质量，以满足当地儿童的需求，并改进早期教育与保育实践。科恩（Cohen)等关于英格兰、苏格兰和瑞典早期教育与保育系统及其服务类型的研究，总结了 1997 年之后儿童服务的关键特征。

> 福利部门负责日托中心，教育部门负责托儿所和义务教育，两个部门权责分明。(Cohen et al.，2004：55)

日托中心和正规学校教育之间的二分法对经费投入、劳动力结构以及层次产生了影响，由此导致"服务体系分散……接受公共资助的托儿机构水平低……服务的市场化程度越来越高……中央政府的控制作用越来越大"（Cohen et al.，2004：55–56)。

显然，政府在这一时期力图将儿童服务责任和执行权下放到地方。政府通过设定具体测评标准实现控制——其测评针对所有儿童。随后，所有地方政府都成立了儿童发展与保育合作组织（Early Years Development and Childcare Partnership，EYDCP)，负责实施国家儿童保育战略，早期教育与保育的去中心化由此开始（DfES，2001)。儿童发展与保育合作组织拟独立于地方政府运作，以扩大儿童保育服务供给。2004 年，该组织被儿童信托（Children's Trusts)取代。

迈向整合服务

1997 年制定的学前卓越中心计划旨在发展早期教育、保育和家庭支持服务相综合的良好实践模式。政府的目标是根据当地需要，为儿童和家长建立一个全面的一站式服务网络，并由地方运营。"让家庭摆脱贫困"并改善所有儿童的教育结果的承诺，转化为雄心勃勃且资金充足的干预方案，即 1998 年启动的确保开端计划（Sure

Start）。它是为 4 岁以下的贫困儿童和处境不利儿童及其家庭提供帮助的为期十年的计划。格拉斯（Glass）受美国开端计划（Head Start）的影响，开启了确保开端计划，帮助弱势儿童和处境不利儿童解决贫困问题，获得良好的人生开端（1999）。

2006 年，地方政府开始将确保开端计划引入儿童中心，这发生在对该计划的评估完成之前，所以显得有些突然（第 2 章将对此进行进一步讨论）。政府似乎决心实施变革，但可能过于仓促。地方政府认为在实践中无法操作，早期教育与保育工作者不确定如何更好地推进。然而，权力持续下放。地方政府被要求在 2006 年之前制订《儿童和青年计划》（Children and Young People's Plan），建立儿童信托，并任命儿童服务机构的负责人。他们还被要求整合各儿童服务督导系统，并制定了为期十年的儿童保育战略（DfES，2004），旨在为所有 3—14 岁的儿童提供校外服务。于是，到新千年的第一个十年结束时，英国通过法定的《指南》及非法定的相关建议，建立了对早期教育与保育的期望和最低标准。《指南》包括 2012 年修订版的研发过程和实施效果，将在下一章进行讨论。

☁ **反思性任务**

- 结合表 1.1，思考不同政府的意识形态。政策是否反映了政府的意识形态？

识记要点

表 1.1　英国早期教育与保育的政策演变

时间	政策	关键事件
1816	第一所幼儿学校在苏格兰建立	父母在当地棉纺厂工作的两岁及以上儿童可以入学
1836	英国及殖民地幼儿学校协会提倡使用裴斯泰洛齐教学法进行以儿童为中心的教育	课程反对死记硬背，倡导通过感官进行学习
1841—1852	5 项议会法案和学校建筑有关	为"穷人的教育"提供标准化校舍
1861	《纽卡斯尔报告》	面向大众的学校为 7 岁以下的儿童提供托儿服务，"很大程度上促使贫困家庭儿童远离街头"

（续表）

时间	政策	关键事件
1870	《福斯特法案》	5 岁以下儿童的教育为非义务性，但提供者须遵守单独的建筑要求
19 世纪 90 年代	幼儿园运动（kindergarten movement）	基于福禄贝尔的理论与实践
1891	《督学指导（修订版）》	正式"课程"的时长应该缩短，要穿插课间休息、游戏和歌曲
20 世纪	蒙台梭利博士的工作	强调结构化学习、感官训练和个体差异
1902	英国教育委员会任命 5 名女督学对公立小学招收 5 岁以下儿童的情况及其课程适宜性进行调查	1905 年的报告显示，3—5 岁的儿童没有从学校教学中获益，机械教学反而削弱了他们的想象力和独立观察能力
1921	《教育法》	授权地方教育部门提供新的托儿所或为现有的服务 2—5 岁儿童的托儿所提供支持
1923	哈多委员会系列报告	界定早期教育与保育的目的和方法
1929	英国卫生部和教育委员会向地方当局发布关于妇幼福利的联合通告	保育和教育需要是两大驱动力
1930/33	苏珊·艾萨克斯的工作	出版两本很有影响力的关于儿童智力和社会性发展的书
1944	《教育法》	扩大面向大众的教育，但仍未涉及早期教育与保育
1948	《托儿所和家庭育儿员条例法》	地方卫生部门对 5 岁以下儿童的园舍进行监管
1960	政府 8/60 号通告	扩大私营和志愿部门办托
1961	贝尔·图塔耶夫给《卫报》写信	成立第一个游戏小组
1967	《普洛登报告》	非全日制托儿所在教育、社会、健康、福利等方面都受到肯定

（续表）

时间	政策	关键事件
1989	《联合国儿童权利公约》	第 4 章和第 14 章中的条例承认： • 儿童应被视为完整的个人 • 儿童是社会中的积极成员 • 父母 / 家庭是儿童的主要照看者和保护者 • 社会对儿童负有责任 《联合国儿童权利公约》对早期服务的关键贡献是，政府在制定政策时开始把儿童考虑进来
20 世纪 90 年代	政府出台对雇主减税的政策和对在职父母的家庭信贷计划	确立教育券原则
	1990 年 4 月 19 日，英国签署《联合国儿童权利公约》	这意味着英国必须说明自己如何保障儿童的权利以及计划制定哪些政策来全面实现儿童的权利
1991	《联合国儿童权利公约》于 1991 年 12 月 16 日得到确认，于 1992 年 1 月 15 日生效	随着《联合国儿童权利公约》的最终获批，英国政府承诺所有法律、政策和实践与之相适应。法院、法庭和其他行政过程在做出任何影响儿童的决策时，都应遵从和参考《联合国儿童权利公约》
1997	新工党政府	启用托儿所教育拨款项目
1998	《英国儿童保育战略》	"伙伴关系"口号下的混合经济概念（即综合服务）
2001	儿童发展与保育合作组织成立	将早期教育与保育分开
2003	《每个孩子都重要》（ECM）	这是应对《联合国儿童权利公约》最重要的政策举措和发展计划之一，覆盖 19 岁以下的儿童青少年以及 24 岁以下的残障儿童，主要目标是，无论儿童的背景或环境如何，都确保他们： • 安全 • 健康 • 享受快乐，实现价值 • 做出积极贡献 • 提高生活水平

（续表）

时间	政策	关键事件
2004	《儿童法》	其主要目的是帮助地方当局和 / 或其他机构更好地规范为保护儿童利益进行的官方干预
2006	《儿童和青年计划》	建立儿童信托并任命儿童服务机构负责人
2008	《指南》启用	0—5 岁儿童学习、发展和保育标准框架
2010	保守党和自由民主党联合政府执政	英国政府为了减少预算赤字，开始不断削减公共支出，对国家卫生服务、福利、教育和其他公共机构造成影响
2011	《蒂克尔评论》	2010—2015 年发布的关于早期教育与保育的政策文件（2015 年 5 月 8 日更新），评估《指南》的实施情况，并建议做出修订，重点是保障儿童权益、减少官僚主义
2012	《指南》修订版启用	启用修订版是为了确保减少官僚主义，增加父母及其他照看者在儿童学习中的作用，减少儿童学习领域，并进一步强调儿童的福利和保护；启用两岁儿童发展评估（Check at Age Two）
	6 月，《纳特布朗报告》发布，对早期教育与保育机构资质进行独立审查	报告建议制定一个明确、严格的资格制度以确保师资水平，因为现有体系中这一点并不明确，许多从业者没有任何资质
2014	引入"学前教育者"	特指 9 月份获得英国教学和领导力学院（National College for Teaching and Leadership，NCTL）3 级资格的专业教育工作者，其目标是让大多数在早期服务领域工作的员工成为"学前教育者"
2014	《指南》进一步修订	更加强调保障儿童权益和做好入学准备；在 2014 年 9 月实施
	发表《早期干预基础》（Early Intervention Foundation，EIF）	这是为了支持各地方政府和国家政策制定者从根源上解决儿童和青年问题，而不是等到问题产生后再去应对

（续表）

时间	政策	关键事件
2015	2010—2015 年政府政策：早期教育与保育（*Childcare and Early Education*）（2015 年 5 月 8 日修订）	目标： 从 2014 年 9 月开始扩展早期服务，以覆盖 40% 的两岁儿童； 帮助父母安排更多非正式的托儿机构，包括允许他们向未在教育标准局注册的邻居或亲戚付费得到最多 3 小时的托儿服务； 引入新的家庭育儿员，进行严格的培训，并将其与父母需求进行匹配； 鼓励更多学校提供托儿服务，并延长服务时间，从上午 8 点至下午 6 点； 帮助学校提供家长可负担的课后托管或假期托管服务，可以是学校自己独立提供，也可以和私立或志愿服务机构合作； 减少不必要的规定，以帮助优质托儿所扩大业务
	引入儿童发展水平基线评估	从 2014 年 9 月开始，进入学前班的儿童接受面对面、一对一的评估，确定发展水平
	确定早期教育与保育的投入机制	利用两岁儿童发展评估和早期奠基阶段档案对两岁儿童进行综合评价 学前保费（3 月） 学校专用补助金（Dedicated Schools Grant, DSG）（5 月） 两岁儿童教育津贴（5 月） 《儿童照看法案》（7 月） 儿童发展水平基线评估（9 月）

本章小结

　　本章探讨的政策背景侧重于过去 200 年间英国——特别是英格兰和威尔士——针对学前儿童的立法和行政规定。政策的演变过程始终表现为教育与保育的分流，并有明显证据表明政府的意图往往与提供的经费无法匹配。然而，在新千年伊始，种种迹象表明，（历届政府的）政策意图是把早期教育与保育作为打破贫困循环、提供更好的人生起点的工具。《英国儿童保育战略》虽然出台，但并未发展为一项系统的政策，最近的研究讨论对《指南》进行发展和修正，这将在下一章更深入地探讨。

> **讨论话题**
>
> - 阅读表 1.1 中总结的关键历史事件，你可以找出政策变化中的哪些相似点和不同点？
> - 最近政策的关键是整合服务、提升保教人员技能和加强家长参与。这些变化如何影响你的实践？
> - 讨论经济在政策形成中的作用以及对早期教育与保育的影响。

拓展阅读

书

Fitzgerald, D. and Kay, J. (eds) (2016) *Understanding Early Years Policy*, 4th edn. London: Sage.

Miller, L. and Hevey, D. (eds) (2012) *Policy Issues in the Early Years*. London: Sage.

Pugh, G. and Duffy, B. (eds) (2013) *Contemporary Issues in the Early Years*, 6th edn. London: Sage.

Blundell, D. (2012) *Education and Constructions of Childhood*. London: Continuum.

Nutbrown, C. and Clough, P. (2014) *Early Childhood Education*, 2nd edn. London: Sage.

参考文献

Baldock, P., Fitzgerald, D. and Kay, J. (eds) (2009) *Understanding Early Years Policy,* 2nd edn. London: Sage.

Board of Education (1905) *Reports on Children under Five Years of Age in Public Elementary Schools, by Women Inspectors*. Cd 2726. London: HMSO.

Board of Education (1908) *Report of the Consultative Committee upon the School Attendance of Children under Five*. Cd 4259. London: HMSO.

CACE (Central Advisory Council for Education) (1967) *The Plowden Report: Children and Their*

Primary Schools. London: HMSO.

Chitty, C. (2004) *Education Policy in Britain*. Basingstoke: Palgrave Macmillan.

Cleave, S., Jowett, S. and Bate, M. (1982) *And So to School: A Study of Continuity from Pre-school to Infant School*. Windsor: NFER–Nelson.

Cohen, B., Moss, B., Petrie, P. and Wallace, J. (2004) *A New Deal for Children? Reforming Education and Care in England, Scotland and Sweden*. London: Policy Press.

DES (Department of Education and Science) (1965) *Circular 10/65: The Organisation of Secondary Education*. London: DES.

DES (Department of Education and Science) (1972) *Education: A Framework for Expansion*. Cmnd 5174. London: HMSO.

DfEE (Department for Education and Employment) (1997) *Tomorrow's Future: Building a Strategy for Children and Young People*. London: DfEE.

DfES (Department for Education and Skills) (2001) *Neighbourhood Nurseries Initiative (NNI): Prospectus*. London: DfES.

DfES (Department for Education and Skills) (2004) *Choice for Parents, The Best Start for Children: A Ten Year Strategy for Childcare*. London: TSO.

Galton, M., Simon, B. and Croll, S. (1980) *Inside the Primary School*. London Routledge & Kegan Paul.

Gillard, D. (2011) *Education in England: A Brief History*. Available at: educationengland.org.uk/history (accessed 13 July 2015).

Glass, N. (1999) 'Sure Start: The development of an early intervention programme for young children in the United Kingdom', *Children and Society*, 13: 257–264.

Hadow (1926) *The Education of the Adolescent*. Report of the Consultative Committee. London: HMSO.

Hadow (1931) *The Primary School*. Report of the Consultative Committee. London: HMSO.

Hadow (1933) *Infant and Nursery Schools*. Report of the Consultative Committee. London:HMSO.

Halsey, A. and Sylva, K. (1987) 'Introduction to the special "Plowden Twenty Years On" edition', *Oxford Review of Education*, 13 (1).

Lewis, J. and Lee, C. (2002) *Changing Family Structures and Social Policy: Child Care Services in Europe and Social Cohesion*. TSFEPS Project: National Report (UK): European Research Network.

McCann, W. (1966) 'Wilderspin and the early infant schools', *British Journal of Educational Studies*, 14 (2): 188–204.

Plowden, B. (1987) *'Plowden' Twenty Years On*. London: Carfax Publishing.

Pre-School Learning Alliance (2012) *A History of the Pre-School Learning Alliance*. Available at:

www.pre-school.org.uk/ (accessed 13 July 2015).

Taylor (1977) *A New Partnership for Our Schools*. Report of the Committee of Inquiry. London: HMSO.

Townshend, Mrs (1909) *The Case for School Nurseries*: *School Attendance of Children Below the Age of Five*. London: The Fabian Society.

第 2 章

英国《早期奠基阶段教育指南》（EYFS）概述

约安娜·帕拉约洛戈　特雷弗·梅尔

本章概览

在过去的 20 年里，早期教育与保育领域经历了很多变化。现在，变化仍然在持续。自 2008 年 9 月开始，《指南》已面向英格兰（England）所有 0—5 岁儿童实施。"早期经历对儿童未来人生有很大影响"的观念得到认可（DCSF，2008: 7）。"（儿童的）家庭将成为核心"的观念也被承认。人们认为要帮助家长履行责任，支持他们参与子女的教育与保育，突出强调了早期阶段家庭的重要作用（DCSF，2007）。《指南》的修订版于 2012 年 3 月发布，并在当年晚些时候开始实施。2014 年，相关法律框架（the statutory framework）更新（DfE，2014a）。早期服务领域非常欢迎人们对早期教育与保育重要性的认可。正如第 1 章所述，早期服务领域如今在政策层面受到了积极的关注，政府"将早期教育与保育置于政策优先地位"的承诺，对于被忽视多年且缺乏一以贯之的政策法规的早期服务领域来说，显得尤为可贵。

本章旨在帮助读者了解以下几点内容：

- 《指南》在英格兰的发展；

- 当代有关儿童早期课程的研究的影响；

- 《指南》的主要原则和学习目标；

- 相关从业者问题：他们的角色和责任发生了什么转变？目前面临着什么挑战？

儿童早期课程的历史发展

正如第 1 章所述，早期教育与保育领域并不总是受到应有的重视。例如，贝特曼和帕斯卡尔（Bertman and Pascal）的研究显示，英格兰早期教育与保育政策受制于政府短期的"优先事项安排"（2002）。人们花了很多年才对早期教育与保育的重要性达成共识。

早先的研究强调儿童早期教育与保育对儿童及其家庭生活有至关重要的影响，但政策与研究之间的协同机制尚未建立，这种情况直到 20 世纪 90 年代才开始转变。除了传统的教师培训之外，大学开设早期教育研究或早期教育课程，相关成绩成为毕业的要求之一。修读这些课程的学生们发现他们学习了一些与儿童相关的学科，比如心理学、儿童史、社会学和教育学，但对自己的职业方向却不清楚。与此同时，早期教育与保育领域的学术研究激增，许多学者开始研究其他国家的早期服务（Hennessy et al., 1992；David, 1993；Goldschmied and Jackson, 1994；Smith and Vernon, 1994；Pugh, 1996；Penn, 1997；Anning, 2009）。除此之外，研究者还研究 1989 年《联合国儿童权利公约》，并将英格兰与其他欧洲国家的早期教育与保育进行了比较（United Nations, 1989；Nutbrown, 1999），试图在体系和服务上发现差异，反思本国当前的情况（Penn, 1997, 2000；Moss, 2000, 2001；Moss and Pence, 1994）。

当然还有很多研究关注早期教育与保育对儿童发展和学习的影响（Moyles, 1989, 2007；Athey, 1990；Alexander et al., 1992；Nutbrown, 1999；Moyles et al., 2001；Sylva et al., 2001；Devereux and Miller, 2003；Penn, 2008）。所有研究结果都强烈要求这一领域加强改进，政策研究和课程开发的必要性大大增强。

正如第 1 章所述，早期服务领域的政策通常以减少贫困、帮助儿童拥有更好的人生开端为主旨。研究表明，是学校的教学和管理质量对儿童学习质量起核心作用，而不是当时人们认为的儿童的社会经济和教育背景（Mortimore et al., 1998）。政府采纳了这些研究结论，并引入了"有效学校"（effective schools）和"学校提升"（school improvement）的概念。学校的课程以及督导等方面都出现了一系列的转变与发展。然而，这些变化并没有体现在学前领域。人们对贫困和剥削的剖析促使政府将注意力转向早期教育与保育。1997 年上台的新工党政府的议程中有一点非常重要，就是通过现代化服务最大限度地减少贫困并提高教育质量。新政府通过加大财政投入，包括对各项目进行研究和评估来兑现提高教育质量的承诺。政府急需改善实践并深入调查政府举措和政策的有效性，是研究成果和政策制定协同发展的一个积极尝试。

研究的影响

这一时期最具影响力的研究是有效学前教育项目（the Effective Provision of Pre-School Education，EPPE）（Sylva et al.，2001）。这项由政府资助的研究持续了近 7 年（1997—2003），2008 年研究又进一步展开——所追踪的儿童进入中学阶段，早期教育与保育有何影响？根据研究结果，成人和儿童的互动对儿童的学习与发展具有决定性的影响，由此在相关人员培训质量研究方面获得了一个有趣的发现。此外，有效学前教育项目还强调亲子关系以及家长参与在儿童早期发挥着关键作用。可喜的是，政府在决策时似乎考虑了研究结果。该研究仍不断提出有关培训和质量的问题。

除有效学前教育项目外，其他有关早期服务质量影响因素的研究，为学龄前儿童所需经验的质量提供了重要证据（Anning and Edwards，2006）。这一研究扩充了有效学前教育项目，并强调了早期服务的有效性。他们发现，父母和教师合作，才能提高教育质量。他们还提议扩大早期保教服务，以满足现代家庭和雇主们不断变化的生活方式和需求。研究的一个重要发现是学前儿童的经验取决于从业者的投入，也取决于亲子关系与互动的质量。安宁和爱德华（Anning and Edwards）的研究进一步表明，接受过早期教育的儿童在许多方面受益匪浅，尤其是认知、社会性和情感发展方面，从而也为随后接受正规学校教育做了更好的准备（2006）。研究同时揭示，糟糕的早期服务可能会使儿童在进入正规学校教育时表现出较强的攻击性和较差的社会技能。他们发现，没有背景优势的儿童如果接受了由训练有素的保教人员提供的高质量学前教育，他们在正规学校教育中会取得更好的成就。这些研究项目和其他的独立研究的重大发现都有力地表明，为了提高早期教育与保育的质量，需要综合考虑政策、资金、结构、人员配备，并为儿童及其父母提供服务等。

新政府似乎在一定程度上接纳了这些研究结果，并承诺将这些研究结果转化为实际行动。工党政府在首个任期内积极改善早期服务质量。然而，这一届政府的政策及其实施的特点就是仓促。例如，政府资助了有效学前教育项目，但并没有等待确保开端计划评估报告的完整出炉就去创建儿童中心，导致确保开端计划的工作人员对于进一步的工作开展以及随后的新角色和职责并不清楚。从某种程度上来说，这种仓促的特点在 2001 年后的第二个任期内仍然没有改变。政府似乎决心做出改变，于是开始制定政策，并改变儿童教育的服务和结构。随后进行的一系列改革，在人们看来仍然有些过于仓促。从业者们不清楚怎么样才是最好，导致无法开展实践。这一时期的特点可以说是从业者们以及地方当局都在努力将新的内容纳入儿童服务中。

综合服务和儿童计划：建设光明的未来

所有这些旨在改善儿童和家庭生活质量、提升儿童福利的变革的核心，是确立综合服务的"联合"思想。

为了实现公共服务的现代化，政府的目标是重新组合和改造服务，使它们能够灵活及时、积极主动地做出反应，满足当地的需要。随着英国政府签署《联合国儿童权利公约》，他们必须在立法中加入对儿童权利的保护，制定与儿童日常生活方面面相关的政策。

然而，2000 年，正当政府倡导这些改革并支持可以改善儿童生活的新综合服务之时，小女孩维多利亚（Victoria Climbié）被照看者杀害了。这是一个令人震惊的事件。这个女孩长期被虐待，似乎所有的儿童服务机构都发现了这一现象，但却没有任何机构承担起必要的责任进行有效沟通。由拉明勋爵（Lord Laming）主导的后续调查揭示这些服务机构在结构和管理上存在问题（2003）。政府随即果断采取行动，确立多机构、多专业、多部门联合思考和工作的原则，这体现在两份绿皮书中：《每个孩子都重要》（*Every Child Matters*，DfES，2003）、《每个孩子都重要：为孩子而变革》（*Every Child Matters: Change for Children*，DfES，2004a）。这些推动了 2004 年《儿童法》的出台，有意思的是，政府试图将《联合国儿童权利公约》和他们当时打算采取的行动联系起来。

☁ 反思性任务

- 在学习了第 1 章和第 2 章之后，结合自身在早期教育与保育方面的经验，讨论《联合国儿童权利公约》对国家早期教育与保育政策和儿童日常生活的影响。

此后，儿童服务机构必须践行《每个孩子都重要》议程中针对 0—18 岁所有儿童提出的五大准则：保持健康，免受伤害和忽视，快乐并获得发展，对社会做出积极贡献，为经济福祉做出贡献（DfES，2004a）。《每个孩子都重要》的核心是保护儿童。

继《每个孩子都重要》后，《给父母最好的选择，给儿童最好的开端：保育十年战略》（*Choice for Parents, The Best Start for Children: A Ten Year Strategy for Childcare*，DfES，2004b）和《儿童保育法》陆续出台，都提出当前需要受过良好教育和培训的高质量的从业人员。

2007 年 12 月，为了回应政府的迫切需要，《儿童计划：创建更光明的未来》（*The Children's Plan: Building Brighter Futures*，DCSF，2007）出台，为儿童及其家庭制订长期计划，以期产生有效的结果。

《儿童计划：创建更光明的未来》旨在"在形成性的学前阶段加强了对所有儿童及其家庭的支持"（DCSF，2007）。政府希望建立世界一流学校，为每名儿童提供优质教育；建立家园合作关系，帮助儿童提高兴趣，在校外找到有趣的活动；为儿童创造安全的游戏场地；等等。

该文件明确强调了综合服务对满足儿童及其家庭需求的重要作用，并暗示"传统制度和专门结构"将受到挑战，需要进行重组以适应这些需求。文件的首要目标之一就是在儿童信托的各个领域打造新的领导角色，把学校作为社区的一部分，在与英国国家卫生服务体系（NHS）和其他儿童服务之间有效联系方面发挥新的作用，实现家长参与，以解决儿童的学习问题、健康和幸福问题。这种综合服务方式被视为整合的开始，不仅符合英国政府目标，也向世界展示英国将如何履行《联合国儿童权利公约》（DCSF，2007：159–161）。

《儿童计划：创建更光明的未来》主要提出 5 个关键性原则：

- 支持父母抚养子女；
- 如果给予合适的机会，所有儿童都有成功和实现自我的潜能；
- 儿童青少年都需要享受童年，同时为成年生活做好准备；
- 为儿童服务，回应儿童需求；
- 不同专业之间界限应当变得灵活，发挥积极的预防作用。（DCSF，2007）

文件还宣布了"摆脱儿童和家庭贫困"的新目标。

　　　　贫困使儿童的生命受到伤害，这就是为什么我们要致力于到 2010 年时减少一半的儿童贫困并在 2020 年之前根除儿童贫困。（DCSF，2007）

　　一个新的联合部门即儿童、学校和家庭部（DCSF）因此得以成立，其中设专门部门协调政府间的工作，以打破贫困的代际传递。政府还于 2008 年推出"安全行动计划"和"安全咨询"，致力于儿童安全。作为这项计划的一部分，政府宣布投入 2.25 亿英镑（未来将增至 2.35 亿英镑），用于在全国范围内修建游乐场，并为残疾儿童提供便利游戏场所。2008 年 7 月，国家战略《公平游戏》（*Fair Play*）发布，指出将采纳各研究结果，并与家长、游戏专家和儿童协商，以改变儿童游戏的质量。

　　在 2010 年大选之后，政府发生了变化。保守党和自由民主党联合政府宣布削减预算，以实现预算平衡，因为英国正面临经济衰退。这是一个 5 年计划，从 2010 年 6 月开始，预计结束时间在 2015—2016 年。然而，在 2014 年，财政部提出财政紧缩期至少延长到 2018 年，这意味着在国民健康和教育等领域出现了严重的预算削减。尽管政府承诺并保证提供高质量的儿童照看服务，但早期服务领域仍然受到了这些削减的影响。

　　财政紧缩对学校教育和儿童教育的影响很快就显现出来了（Lupton and Thomson，2015）。人们发现，受预算削减的影响，政府资助的服务减少，实际工资下降，住房和收入补贴生变，这都对儿童的生活产生了影响，甚至带来了大的挑战。

- 贫困人口增加，英国有近 1300 万人受到影响（MacInnes et al.，2013）。
- 2008—2012/2013 年，贫困儿童的比例上升了 24%，达到 27%，预计这一比例还将上升。根据儿童贫困行动小组的数据，2012/2013 年，350 万儿童生活在贫困中，到 2016 年将再增加 60 万，到 2020 年，这一数字将增加到 470 万（Hirsch，2014）。
- 贫富差距增加。尽管在 20 世纪 90 年代和 21 世纪，经济增长了大约 40%，但要不是不平等程度提高（OECD，2014），这一比例将接近 50%（需要更多信息，请参见第 15 章）。

　　2015 年，保守党执政，随后宣布预算的重点将是减少儿童贫困，通过增加儿童在早期服务机构的时间，使父母能够获得就业机会。

英格兰的课程背景

政策的变化对早期服务的质量产生了影响，并表现在课程的变化上。2000 年 9 月，资格与课程管理局（QCA）推出了奠基阶段（Foundation Phase），代表"从 3 岁到预备班结束的教育阶段"。20 世纪 90 年代，保守党政府推行的《理想学习成果》被《早期学习目标》取代，所有早期服务提供者都遵循《奠基阶段课程指南》（QCA/DfEE，2000）。2002 年，为了纳入 3 岁以下儿童的服务，教育标准局发布《0—3 岁很重要》（*Birth to Three Matters*）（Sure Start Unit，2002）。然而，人们对其如何与奠基阶段衔接以及向国家课程过渡提出了疑问。儿童参加非正式的（0—3 岁）和正式（奠基阶段）的教育，在 5 岁时开始接受正规的学校教育，接受国家课程。这就带来了过渡问题，以及评估的连续性问题。人们所期望的连续性似乎没有得到实现。此外，在 2003 年，英格兰发布了 8 岁以下儿童日托和照看的国家标准，对所有托儿机构在读儿童提出了要求。这成为教育标准局的评估标准。

如前所述，《每个孩子都重要》是作为一项法律实施的，因此所有儿童的服务和机构——包括早期服务机构——必须证明他们达到《每个孩子都重要》提出的 5 个要求。人们对于 0—3 岁阶段以及奠基阶段如何能够达到《每个孩子都重要》的要求都尚不清楚。此外，《儿童规划》还为儿童服务制定了新的目标和原则。

在实践者们努力适应这些变化并将政策转化为实践的时候，政府在 2007 年启用了《早期教育指南》（*Practical Guidance for the Early Years Foundation Stage*），从 2008 年 9 月开始在所有早期服务机构中实施。该法定文件旨在确保"以一致和灵活的方式开展保育与教育，这样不管父母选择了什么机构，儿童都将得到高质量的体验来支持他们的发展和学习"（DfES，2007：7）。《指南》缩减版 2012 年推出，突出了关键内容。配套的法定框架也得到更新，并在 2014 年实施（DfE，2014a）。

《指南》——目标、原则和学习要求

启用《指南》旨在整合和取代现存的《每个孩子都重要》《奠基阶段课程指南》《面向 8 岁以下儿童的日托中心和育儿员全日制保育国家标准》，并为早期教育与保育提供一个一致的法定框架。这就意味着从 2008 年 9 月开始，实施《指南》是对所有面向 0—5 岁儿童的服务机构的法律要求。

《指南》的当前版本在《早期奠基阶段法定框架》（*Statutory Framework for the Early Years Foundation Stage*）中有充分描述，包括目标、原则、学习要求和必要的评估过程。

《指南》的目标

《指南》的中心目标是帮助早期服务领域达到《每个孩子都重要》的要求，为儿童的学习和发展制定标准，体现对文化多样性和反歧视的承诺，在家长和机构之间架起沟通的桥梁，确保"保育"和"教育"之间没有区别，并在学前期对儿童进行有效的评估。

为了促进儿童健康发展，《指南》提出了学习和发展的具体要求：

- 学习和发展的领域必须落实为儿童的活动和经验（教育计划）；
- 服务提供者必须帮助儿童达到学习目标（包括知识、技能和理解方面）；
- 开展评估（并向家长和 / 或其他照看者报告）。

保障和福利方面的要求包括为保障儿童安全与健康采取必要措施（DfE，2014a：5）。

《指南》的原则

与《儿童规划》（2007 年）相类似，《指南》对于早期保育与教育提出的是原则性的要求，一共 4 条，涉及儿童、积极的人际关系、有利的环境、学习和发展，针对的是政府强调的服务整合和父母参与的承诺：

- 儿童是一个独一无二的，他们通过不断学习，变得坚忍、自信、能干；
- 儿童通过积极的人际交往学会坚强和独立；
- 儿童在良好的环境中学习和发展，环境中的经验能满足他们的个人需求，家园之间建立强有力的伙伴关系；
- 儿童以不同的方式和速度发展与学习，《指南》涵盖所有学前儿童，包括有特殊教育需要和残疾的儿童。（DfE，2014a：6）

因此，这些原则表明政府承诺将早期教育与保育作为社区的重要组成部分，承认每名儿童的独特性、学习的多样性以及与家长和其他服务提供者合作的重要性。早期保育得到重视，服务提供者需要采取一切必要措施，保障儿童的安全和健康。

学习要求

《指南》的学习要求包括以下 3 个方面：

- 7 个学习和发展领域；
- 早期学习目标，总结了所有的儿童在上完预备班后应该获得的知识、技能和理解能力；
- 评估要求（工作人员何时以及如何评估儿童成就、与父母或监护人讨论儿童的进步）。

学习和发展的 7 个领域是相互联系的，必须落实在教育计划中，其中 3 个领域被认为对激发儿童的好奇心和学习热情、培养儿童的学习能力和建立关系的能力、获得良好发展尤其重要。这 3 个领域是：

- 沟通和语言；
- 身体发展；
- 个性、社会性和情感发展。

服务提供者还必须支持儿童在 4 个特定领域的发展，具体包括：读写；数学；认识世界；表达性艺术与设计。

对于这些要求，《指南》额外提供了一些指导，具体包括如何通过有计划的、有目的的游戏，并整合成人主导的活动和儿童发起的活动来组织和实施教育计划。

评估在《指南》中的作用

《指南》的核心是评估。它对持续评估儿童给予了相当的重视，并认为这是儿童学习和发展过程中不可缺少的一部分。

　　《指南》的关键评估程序是综合基线评估（Integrated Baseline Assessment）和早期奠基阶段发展档案（EYFS Profile），要求从业者在各个阶段对儿童进行观察，并做出适当回应，以帮助他们朝着学习目标不断进步。所有从业者都应该对该过程做出贡献，因此家长提供的信息也会被考虑进去。

- 两岁综合评价：从 2015 年 9 月起，两岁综合评价（整合"两岁儿童发展评估"和"健康儿童计划""健康与发展评估"）开始实施。对于 2—3 岁的儿童，从业者必须检查其发展情况，并向父母或其他抚养人提供儿童各主要领域发展和健康情况的简要书面总结。这种综合评价必须识别出儿童的优势以及低于预期的方面。

- 基线评估（Baseline assessment）：从 2015 年 9 月起，政府在预备班刚开学时引入了一个评估，收集每名儿童的分数。对每名儿童进行基线评估，是为了计算在关键阶段二（Key Stage 2）结束时，儿童与具有相同起点的其他人相比取得了多大的进步。此举意在使基线评估成为教师对儿童发展进行的更广泛评估的一部分，这比任何单一的基线评估都更能准确地捕获到广泛的信息。早期教育与保育机构必须从政府批准的 6 个评估工具选项中选择一个。

- 早期奠基阶段发展档案：在儿童 5 岁前的最后一学期，每名儿童都必须完成早期奠基阶段发展档案。该资料为家长、照看者、育儿员和教师提供了关于儿童知识、理解和能力水平与要求的差距以及入学准备情况的全面画像。该档案必须反映：正在进行的观察；机构拥有的所有相关记录；与家长或其他看护人、教师的讨论，或与被认为可以提供帮助的成人的讨论。

早期奠基阶段中的监管

　　早期奠基阶段的服务提供者由教育标准局进行监管。教育标准局对早期服务提供者的监管包括 4 个方面：

- 登记注册；

- 督察；

- 检查服务提供者（包括那些尚未注册但可能需要注册的人）是否符合法定的

注册要求；

- 在不满足注册要求的情况下采取强制措施。(Ofsted，2008a)

2008 年 8 月，《早期学习：迈向卓越》(*Early Years: Leading to Excellence*)发布。该报告由两部分组成，内容包括早期服务提供者应该如何改进儿童的结果(Ofsted，2008b)。虽然《指南》是一份详细的、描述性的、以游戏为本的儿童活动指南，政府原本不希望其被视为国家课程的一部分(DCSF，2007)，但是目前的法定框架主要是规定性的，并提供了一个强大的实施框架(DfE，2014a)。此外，教育标准局是服务质量的唯一评判者(DfE，2014b)。

地方政府和育儿代理机构（childminding agency）的角色

刚开始实施《指南》时，地方政府的角色和责任非常关键，不过随着 2014 年启用的早期服务机构新规定，地方政府的作用已经弱化。如第 1 章所示，2008 年《指南》的初衷是将提供早期服务的责任分派给地方政府，同时通过教育标准局的评估确保国家的控制。然而，随着 2014 年《儿童与家庭法》的出台，政府开始鼓励育儿代理机构的发展，看起来是为了给父母更多的选择，并帮助他们找到满足他们需求的服务。这些机构有望成为"一站式"商店，培训育儿员，为育儿员提供业务支持和建议，寻找需要育儿员的家长(DfE，2014b)。这项建议并非为了消除个体育儿员，而是为了整合服务提供方，以此降低家长遭遇没有辅助资源的服务提供方的风险。一旦在教育标准局注册，育儿代理机构就能够登记育儿员的信息，保证他们的质量，帮助他们中的新手承担起责任，使家长能够有更多选择。

这一提议从 2014 年 9 月开始实施，带来了地方政府角色和责任的一些变化，例如，在资助育儿员提供服务前，不再对服务质量进行评估。相反，教育标准局将采用国家标准，并对质量评估负责。现在法律要求地方政府为符合条件的两岁儿童和所有 3—4 岁儿童提供合适的早期教育与保育场所，每年服务 570 个小时，不少于 38 周。此外，他们还将向父母和准父母提供有关他们所在地区儿童教育与保育的信息、建议和帮助(DfE，2014b)，为早期服务提供者提供信息、建议和培训，不过这一责任在一定程度上因为育儿代理机构的引入而淡化——育儿代理机构有必要为他们所代表或雇佣的工作者提供足够的、持续的专业发展活动。

这大大降低了地方当局的权力和权威。在 2008 年《指南》刚开始实施时，地方政府负责评估、培训、员工支持并收集所有早期服务机构的记录。在当时，他们还需要在满足《指南》的要求和儿童的个人需求方面发挥关键作用，杜绝再出现类似维多利亚的案件。

早期服务从业者的资质与对他们的期望

2012 年，凯西·纳特布朗（Cathy Nutbrown）教授对早期服务从业者的资质进行审查，结果显示：决定早期教育质量和课程有效性最关键的因素是早期服务从业者的资质。凯西·纳特布朗教授的调查报告称，目前早期教育资质体系不能系统地给早期服务从业者"武装"知识、能力和理解力，从而使婴幼儿获得高质量的体验（2012：5）。同时，报告指出，早期服务从业团队的管理者至少应具备 3 级资质，大部分员工应具备 2 级资质。报告还称，目前许多资质认定在内容和标准上都存在不足。总而言之，如果想要为儿童提供良好的体验，让儿童在人生的起跑线上有良好的开端，就必须要提高早期服务从业者的技能，扩充他们的知识面，提升他们的理解力（详见第 5 章）。

研究表明，早期服务从业者的毕业学历对儿童的读写能力、社交能力等有巨大的影响。因此，政府应采取措施加以提升。2007 年，儿童相关从业者发展委员会（the Children's Workforce Development Council，CWDC）提出了毕业生资质等级资格——早期教育专业教师（Early Years Professional Status，EYPS），并计划用该标准取代主流机构的教师资格（Qualified Teacher Status，QTS）。政府计划到 2012 年，早期教育专业教师覆盖英格兰所有早期教育中心，到 2015 年覆盖所有日托中心。然而，这项政策存在许多问题。早期教育专业教师身份取代合格教师资质的计划并没有实现，因为具有教师资格的教师的工资是早期教育专业教师的两倍多。到 2009 年，超过 2500 人获得早期教育专业教师资格，有 2900 多名学生接受相关培训。这样看来，政府似乎可以实现它的目标。2010 年联合政府上台之后，为了进一步提高早期服务质量，对早期服务进行了新的调查。政府委任学者对早期服务政策展开一系列调查，发表了一系列调查报告。2010 年，弗朗克·菲尔德（Frank Field）发表了《奠基阶段：防止贫困儿童贫困一辈子》(*The Foundation Years: Preventing Poor Children Becoming Poor Adults*)。他调查了英格兰的贫困家庭,以及支持他们摆脱贫穷代际传递的方式。2011 年,格雷厄姆·阿伦(Graham Allen)发表《早期干预——下一步的选择》(*Early Intervention: The Next Steps*)。2010 年,迈克尔·马尔莫(Michael Marmot)的《公平社会　健康人生》(*Fair Society, Healthy Lives*)面世。2011 年,《芒罗儿童保护评述》(*Munro Review of Child Protection*)面世。以上所有的调查都旨在为早期服务带来改变,找出保护儿童、帮助儿童摆脱安全和贫困问题的方法。

早期服务领域最重要的报告之一就是蒂克尔(Tickell)的《儿童早期——人生、健康和学习的基础》(*The Early Years: Foundations for Life, Health and Learning*)。该项调查研究了《指南》的实施情况,得出的主要结论是:有必要继续提供高质量的支持和看护,这是帮助儿童在未来摆脱困境、取得成功的关键一步。蒂克尔建议研发一个可行的、灵活的、没有官僚习气的课程指南,强调父母或其他看护人在儿童学习中的重要性,强调儿童福利与安全,减少学习和发展领域的内容(2011)。

在蒂克尔的报告公布之前,2011 年 2 月,教育标准局公布了《英国早期奠基阶段教育指南的影响》这项报告,调查《指南》实施的第一阶段是否对儿童产生积极影响。报告发现,儿童在学习和发展方面确实有所提升。但报告也发现了一个有趣的现象,即师资水平高于最低要求的机构,成效更好。

因此,政府将重心转移到提高早期服务从业者的资质上。政府提出了一个新的资质标准——早教教师资格(Early Years Teacher Status, EYTS),并提出"早教专家"这一概念。早教教师资格是一个职前教师培训项目。项目的申请者必须获得英国普通中等教育证书,且必须获得英语、数学和科学 C 等成绩并通过读写算测试。职前教育培训依据早教教师标准进行。完成职前培训的参与者将被授予早教教师资格,并有机会获得奖学金。该项目与目前的教师标准项目同时运行。早教教师资格专门为早期奠基阶段教师设计,确保教师能为 0—5 岁儿童提供良好的教育与评估。

"早教专家"这一概念也同样得到发展,其具体标准也已经发布(NCTL, 2013)。目前,相关法律规定在一个团队中,管理者(也就是早期服务机构的正式领导者)和至少半数员工具备完全资格或相关资质,也就是"早教专家"(DfE, 2014a)。目前政策方向是将早期服务从业者专业化(更多信息和进一步的讨论见第 5 章和第 7 章)。

讨论

总而言之，正如第 1 章所阐述的，两个世纪以来，早期教育与保育领域都没有具有连续性的政策、实践和立法，保育与教育之间界限分明。而自从 2008 年以来，政府开始实施《指南》。这个体系着眼于不同年龄段儿童的发展，有清晰的目标，旨在明确保育与教育二者密不可分，并尊重每一名儿童独一无二的发展（Devereux and Miller，2003：2）。这些都反映政府迫切希望提高早期教育与保育的质量，并通过入职资格考试和持续的专业发展活动实现并保持师资队伍的专业性。

然而，一些批评意见认为，要提高早期服务标准，可以有很多方式，不必花如此大的精力来通过《指南》这种官僚主义的工具。给学习和发展制定标准会限制自发的、创造性的、建设性的实践。也有人认为，政府频繁地提出"入学准备"这个概念，似乎早期教育与保育的唯一目标就是让儿童做好 5 岁适应主流学校正式学习环境的准备。教育标准局将入学准备作为衡量早期服务机构工作成效的标准，并对机构如何提高儿童适应正式学习环境的能力提供指导（Ofsted，2014）。2012 年 3 月，英国儿童、青年和家庭部部长萨拉·提瑟（Sarah Teather）在介绍修订版《指南》时也强调了这一点。

> 真正重要的是，我们要确保儿童在开始小学教育时做好充足的准备。准备好学习，准备好交朋友和玩游戏，准备好寻求帮助，准备好表达自己的想法。这些是确保儿童在学校有所收获的关键基础。为高质量的早期服务搭好坚实的框架至关重要。我们所做的改变，例如在儿童两岁时做发展检查，将有助于早期教育专家、家长给儿童的人生提供一个最好的开始。

正是这段话的后半部分激起了很多批评。他们指出，早期阶段的发展应该有其自身的价值，我们不能仅将它视为学校教育的前期准备。

因此，从各方面的表现来看，既有人对《指南》持积极态度，也有人对它持消极态度。一方面，它重视基于游戏的学习，重视儿童安全和融合教育。这广受早期教育与保育实践者和研究者好评。但是另一方面，它强调早期教育与保育由始至终都要为儿童接受正式的教育做准备，这与"所有年龄段的所有儿童都时刻准备着学习"（Whitebread and Bingham，2011：1）这一普遍为人接受的观念相悖。

　　《指南》强调儿童实现目标、达到标准和收获学习成果。它假设儿童需要努力进步和发展，从一个较一般的儿童变成一个更优秀的儿童。"发展""发展目标"或者"学习目标"这些字眼给人带来一种感觉：儿童目前仍没有充分发展，他们仍需进步（改进）。或者说，人们已经给儿童设定了一个他们需要实现的发展目标——达到上小学的标准。（Palaiologou，2012：137）

　　最后，尽管政府打算全面普及免费早期教育与保育，但可能存在资金问题。政府计划将针对工薪家庭（包括部分时间工作的家庭）的早期教育与保育时间翻一倍，达到每周 30 小时。然而，这项计划没有专项资金支持。这意味着，如果政府战略性地缩减公共事业支出，该计划将因失去资金支持而变得十分脆弱。但是，这项计划将于2017 年实施，因为有额外的资金支持。这样看来，该项计划未来可期。在接下来的几年里，我们应该监督该计划的实施，以观其效。

☁ 反思性任务

- 思考修订版《指南》所带来的变化，并讨论这些变化将会对你的实践产生什么影响，将如何满足本土需求，或人们将如何就《指南》的原则达成共识。
- 你认为《指南》展现了什么样的"童年"概念？儿童观是什么样的？《指南》如何看待儿童的参与？
- 思考政府的早期教育与保育政策以及对"入学准备"的看法。"入学准备"是什么意思？儿童为什么要为上学"做好准备"？儿童该如何为上学"做好准备"？这是早期课程的意义所在吗？

本章小结

　　第 1 章和第 2 章阐述了早期教育与保育政策的历史发展以及 2008 年 9 月《指南》的诞生。随着政策的变化，研究者试着确立一种理念，即所有儿童、家庭和早期服务从业者都应受到重视。上文已指出，直到 21 世纪，早期教育与保育才得到应有的重视。《指南》及其各项标准的提出显示政府急于提高早期教育与保育质量。于是，人们开始公开讨论早期教育与保育质量的含义，这个话题越来越热。总而言之，从积极的角度来看，对《指南》的审查显示急需设立相关法律法规，早期服务从业者的资质将有所提升，并有巨额资金投入。此外，修订版《指南》的重点是帮助儿童做好入学准备。一方面，《指南》带来了一个主要变化，儿童福利被置于家庭和社区更广泛的社会背景中；另一方面，似乎可以这样认为：在儿童为将来成长为成年人做准备的过程中，他们需要社会化——重点是儿童未来会成为什么样的人，而不是他们现在的状态。

识记要点

- 自工党 1997 年执政以来，早期教育与保育经历了巨大变化，最重要的政策文件是《每个孩子都重要》《儿童计划：创建更光明的未来》和《指南》。
- 所有政策的关键在于服务的整合、早期服务从业者队伍的建设、家长的参与和服务的质量。
- 自 2008 年 9 月起，所有早期教育与保育机构必须要落实《指南》。
- 由于政府引入了早期服务从业者的新作用、责任以及标准，这支队伍正在发生变化——这个专业化过程包括引入早期教育教师资格和早期教育专业教师标准（3 级资格）。
- 2012 年 3 月，联合政府发布修订版《指南》。它保留了第 1 版的基本原则并强调儿童的学习、发展、幸福和安全。配套法定大纲于 2014 年更新。

讨论话题

- 在你看来，面向儿童早期的课程应该是什么样的？课程应与儿童现在的学习能力相符还是应着眼于儿童未来发展？
- 你对《指南》提出的学习和发展要求有何看法？
- 你觉得早期教育与保育的目的应该是什么？

拓展阅读

书

Clark, M. and Waller, T. (2007) *Early Childhood Education and Care: Policy and Practice*. London: Sage.

Dahlberg, G. and Moss, P. (2012) *Contesting Early Childhood and Opening for Change*. London: Routledge.

Parker-Rees, R. and Leeson, C. (eds) (2015) *Early Childhood Studies*, 4th edn. London: Sage.

Cohen, B., Moss, P., Petrie, P. and Wallace, J. (2004) *A New Deal for Children? Re-forming Education and Care in England, Scotland and Sweden*. Bristol: The Policy Press.

参考文献

Alexander, R., Rose, J. and Woodhead, C. (eds) (1992) *Curriculum Organization and Classroom Practice in Primary Schools: A Discussion Paper*. London: DES.

Allen, G. (2011) *Early Intervention: The Next Steps*. An Independent Report to Her Majesty's Government. London: Cabinet Office.

Anning, A. (2009) 'The co-construction of an early childhood curriculum', in A. Anning, J. Cullen and M. Fleer (eds), *Early Childhood Education: Society and Culture*. London: Sage. pp. 67–79.

Anning, A. and Edwards, A. (eds) (2006) *Promoting Children's Learning from Birth to Five: Developing the New Early Years Professional*. Milton Keynes: Open University Press.

Athey, C. (1990) *Extending Thought in Young Children*. London: Paul Chapman Publishing.

Baldock, P., Fitzgerald, D. and Kay, J. (2009) *Understanding Early Years Policy*, 2nd edn. London: Paul Chapman Publishing.

Bertman, P. and Pascal, C. (2002) *Early Years Education: An International Perspective*. Available at: www.inca.org.uk (accessed September 2008).

CWDC (Children's Workforce Development Council) (2007) *Guidance to the Standards for the Award of Early Professional Status*. Leeds: CWDC.

David, T. (1993) 'Educating children under 5 in the U. K.', in T. David (ed.), *Educational Provision for Our Youngest Children, European Perspectives*. London: Paul Chapman Publishing.

DCSF (Department for Children, Schools and Families) (2007) *The Children's Plan: Building*

Brighter Futures. London: HMSO.

DCSF (Department for Children, Schools and Families) (2008) *The Early Years Foundation Stage: Setting the Standards for Learning, Development and Care for Children from Birth to Five*. Nottingham: DCSF Publications. (Comprises the *Statutory Framework, Practice Guidance*, Cards and other resources.)

Devereux, J. and Miller, L. (eds) (2003) *Working with Children in the Early Years*. London: David Fulton.

DfE (Department for Education) (2014a) *Statutory Framework for the Early Years Foundation Stage: Setting the Standards for Learning, Development and Care for Children from Birth to Five*. Available at: www.foundationyears.org.uk/files/2014/07/EYFS_framework_from_1_September_2014__with_clarification_note.pdf (accessed 21 September 2015).

DfE (Department for Education) (2014b) *Early Education and Childcare: Statutory Guidance for Local Authorities*. London: DfE.

DfES (Department for Education and Skills) (2003) *Every Child Matters*. Nottingham: DfES Publications.

DfES (Department for Education and Skills) (2004a) *Every Child Matters: Change for Children*, Nottingham: DfES Publications.

DfES (Department for Education and Skills) (2004b) *Choice for Parents, The Best Start for Children: A Ten Year Strategy for Childcare*. London: HMSO.

DfES (Department for Education and Skills) (2007) *Practice Guidance for the Early Years Foundation Stage: Setting the Standards for Learning, Development, and Care for Children from Birth to Five*. Nottingham: DfES Publications.

Field, F. (2010) *The Foundation Years: Preventing Poor Children Becoming Poor Adults*. Report of the Independent Review on Poverty and Life Chances. London: Cabinet Office.

Goldschmied, E. and Jackson, S. (1994) *People Under Three: Young Children in Day Care*. London: Routledge.

Hennessy, E., Martin, S., Moss, P. and Melhuish, P. (1992) *Children and Day Care: Lessons from Research*. London: Paul Chapman Publishing.

Hirsch, D. (2014) *The Cost of Child 2014*. London: Child Poverty Action Group.

Laming, Lord (2003) *The Victoria Climbié Inquiry*. London: HMSO.

Lupton, R. and Thomson, S. (2015) The Coalition's Record on Schools, Spending and Outcomes. SPCC WP14. Social Policy in a Cold Climate: London.

MacInnes, T., Aldridge, H., Bushe, S., Kenway, P. and Tinson, A. (2013) *Monitoring Poverty and Social Exclusion 2013*. York: Joseph Rowntree Foundation.

Marmot, M. (2010) *Fair Society, Healthy Lives: Strategic Review of Health Inequalities in England*

Post-2010. London: The Marmot Review.

Mortimore, P., Sammons, P., Stoll, L., Lewis, D. and Ecob, R. (eds) (1998) *School Matters*. London: Open Books.

Moss, P. (2000) 'Foreign services', *Nursery World*, 3733: 10–13.

Moss, P. (2001) 'Britain in Europe: finger or heart?', in G. Pugh (ed.), *Contemporary Issues in the Early Years*, 3rd edn. London: Paul Chapman Publishing. pp. 25–39.

Moss, P. and Pence, A. (eds) (1994) *Valuing Quality in Early Childhood Services: New Approaches to Defining Quality*. London: Paul Chapman Publishing.

Moyles, J. R. (1989) *Just Playing? The Role and Status of Play in Early Childhood Education*. Milton Keynes: Open University Press.

Moyles, J. (ed.) (2007) *Early Years Foundations: Meeting the Challenge*. Maidenhead: Open University Press.

Moyles, J., Adams, S. and Musgrove, A. (2001) *The Study of Pedagogical Effectiveness: A Confidential Report to the DfES*. Chelmsford: Anglia Polytechnic University.

Munro, E. (2011) *The Munro Review of Child Protection: Final Report: A Child-Centred System*. London: TSO.

NCTL (National College for Teaching and Leadership) (2013) *Early Years Educator (Level 3): Qualifications Criteria*. Nottingham: NCTL.

Nutbrown, C. (1999) *Threads of Thinking*. London: Paul Chapman Publishing.

Nutbrown, C. (2012) *Foundations for Quality*: *The Independent Review of Early Education and Childcare Qualifications. Final Report. Runcorn:* Department for Education. Available at: www.gov.uk/government/uploads/system/uploads/attachment_data/file/175463/Nutbrown-Review.pdf.

OECD (2014) *Education at a Glance 2014: OECD Indicators*. Paris: OECD Publishing.

Ofsted (2008a) Early Years Foundation Stage (EYFS). www.ofsted.gov.uk (accessed September 2008).

Ofsted (2008b) *Early Years: Leading to Excellence*. Available at: http://webarchive.national archives.gov.uk/20130401151715/http://www.education.gov.uk/publications/standard/ publicationdetail/page1/HMI-080044 (accessed 29 January 2016).

Ofsted (2011) *The Impact of the Early Years Foundation Stage*. London: Ofsted.

Ofsted (2014) *Are You Ready? Good Practice in School Readiness*. London: Ofsted.

Palaiologou, I. (2012) *Child Observation for the Early Years*, 2nd edn. London: Sage.

Penn, H. (1997) *Comparing Nurseries: Staff and Children in Italy, Spain and the UK*. London: Paul Chapman Publishing.

Penn, H. (2000) *Early Childhood Services: Theory, Policy and Practice*. Oxford: Oxford University Press.

Penn, H. (2008) *Understanding Early Childhood: Issues and Controversies*. Maidenhead: Open University Press.

Pugh, G. (ed.) (1996) *Contemporary Issues in the Early Years: Working Collaboratively for Children*, 2nd edn. London: Paul Chapman Publishing.

QCA/DfEE (Qualifications and Curriculum Authority/Department for Education and Employment) (2000) *Curriculum Guidance for the Foundation Stage*. London: QCA.

Smith, C. and Vernon, J. (1994) *Day Nurseries at the Crossroads: Meeting the Childcare Challenges*. London: National Children's Bureau.

Sure Start Unit (2002) *Birth to Three Matters: A Framework to Support Children in Their Earliest Years*. Nottingham: DfES Publications.

Sylva, K., Melhuish, E., Sammons, P. and Siraj-Blatchford, I. (2001) *The Effective Provision of Pre-School Education (EPPE) Project*. The EPPE Symposium at the British Educational Research Association Annual Conference, University of Leeds, September 2001.

Tickell, C. (2011) *The Early Years: Foundations for Life, Health and Learning*. An Independent Report on the Early Years Foundation Stage to Her Majesty's Government. London: Crown. Available at: www.education.gov.uk/tickellreview (accessed July 2012).

United Nations (1989) *Convention on the Rights of the Child*. Geneva: Defence International and the United Nations Children's Fund. Available at: www.ohchr.org/en/professionalinterest/ pages/crc.aspx.

Whitebread, D and Bingham, S. (2011) *School Readiness: A Critical Review of Perspectives and Evidence*. Birmingham: TACTYC.

第 3 章

英国早期教育与保育概况

约安娜·帕拉约洛戈　格伦达·沃尔什　萨拉·麦夸里

简·沃特斯　纳塔莉·麦克唐纳　伊丽莎白·邓菲

本章概览

正如第 1 章所提到的，大不列颠及北爱尔兰联合王国由英格兰、苏格兰、威尔士和北爱尔兰组成。因为是联合王国，北爱尔兰、苏格兰和威尔士等各有独立的规定，早期教育与保育情况非常复杂。本书重在讨论英格兰的早期奠基阶段情况。然而，在回顾了英格兰早期教育与保育政策的历史发展和《指南》的实施之后，我们发现有必要扩大视野，不仅关注联合王国的各个组成国家，同时也要放眼英伦列岛（包括爱尔兰）。因此，本章考察了英伦列岛的早期教育与保育，旨在帮助读者：

- 大致了解英国的早期教育与保育；
- 了解不同的课程实施情况；
- 了解政策在课程实施中的作用；
- 比较、反思各国的案例。

北爱尔兰的早期教育与保育

格伦达·沃尔什

历史回顾

北爱尔兰是英国 4 个组成国中最小的一个，人口约 150 万，是一个逐渐从动荡的过去中崛起的国家。从 20 世纪 60 年代末到 90 年代中期，这个国家充斥着政治和宗教斗争。和平终于因 1994 年的准军事部队停火协议和 1998 年的《贝尔法斯特协定》（*Belfast Agreement*）而得到恢复。

早期教育与保育的发展

3—4 岁的儿童

学前阶段仍然是一个非强制性的教育阶段。但是自《学会学习框架》（*Learning to Learn Framework*）（DENI，2013）发布以来，学前阶段被视为奠基阶段的一部分，以确保儿童的顺利过渡。北爱尔兰政府致力于为每一个有需要的家庭提供至少一年的早期服务，重申了早期教育扩展计划（Pre-school Education Expansion Program，PSEEP）（DENI and DHSSPS，1998）。该计划意在加强法定和志愿 / 私营部门之间的合作。早期教育扩展计划整合了一些特征，例如在所有机构实施按照《早期教育课程指南》（Curricular Guidance for Preschool Education）（CCEA，DENI，DHSSPS，2006）^①设计的统一课程，建立质量保证机制，所有接受财政资助的机构接受教育和培训检查（Education and Training Inspectorate，ETI）。这些特征今天仍然存在。需要注意的是，希望接收财政资助的志愿和私立机构，也必须在健康和社会关怀信托（Health and Social Care Trust，HSCT）注册。因此，除了教育和培训检查之外，他们还要接受该基金的监察。

北爱尔兰教育部进行的一项统计显示，2015 年 2 月，北爱尔兰大约有 24000 名儿童（相当于 3 岁儿童的 91%）接受早期教育资助，这是史上最高纪录，拥有预备班（被视为一种不怎么合适的早期教育形式）的学校数量大幅减少到 70 所（DENI，

---

① 《早期教育课程指南》以儿童为中心，以游戏为基础，分 6 个不同的领域：艺术，语言发展，早期数学经验，个性、社会性和情感发展，身体发展，室内和室外世界探索。该指南承认儿童以不同的方式学习和发展，强调需要课程让儿童有机会学习和充分发挥潜能。

2015）①。关于早期教育的质量，总督导 2012—2014 年的报告指出，在接受检查的早期服务机构中，有 83% 被评价为好或有改进（与上一个检查周期的情况相比，提高了 7个百分点）（ETI，2014）。尽管取得了这个有利的结果，但总的来说，被评价为非常好或杰出的机构变少，这表明还有一些工作要做。为此，教育部计划"通过合作、宣传最佳做法，建立适当的支持机制，以达到最高标准"（DENI，2013：27）。例如，教育部计划"创建早期服务支持群试点——通过更多地利用幼儿园和幼儿班、特殊学校、其他相关机构和早期教育与保育专家的专业知识来提高标准"（DENI，2013：27）。

在早期教育与保育领域，关于谁最适合"教育"儿童的辩论仍在继续。关于研究生（graduate）和质量之间的关系已有很多著述（参见 McMillan，2008；Nutbrown，2012），北爱尔兰近期政策（尤其是《学会学习框架》，DENI，2013）含蓄地承认了研究生领导早期教育与保育机构的观点，但未能做出任何明确的行动以在实践中真正实现这一目标。2014 年的总督导报告强调了目前存在的差异，特别是在私营 / 志愿部门所获支持的数量和质量方面，不过这种差异可能会被克服，如果有一名研究生领导 /教师的话。然而，关于训练有素的教师是否就是最好的教师这个难题还有待解决。

0—3 岁的儿童

北爱尔兰政府承诺为来自贫困家庭的 2—3 岁儿童提供年预算约 300 万英镑的确保开端发展项目（Sure Start Developmental Programme）。这一项目于 2006 年 3 月提出，是儿童和青年一揽子计划（Children and Young People's Package）的一部分，后在2007 年 2 月落地。早期学习——面向幼小儿童的组织（Early Years: The Organisation for Young Children）赢得了北爱尔兰教育部为两岁儿童开发合适项目以及为确保开端的从业人员提供相应培训的招标计划。该计划在 2008 年正式启动。

根据北爱尔兰 2013 年的数据，有 142 个项目正在运营，每个项目大约有 12 名儿童。项目针对两岁儿童，旨在"发展儿童的社会性和情感、沟通和语言能力，并通过游戏激发他们的想象力"（DENI，2013：4）。教育和培训检查结果表明，针对两岁儿童的计划从"令人满意"进步到"好"（satisfactory-to-good），但在战略规划、高质量培训、高水平资质、适当的住宿和资源、有效的支持和在需要时获得专业支持和更先进的协同工作方式上，仍有许多工作要做（ETI，2010）。为了响应这些要求，教育部打算

---

① 作为《学会学习框架》的一部分，教育部正在立法禁止小学接收不足年龄的儿童进入预备班。

对项目进行审查，以评估何种投资程度有助于改善最贫穷地区儿童及其家庭的福利和儿童发展成果（DENI，2013），并根据调查结果，为该方案的扩大制定可能的方案，确保所有提供该方案的机构都接受当地的检查。

学校的发展

在学校方面，北爱尔兰的早期教育与保育近几年发生了非常显著的变化。北爱尔兰分别于 2007 年 9 月和 2008 年 9 月针对所有小学一、二年级 4—6 岁儿童强制实施奠基阶段课程（CCEA，2007）。在 4 个组成国家中，北爱尔兰的法定入学年龄最小[①]。对于正式课程不适合儿童早期的担忧引发了一项试点研究。这个试点研究支持一种以儿童为中心和以游戏为基础的教育法，即早期强化课程（Early Years Enriched Curriculum）。研究结果较为积极，显示在儿童的学习品质、社会性和情感健康方面，游戏教室提供的学习体验要更优越（Walsh and McMillan，2010）。然而，为了确保为儿童提供有效的挑战，促进儿童发展，研究者建议了一个更加平衡和整合的方法，称为"游戏化的结构"，成人在儿童的学习经验中保持一定程度的"游戏性"，同时保持充分的结构以确保有效学习的发生（Walsh et al.，2010；Walsh et al.，2011）。

这些调查结果在最近推出的奠基阶段课程（CCEA，2007）中起着举足轻重的作用，在新入学的两年里，儿童应该"通过精心策划和具有挑战性的游戏来开展大部分学习"（CCEA，2007：9），他们的学习应该得到"敏感、热情、能开展有效互动、挑战思维和学习"的工作者的支持（CCEA，2007：16）。

向游戏转变的理念在实践中一直是有质疑的。根据亨特和沃尔什（Hunter and Walsh）2014 年的说法，尽管官方表示了对游戏教学法的支持，但在实践中实施高质量且具有挑战性的游戏的问题似乎并没有得到完全解决。总督导 2014 年的报告重申了这样的发现，强调一、二年级的教师"需要加强儿童的学前教育，对所有儿童提出更高的期望，引导儿童通过计算、读写和基于游戏的活动，学习独立写作，发展思维能力"（ETI，2014：43）。

亨特和沃尔什呼吁北爱尔兰的早期服务从业者提高技能，确保"对游戏的意义有更精细和深入的理解，拥有高水平的专业知识"（Hunter and Walsh，2014：15）。教育部也对此表示认同，承诺为早期服务从业者和管理者提供持续培训项目，并将重点放

---

① 7 月 1 日或之前到 4 岁的儿童将在当年 9 月初开始上小学。

在游戏教学法上（DENI，2013）。

下一步进展

教育部最近出版的《学会学习框架》（DENI，2013），明确阐述了有关北爱尔兰未来几年早期（0—6 岁）教育与保育的政治愿景。前景看起来一片光明。《学会学习框架》的总体目标反映的是北爱尔兰的整体愿景，即"每个年轻人在其发展的每一个阶段都能充分发挥潜能"，尤其重视：

> 提高对所有人的期待；
>
> 缩小人与人之间的表现差距，提高可获得性和公平程度。（DENI，2013：16）

然而，在这种进步和发展的大背景下，严峻的经济环境①将对整个教育包括早期教育与保育战略规划和实施产生不利影响。尽管教育部声称尽可能保护一线服务，"但将所有核心服务维持在当前的水平不现实"（DENI，2014：4）。这样一来，北爱尔兰的政策蓝图可能永远无法在幼儿园完全实现。

案例分析

伊桑（Ethan）的故事

伊桑出生于 2009 年 7 月 29 日。他的父母都有全职工作——母亲是一名中学教师，父亲是一名木匠。刚出生的第一年，伊桑是在家里与母亲一起度过的，然后他被送到经过注册的育儿员那里接受全天的照看。3 岁时，他能够参加当地一个非全日制的游戏小组了，每周 3 天，每天从早上 9 点到早上 11：15，从 9 月到 6 月。在他过完 4 岁生日后的那个 9 月，他进入了当地的全日制幼儿园，那里有一位训练有素的教师。他的父母本来担心他可能无法在这家幼儿园就读，因为录取标准在那一年刚刚改变，不再接收 7、8 月出生的孩子。他们非常高兴他得到了一个学位，且是全日制幼儿园的学位（上午 9 点到下午 1：15），还有午餐——这在北爱尔兰的幼儿园中正变得越来越少见。伊桑很享受他的幼儿园生活，并

---

① 教育部 2015—2016 年预算资源投入削减 4.9%，资金投入削减 19.7%。此前，2011—2015 年的预算资源投入减少了 13.6%（DENI，2014）。

且在如何与同龄人交往方面学到了很多——他原来习惯于和两个哥哥一起玩。他的父母也对伊桑的进步感到非常高兴。伊桑还是班上年龄最大的孩子。但他们有时会觉得，他们作为父母的需求应该更好地被顾及。任何培训活动，或者分享伊桑的进步的面谈，都在白天进行，这使得他们都很难到场，因为他们要工作。2014 年 9 月 1 日，伊桑开始读小学，他是班上年龄最大的孩子，早在这一年的 7 月 29 日他就已经 5 岁了。他表现得很好，很可能归因于之前多以游戏为基础的课程。然而，他的父母却有点担心挑战不够。他们当然不反对奠基阶段课程的新理念，但伊桑是班上年纪最大的，他们觉得，有时老师并没有充分利用他在幼儿园中获得的有益经验并以游戏方式扩展他的学习。然而，在学年结束之际，他们看到了伊桑在学习上取得了进步。他们还觉得应该给家长提供更多的培训，让他们能够使用更有趣和更符合年龄特点的方法在家里支持孩子的发展。

☁ 反思性任务

- 反思英格兰早期教育与保育指南中的学习和发展领域，并与北爱尔兰进行比较。如果伊桑生活在英格兰，他的经历将有何不同？

苏格兰的早期教育与保育

萨拉·麦夸里

回顾历史

自从 1999 年权力下放以来，苏格兰的教育接受苏格兰议会管理，这意味着英国议会没有直接的管辖权。《苏格兰学校法案》（*Scotland's Schools Act*）中"标准"的出台为所有 5—16 岁儿童的免费义务教育确立了指导方针（Scottish Executive，2000）。有关年幼儿童的教育遵循《苏格兰 5 岁以下儿童教育》（*Education of Children under Five in Scotland*）（SOED，1994）。

长期以来，综合教育理念一直被视为苏格兰教育的一个显著特征（Humes and Bryce，2003）。苏格兰学校关注学生的全面发展，这从其修订融合政策（HM

Inspectorate of Education，2002，2005a）、教育督导员的角色定位和工作方式可见一斑（HM Inspectorate of Education，2009）。苏格兰的决策过程较为去中心化，学校和利益相关者发挥重要的作用。综合教育理念在苏格兰教育机构的创建中表现得最为明显。该机构整合了苏格兰的学习与教学机构（提供建议、实用的材料和资源来提高教与学质量）和皇家教育督察机构。

另一个更显著的特点是盖尔语中等教育（Gaelic Medium Education，GME），它涵盖了苏格兰课程中以盖尔语为媒介的学前教育、小学和中学教育。令人振奋的是，2014 年年度人口普查显示，苏格兰有 60 所小学超过 2500 人接受盖尔语教育（Summary Statistics for Schools in Scotland，2014）。考虑到盖尔语中等教育在 1986 年才正式推出，这些数据可以作为测算相关需求的指标之一（HM Inspectorate of Education，2005b，2011）。2005 年，第一部《盖尔语法（苏格兰）》规定在苏格兰地区提供盖尔语，随后在 2007 年又出台了盖尔语国家计划[①]以及地方各级组织的各种计划。

苏格兰教育的一个关键优势是工作者之间的合作，这在苏格兰"社会融合战略"中显而易见。新社区学校（后来的综合社区学校）计划始于 1998 年（HM Inspectors of Schools，1999），是苏格兰"社会融合战略"的组成部分。学校被要求在 2007 年之前开始实施以儿童为中心的战略，采取综合的办法，增加机构间的合作，并利用社区现有的资源。

课程与政策

苏格兰的课程指导方针是通过良好实践范例来支持教学，但教师具有相当大的自主性（Leat et al.，2013）。1991 年，苏格兰教育部门（先是 Scottish Office Education Department，SOED，后来是 Scottish Executive Education Department，SEED）制定了一系列课程和评估指南，涵盖 5—14 岁从小学一年级到中学二年级的儿童。在苏格兰，人们对这些要求和相关的支撑材料已有十多年的共识。

英格兰教育咨询小组调查发现需要一个更有吸引力的课程，于是在 2003 年，苏格兰成立了一个课程评估小组。接下来的一段时间里（2005—2009 年），苏格兰进行了大量的实践和研究。2009 年，修订后的课程指导方针出台。苏格兰现在有一个 3—

---

① 根据 2005 年的法案，每 5 年发布一次盖尔语国家计划，详见 Bòrd na Gàidhlig (2007). The National Plan for Gaelic 2007–2012. Inverness: Bòrd na Gàidhlig。

18 岁的统一课程，即卓越课程（A Curriculum for Excellence）。课程的目的包括"4 种能力"，即通过课程，每名儿童都应该是一个成功的学习者，一个自信的个体，一个有效的贡献者和一个负责任的公民。4 种能力中的每一种都有清晰的界定，并为教育工作者提供了直接的资源，使他们能够为学习者的发展提供帮助。卓越课程用"经验和成果"来描述学习（经验）的本质，并作为判定（成果）依据。5 级学习水平中有 4 级提到"经验和成果"，和本书相关的是早期水平：早期服务机构和小学一年级。在这个课程中，所有儿童都能以适合他们的方式接受刺激，进行有效学习（Scottish Executive, 2007；Scottish Government, 2008a）。学校和地方政府被鼓励听取利益相关方、教师和家长的意见，充分利用国家指导方针和支持材料设计课程，满足学校和当地社区的期望，并确保每名儿童获得卓越课程的 4 种能力。

针对 3 岁以下儿童的发展指南是《从出生前到 3 岁：苏格兰儿童和家庭的积极成果》（*Pre-birth to Three: Positive Outcomes for Scotland's Children and Families*, Learning and Teaching Scotland, 2010）。这符合卓越课程的原则和理念，并得到国家课程指南的支持（Scottish Government, 2008b）。这一指南提出了一个为期 10 年的战略，旨在使那些照顾 3 岁以下儿童的人能够培养儿童的社会性和互动能力，从而使儿童得到支持并能够充分发挥潜力。指南关注从出生到 3 岁儿童的利益，并提出变革的 10 个要素，每一个要素都附有优秀实践案例。这些案例（来自苏格兰的实践）反映了该文件的关键要素，包括关注儿童游戏、经验和整体学习，支持儿童的发展和过渡。早期阶段的合作很有意思。这是一种跨机构的合作，启动于 2012 年 10 月，旨在推动政策实施，并鼓励苏格兰各地开展实践。在苏格兰全境推动变革是这一指南的一个标志。激动人心的是，这样的合作承诺已经超出了最初两年的期限（Scottish Government, 2015）。

该指南的优势在于其致力于促进和维护《联合国儿童权利公约》所定义的儿童权利。为了说明目标，指南的一系列愿景声明都提到《联合国儿童权利公约》的条款，尤其是强调重视儿童的声音："儿童和家庭在我们社会的各个层面都受到尊重和珍视，并有权让所有支持他们、服务他们的人听到他们的声音并采取行动。"（《联合国儿童权利公约》第 12 条）重视在室内外提供一系列学习机会："儿童有权参加体育活动和游戏，包括户外活动，并有机会体验、评判和管理风险"（第 31 条）（Scottish Government, 2008a：11）。这些精华被纳入 2014 年《（苏格兰）儿童和青年法》，如增加对早期教育与保育的拨款（包含针对弱势儿童的具体措施），为 1—3 年级的小学生（5—7 岁）提供免费校餐，这意味着苏格兰的早期教育与保育将会继续发展。

从英格兰搬到苏格兰：一位母亲的声音

我的丈夫换了工作，于是我们决定搬到苏格兰。我开始担心孩子的教育。我有一个女儿，现在 4 岁，要是在英格兰，她早就上预备班了，但当我们搬到苏格兰之后，她又上了一年幼儿园，才进了苏格兰所谓的一年级（相当于英格兰关键阶段一）。

我们刚搬到苏格兰时，她每天在幼儿园待两个半小时。现在她上了一年级，我感觉非常好。他们学校把来自不同班级的孩子混在一起，共同开展很多活动。我发现这对她的社交技能非常有帮助。我原本很担心孩子会像在英格兰那样被要求重读一年，不能升班，但是现在我非常高兴。她有一年多的时间都在玩，没有进行"结构化"的学习（笑声）。不过她的老师告诉我，他们有结构性的学习，只是不像英格兰的预备班一样在课上学习字母、阅读和书写。她在发音和读写上没有任何问题，我感到很幸运，她在幼儿园多玩了一年的时间。

我们刚搬过来的时候，我的儿子两岁。他在苏格兰被评估为有复杂和严重的残疾，需要额外的支持。我不确定我在英格兰会得到什么支持，但我很感谢苏格兰的体系。他进入了一家只为复杂和严重残疾儿童提供服务的幼儿园。他们班 4 个孩子、一个老师和两个学习辅导助理，他享受了一对一的支持。这所幼儿园里也有专职健康专家、心理治疗师和其他可能需要的服务。作为一个患有严重残疾的儿童的家长，我很担心，但他的幼儿园给了我们很多的支持，定期和我们沟通，我觉得这对我们的儿子和作为父母的我们帮助都很大。作为家长，我感到自己被倾听和重视。现在我儿子说话比原来有进步，与他人也有了更好的互动，我对他的进步感到非常高兴。我不确定在英格兰我是否也会得到这样的支持，但我很高兴他到了这家幼儿园，因为我不认为他可以在其他主流幼儿园过得更好。我在英格兰有一个朋友，她也有一个残疾孩子，当我们谈论我们的待遇时，她似乎很挣扎。我觉得我很幸运，我的孩子们能享受这些服务。

- 反思这个案例，思考如果一个家庭（包括子女）从苏格兰搬到英格兰的话会遇到什么问题。考虑在《指南》引导下可以支持他们的策略。

威尔士的早期教育与保育

简·沃特斯　纳塔莉·麦克唐纳

回顾历史

威尔士有 300 多万人口（The Welsh Government，WG，2014a），0—15 岁的儿童和少年占 18%。2011 年的人口普查结果显示，19% 的威尔士人能说威尔士语，比 2001 年下降 2%。威尔士作为一个双语国家是威尔士政府的政策核心（WG，2011），所有公立教育机构的学生都必须学习威尔士语，直到年满 16 岁。

威尔士于 1997 年 9 月 19 日举行全民投票设立自己的议会，1999 年 5 月 6 日举行首届大选，以微弱多数通过了威尔士政府[①]。这标志着威尔士教育行政权从威斯敏斯特移交到了加的夫。前 10 年的教育政策——现在由教育和技能部（DES）负责制定教育政策——主要依据《学习型国家》（*The Learning Country*）（NAfW，2001a），其目标是为小学学习奠定更强的基础并彻底改善早期服务供给（p.12）。随后的咨询文件《学习型国家：奠基阶段（3—7 岁）》（NAfW，2003），建议为 3—7 岁儿童制定奠基阶段课程框架，"提供 7 个领域的学习内容"（WAG，2008a：3）。威尔士早期教育与保育的这一激进改革标志着其与英国教育政策脱轨。人们担心——有研究文献的支持——过于正规的 6 岁以下儿童教育是"有害的"（NAfW，2001b：8）。

威尔士 3—7 岁儿童的奠基阶段课程框架

在对两年试点项目（Siraj-Blatchford et al.，2005）进行评估之后，威尔士推出了针对 3—7 岁儿童（幼儿园、预备班、一年级和二年级）的奠基阶段课程框架（WAG，2008b），在 2008 年至 2011 年期间全面铺开。法定课程文件提倡在平衡成人指导和儿童主导活动的基础上采用基于游戏教育法。教育机构需要为儿童提供"愉快、兴奋、刺激和安全"的室内外环境，并"促进儿童的发展，激发儿童天然的好奇心，引导儿童通过亲身体验来探索和学习"（WAG，2008a：4）。此外，儿童应该与成人交流，与

[①]　先是威尔士国民大会（National Assembly for Wales，NAfW），而后是威尔士议会政府（Welsh Assembly Government）。

成人保持共同思考，成人应该充分依据"儿童已经知道并能够做的事情、儿童的兴趣和知识"（WAG，2008b：6）。因此，该奠基阶段课程框架要求从业者至少部分时间根据实际需要灵活参与由儿童主导的活动，以支持儿童的学习。这一要求以威尔士政府关于儿童和青少年的总体愿景（这个愿景基于《联合国儿童权利公约》的 7 个核心目标）为大背景。该框架在这一总体愿景中，强调儿童的个人发展和福祉。

> 儿童通过亲身体验，借助游戏这个"严肃的"工具进行学习。儿童在游戏中练习和巩固，开动脑筋，不断试验，冒险，解决问题，独立地或与其他儿童共同做出决定。第一手的经验让儿童了解自己和所处的世界。儿童自我概念、自我价值感和自尊的发展是这一阶段的核心。（WAG，2008b：6）

这 7 个学习领域如下，其中第一个是"核心"：

- 个性和社会性、健康和文化多样性；
- 语言、读写和交流技能；
- 数学；
- 威尔士语；
- 对世界的认识和理解；
- 身体发展；
- 创造性。（WAG，2008b：16）

该框架对于"更加重视利用户外环境作为儿童学习的资源"（WAG，2008b：4）另有具体的说明。在试点阶段，研究发现，尽管有证据显示学校在户外利用方面取得了积极进展（WG，2014b），但仍有些学校可能做得不够（Maynard and Waters，2007）。奠基阶段课程框架强调的"积极主动、有目的的教与学"（Wood，2007b：127）被认为有可能使威尔士早期教育与保育工作"发展当代游戏研究中所倡导的综合方法"（Wood，2007a：313）。然而，威尔士两次令人失望的 PISA（国际学生评估项目）成绩（OECD，2010；WG，2010）预示着整个威尔士教育系统将高度重视学生在读写算方面的发展。威尔士关于读写算的指南于 2012 年 9 月出台，现在已被纳入 2015 年 9 月修订的课程中。对 7 岁儿童的读写算能力进行全国性测试，可能会对奠基阶段课程倡议的基于游戏的、儿童发起的活动构成威胁，不过政府仍在继续支持奠基阶段（WG，2013）。

展望未来

自威尔士奠基阶段课程框架实施以来，威尔士政府重新定义了教育的优先次序。打破贫困与学业成就之间的联系成为现阶段政策的中心（WG，2012b，2013）。奠基阶段课程框架经历了两次评估。首先是由西拉杰和金斯顿根据威尔士政府的要求对课程框架实施情况的审查或"盘点"（Siraj and Kingston，2014）。他们强调，在奠基阶段课程框架实施良好的地方，儿童的结果看起来不错（Siraj and Kingston，2014：18-19）。不过，在公立园内部、私立园内部以及公立园和私立园之间，儿童的经验存在显著差异。

威尔士政府还进行了一项为期3年的评估，得到了更为具体的结果，不过总的结论类似（WG，2015）。这一评估突出了奠基阶段获得的利益相关方的热烈支持，以及儿童的积极参与和良好结果。然而，全威尔士的差异仍然是一个重大问题。梅纳德等（Maynard et al.，2013）对课程内容进行了评估（作为3年评估的一部分），并强调了奠基阶段课程框架内可能存在的张力，例如基于儿童发展理论的游戏法与具体的法定目标尤其是一、二年级应达到的要求之间的张力。

威尔士已经意识到这种张力，并且对课程进行了评估，最近有这方面的报告。唐纳森的评论《成功的未来》（*Successful Futures*）建议对威尔士3—16岁儿童课程进行彻底改革（Donaldson，2015）。该评论对奠基阶段课程的影响当下仍然不明朗，但可以客观地说，这些建议将促进正在进行的奠基阶段课程的发展，以配合最近的评估。

重要的是，评估结果显示，奠基阶段课程框架与享受免费校餐的学生的成绩提高有关，但评估没有发现有任何证据表明该框架对减少关键阶段二结束时的不平等现象有可见的影响（WG，2015：3）。研究表明，改善家庭学习环境和入学适应经验对贫困儿童的影响至关重要（见EPPSE研究），对此，威尔士政府正在积极寻求应对。威尔士政府最近公布了一份关于儿童和儿童保育的10年计划（WG，2013），承认这一领域特别是面向0—3岁儿童的服务差异大，且内部缺乏一致性。该计划包括5个关键主题：

- 儿童的健康与福利；
- 支持家庭和父母；
- 高质量的早期教育与保育；
- 有效的小学教育；

- 提高标准。

这个计划的目的是，"让我们所有的儿童在生活中都有一个腾飞的起点；接受良好的教育；享受最好的健康；住在一个体面的房子里；能够接触到丰富的环境，包括游戏、休闲、体育和文化活动；得到尊重并感觉安全"（WG，2013：2）。

案例分析

去威尔士的"大学校"

威尔士政府的飞跃开端（Flying Start）于 2007 年发起。它面向 4 岁以下儿童的家庭，目的是减少贫困对教育成就的影响，让儿童在生活中有一个飞跃的起点，并提供早期干预。它包括一个加强的健康访问计划、育儿支持计划、早期语言发展计划和高质量的免费保育。

戴维兹（Dafydd）现在已经 3 岁两个月了。他和他的母亲住在威尔士的一个低端的超级输出区（Super Output）①。他的母亲是单亲妈妈，他们生活在飞跃开端覆盖的地方。戴维兹出生以来，一直通过飞跃开端接受加强健康访问服务。他还参加了设在项目区域内一所小学的一个专门为飞跃开端而建的育儿机构，每周 5 天，每天 2.5 个小时。

在威尔士，当儿童到了两岁时，就有资格参加飞跃开端的早期服务机构，相应的就有过渡和父母参与的安排。早期服务机构联系了戴维兹的母亲，并安排了一次家访。在家访期间，儿童和父母与机构管理者和主要照看者见面，填写所有必要的文件，并提出任何他们可能想到的问题。

在飞跃开端早期服务机构的日子里，戴维兹沉浸在奠基阶段的环境中，学习、计划、评估都遵循着奠基阶段的理念。他的母亲定期参加家长会、家长活动、语言和游戏小组以及开放日活动，与飞跃开端的工作人员建立了良好的关系。

戴维兹的班上包含了学校生活的所有元素，如运动会、音乐会和旅行等。在正式入学之前，他的母亲就能与机构里的工作人员、家长和孩子见面。在戴维兹 3 岁进入奠基阶段之前，他们感觉自己就是学校的重要一员。

在快到 3 岁时，戴维兹开始每周去"大学校"，在"大学校"的新环境中玩

---

① 超级输出区是收集和发布小区域统计信息的地方，常被用于社区统计和全国统计。

要，与新的老师和小朋友建立关系和友谊，并了解一日常规。

戴维兹开始喜欢去"大学校"的旅程，并在过渡期结束的时候自豪地告诉他的母亲："我上大学校了。"她觉得这些活动减轻了她对升学的担忧，因为她看到了戴维兹的兴奋。她还参加了飞跃开端育儿机构与"大学校"共同举办的入学准备项目。这些会议使她能与新老师见面，熟悉环境、常规和作息，并讨论问题。她可以和戴维兹一起参观"大学校"，亲眼看到他在新环境中是多么放松和自信。

戴维兹的母亲不必担心奠基阶段的工作人员不了解她的儿子。他的所有进步、追踪信息已经由飞跃开端早期服务机构管理者分享给了新老师。新老师知道他的优点、他喜欢的东西，甚至知道当他沮丧的时候如何安慰他。

在"大学校"的第一天，戴维兹在飞跃开端早期服务机构的主要照看者就在那里，他倍感熟悉亲切，自信地径直走到他最喜欢的地方。他的母亲在离开的时候心情非常笃定，她相信戴维兹会喜欢在"大学校"的第一天。

☁ 反思性任务

- 在你学习了第 11 章之后，反思一下这个案例，并将之与《指南》进行比较。你认为有什么相似之处或不同之处？在学习了第 13 章之后，讨论团队可以如何支持儿童和父母。

爱尔兰的早期教育与保育

伊丽莎白·邓菲

爱尔兰是欧洲最小的国家之一，人口约为 450 万，6 岁以下儿童人口数量庞大且不断增长。目前这个年龄段的儿童大约有 50 万。

当前提供的早期教育与保育——从出生到 3 岁

目前，爱尔兰针对 3 岁以下儿童没有公立早期服务机构，除了一些志愿性质的和社区机构外，主要都是商业机构，由父母付费。在"爱尔兰成长调查"中关于母亲们重返工作岗位和照顾孩子需求的数据显示，在月龄不到 9 个月的婴儿里，只有不到 40% 接受固定的非父母看护（McGinnity et al., 2013）。

在接受非父母看护的婴儿中，42% 由亲戚（大部分是祖父母）照顾，31% 由非亲属（主要是育儿员）照顾，27% 在机构。和其他许多国家一样（Dalli et al., 2011），集体看护服务的质量问题颇受公众关注。事实上，在过去的几年里，一些令人担忧的数据揭露了一些早期教育与保育机构存在不良的甚至可能有害的做法。

3—4 岁的儿童

自 2010 年以来，爱尔兰政府为所有儿童在小学入学前一年提供免费早期教育（每天 3 个小时，一年共 36 周），具体由社区、志愿和商业早期教育机构提供，目的是让儿童在上学前的关键一年获得支持。经济合作与发展组织（OECD）对爱尔兰的调查报告建议将预算资金重新分配，延长儿童在园时间（2011）。此外，还建议为 3 岁以下儿童增加服务，同时也降低入学年龄。然而，政府已经指出，加大普及早期服务，取决于看护、教学和课程方面质量标准的显著提高。工作人员的培养和培训通常被视为达到更高质量的一个关键因素（Start Strong，2014）。在小学系统内，教育和技能部（DES）为一些（1600 名）3 岁儿童提供有针对性的服务（"提前开端"），这些儿童因为经济和社会上的不利因素而被认为处于危险之中。

学龄儿童

在爱尔兰，法定入学年龄为 6 岁，但传统以来，实际上约一半的 4 岁儿童和几乎所有 5 岁的儿童，都参加了小学的幼儿班（分初级和高级）。对小学幼儿班的结构性支持很薄弱。小学师生比的变化导致幼儿班人数增加，有些班级人数甚至超过了 30 名。削减对有特殊教育需求儿童的额外支持，也对早期服务造成了影响。"提供平等的机会"项目（Delivering Equality of Opportunity in Schools）对教师和学校提供了额外的支持，使处于经济和社会劣势地位地区的学校得到了一定帮助。

负担能力

近年来，负担能力的问题已经成为父母和早期服务提供者的一个关键问题。实际上，欧盟委员会在 2014 年强烈建议爱尔兰政府解决这个问题。2015 年 1 月，爱尔兰政府同意成立一个跨部门的委员会（由 7 个不同部门的代表组成），为发展更能负担得起的育儿服务出谋划策。

国家指南

《种子：爱尔兰早期教育质量框架》(*Síolta: The National Quality Framework for Early Childhood Education*)。*Síolta* 在爱尔兰语中是"种子"的意思。《种子：爱尔兰早期教育质量框架》提出了 12 条与质量有关的原则（Centre for Early Childhood Development and Education，2006）。

《旅行：早期课程框架》(*Aistear: The Early Childhood Curriculum Framework*)。*Asitear* 在爱尔兰语中是"旅行"的意思。《旅行：早期课程框架》(NCCA，2009）是一个面向 0—6 岁儿童的课程框架。它支持包括父母在内的儿童工作者为儿童规划学习经验。它描述了儿童早期的学习和发展，包括性格、知识、技能、价值观和态度的发展。重要的是，它在 4 个关键领域（游戏、评估、互动、与父母的伙伴关系）提出了指导方针。这个框架提出用 4 个主题来展示学习和发展：幸福、身份和归属感、沟通、探索和思考。该框架对具体的学习内容、课程方案或理论基础都没有要求，其目的是让早期服务从业者判断如何更好地开展这些主题，以使他们服务的儿童达到课程的目标。

提高服务质量

与质量有关的问题归儿童和青少年事务部（Department for Children and Youth Affairs，DCYA）管辖。近年来，爱尔兰所有早期服务从业者，主要关注的就是质量问题。研究表明，在各种不同的标准下，许多服务的质量都是不一样的（Hanafin，2014）。以下是政府的目标，以促进和提高 6 岁以下儿童的教育与保育质量。

督查早期服务

爱尔兰有一个专门的督查小组，致力于提高为期一年的免费早期服务的水平。他们接受教育和技能部监督，是对儿童和家庭机构检查的补充。该小组依据《2006 年儿童保育（早期服务）条例》，对为 0—6 岁儿童提供服务的幼儿园、游戏小组、托儿所、托育中心、日托机构和类似服务机构进行检查。这种双管齐下的检查方法在初期遇到了领域内相当大的阻力，领域内似乎需要的是一个综合的检验系统。

建设员工队伍

与儿童和青少年事务部、教育和技能部合址办公的早期政策部门负责制定儿童保育培训战略。这被认为对于到 2010 年培训 17000 个儿童保育人员的目标来说至关重要。爱尔兰早期教育与保育员工发展计划提出了一系列灵活的教育和培训机会，以促进员工队伍的发展（DES，2010）。

支持教育工作者

目前有项目正在支持在小学里负责 4—6 岁的儿童的教师使用《旅行：早期课程框架》。这是由受过专门训练的课程导师通过教师中心网络提供的。该项目主张增加游戏和游戏化的学习。2014 年，《更好的开始：国家早期服务质量支持体系》（*Better Start: A National Early Years Quality Support Service*）面世，目的是提高机构质量。该支持体系与实践工作者共同落实《种子：爱尔兰早期教育质量框架》《旅行：早期课程框架》等框架中包含的思想。

资格审查

从国际标准看，爱尔兰早期服务从业者的资质水平始终很低，只有大约 15% 拥有学位或同等学力，而大多数人的资历要低得多。研究表明，高质量的环境与经过培训的成人对儿童出生头几年的发展和学习有着显著的影响（National Research Council and Institute of Medicine，2000）。儿童和青少年事务部目前正在对有关早期教育与保育资质认定的教育和培训项目进行第一次大的审查。

一个整合的、高质量的早期教育与保育系统

在 2012 年底，爱尔兰成立了一个专家咨询小组，为制定爱尔兰的第一个早期教育发展战略提供咨询意见。该咨询小组讨论了 0—6 岁儿童的需要和面临的发展机会。他们在 2013 年的报告中提出了一个愿景，即建立综合、高质量的早期教育与保育系统，关照儿童的所有方面，包括健康、家庭支持、保育和教育等需求。2014 年 12 月，一个新的专家咨询小组成立。这个小组是一个正规机构，为教育部长提供有关早

期阶段（0—6岁）的建议。该小组将于未来数年协助制定领域政策，吸纳整个领域的经验及专业知识。

总结

爱尔兰的早期教育与保育正变得日益复杂和具有挑战性，其突出特点是在质量、理论基础和从业者资历水平方面有很大的差异。最近人们的关注点集中在质量问题上。对3岁以下儿童的服务质量缺乏问责，引起人们严重的关切。这个年龄段的儿童服务费用高昂，是父母沉重的负担。至少在决策者看来，教育与保育之间的旧分歧依然存在。儿童教育与保育互相独立的检查制度的发展，表明二者被视为不同的事业，应单独进行审查。

好消息是，爱尔兰政府似乎正在以一种系统而有针对性的方法来解决如何最好地投资儿童看护的问题。2015年7月，政府发布了战略投入建议，以改善与早期教育与保育相关的费用、质量和便捷性问题。该报告提出增加家长的选择，提高儿童服务的质量和可获得性。未来的政策目标包括：支持家长的选择，消除工作障碍；使家长负担得起并能满足需求；了解家长对质量的理解和要求（DCYA，2015）。这份报告被视为一个讨论文件，它的哪些方面将会对未来的发展产生影响还有待观察。

案例分析

萨姆（Sam）在爱尔兰接受早期教育与保育（2010—2015年）

萨姆现在4岁6个月大。他是家中独子，母亲全职工作，父亲部分时间工作/轮班，其余的时间都在照顾萨姆。

当萨姆还是一个婴儿的时候，他在某托儿所待了18个月（从上午8点到下午6点），但是他母亲认为这段时间对萨姆和他们家长来说都不是很快乐。他们不确定那对萨姆来说是不是最好的安排，因为萨姆在周末和他的父母相处时，似乎更快乐，更外向。而且，托费非常高。当他们算完账后发现，最好的安排似乎就是让萨姆的父亲部分时间上班。萨姆在家接受父亲全职照顾一年左右，4岁时进入当地免费的幼儿园。萨姆的母亲上午九点把他带到幼儿园，他的父亲下午一点接走他，一周上5天。由于这个计划每天只能提供3个小时的免费服务，所以萨姆的父母每个月要额外支付125欧元的费用。幼儿园在学校正常节假日放假期间（如圣诞节、复活节、期中休息）关闭，因此萨姆父母在那段时间每个星期都要额外支付 64 欧元。萨姆将在 9 月份开始上小学，所以他的父母将支付超过计划允许的（36 周）额外费用，因为他们认为，作为一个独生子女的萨姆最好每天与其他孩子在一起。

萨姆喜欢在幼儿园的时光，他在那里过得很好。他的父母非常重视幼儿园提供机会让孩子锻炼社交技巧、学习常规，与其他孩子玩。另一方面，萨姆的母亲对缺乏与周围环境互动的机会（去操场、外出散步等）表示失望。她想知道这是否因为师幼比问题，或者是法规问题、课程问题。她将之与她对早期服务的期望以及在其他国家接受早期服务的侄女和侄子的经历进行了比较。她希望萨姆有更多与外界接触的经验，更多外出参观，更多令人激动的学习机会。她还说他们只在圣诞节被邀请进入幼儿园一次。

☁ **反思性任务**

- 回顾《指南》的学习和发展领域，并将其与北爱尔兰、苏格兰、威尔士和爱尔兰的课程进行比较。你认为在国家预设的质量和地方的质量之间是否存在分歧？

本章小结

考察北爱尔兰、苏格兰、威尔士和爱尔兰的早期教育与保育，有助于了解不同发展情况。从这 4 个国家可以看到，为了提高质量，人们试图制定连贯的政策和具有内部一致性的课程框架。然而，政策中所描绘的质量是"固定的"，"限于标准化的结果"，其共同的特点是试图通过强调评估标准来提高质量。这些标准似乎是质量的"官方"定义，是可以界定、测量、评估、确定和检验的客观现实（Moss and Pence，1994；Dahlberg et al.，2007）。大家达成共识的是，质量标准与儿童的发展有关。现在，人们开始关注儿童学到了什么，并将这些转化为儿童的表现、结果或产出，用于确保早期教育与保育的质量。从积极的方面来说，在这里考察的所有国家都在做一件事，即讨论什么构成好的、有效的实践。

识记要点

- 不列颠群岛的各个国家都在致力于改善早期教育与保育。一个共同点是，这些变化是由政治的变化造成的。在经济不稳定的时代，我们可以看到对整个领域的投入有所削减。

- 所有课程都强调游戏和基于游戏的活动，强调家园联系，强调借助观察来制订计划、开展评估，强调与家庭和其他机构沟通。整合是所有课程都设法体现的概念。

- 然而，整合掩盖了一些问题，因为有一些复杂的问题尚需解决，如专业和资金壁垒、培训的差异、共同工作文化的创建，以及角色和责任的明确界定。为了满足个别儿童的需要，并促进儿童的发展和学习，早期服务从业者被要求解决这些问题。

- 在各个国家中，早期服务从业者的角色似乎比以往任何时候都更加复杂。达到标准或获得能力并不是他们所面临的唯一挑战。他们在课程实施中所扮演的角色正变得多元化，需要对儿童发展理论、教学方法和课程有很好的理解。

- 有人认为，专业人士在课程实施时发声同样重要。表达自己的观点不仅需要早期服务从业者有知识和理论，还需要有效的实践。早期服务从业者需要发展一系列的技能，基于计划并灵活教学；追随儿童的兴趣，并通过对儿童的观察和对实践的评估来了解儿童。为了与家长、其他必要的相关服务人员进行交流，还需要倾听儿童的需求。

- 另一个重要方面是认识到不能脱离社区和家庭来谈早期教育与保育的有效性。家长在儿童活动、评估和观察中相当重要。

讨论话题

- 比较这些国家的早期教育与保育，找出异同点。
- 你对你学习/工作的地区的学前课程有何看法？
- 你认为游戏在早期教育与保育实践中扮演什么角色？

拓展阅读

书

Campbell-Bar, V. and Leeson, C. (2016) *Quality and Leadership in the Early Years*. London: Sage.

Fitzgerald, D. and Kay, J. (2016) 'Early years policy in Wales, Scotland and Northern Ireland: the impact of devolution', in *Understanding Early Years Policy*, 4th edn. London: Sage.

Nutbrown, C. (2011) *Key Concepts in Early Childhood Education and Care*, 2nd edn. London: Sage.

Papatheodorou, T. and Moyles, J. (eds) (2012) *Cross-Cultural Perspectives on Early Childhood*. London: Sage.

Reed, M. and Canning N. (eds) (2011) *Implementing Quality Improvement and Change in the Early Years*. London: Sage.

参考文献

CCEA (Council for Examinations and Assessment in Northern Ireland) (2007) *The Northern Ireland Curriculum: Primary*. Belfast: CCEA.

CCEA, DENI, DHSSPS (2006) *Curricular Guidance for Pre-school Education*. Belfast: CCEA.

Centre for Early Childhood Development and Education (2006) *Síolta: The National Quality Framework for Early Childhood Education*. Dublin: CECDE.

Dahlberg, G., Moss, P. and Pence, A. (2007) *Beyond Quality in Early Childhood Education and Care: Languages of Evaluation*, 2nd edn. London: Routledge.

Dalli, C., White, E. J., Rockel, J., Duhn, I., with Buchanan, E., Davidson, S., Ganly, S., Kus, L. and Wang, B. (2011) *Quality Early Childhood Education for Under-Two-Year-Olds: What Should It Look Like? A Literature Review*. Auckland, NZ: Ministry of Education.

DCYA (Department for Children and Youth Affairs) (2015) Early Years (Pre-school) Regulations and DCYA Childcare Programmes Qualification Requirements. [Online] http://dcya.gov.ie/viewdoc. asp?fn=%2Fdocuments%2Fchildcare%2Fqualifications.htm (accessed 24th November 2015) DCYA (Department for Children and Youth Affairs) (2015) 'Minister Reilly publishes major new childcare report: Proposals for strategic investment to improve affordability, quality and accessibility'. [Online] www.dcya.gov.ie/viewdoc.asp?DocID=3487.

DENI (Department for Education in Northern Ireland) (2013) *Learning to Learn: A Framework for Early Years Education in Northern Ireland*. Bangor: DENI. Available at: www.deni.gov. uk/ publications/framework-early-years-education-and-learning-october-2013 (accessed 29 January 2016).

DENI (Department for Education in Northern Ireland) (2014) Draft Budget for 2015–2016. Bangor: DENI. Available at: www.deni.gov.uk/articles/draft-early-years-0-6-strategy-consultation (accessed 29 January 2016).

DENI (Department for Education in Northern Ireland) (2015) Enrolments at school and in funded pre-school education in Northern Ireland: Statistical Bulletin 3/2015. Bangor: DENI. Available at: www.deni.gov.uk/articles/statistical-assessments (accessed 29 January 2016).

DENI (Department for Education in Northern Ireland) and DHSSPS (Department of Health, Social Services and Public Safety) (1998) *Investing in Early Learning: Pre-School Education in Northern Ireland*. Belfast: The Stationery Office.

DES (Department of Education and Skills) (2010) *A Workforce Development Plan for the Early Childhood Care and Education Sector in Ireland*. Dublin: DES. Available at: www.education. ie/ en/Schools-Colleges/Information/Early-Years/eye_workforce_dev_plan.pdf (accessed September 2015).

Donaldson, G. (2015) *Successful Futures*: *An Independent Review of Curriculum and Assessment Arrangements in Wales*. Cardiff: Welsh Government.

Education Scotland (n. d.) 'What is the Curriculum for Excellence? Process of change'. [Online] www.educationscotland.gov.uk/learningandteaching/the curriculum/whatiscurriculumfor excellence/ (accessed 29 January 2016).

EPPSE (Effective Provision of Pre-School Education) (n.d.) [Online] www.ioe.ac.uk/ research/4586. html.

ETI (2010) *An Evaluation of the SureStart Programme for 2 Year Olds*. Bangor: ETI. Available at: www.etini.gov.uk/index/surveys-evaluations/surveys-evaluations-pre-school-centre-andnursery-school/surveys-evaluations-pre-school-centre-and-nursery-school-2010/an-evaluation-of-the-surestart-programme-for-2–year-olds.pdf (accessed 17 May 2014).

ETI (Education and Training Inspectorate) (2014) *The Chief Inspector's Report 2012–2014*. Bangor: ETI. Available at: www.etini.gov.uk/index/inspection-reports/the-chief-inspectorsreport/ci-report-2012–2014.pdf (accessed 15 May 2015).

Hanafin, S. (2014) *Report on the Quality of Pre-school Services: Analysis of Pre-school Inspection Reports*. Dublin: Tusla, Child and Family Agency. Available at: www.tusla.ie/ uploads/content/Report_on_the_Quality_of_Pre-school_services.pdf (accessed September 2015).

HM Inspectorate of Education (2002) *Count Us In: Achieving Inclusion in Scottish Schools*. Edinburgh: Her Majesty's Inspectorate of Education.

HM Inspectorate of Education (2005a) *A Climate for Learning. A Review of the Implementation of the 'Better Behaviour – Better Learning' Report*. Edinburgh: Her Majesty's Inspectorate of Education.

HM Inspectorate of Education (2005b) *Improving Achievement in Gaelic*. Her Majesty's Inspectorate of Education.

HM Inspectorate of Education (2009) About us. [Online] www.educationscotland.gov.uk/Images/ise09_tcm4-712882.pdf (accessed 29 January 2016).

HM Inspectorate of Education (2011) *Gaelic Education: Building on the Successes, Addressing the Barriers*. Edinburgh: Her Majesty's Inspectorate of Education.

HM Inspectors of Schools (1999) *Improving Science Education 5–14: A Report*. Edinburgh: Scottish Executive Education Department.

Humes, W. M. and Bryce, T. G. K. (2003) 'The distinctiveness of Scottish education', in T. G. K. Bryce and W. M. Humes (eds), *Scottish Education: Post Devolution*. Edinburgh: Edinburgh University Press.

Hunter, T and Walsh, G. (2014) 'From policy to practice? The reality of play in primary school classes in Northern Ireland', *International Journal of Early Years Education*, 22 (1): 19–36.

Learning and Teaching Scotland (2010) *Pre-birth to Three: Positive Outcomes for Scotland's Children and Families*. Edinburgh: Scottish Government.

Leat, D., Livingston, K. and Priestley, M. (2013) 'Curriculum deregulation in England and Scotland – different directions of travel?', in W. Kuiper and J. Berkvens (eds), *Balancing Curriculum Regulation and Freedom across Europe*. CIDREE Yearbook. Enschede, The Netherlands: SLO Netherlands Institute for Curriculum Development. pp. 229–248.

Maynard, T. and Waters, J. (2007) 'Learning in the outdoor environment: a missed opportunity?', *Early Years*, 27 (3): 255–265.

Maynard, T., Taylor, C., Waldron, S., Rhys, M., Smith, R., Power, S. and Clement, J. (2013) *Evaluating the Foundation Phase: Policy Logic Model and Programme Theory*. Cardiff: Welsh Government Social Research.

McGinnity, F., Murray, A. and McNally, S. (2013) *Growing Up in Ireland – National Longitudinal Study of Children: Mothers' Return to Work and Childcare Choices for Infants in Ireland*. Dublin: The Stationery Office.

McMillan, D. (2008) 'Education and Care: Implications for Educare Training in Northern Ireland'. Unpublished PhD thesis, Queen's University, Belfast.

McMillan, D. and McConnell, B. (in press) 'Strategies, systems and services: Northern Ireland early years policy perspective', *International Journal of Early Years Education* (Special Edition).

Moss, P. and Pence, A. (eds) (1994) *Valuing Quality in Early Childhood Services: New Approaches to Defining Quality*. London: Paul Chapman Publishing.

NAfW (2001a) *The Learning Country: A Paving Document*. Cardiff: National Assembly for Wales.

NAfW (2001b) *Laying the Foundations: Early Years Provision for Three Year Olds*. Cardiff: National Assembly for Wales.

NAfW (2003) *The Learning Country: The Foundation Phase–3–7 Years*. Cardiff: National Assembly for Wales.

National Research Council and Institute of Medicine (2000) *From Neurons to Neighborhoods: The Science of Early Childhood Development. Committee on Integrating the Science of Early Childhood Development* (Jack P. Shonkoff and Deborah A. Phillips, eds, Board on Children, Youth, and Families, Commission on Behavioral and Social Sciences and Education). Washington, DC: National Academy Press.

NCCA (National Council for Curriculum and Assessment) (2009) *Aistear: The Early Childhood Curriculum Framework*. Dublin: NCCA.

Nutbrown, C. (2012) *Foundations for Quality: The Independent Review of Early Education and Childcare Qualifications. Final Report*. Runcorn: Department for Education. Available at: www.gov.uk/government/uploads/system/uploads/attachment_data/file/175463/Nutbrown-Review.pdf.

OECD (Organisation for Economic Cooperation and Development) (2010) *PISA 2009 Results: What Students Know and Can Do*. Paris: OECD. Available at: www.oecd.org/pisa/pisa products/pisa2009results/whatstudentsknowandcandostudentsperformanceinreading mathematicsandsciencevolumei.htm (accessed 29 January 2016).

OECD (Organisation for Economic Cooperation and Development) (2011) *Economic Survey of Ireland*. Paris: OECD. Available at: www.finance.gov.ie/what-we-do/economic-policy/publications/reports-research/oecd-economic-survey-ireland (accessed 29 January 2016).

Scottish Executive (2000) Standards in Scotland's Schools Act. Edinburgh: HMSO.

Scottish Executive (2007) *Building the Curriculum 2: Active Learning in the Early Years*. Edinburgh: Scottish Executive.

Scottish Government (2008a) *Building the Curriculum 3: A Framework for Learning and Teaching*. Edinburgh: Scottish Government.

Scottish Government (2008b) *Early Years Framework*. Edinburgh: Scottish Government.

Scottish Government (2015) Early Years Collaborative. [Online] www.gov.scot/Topics/People/Young-People/early-years/early-years-collaborative (accessed 5 April 2015).

SOED (The Scottish Office Education Department) (1994) *Education of Children Under Five in Scotland*, The HMI report.

Siraj, I. and Kingston, D. (2014) *An Independent Stocktake of the Foundation Phase in Wales: Final Report*. Cardiff: Welsh Assembly Government.

Siraj-Blatchford, I., Sylva, K., Laugharne, J., Milton, E. and Charles, F. (2005) *Monitoring and Evaluation of the Effective Implementation of the Foundation Phase (MEEIFP) Project Across Wales*. Final Report of Year 1 Pilot – Roll Out Age 3–5 Years November 2005. An Evaluation Funded by the Welsh Assembly Government 2004–2005. Cardiff: Welsh Assembly Government.

Start Strong (2014) *Childcare: Business or Profession*. Dublin: Start Strong.

Summary Statistics for Schools in Scotland (2014) *A National Statistics Publication for Scotland, Statistical Bulletin*. Education Series. No. 5 2014 Edition.

United Nations (1989) *Convention on the Rights of the Child*. Geneva: Defence International and the United Nations Children's Fund. Available at: www.ohchr.org/en/professionalinterest/pages/crc.aspx.

WAG (2006) *The Learning Country 2: Delivering the Promise*. Cardiff: Welsh Assembly Government.

WAG (2008a) *Foundation Phase Framework for Children's Learning for 3–7 Year Olds in Wales*. Cardiff: Welsh Assembly Government.

WAG (2008b) *Learning and Teaching Pedagogy: Foundation Phase Guidance Material*. Cardiff: Welsh Assembly Government.

Walsh, G. and McMillan, D. (2010) 'War and peace in Northern Ireland: childhood in transition', in M. Clark and S. Tucker (eds), *Early Childhoods in a Changing World*. Stoke-on-Trent: Trentham.

Walsh, G., McGuinness, C., Sproule, L. and Trew, K. (2010) 'Implementing a play-based and developmentally appropriate curriculum in NI primary schools: what lessons have we learned?', *Early Years: An International Journal of Research and Development*, 30 (1): 53–66.

Walsh, G., Sproule, L., McGuinness, C. and Trew, K. (2011) 'Playful structure: a novel image of early years pedagogy for primary school classrooms', *Early Years: An International Journal of Research and Development*, 31 (2): 107–119.

WG (2010) 'Minister responds to PISA results'. [Online] http://gov.wales/newsroom/educationandskills/?lang=en (accessed 29 January 2016).

WG (2011) Our Welsh language scheme. [Online] http://gov.wales/topics/welshlanguage/policy/wls/?lang=en (accessed 11 May 2015).

WG (2012b) *Improving Schools*. Cardiff: Welsh Government.

WG (2013) *Building a Brighter Future: Early Years and Childcare Plan*. Cardiff: Welsh Government.

WG (2014a) Mid-year population estimates June 2013. [Online] http://gov.wales/statistics-andresearch/mid-year-estimates-population/?lang=en (accessed 11 May 2015).

WG (2014b) *Evaluating the Foundation Phase: Key findings on the Environment (Indoor/Outdoor)*. Research Summary Number: 53/2014. Cardiff: Welsh Government. Available at http://gov.wales/statistics-and-research/evaluation-foundation-phase/?lang=en (accessed 11 May 2015).

WG (2015) *Evaluating the Foundation Phase: Final Report*. Cardiff. Welsh Government.

Wood, E. (2007a) 'New directions in play: consensus or collision?', *Education 3–13*, 35 (4): 309–320.

Wood, E. (2007b) 'Reconceptualising child-centred education: contemporary directions in policy, theory and practice in early childhood', *FORUM*, 49 (1&2): 119–133.

第 4 章

国际视角下的早期教育与保育

西奥多拉·帕帕塞奥佐鲁　马克·威尔逊

本章概览

本章旨在激发人们思考国际上有关早期教育与保育的研究和政策演变，以及它们对不同国家相关政策、供给和实践的影响。为此，我们简要介绍了国际主要研究证据和政策，为读者了解当前本国政策和实践提供一个框架。

本章的目的是：

- 讨论为什么放眼世界很重要；
- 概要介绍国际研究证据；
- 提供案例供反思；
- 思考国际研究和政策给我们带来的启示。

简介：为什么放眼世界很重要

正如第一章所讨论的，传统上英国早期教育与保育被视为家庭的责任，家庭以外的照看服务是基于福利的考虑提供的，目的是实现父母的就业。家庭以外的照看服务很重视通过游戏来促进儿童的发展。

　　近 25 年来，情况发生了变化。促进父母就业，尤其是促进母亲就业，是这种变化背后的原因。《联合国儿童权利公约》得到了除美国以外的其他所有国家的认可，成为倡导早期教育与保育，实现儿童受教育权、健康权、受保护权的基础和手段。与此同时，不断增加的来自许多研究领域的证据，揭示早期教育与保育对于儿童、家庭和社区短期和长期的影响，证明早期教育与保育是实现投入效应的工具，是国家经济繁荣和人民幸福的基石。这些证据现已成为跨国组织引入相关政策的基础，并为不同国家政策制定、政府支出安排、项目研发和实践提供信息。

　　重要的是，早期服务从业者要熟悉这些研究和政策，并了解自身对国家政策和实践的影响。了解研究结论和它得以产生的环境使早期服务从业者能够以一种平衡和建设性的方式对政策变化做出反应。早期服务从业者可以对新的早期教育与保育政策和计划采取批判的态度，考虑它们对实践的影响，并最终检验它们对儿童经验、学习和发展的影响。最重要的是，全球化和国际化给了早期服务从业者一个更广泛的视角，帮助他们认识到早期教育与保育是意识形态（认识论和政治）、历史、文化和社会经济影响的产物（Jackson，2014）。

　　因此，我们将在下文概述有关早期教育与保育的影响的关键国际研究证据，以及政策案例（英语国家）。接下来，我们将研究在跨国组织和国家层面引入的政策，并讨论研究证据和政策是如何影响供给和实践的。

国际研究证据和政策概览 [①]

　　目前，有无可争议的证据表明，早期教育与保育对儿童的教育、健康和保护以及社会和经济繁荣都有影响。大多数证据来自高收入国家，但来自中低收入国家的证据在逐渐增加，且显示出类似的趋势。我们先对研究证据进行简要概述。

[①]　国际研究和政策评估是在广泛的文献基础上完成的，最早是为了评估卢旺达早期照看与发展（ECCD）项目的中期和最终结果（Papatheodorou，2012/2013）。为了起草"拯救儿童"英国早期保育与发展的立场文件（Papatheodorou，2014），也为了本章的目的，我们进行了更新。

教育成果

高瞻佩里学前项目（The High/Scope Perry Preschool Project）是美国一个高质量的早期教育项目，支持 3—4 岁面临学业失败风险的儿童，也是第一个追踪被试到 41 岁的纵向研究项目（Schweinhart，2003）。该项目的主要发现是，相比于对照组，项目参与者 27 岁时在学业上的表现更好，尤其是在读写能力、语言、阅读和算术方面，且取得了更好的成就，毕业率更高，更少需要特殊教育。此外，他们对学校表现出更积极的态度，他们的父母对他们也有更高的期望。在成年后，项目参与者也表现出更强的社会责任感，他们较少行为不端、打架斗殴、买卖毒品等，较少与警察打交道。他们在社会上更成功，就业率更高，能够自给自足，更少依赖社会福利。成本效益分析显示，对每名儿童的初始投资的收益达 7 倍多（7.16∶1）。这些收益来自对福利援助、特殊教育、刑事司法系统和受害者的投入的减少，以及较高收入带来的税收的增加（Parks，2000；Schweinhart，2003）。这些发现得到了一项针对美国早期教育项目的比较分析的支持（Heckman，2000；Belfield and Schwartz，2006）。

在英国，有效学前教育项目也证明了高质量的早期教育与保育对儿童学习和行为的积极影响，尤其是对于那些处于社会弱势地位和 / 或有特殊教育需求的儿童（Sylva et al.，2004a，2004b）。研究人员得出的结论是，高质量的早期教育与保育使儿童能够发挥他们的潜能，并做好入学准备。

对一项针对莫桑比克农村的早期干预项目的评估，揭示了中低收入的国家同样激动人心的发现。调查结果显示，参加早期教育与保育的儿童在读写能力、词汇、数学和推理方面的得分高于对照组（Martinez et al.，2012）。恩格尔（Engle）和同事（2011）对 42 项早期教育与保育的效果研究进行了回顾，发现接受较长时间早期教育与保育的儿童（超过 15 周）比接受较短时间（不到两周）早期教育与保育的同龄儿童得分更高。与低风险或弱势儿童相比，高风险或更弱势儿童的收益更大。正规早期教育与保育的效果比不正规的早期教育与保育效果更强，但后者带给儿童的收益也比那些无法获得早期教育与保育的儿童好。与常规项目相比，更高质量的项目结果更好。家长教育也是早期教育与保育项目的重要组成部分，因为他们为家长提供了育儿知识和技能，促进他们与儿童积极互动，增强亲子关系，鼓励儿童学习，并分享图书和游戏。这也使家长能够更好地解决与儿童的发展、自身情况有关的问题（Engle et al.，2011）。

现在，这些研究证据经常被政策制定者用来以促进高质量的早期教育与保育，帮助儿童发挥他们的潜力（特别是在学业上），在学校教育后期缩小成绩差距。

健康状况

整合了营养和健康服务（并配合父母教育）的早期教育与保育有更广泛的影响，除了学业成就，还包括儿童和孕产妇的健康以及儿童保护。整合的早期教育与保育降低了儿童的发病率和死亡率，减少了营养不良率和发育迟缓率，改善了整体健康、保健和卫生。这些发现尤其与低收入和中等收入国家相关。这些国家存在大量风险因素，如儿童和孕产妇营养不良、碘缺失、疟疾、腹泻、艾滋病等本可预防的感染和疾病以及孕产妇抑郁症，暴力冲突较多，儿童缺乏早期刺激和学习机会，这会对儿童发展产生负面影响，并导致儿童死亡率上升（Walker et al., 2011）。

儿童营养不良，特别是在受孕后的头 1000 天内营养不良，是造成儿童发育迟缓和体重不足的主要原因。营养不良的儿童，特别是在关键期，容易感染许多本可预防的疾病（Bryce et al., 2008）。成年后，他们受教育程度较低，就业机会较少，收入较少，家庭成员较多，因此对子女的照顾较差。显然，营养不良造成的叠加性和累积性的长期影响使得代际间贫困持续存在，导致了无法估量的人力和经济损失（Bhutta et al., 2008）。

干预项目是减少与发育迟缓、营养不良有关的残疾和死亡病例的关键。多项研究表明，针对处于社会和经济不利地位的 6—36 个月的儿童，由训练有素的工作人员提供的长期干预项目，效果更为显著（Bhutta et al., 2008；Ruel et al., 2008；UNESCO, 2010a；Engle et al., 2011）。

社会和儿童保护的结果

到目前为止，大脑发育研究提供了最有力的证据，揭示缺乏刺激和持续压力对儿童发育的影响。儿童在生命早期遭受的多重风险严重影响了他们的发展和潜力的发挥（National Scientific Council on the Developing Child, 2010）。那些没有受到丰富刺激、暴露于不利条件下的儿童（特别是在生命的头 3 年），神经连接不发达，这影响了他们的认知能力和行为，并造成了终生的后果（Fox and Shonkoff, 2011）。另外，儿童的经历越不利，发展迟缓的可能性就越大（InBrief, n/d）。体罚与智商低下尤其密切相关，而男孩在童年时期遭受的暴力可能导致其成年后的暴力行为和心理健康问题（Corteras et al., 2011)。

　　早期教育与保育提供早期刺激和学习经验，促进成人与儿童的互动和依恋，因此被视为一项儿童保护服务。高质量的早期教育与保育，特别是在儿童生命的头两年，会对脑部发育产生积极影响，并提高认知和社会性水平。早期教育与保育的影响是通过提供早期刺激和学习经历，培养儿童的依恋情感和社交技能以及亲子互动来实现的（Heckman，2000；Siraj Blatchford et al.，2002；Papatheodorou，2013）。阅读和写作测试成绩显示，这些成绩的影响似乎比任何认知技能的影响都要长远（US Department of Health and Human Services, Administration for Children and Families, 2010）。从长远来看，这些技能有利于成人在社会中立足，并养育下一代（Martorell et al., 1994；Young and Richardson, 2007）。

妇女的就业

　　除了这些好处之外，早期教育与保育对妇女就业和提高家庭收入的影响也不容低估。自 20 世纪后半叶以来，照看服务增加了就业机会并提高了妇女的就业率。许多获得服务的妇女得以就业，有些妇女则加入了早期教育与保育的劳动力大军中。前者改善了女性个人的财务状况（Papatheodorou，2013），后者则为当地经济做出了贡献（Brown et al., 2008；OECD, 2011）。通过参与、接受早期服务而带来的教育和培训机会，也成为给妇女赋权和妇女在生活中行使选择权的助推剂。

早期教育与保育的投资回报

　　在高收入国家，经济学家计算了投资早期教育与保育所带来的回报。以高瞻佩里学前项目的回报率为例，即对每个参与者每投入 1 美元，能有 17.07 美元的回报（Schweinhart，2007），而其他高质量早期教育与保育项目的潜在年度回报率高达 16%（Grunewald and Rolnick，2003）。此外，对个人和社会来说，对早期教育与保育的投入的回报率（8∶1）远远超过对学校教育的投入的回报率（3∶1）（Heckman，2000）。另外，每投入 1 美元即为国家创造了 2—3 美元的收入（对现有项目的系统模拟经济分析显示，在中低收入国家，将入园率提高到 25% 或 50%，潜在收益成本比值为从 6.4 到 17.6 不等，Engle et al.，2011）。

谁有机会接受早期教育与保育？

高收入国家的证据表明，最需要早期教育与保育服务的儿童接受高质量服务的可能性最小。同样，在中低收入国家，最贫困家庭的儿童也不太可能获得早期教育与保育服务。这些儿童更有可能被独自留在家中或接受其他儿童的照料，在一种不利于他们获得最佳发展和学习、没有充分刺激和学习经验的家庭环境中生活，暴露在专制和严厉的纪律下，遭受忽视、虐待、精神疾病、家庭暴力和药物滥用等（UNICEF，2012）。不利的家庭条件不仅会直接影响儿童，而且也降低了家长为子女提供适当照看和保护的能力。

案例分析

英格兰的早期教育与保育政策

英格兰的现行政策规定所有 3 岁和 4 岁的儿童都有权享受每周 15 个小时、一年 38 周的免费早期服务。从 2015 年 4 月起，早期服务机构将获得学生津贴（Early Years Pupil Premium，EYPP），用以支持 3 岁和 4 岁的弱势儿童。早期服务机构需要证明他们通过使用该津贴缩小了最弱势儿童与同龄人之间的成就差距。

一些符合条件的两岁儿童也可享受与 3 岁和 4 岁儿童相同数量的免费早期服务。他们的资格是依据享受免费学校午餐的标准来确定的。这项服务预期到 2014—2015 年扩大到 40% 的两岁儿童。

2014 年的《指南》还要求早期服务机构完成发展档案，以在早期奠基阶段结束时根据 17 个早期教育学习目标总结和描述儿童的成就。此外，还需要向家长汇报两岁儿童在主要学习领域的进展情况。

反思性任务

结合案例分析，你可能需要反思：

- 国际研究证据对英格兰现行的早期教育与保育政策的影响；
- 把关注点从普遍性服务转向有针对性的服务，尤其是对最年幼的儿童和处于不利地位的儿童的服务；
- 人们对早期教育与保育缩小弱势儿童与同龄人之间差距的期望对早期服务

实践可能产生的影响；

- 对早期服务机构的下列要求可能存在的挑战和意想不到的效果：一是在早期奠基阶段结束时，完成发展档案；二是向家长汇报两岁儿童的学习情况。

早期教育与保育服务：儿童权利和经济效益之争

国际研究的结果表明，儿童越早接受刺激和学习机会，并获得适当的健康、营养、照看和保护，他们的发展和学习成果就会更好，在以后的社会生活中就能更好发挥作用（见表 4.1）。高质量的早期教育与保育在提高儿童的受教育程度和健康方面起着至关重要的作用。

表 4.1　早期教育与保育累计收益表

好处	教育（学业和社会性能力）	健康和幸福	经济（家庭 / 社会）
儿童时期	更高的智商和读写算成绩	营养不良和发育迟缓的发生率降低	投资回报社会：在儿童早期发展上每投资 1 美元获利 17.07 美元（高瞻佩里研究）
	留级率降低 对特殊教育的需求降低	儿童和产妇的发病率、死亡率降低	效益—成本比：至少 8∶1（教育投资一般为 3∶1）
	接受高等教育的年头更长	儿童虐待现象减少	高质量的儿童早期发展回报率高达 16%，其中公众回报率为 12%
	更好地理解自己在教育过程和教育成就中的角色	更好的卫生和保健	在中低收入国家，收益率为 6.4%—17.6%
	社交能力和依恋提高	更好的产前产后护理	

（续表）

好处	教育（学业和社会性能力）	健康和幸福	经济（家庭／社会）
长大成人后	及早识别和支持特殊需求		
	接受继续教育和培训 积极养育	未成年怀孕、吸烟和吸毒比例降低	更有可能获得全职工作和更高职位
	更好的亲子互动	单亲家庭减少，能养育自己的孩子	更有可能拥有资产／房产
		反社会和犯罪活动减少	薪水更高／纳税更多
		对福利的依赖减少	司法、法院和福利费用减少

高质量的早期教育与保育保障了儿童的权利，并使儿童在成年后减少对福利的依赖，最大可能地减少了未来因反社会和犯罪活动而产生的支出，有助于获得待遇更优、地位更高的工作。这是一个保护因子，有助于家长就业，增加家庭收入，减少贫困，从长远来看，它使儿童成为有生产力的公民，从而避免社会和经济上的劣势。

这些争论已经把注意力从"儿童发展"转移到"人的发展"上，从关注儿童此时此地的存在到关注儿童成为一个有生产力的成人，从早期教育与保育的意识形态立场到作为有目的的学习的社会经济依据和弥合成就差距的有趣尝试，从为儿童服务到为儿童及其家庭服务，从由政府不同部门（如健康、教育、福利）提供的零散服务到综合的、多部门合作提供的服务。图4.1展示了一个综合的早期教育与保育项目和影响其效果的质量要素。

因此，早期教育与保育现在被视为一种干预服务，特别是针对最年幼的儿童和由于处境不利而处在危险中的儿童，并逐渐赢得决策者的关注。人们呼吁将早期教育与保育纳入社会和经济发展政策中（UNESCO，2010b），其依据是，目标明确、规划和执行良好的早期教育与保育项目是人的发展的"引发剂"（van der Gaag，2002）。因此，对这些方案的投资是一项良好的经济和公共政策，对于处境最不利的儿童来说尤其如此（Heckman，2007）。

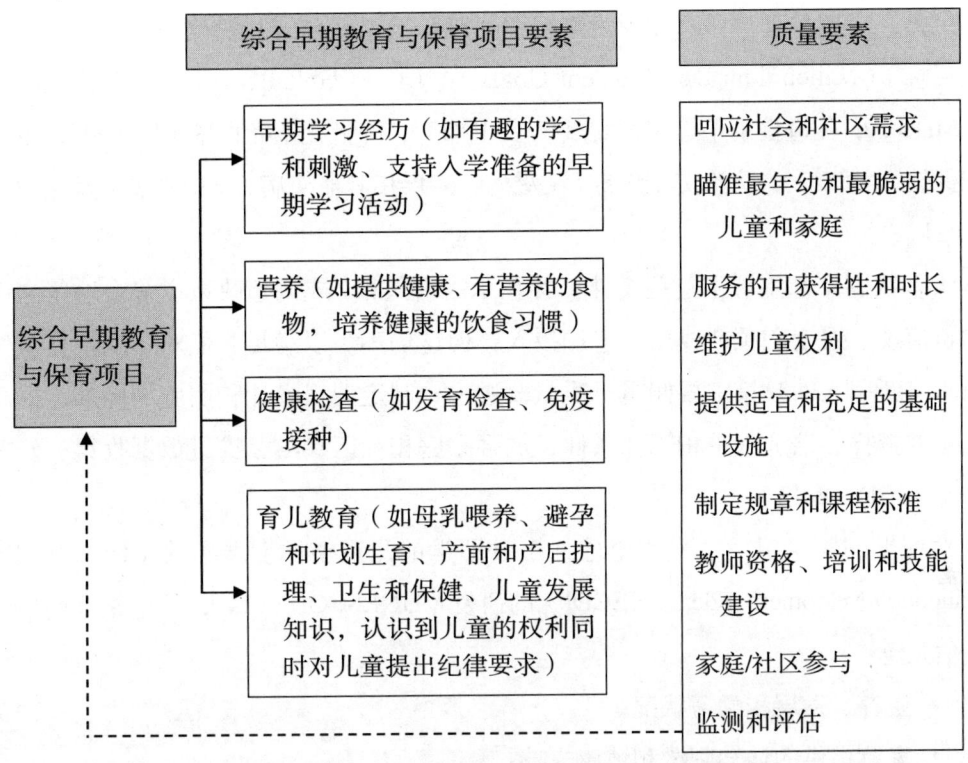

图 4.1　综合早期教育与保育项目及其质量要素框架（来源：Papatheodorou，2013）

早期教育与保育：全球政策议程

　　得益于各研究证据，早期教育与保育在各国政策中占据了核心地位，由此，各国政府扩大和改进相应拨款也就不足为奇了。特别是针对处境最不利和最脆弱的儿童，人们更是呼吁加以优先考虑。1989 年，《联合国儿童权利公约》对儿童的发展、福利、教育、保护及参与提出了普遍的价值准则和期待（United Nations，1989）。它后来声称，这些权利也适用于小年龄儿童（0—5 岁），并规定应根据儿童权利保障程度来评估面向儿童的服务（UNICEF，2006：1）。在《联合国儿童权利公约》之后，联合国教科文组织在泰国乔木提恩（Jomtien）举办的世界教育峰会（Summit on Education for All）提出"全民教育"，指出学习从出生就开始（UNESCO，1990）。随后的《达喀尔行动框架》（*Dakar Framework for Action*）确定将"在 2015 年前扩大和改善早期教育与保育"作为其首个全民教育的目标（UNESCO，2000）。基于现有的研究证据，早期教育与保育被视为直接和间接影响了联合国开发计划署制定的"千年发展目标"（Millennium Development Goals，MDG）（UNDP，2000），即普及小学教育（MDG2），促进性别平等和妇女赋权（MDG3），降低儿童死亡率（MDG4），改善孕产妇保健（MDG5），防治艾滋病毒/艾滋病、疟疾和其他疾病（MDG6）以及减少贫困（MDG1）。

大多数国家都签署了这些文件，并且承诺引入和/或调整政策以符合这些文件背后的价值观、愿望和预期成果，追加投入，但这仍不足以满足人们对早期教育与保育的需求。新引入的政策主要侧重于质量改进——制定课程设计和实施的标准，提高从业人员的资格、培训水平和工作条件，加强家庭和社区参与，推进数据收集、研究和监测（OECD，2012）。

对证据的需求引发了一种全球性工具即学前儿童整体发展指数（Holistic Early Childhood Development Index，HECDI）的研发（UNESCO，2014），这个整体性框架用于评估儿童：

- 生存、发展和学习状况；
- 家庭提供的认知刺激和情感支持；
- 获得包含卫生保健、良好营养、教育和社会保护的优质项目和服务的机会；
- 通过支持性政策和项目获得保护的程度。

欧盟的早期教育与保育

对欧盟成员国早期教育与保育政策的回顾显示其有关早期教育与保育服务的政策目标、目的和愿望与全球相一致，只是每个成员国都可能寻求不同的方式来落实这些政策。

英格兰乃至英国的政策越来越侧重于：教育、卫生和社会看护服务的整合，从业者的发展和专业化（在第五章中讨论），儿童课程、儿童评估和机构评估（在第 2 章和第 9 章中讨论），家庭和社区参与（在第 13 章中讨论），儿童的声音、参与和经济状况。

在《支持奠基阶段家庭》（*Supporting Families in the Foundation Year*）（DfE and DH，2011）中，政府对整合早期教育与保育、家庭和社区参与的承诺得到了体现，而《提高和扩大 0—5 岁儿童保教质量和范围》（*Improving the Quality and Range of Education and Childcare from Birth to 5 Years*）对建立一个更强大、更优质的工作队伍提出了要求（DfE and HM Treasury，2014）。《指南》的框架经过反复审查和修订，最新版本明确侧重"入学准备"，并要求早期教育与保育机构为义务教育系统做准备（DfE，2014）。这意味着不再"从更广泛的发展观来关注《每个孩子都重要》"（Bertram and Pascal，2014：13），而倾向于实现学业成果，弥补学校教育的差异。在早期奠基阶段结束时对儿童进行评估，以及为家长提供两岁儿童发展报告的要求，进一步强化了早期教育与保育经验。同时，对早期教育与保育服务的评估（如教育标准局的检查和机构的自我评估）早已确立，影响逐渐显现。

在倡导《联合国儿童权利公约》并维护所有儿童权利的过程中，"儿童的声音"也进入政策制定中（HM Government，2006），人们尝试在不同程度和不同水平上让儿童参与影响其生活的决策。这已经成为早期教育与保育领域的一个重要原则，并逐渐在英国乃至世界范围内得到了实践。

经济基础日益影响政策的发展，有关政策逐渐集中在"有针对性的供给"上，特别是对贫困和处境不利儿童及其家庭的供给。人们越来越关注欧洲社会（包括英国在内）"贫困、不平等和社会不利程度"及其对"我们许多儿童的受教育程度、生活机会、健康和社会贡献"的影响（Bertram and Pascal，2014：14）。英国历届政府都制定宏伟目标，即到 2020 年消除儿童贫困，早期教育与保育服务被视为实现这一目标的途径之一。然而，要发挥早期教育与保育对于减少贫困从而减少儿童及其家庭之间不平等的作用，必须提供长期的、专项的和持续的公共资金。在"削减赤字"的时代，很难看出这一目标该如何实现，特别是儿童中心的数量一直在减少（House of Commons Education Committee，2013）。在英格兰乃至整个英国，早期教育与保育主要是在由公立、私立和非营利机构共同提供的混合经济模式下运作的，收费不少。对于许多家庭来说，这些费用是一笔巨大的开支。而对于最穷的人来说，这些费用往往是他们所无法承受的（Lloyd and Penn，2014）。因此，最需要早期教育与保育的儿童和家庭不可避免地被排除在这种服务之外。

本章小结

在本章中，我们简要回顾了一些国际研究成果，这些成果被用来证明早期教育与保育是维护儿童权利的一种手段，倡导增加投资。我们还讨论了这样的成果如何影响早期教育与保育领域，以及国际和国家层面的政策制定。早期服务从业者关注的焦点始终是与儿童的直接接触和实践，但对更广泛的研究和政策领域的认识有助于人们更好地理解政策对实践的影响。

识记要点

- 越来越多的证据支持人们把早期儿童教育与保育作为实现儿童权利的手段、实现国家社会和经济繁荣的基础。
- 早期教育与保育逐渐被视为一种干预服务，特别是为了克服儿童早期不利条件，并弥补学校教育成就差距。
- 《联合国儿童权利公约》在增加人们对早期教育与保育的兴趣方面发挥了重要作用，经济学视角在增加对该领域的投资方面起到了重要作用。
- 早期教育与保育实践受到主流思潮、政治、经济、历史和文化因素的综合影响。

讨论话题

- 英国乃至国际政策的核心是：早期教育与保育是对儿童及其家庭的干预服务。什么样的证据表明了这一趋势，为什么？
- 世界各国早期教育与保育研究和政策如何影响了你的实践？有什么好的影响？面临哪些可能的挑战？
- 在你看来，早期教育与保育中目前普遍存在的"越早越好"的观念可能会带来什么不利后果？

拓展阅读

文章

Gupta, A. (2008) 'Tracing Global-Local Transitions within Early Childhood Curriculum and Practice in India', *Research in Comparative and International Education*, September, 3 (3): 266–280.

Katz, L. (2015) *Lively Minds: Distinctions Between Academic Versus Intellectual Goals For Young Children*. Available at: https://deyproject.files.wordpress.com/2015/04/dey-livelyminds-4-8-15.

pdf (accessed 30 May 2015).

National Scientific Council on the Developing Child (2010) *Early Experiences Can Alter Gene Expression and Affect Long-Term Development.* Working paper No. 10. Available at: http://developingchild.harvard.edu/index.php/resources/reports_and_working_papers/working_papers/wp10 (accessed 31 August 2011).

Park, E., Lee, J. and Jun, H-J. (2013) 'Making use of Old and New: Korean early childhood education in the global context', *Global Studies of Childhood, Special Issue* 2013, 3 (1): 40–52.

Simpson, D. and Envy, R. (2015) 'Subsidizing early childhood education and care or parents on low income: Moving beyond the individualized economic rationale of neoliberalism, *Contemporary Issues in Early Childhood,* June 2015, 16 (2): 166–178.

Walker, S. P., Wachs, T. D., Grantham-McGregor, S., Black, M. M., Nelson, C. A., Huffman, S. L., Baker-Henningham, H., Chang, S. M., Hamadani, J. D., Lozoff, B., Meeks Gardner, J. M., Powell, C. A., Rahman, A. and Richter, L. (2011) 'Inequality in early childhood: risk and protective factors for early child development', *The Lancet*, 378: 1325–1338.

参考文献

Belfield, C. R. and Schwartz, H. (2006) *The Economic Consequences of Early Childhood Education on the School System.* Research prepared for the National Institute of Early Education Research Rutgers University. Available at: http://nieer.org/publications/nieer-workingpapers/economic-consequences-early-childhood-education-school-system (accessed 21 May 2015).

Bertram, T. and Pascal, C. (2014) *Early Years Literature Review*. Birmingham: The Centre for Research in Early Childhood. Available at: www.early-education.org.uk/early-years-literaturereview (accessed 21 May 2015).

Bhutta, Z. A., Ahmed, T., Black, R. E., Cousens, S., Dewey, K., Giugliani, E., Haider, B. A., Kirkwood, B., Morris, S. S., Sachdev, H. P. S. and Shekar, M., for the Maternal and Child Undernutrition Study Group (2008) 'What works? Interventions for maternal and child undernutrition and survival', *The Lancet*, 371 (9610): 417–440.

Brown, B., Ramos, M. and Traill, S. (2008) *The Economic Impact of the Early Care and Education Industry in Los Angeles County*, Los Angeles: The Insight, Centre for Community Economic Development. Available at: http://ceo.lacounty.gov/ccp/pdf/LA Economic Impact Report-Jan08. pdf (accessed 21 May 2015).

Bryce, J., Coitinho, D., Darnton-Hill, I., Pellerier, D., Pinstru Andersen, P. and the Maternal and

Child Undernutrition Study Group (2008) 'Maternal and child undernutrition: effective action at national level', *The Lancet*, 371 (9611): 510–526.

Corteras, M., Singh, A., Heilman, B., Barker, G. and Verma, R. (2011) 'Analysing data from the International Men and Gender Equality Survey (IMAGES). Connections between early childhood experience of violence and intimate partner violence', in Bernard van Leer Foundation (ed.), *Early Childhood Matters. Hidden Violence: Protecting Young Children at* Home. 116: 26–31. Available at: http://resourcecentre.savethechildren.se/library/hidden-violence-protectingyoung-children-home-early-childhood-matters (accessed 29 January 2016).

DfE (Department for Education) (2014) *Statutory Framework for the Early Years Foundation Stage: Setting the Standards for Learning, Development and Care for Children Birth to Five.* Available at: www.foundationyears.org.uk/files/2014/07/EYFS_framework_from_1_September_2014__with_clarification_note.pdf (accessed 31 May 2014).

DfE (Department for Education) and DH (Department of Health) (2011) *Supporting Families in the Foundation Year.* Nottingham: DfE Publications.

DfE (Department for Education) and HM Treasury (2014) *Improving the Quality and Range of Education and Childcare from Birth to 5 years.* London: DfE.

Engle, P. L., Fernald, L. C. H., Alderman, H., Behrman, J., O'Gara, C., Yousafzai, A., Cabral de Mello, M., Hidrobo, M., Ulkuer, N., Ertem, I., Iltus, S., and the Global Child Development Steering Group (2011) 'Strategies for reducing inequalities and improving developmental outcomes for young children in low-income and middle-income countries', *The Lancet*, 378: 1339–1353.

Fox, N. A. and Shonkoff, J. P. (2011) 'Violence and development: how persistent fear and anxiety can affect young children's learning and behaviour and health', in Bernard van Leer Foundation (ed.), *Early Childhood Matters, Hidden Violence: Protecting Young Children at Home*, 116: 8–14. Available at: http://resourcecentre.savethechildren.se/library/hidden-violence-protectingyoung-children-home-early-childhood-matters (accessed 29 January 2016).

Grunewald, R. and Rolnick, A. (2003) 'Early childhood development: economic development with a high public return', *The Region*, 17, No. 4: 6–12.

Heckman, J. J. (2000) *Policies to Foster Human Capital.* Joint Center for Poverty Research Working Papers 154. Chicago: Northwestern University/University of Chicago.

Heckman, J. (2007) *Investing in Disadvantaged Young Children Is Good Economics and Good Public Policy.* Presentation at Culture, Investments, and Human Development, New York University, 5 October.

HM Government (2006) *Raising Standards – Improving Outcomes Statutory Guidance. Early Years*

Outcomes Duty, Childcare Act 2006. Available at: http://dera.ioe.ac.uk/6889/5/Raising%20 Standards%20-%20Improving%20Outcomes%20-%2003%20Dec.pdf (accessed 22 September 2015).

House of Commons Education Committee (2013) *Foundation Years: Sure Start Children's Centres.* Fifth Report of Session 2013–14. London: HMSO. Available at at: www.publications. parliament. uk/pa/cm201314/cmselect/cmeduc/364/364.pdf (accessed 25 May 2015).

Inbrief (n.d.) *The Impact of Early Adversity on Children's Development.* Available at: http:// developingchild.harvard.edu/index.php/resources/briefs/inbrief_series/inbrief_the_impact_of_ early_adversity/ (accessed 21 May 2015).

Jackson, S. (2014) 'Early childhood policy and services', in T. Maynard and S. Powell (eds), *An Introduction to Early Childhood Studies.* London: Sage.

Lloyd, E. and Penn, H. (2014) 'Childcare markets in an age of austerity', *European Early Childhood Education Research Journal*, 22 (3): 386–396.

Martinez, A., Naudeau, S. and Pereira, V. (2012) *The Promise of Preschool in Africa: A Randomized Impact Evaluation of Early Childhood Development in Rural Mozambique.* The World Bank Group and Save the Children. Available at: www.savethechildren.org/atf/cf/%7B9def2ebe-10ae-432c-9bd0–df91d2eba74a%7D/MARTINEZ_NAUDEAU_PEREIRA. MOZ_ECD_REPORT-FEB_7_2012.PDF (accessed 21 May 2015).

Martorell, R., Khan, L. K. and Schroeder, D. G. (1994) 'Reversibility of stunting: epidemiological findings in children from developing countries', *European Journal of Clinical Nutrition*, 48 (1): 45–57.

National Scientific Council on the Developing Child (2010) *Early Experiences Can Alter Gene Expression and Affect Long-Term Development*, Working paper No. 10. Available at: http:// developingchild.harvard.edu/index.php/resources/reports_and_working_papers/working_papers/ wp10 (accessed 21 May 2015).

OECD (2011) *How Can We Do Better for Our Families? Issues, Outcomes, Policy Objectives and Recommendations.* Paris: OECD. Available at: www.oecd.org/edu/school/startingstrongiiiaqualit ytoolboxorearlychildhoodeducationandcare. htm (accessed 29 January 2016).

OECD (2012) *Starting Strong III: A Quality Toolbox for Early Childhood Education and Care.* Executive Summary. Available at: www.oecd.org/edu/school/startingstrongiii-aqualitytool boxor earlychildhoodeducationandcare.htm (accessed 21 May 2015).

Papatheodorou, T. (2012) *Review of International Research on ECD.* Advocacy papers on Education, Health, Child Protection, Social Protection and Finance, submitted to Save the Children International Rwanda.

Papatheodorou, T. (2013) *Enhancing Early Childhood and Development Opportunities in Rwanda*. Final Monitoring and Evaluation Report, submitted to Save the Children International Rwanda.

Papatheodorou, T. (2014) *Early Childhood Care and Development (ECCD)*. Position Paper, SCUK Education Team.

Parks, G. (2000) 'The High/Scope Perry Preschool Project', Juvenile Justice Bulletin (US Department of Justice, Office of Justice Programs, Office of Juvenile Justice and Delinquency Prevention). Available at: www.ncjrs.gov/pdffiles1/ojjdp/181725.pdf (accessed 21 May 2015).

Ruel, M. T., Menon, P., Habicht, J-P., Loechl, C., Bergeron, G., Pelto, G., Arimond, M., Maluccio, J., Michaud, L. and Hankebo, B. (2008) 'Age-based preventive targeting of food assistance and behaviour change and communication for reduction of childhood undernutrition in Haiti: a cluster randomised trial', *The Lancet*, 371 (9612): 588–595.

Schweinhart, L. J. (2003) 'Benefits, costs, and explanation of the High/Scope Perry Preschool Program'. Paper presented at the Meeting of the Society for Research in Child Development Tampa, Florida, April 26. Available at: www.highscope.org/file/Research/PerryProject/Perry-SRCD_2003.pdf (accessed 21 May 2015).

Schweinhart, L. J. (2007) 'Outcomes of the High/Scope Perry Preschool Study and Michigan School Readiness Program', in E. M. Young, and L. M. Richardson (eds), *Early Child Development: From Measurement to Action, A Priority for Growth and Equity*. Washington, DC: The International Bank for Reconstruction and Development. Available at: https://open knowledge.worldbank.org/handle/10986/6837 (accessed 21 May 2015).

Siraj-Blatchford, I., Sylva, K., Muttock, S., Gilden, R. and Bell, D. (2002) *Researching Effective Pedagogy in the Early Years*, Research Report 356. Norwich: DfES.

Sylva, K., Melhuish, E. C., Sammons, P., Siraj-Blatchford, I. and Taggart, B. (2004a) *The Effective Provision of Pre-School Education (EPPE) Project*. Technical Paper No. 12. London: DfES/Institute Education, University of London.

Sylva, K., Melhuish, E., Sammons, P., Siraj-Blatchford, I. and Taggart, B. (eds) (2004b) *The Effective Provision of Pre-School Education [EPPE] Project: Final Report*. London: Institute of Education, University of London.

UNDP (United Nations Development Programme) (2000) Millennium Development Goals. Available at: www.undp.org/content/undp/en/home/mdgoverview/mdg_goals.html (accessed 31 May 2015).

UNESCO (1990) *Meeting Basic Learning Needs: A Vision for the 1990s. Background Document.* World Conference on Education for All, 5–8 March, Jomptien Thailand.

UNESCO (2000) *The Dakar Framework for Action. Education for All: Meeting Our Collective Commitments*. Adopted by the World Education Forum, Dakar Senegal, 26–28 April.

UNESCO (2010a) *EFA Global Monitoring Report 2010: Reaching the Marginalized*. Paris: UNESCO and Oxford University Press.

UNESCO (2010b) 'Moscow Framework for Action and Cooperation: Harnessing the Wealth of Nations'. World Conference on Early Childhood Care and Education (ECCE) Building the Wealth of Nations 27–29 September 2010, Moscow. Available at: http://unesdoc.unesco.org/images/0018/001898/189882e.pdf (accessed 21 May 2015).

UNESCO (2014) *Holistic Early Childhood Development Index (HECDI) Framework: A Technical Guide*. Paris: UNESCO. Available at: http://unesdoc.unesco.org/images/0022/002291/229188e.pdf (accessed 21 May 2015).

UNICEF (United Nations Children's Fund) (2012) *Inequalities in Early Childhood Development. What the Data Say. Evidence from Multiple Indicator Cluster Survey*. New York: UNICEF.

UNICEF (United Nations Children's Fund) (2006) General Comment No. 7 (2005), Implementing child rights in early childhood. Committee on the Rights of the Child, Fortieth Session, Geneva, 12–30 September 2005. Available at: http://www2.ohchr.org/english/bodies/crc/docs/AdvanceVersions/GeneralComment7Rev1.pdf (accessed 21 May 2015).

United Nations (1989) *United Nations Convention on the Rights of the Child*. Geneva: Defence International and United Nations Children's Fund. Available at: www.ohchr.org/en/professionalinterest/pages/crc.aspx.

US Department of Health and Human Services, Administration for Children and Families (2010) *Head Start Impact Study, Final Report*. Washington, DC: US Department of Health and Human Services, Administration for Children and Families. Available at: www.acf.hhs.gov/programs/opre/hs/impact_study/reports/impact_study/executive_summary_final.pdf (accessed 21 May 2015).

van der Gaag, J. (2002) 'From child development to human development', in E. M. Young (ed.), *From Early Child Development to Human Development: Investing in Our Children's Future*. Washington, DC: The International Bank for Reconstruction and Development. Available at: www.sck.gov.tr/oecd/From%20Early%20Child%20Development%20to%20Human%20Development.pdf (accessed 21 May 2015).

Walker, S. P., Wachs, T. D., Grantham-McGregor, S., Black, M. M., Nelson, C. A., Huffman, S. L., Baker-Henningham, H., Chang, S. M., Hamadani, J. D., Lozoff, B., Meeks Gardner, J. M., Powell, C. A., Rahman, A. and Richter, L. (2011) 'Inequality in early childhood: risk and protective factors for early child development', *The Lancet*, 378: 1325–1338.

Young, E. M. and Richardson, L. M. (eds) (2007) *Early Child Development: From Measurement to Action, A Priority for Growth and Equity*. Washington, DC: The International Bank for Reconstruction and Development. Available at: https://openknowledge.worldbank.org/handle/10986/6837 (accessed 21 May 2015).

第 5 章

早期教育与保育的专业化问题

尼瑞·尼科尔森

本章概览

在过去的十年中，随着新任职资格的引入和现有任职资格的修改，早期教育与保育领域发生了一些变化。如本书第 1 章和第 2 章所指，早期教育与保育领域的国家框架即《指南》于 2008 年 9 月实施，此后分别在 2012 年和 2014 年进行了修订。同时，为了提高质量、加强培训，早期教育与保育工作者队伍也经历了一些变化。早期教育专业教师——一种专业身份，而不是任职资格——最初被用来提高劳动力培训标准，以满足《指南》的质量要求（CWDC, 2006）。本书第 1 章和第 2 章指出，保守党和自由民主党联合政府委任纳特布朗（Nutbrown）教授对早期服务从业者的任职资格进行深入调查。相关调查报告于 2012 年 6 月发布，得出的结论是早期教育与保育需要一支高素质且专业的工作队伍。由此，政府撤回了早期教育专业教师，取而代之的是"早期教育者"（Early Years Educators, EYE）和"早期教育教师"（Early Years Teacher, EYT）。

从历史上看，"专业"一词专门用于医生或律师等特定职业（Runte, 1995）。然而，这一概念正在扩展，以涵盖各种不同的职业（Western et al., 2006）。这种多元化使得"专业"概念在国际范围内，特别是在早期教育与保育领域有所模糊（Bankovic, 2014）。本章将探讨早期教育与保育中的"专业"意味着什么。

有关角色、责任和专业化方面的论述，常常很难做到与时俱进，因为变化总是非常快，但要重点指出的是，早期教育与保育工作者[①]作为教育者的角色定位与政策背景密不可分。不同背景下的不同角色定位相互关联，因此本章旨在从理论上讨论早期教育与保育工作者队伍，而不是描述任职资格。

本章旨在帮助读者：

- 理解关于专业化的概念，并认识到早期教育与保育中"专业"和"专业化"概念的含义；
- 讨论构成专业化早期教育与保育的要素；
- 了解早期教育与保育工作者所需技能和角色要求。

专业化的定义

伦特（Runte）认为，专业化具有特定的"性质"，包括知识、能力和资格水平，而达利和乌尔万（Dalli and Urban）认为专业化是一种共同的意识形态，是一套公认的规则，专业人员同意在进入他们的职业生涯时，有目的地、按规则采取行动。伦特认为，在当今社会，专业化不限于传统意义上的概念。许多职业为了合法化（Broadbridge and Parsons，2003；Simpson，2010；Thomas and Thomas，2014），试图加以调整以与某种专业地位一致。从这个角度看，专业化是由社会构建和塑造的，因此，随着社会的改变和发展，围绕特定职业的专业化理论也随之变化。为此，福克斯（Fox）认为，对专业化的解释是个人基于自身经验作出的（1992）。

例如，医生可能会说专业化与职业道德规范，即希波克拉底誓言（Hippocratic Oath）[②]有关，而对于有些职业来说，可能需要明确的资格，或成为相关专业组织的成员。同样，早期教育与保育工作者可能会认为，专业是利用对个体儿童的经验和知识，通过教学来引导儿童学习。

---

① 本书中"早期教育与保育工作者""早期服务从业者"混用。——编辑注
② 希波克拉底誓言（Hippocratic Oath）是历史上关于医生道德的一段誓言。它是希腊最广为人知的医学文献之一。最初它要求新医生以许多治疗之神的名义发誓，坚持特定的伦理标准。——译者注

早期教育与保育的专业化

早期教育与保育领域在过去几十年里发生了巨大的变化（Adams，2008；Male and Palaiologou，2013a，2013b；Pugh，2014），如接受社会独立机构和教育标准局的检查（Owen，2003），引入 3—5 岁儿童课程（QCA / DfEE，2000），实施《指南》（DCSF，2008）。然而，伍德罗（Woodrow）认为，在早期教育与保育中，教学论越来越受到关注，这似乎给该领域的专业化问题带来了困扰（2007）。

从历史上看，早期服务提供者从未被视为教师，他们一直努力谋求教育者的身份。在"教育"这把大伞下存在着大量的理论，每个理论都源于特定的历史文化背景，有利于形成专业认同。例如，小学、中学以及高等教育和继续教育机构，都毫无疑问地被认为是教育机构，而早期服务机构则不然。最初它们被认为归于保育部门，受卫生和社会保健部门的管辖（Owen，2003；Chalke，2013）。然而，如今情况发生了变化，早期服务机构被视为负责儿童早期教育与保育的机构（Jones，2014）。这个变化源于 2001 年，英国的早期服务开始接受教育标准局的检查（Owen，2003），并引入《奠基阶段课程指南》（Curriculum Guidance for the Foundation Stage）（QCA / DfEE，2000）。这表明社会政策对早期服务的认定发生了改变——早期服务是一种教育（Wright，2014）。然而对于教育界其他从业者和家长来说，这一转变是很困难的（Brock，2012；Chalke，2013）。塔格特（Taggart）讨论了"儿童保育"的本质，认为"儿童保育"的本质与专业身份的概念是冲突的（2011）。塔格特认为，由于早期服务被视为一个以女性为主的领域，在这个领域中，工作人员被视为有爱心的人，这与社会对专业人士的看法形成了鲜明对比。塔格特认为，仅仅因为工作对象是婴幼儿就让人们认为不是专业人士，因为二者不可能共存。这种刻板印象影响很多人对于专业化的认识。这种对角色中关爱元素的认知，也对其他教育工作者、家长和公众造成了困扰，使他们很难将为婴幼儿提供教育与保育的从业者视为专业人士。

全世界早期教育与保育领域都在为获得专业认同斗争（Brock，2012；Bankovic，2014），人们一直在讨论早期服务从业者是教育者还是保育人员。可以说，早期服务从业者既是教育者，也是保育人员，这种含糊性也体现在对其的不同称谓中：教育者、从业人员、早期专业人士、早期教师和保育员，等等（Osgood，2004；Adams，2008；Chalke，2013）。这不同称谓的模糊性使得从业人员在确立自己的专业身份时遇到了困难，"分散了专业的焦点"（Adams，2008：200）。

班科维奇（Bankovic）讨论了这一概念，指出基于早期服务机构所处社会和政治背景，对该行业专业人员的界定在不断变化，而且正在经历现代化（2014）。例如，早期教育与保育的专业人士在塞尔维亚被称为"学前教师"（pre-school teachers）（Bankovic，2014），在新西兰则称为"教师"（Oberhuemer，2005）。在欧洲很多国家，早期教育与保育的专业人士被称为"教员"（pedagogues），支持儿童学习和发展（Hallet，2013）。这可能是早期服务专业性模棱两可的根源。如果你是一名医生，你在所有国家都会被称为医生。同样，工程师和管道工也是全球公认的职业。早期服务从业者因其所在机构和国家的不同而产生的差异，体现在他们所对应的称谓上（Brock，2012）。这些差异造成了地位和职责的不同（Brock，2012）。早期服务领域的专业化很难界定，因此，专业认同也存在问题。

辛普森（Simpson）认为，这是由于该行业尚未完全专业化。除非整个行业发生变化，否则其成员（从业者）无法获得专业化或实现乌托邦式的愿景（2010）。辛普森认为，专业化是在特定政治背景下完成的，政府和专业领域观念的不同导致了摩擦的产生。例如，为了推动早期服务专业化，英国政府一直主张制定最低资格标准，而不是追加投入（Stewart and Obolenskaya，2015）。此外，英国政府正在推动一项议程，即要成为专业人士，必须达到一定的水平（Tickell，2011；Nutbrown，2012）。从业者能够申请大学生领袖基金（Graduate Leader Fund）资助课程费用，同时各早期服务机构也能够申请资金，为工作人员学习提供保障。然而，大学生领袖基金被取消了，从业者接受培训变得困难（Stewart and Obolenskaya，2015）。许多从业者拿着最低工资，无力支付高昂的学费来获得学位，甚至有些从业者没有薪酬或回报（Osgood，2004；Eisenstadt et al.，2013；Moss，2014）。鉴于这些因素，有人认为最低资格标准这条路行不通（Waniganayake，2002）。

专业意味着什么？

接下来的挑战是，早期服务专业人士意味着什么？有人认为它以特定资格为基础（Osgood，2004，2006；Cable and Goodliff，2011；Tickell，2011；Nutbrown，2012；Bankovic，2014；Davis，2014；Moss，2014；Urban，2014）。目前的英国政府似乎支持这样一种观点，即更高资质的劳动力队伍可以改善儿童的结果（Hallet，2013；Moss，

2014）。新西兰、塞尔维亚和澳大利亚等也持这种观点，认为学历和培训是专业服务的关键（Miller and Dalli，2014）。然而，纳特布朗指出，在历史上，学历从来不是从事早期服务的先决条件，这意味着早期服务领域自身有责任提高人们的预期（Nutbrown，2012）。

凯布和古德利夫（Cable and Goodliff）认为，一个专业的早期服务人员不仅仅是取得资格证书，专业身份包括技能、信念以及"专业的工具和概念"（2011：182）。奥斯古德（Osgood）认为，提高劳动力资格是提高早期服务从业人员职业地位的一种方法（2004）。莱昂斯（Lyons）从国际视角强调了这一点。她解释说，澳大利亚的早期教育与保育机构由在那里工作的专业人员的资质来区分（Lyons，1996）。如果一个人具有基本的资格，他们可以提供保育；如果他们有学位，就能提供教育。这就意味着教育只能由那些达到学位水平的、合格的人来实施。

专业的早期服务

引入早期教育专业教师（EYPS）的目的是解决专业认同和资格问题。该身份设计初衷是承认从业者的技能和资格，提供与"合格教师"（qualified teacher status，QTS）相当的身份和地位。

尽管早期教育专业教师本身并不被视为一种资格证书（CWDC，2006），但其目的是在劳动力队伍中培养研究生领袖（Lloyd and Hallet，2010；Davis，2014）。然而，批评者认为在薪酬或职业认可方面，早期教育专业教师并不等同于合格教师（Nutbrown，2012）。为了解决这些问题，纳特布朗在报告中提出了一种新的资格——早期教育教师（EYTS）——取代早期教育专业教师（Nutbrown，2012）。该课程的入学要求与"合格教师"相同，希望借此能够纠正或至少在一定程度上缓解两个资格之间的偏差。

最近的研究表明，虽然每一位从业人员都认为成为早期教育专业教师的过程促进了自己的专业发展，但却并没有得到其他人的认可（Davis，2014）。因此，我提出，专业是自我的一种反思，而不是得到他人认可的特质或技能。这使得讨论重新回到了"专业的概念很难界定"这一点。

奥斯古德（Osgood）认为，根据研究生劳动力的技能和知识来定义早期服务的专业化是有害的（2009）。戴维斯（Davis）指出，由于大部分劳动力都未达到大学学历，所以用这种方式来定义专业化可能会使人丧失信心、感到沮丧（2014）。在纳特布朗的报告发布之后，英国最近发生了一些变化，意味着如需进入早期服务领域就业，需要在义务教育结束时，达到适当的数学和英语水平。在英国，这意味着从业者需要拥有数学和英语的普通中等教育证书（GCSE），才能进入后义务教育阶段学校接受 3 级课程。这是为期一年或两年的大学课程，涵盖儿童发展和游戏课程，但在"内容和标准"方面有很大差异（Nutbrown，2012：6）。纳特布朗在报告（2012）中建议对资格认证体系进行修改，以确保从业人员在两年内完成 3 级课程，拥有充分、最新资质。因此，英国政府现在已经引入了一个新的资格——早期教育者（EYE）。

这一变化导致申请 3 级课程的学生人数减少。也可以这样认为，这一变化提高了入学要求，有些从业人员没有那些基本的资格，就无法学习这些课程了。如果在义务教育阶段结束时未获得数学和英语的普通中等教育证书，那么从业者需要在两年学完 3 级课程、3 年学完学位课程之外，另花两年时间学数学和英语。这意味着一些从业人员可能需要用长达 7 年的时间学习。这又回到了低薪问题以及早期服务从业者继续学习可能存在的资金困难问题。英国政府在 2015 年 7 月宣布，从业者在学习期间可以学习英语、数学课程，但是他们必须在全部课程结束前学完以获得 3 级资格证书，所以这已经成为"出口"而不是"入口"要求。

然而，需要提出的一个问题是，是基本的英语和数学水平重要，还是对儿童发展的逐渐理解重要？这场辩论造成了领域内部的分歧。虽然认识到数学和英语在专业化中的重要性，但存在争论的地方是，这也对那些想要加强儿童发展知识和技能的从业人员造成了障碍。这可能意味着该领域取得适当资格的人数可能会减少，这与一开始的目标背道而驰。地方政府过去能够提供质量津贴，即如果某机构获得某种资格的工作人员达到一定比例的话就可以获得补助，从而鼓励机构开展培训，但现在这也被废除了。同样重要的一点是，虽然 3 级资格要求学生必须拥有数学和英语的普通中等教育证书，但有些课程，如基础或一级课程（Foundation or First Degree）并不需要。

纳特布朗（2012）强调，政府通过提高从业者资质等对早期服务领域进行了投资，但私人、志愿和独立（PVI）部门从业者资质水平仍然较低，莫斯最近也表示了类似观点（Moss，2014）。私人、志愿和独立部门是指所有在国家公立的儿童保育服务机构之外提供儿童保育服务的机构（Gambaro et al.，2014）。一个潜在的原因可能是：即使从业者拿到学位，其专业地位似乎也不会被广泛认同（Adams，2008）。薪资水平反映了这一点，许多从业人员尽管获得了专业资格，但拿的仍然是最低工资。这种异常现象又一次地与国际"接轨"（Lyons，1996；Waniganayake，2002；Ackerman，2005；Osgood，2004；Findlay et al.，2009；Douglass and Gitell，2012；Hordern，2012）。纳特布朗的报告中提到的一个关键点是，对于那些正在考虑取得 3 级以上资格的从业人员来说，薪酬水平和职业认同是一个影响因素（2012）。

共享知识体系

正如上面所讨论的那样，界定"专业化"可能困难重重，但许多人认同"共享知识体系"（Hegarty，2000；Kinchloe，2004；Coleman et al.，2012）。克鲁斯和克鲁斯（Cruess and Cruess）认为想要理解"专业化"，必须先看看这个词本身（1997：1675）。他们认为这个词的重要部分是 profess，因为这是一个从业人员献身于职业的方式。他们认为，为了献身于职业，首先必须拥有一套相关知识体系。这强调需要有一个良好的知识体系和"对服务的承诺"（Cruess and Cruess，1997：1675）。

知识是可以积累和分享的，并通过反思、实践来形成新的知识（Kinchloe，2004）。根据科尔曼（Coleman）等的说法，知识分两方面：专业人员需要学科知识和专业知识（2012）。学科知识可以被定义为有关儿童发展和教育的全方面知识，专业知识是由布朗芬布伦纳的生态模型定义的环境系统（Bronfenbrenner，1979）。专业人员在不同层面上开展工作以满足每一名儿童的需求。这表明，从业人员除了共享知识体系之外，还必须共享价值观和意识形态。

科尔曼等认为，"从业人员的知识基础不是静态的"，这意味着从业人员应该处于不断补充和提取专业共享知识的状态（2012：29）。然而有证据表明，知识的积累并不总能支持从业人员的实践（Hiebert et al.，2002）。布洛克（Brock）认为专业人员之间的关系存在复杂性，专业精神并不是在真空中产生的（Coleman et al.，2012）。布洛克认为专业化的含义需要在共享的文化和情境中得到认同，应允许探索共享的价值观和理念。

根据罗德（Rodd）的观点，早期服务领域意识形态相互矛盾，没有真正理解向前推进这个领域的方法，从而使从业者无法有效地支持和促进儿童的权利（2012）。阿德勒（Adler）等提出，真正的合作要求"专业人士和非专业人士成为学习和支持的源头"（2008：371），这样一来，包括家长在内的所有参与者都可以分享和补充知识。这似乎支持这样的观点，即知识不是凭空创造出来的，而是由所有贡献者以"共享"的方式建构的。

教保结合（Educare）

如上所述，英国的儿童保育历来由社会服务部门管理（Owen，2003）。儿童保育被看作看护，而不是教育。相反地，学校被视为教育场所，不承担任何保育功能，这表明保育和教育是互相独立的，而不是并行的。过去几十年来的一个转变是整合教育与保育（Sylva et al.，2004；Male and Palaiologou，2013a，2013b）。这一转变始于儿童保育服务从归口于关注保育的社会服务部门转向接受教育标准局的评估。实际上，早期服务是由私人和接受公共资助的机构联合提供的，所有这些机构都接受政府和家长的资金。此外，《指南》的引入标志着英国教育与保育服务的变化——通过一个以儿童为中心的课程整合早期服务，这在第1章中曾详细提到。

教育标准局根据给儿童提供的教育（《指南》用语）和福利来评估机构。这一举措被视为将不同的思想进行整合——教保结合，这是北欧国家首次提出的（Eydal and Rostgaard，2011）。这一举措反映了国际社会的观点，即认为教育与保育是同义的，不能分裂（van Laere et al.，2012）。然而正如厄宾（Urban）指出，此观点的矛盾之处在于，近年来似乎出现了向教育而非保育的转变（2014）。在英国，早期阶段的"小学化"要求越来越高，以确保儿童"为入学做好准备"（van Laere et al.，2012；Male and Palaiologou，2013a，2013b；Cowley，2014；Duffy，2014），这一趋势在全球都有体现（Alcock and Haggarty，2013；Gunnarsdottir，2014）。加梅奇（Gammage）认为，这源于政府和家长等共同推动的问责文化——强调儿童的表现（2006）。为入学做准备的转变对实施《指南》具有非常显著的影响。目前《指南》是一种基于"在游戏中学习"的教育范式（Haughton and Ellis，2013）。做好入学准备可能会把重点转向教育成就，而不是儿童的整体发展。儿童保育和早期专业协会（Professional Association for Childcare and Early Years，PACEY）的研究指出，"入学准备"一词的含义在政府决策者和实践领域之间的交流中丢失（2013）。这种模糊性影响了领域内专业人士及其实践。早期服务领域内的一个主要论点是，这个转变涉及《指南》在为儿童上学和正式学习做准备（Langston，2014），而不是将早期奠基阶段本身视为一个重要阶段（DfE，2011：31）。怀特布雷德和宾汉姆（Whitebread and Bingham）提出，"入学准备"表示儿童在离开早期奠基阶段时已经达到了预设的技能水平，并准备好接受关键阶段一（Key Stage1）的国家课程（2014：187）。实现这一目标的一个可能办法是发展从业者的教学领导技能。梅尔和帕拉约洛戈（Male and Palaiologou）（2012）认为，教学领导力能够创造一种环境，促使从业人员与学习中的儿童进行有意义的互动。通过领导和引导儿童学习，从业人员可以培养儿童技能，帮助他们为下一步的发展做好准备。

因为关系到向学校的过渡以及为两岁儿童提供服务，所以对入学准备的关注影响广泛（Cowley，2014）。柯利（Cowley）强调，早期服务领域和政府对"入学准备"的理解存在分歧，进一步说明这一概念存在差异（2014）。萨根（Sargent）认为这种差异存在于英国和美国的私人、志愿和独立部门。

"保育"这一术语仍频繁被家长使用，表示人们对早期服务中保育的重视。莱昂（Lyons）认为，从历史上看，成为一名早期服务从业者所需要的主要技能是"天生的母性特质"（1996）。这表现为早期服务领域以女性为主的劳动力大军中男性所占比例不足（Ackerman，2005；Dunlop，2008；Tickell，2011；Douglass and Gitell，2012）——只占 2%。彼得斯（Peeters）认为，全球范围内从事儿童保育的男性都在为自己的专业身份而奋斗，因为人们对保育存在刻板印象。传统意义上，男人被视为养家糊口的人，而女人则承担起"赋予母爱"的角色（Rolfe，2006；Department for Economic and Social Affairs，2011；Cronin，2014）。最近的研究表明，这种性别刻板印象是男性选择早期服务作为职业的障碍（Cronin，2014）。

这个观点似乎在慢慢地改变，至少在家里，越来越多的父亲成为自己孩子的主要照看者（Cronin，2014）。在父母双方都应尽可能工作，或父母双方谁有更多的工作机会谁就去工作的社会背景下，人们对妇女担任主要照看者的期望越来越低。这意味着家庭中男性的刻板印象正开始发生改变（Department for Economic and Social Affairs，2011）。性别刻板印象与它所产生的时代的社会人口背景有关，并不是一种新现象。在过去某一时间，一个男人选择照看儿童在某种程度上是不寻常的，在社会上是不被接受的，但现在男护士等很常见，耻辱感似乎不复存在。

这里要考虑的关键词是"教育"和"保育"。目前早期服务领域内的重心转移到入学准备，意味着教育是当前最重要的因素。我认为，教育并不与特定性别相关，所以男女都可以与儿童一起学习。克罗宁（Cronin）的研究表明，与儿童一起工作的男性是怀着一种发挥长远影响的愿望进入这个行业的（2014）。同样，保育不是也不应该与特定性别相关，因为性别不是质量的保证（Holloway，2006）。

专业的领导者

虽然第 17 章详细探讨了早期服务领域的领导力问题，但这里也要指出，成为一名专业人士，意味着你成为一个领导者。人们普遍认为专业性与领导力相关（Rodd，1997；Muijs et al.，2004；Dunlop，2008；Tickell，2011；Heikka et al.，2012；Nutbrown，2012；Male and Palaiologou，2013a，2013b；Hallet，2013；Bankovic，2014）。这是一个有趣的观点，即所有专业人士都是领导者，所有领导者都是专业人士。这意味着领导力是专业化的先决条件，反之亦然。

假定这两个概念（专业化与领导力）相互包容或相互排斥。这在早期服务中都是有问题的。专业化是一个需要付出努力并且有待在实践中实现的目标。但有证据表明，早期服务从业者并不认为自己是领导者（Muijs et al.，2004；Rodd，2012；Pound，2011；Taggart，2011；Jones，2014）。

哈利特（Hallet）指出有一种观点要求研究生领导实践（2013），但是库克和赫尼汉（Cooke and Henehan）建议应该"重在提高领导者和从业人员的知识和能力"，这意味着早期服务是一个不断发展的过程，也是一个持续的反思过程。根据邓洛普（Dunlop）的说法，领导力对于提高整个行业的专业性和责任感是不可或缺的（2008）。罗德（Rodd）断言，领导力不是也不应该是一个学位课程的组成模块，一个在需要的时候就会被甩掉的模块（2012）。罗德认为，领导力应该深植于实践中。从这个角度看，领导力可以被视为分布式的，所有的从业人员，无论其资历或地位如何，都可以成为领导者。海卡（Heikka）等人认为分布式领导是建立人际关系、给个体赋权并发挥个体专业优势的过程（2012）。梅尔和帕拉约洛戈则认为整个早期服务领域需要不同的领导风格（见第 17 章）。

案例分析

利安娜（Leanne）的故事

　　利安娜目前是郊区一家私立日托机构的负责人。这个机构相对比较大，能为80 名 6 周—5 岁的儿童提供日托服务。利安娜最初只是中学毕业，目前正在攻读早期教育研究基础学位（Foundation Degree）的最后一年课程。

　　　两年前，我刚开始攻读基础学位。之前我上地方学院夜校，获得了儿童发展的三级资格。我打算修一个完整的荣誉学位。有人问我为什么要修学位，因为我的工资并不能反映这个资质。对我来说，这不仅仅是钱的问题。我可以理解为什么对一些从业人员来说这是一个问题，但我觉得我理应为了儿童及其家庭乃至我自己做一名最专业的工作人员。这对我而言，就需要获得资格证书，不过我不认为专业只是指资格。专业也与一个人的经验和工作方式有关，这样才能确保机构做出的每一个决定中，儿童都是核心。

案例分析

约翰（John）的故事

　　约翰注册为育儿员已经 11 年了，住在一个被地方政府认定"贫困"的大城市里。在约翰注册前，这座城市中只有一名男性育儿员；现在已经有 5 名男性育儿员了，其中大多数是与妻子 / 合伙人一起照看儿童。

　　　我喜欢做一名育儿员，参与孩子的学习和发展。眼见着一名名孩子来到家里，一路相伴，直到他们上学离开，这给了我很大的满足感。我每天和孩子们的家庭互动，与他们密切合作；我能够看到他们面临的挑战并提供帮助，庆祝他们的成就。然而，做一名男性育儿员是有挑战的。我的困难是有些家长不认为我是专业人士，他们把我看作保姆。有一些家长不满意我是一个男人，尤其是孩子还在穿纸尿裤的时候，以及当我刚刚注册的时候。家长们似乎分为两个阵营：那些拥有自由思想并支持男性育儿员的人，和那些怀疑男性育儿员的人。选择我的家长说，他们的孩子正在获得一个宝贵的男性视角，这是他们可能不会从女性那里得到的。但我认为，无论性别如何，教育和保育的质量应该是一样的。随着时间的流逝，人们的观念慢慢改变了，但我仍然很难得到像其他女性育儿员那样多的咨询。这可能有很多原因。与家长的

> 交谈表明，一些家长把看护儿童视为女性的工作，他们在见到我之前，很难将我与照看者的角色联系在一起。

☁ **反思性任务**

学习本章内容之后，阅读案例并思考：

- 早期服务领域中的"专业"和"专业化"概念对你和你的团队意味着什么？
- 成为一名专业人士意味着什么？
- 早期服务领域是否有"保育"与"教育"之分？

本章小结

正如本章开头所提到的，本章的目的是讨论专业化问题，并讨论这样一个事实，即在早期教育与保育中，"专业"这个术语使用得较为随意。现已经证明，成为一个专业的机构，以下要素是必需的：

- 共享的知识体系；
- 共享的价值观；
- 共享的思想体系；
- 共享的实践；
- 在行动中反思；
- 对行动进行反思（Tabachnick and Zeichner，2002）；
- 课程（course of study）；
- 行为准则/道德规范；
- 经验；
- 同行观察；
- 持续对照标准进行评估；
- 不断发展。

从这个意义上说，本章的结论与伊洛特（Eraut）相呼应，他把"专业"定义为一套思想体系，而不是一种被接受的状态；"专业化"是一种过程，在这一过程中，个人努力与某种思想体系保持一致从而获得地位和特权（1994：1）。将专业定义为思想体系，意味着没有一个统一的区分是否专业的标准。因此，专业是一种精神状态，而不是一种职业分类，其特征由那些从事该职业的人的行为决定（Male，2004）。

识记要点

- 早期教育与保育领域的专业化问题是有疑问的、复杂的，关于"专业化"这一术语还有待阐述。
- 早期教育与保育领域需要明确的思想体系和统一的标准来区分专业和非专业。因此，"专业"仍然是一个值得商榷的问题，人们只能讨论早期教育与保育领域的特点和行为。
- 早期教育与保育领域已经有所改进（如第 1 章和第 2 章所述），但从业者仍然需要较高资质，以帮助确立专业身份。

讨论话题

- 根据本章所讨论的内容，写下你认为早期教育与保育专业知识和实践体系包含的关键要素。
- 在你熟悉的或者你工作的机构讨论道德准则。考虑一下早期教育与保育实践的道德准则应该包括哪些内容。
- 讨论早期教育与保育领域共享的知识体系，并考虑这一领域要求的资格水平。你认为早期教育与保育领域有共享的知识和思想体系吗？如果有的话，是什么？

拓展阅读

书

Miller, L. and Cable, C. (eds) (2008) *Professionalism in the Early Years.* London: Hodder/Arnold.

文章

Evans, L. (2008) 'Professionalism, professionality and the development of education professionals', *British Journal of Educational Studies*, 56 (1): 20–38.

Miller, L. and Dalli, C. (2014) 'Early years professionalism: reflections', *International Journal of Early Years*, 22 (3): 239–241.

Osgood, J. (2009) 'Childcare workforce reform in England and "the early years professional": a critical discourse analysis', *Journal of Education Policy*, 24 (6): 733–751.

参考文献

Ackerman, D. J. (2005) 'Getting teachers from here to there: Examining issues related to an early care and education teacher policy'. *Early Childhood Research and Practice*, 7 (1): 1–17.

Adams, K. (2008) 'What's in a name? Seeking professional status through degree studies within the Scottish early years context', *European Early Childhood Education Research Journal*, 16 (2): 196–209.

Adler, P. S., Kwon, S-W. and Heckscher, C. (2008) 'Perspective-professional work: the emergence of collaborative community', *Organization Science*, 19 (2): 359–376.

Alcock, S. and Haggarty, M. (2013) 'Recent policy developments and the "schoolification" of early childhood care and education in Aotearoa New Zealand', *Signs*, 26: 27. Available at: www.nzcer.org.nz/system/files/ECF2013_2_021_0.pdf (accessed 27 March 2015).

Bankovic, I. (2014) 'Early childhood professionalism in Serbia: current issues and developments', *International Journal of Early Years Education*, 22 (3): 251–262.

Broadbridge, A. and Parsons, E. (2003) 'UK charity retailing: managing in a newly professionalised sector', *Journal of Marketing Management*, 19 (7/8): 729–748.

Brock, A. (2012) 'Building a model of early years professionalism from practitioners' perspectives', *Journal of Early Childhood Research*, 11 (1): 27–44.

Brock, A. and Ranklin, C. (2011) 'Perspectives on professionalism'. In A. Brock, (ed.) Professionalism in the Interdisciplinary Early Years Team: Supporting Young Children and their Families. London: Continuum International Publishing Group.

Bronfenbrenner, U. (1979) *The Ecology of Human Development: Experiments by Nature and Design*. Cambridge, MA: Harvard University Press.

Cable, C. and Goodliff, G. (2011) 'Transitions in professional identity: women in the early years workforce', in *Gendered Choices: Learning, Work, Identities in Lifelong Learning*. London:

Springer.

Chalke, J. (2013) 'Will the early years professional please stand up? Professionalism in the early childhood workforce in England', *Contemporary Issues in Early Childhood*, 14 (3): 212–222.

Coleman, M. R., Gallagher, J. J. and Job, J. (2012) 'Developing and sustaining professionalism within gifted education', *Gifted Child Today*, 35 (1): 27–37.

Cowley, S. (2014) 'Does two into school really go?', *Forum*, 56 (2): 235–243.

Cronin, M. (2014) 'Men in early childhood: a moral panic? A research report from a UK university', *Social Change Review*, 12 (1): 3–24.

Cruess, S. R. and Cruess, R. L. (1997) 'Professionalism must be taught', *BMJ*, 315: 1674–1677.

CWDC (Children's Workforce Development Council) (2006) *The Early Years Professional Prospectus*. London: CWDC.

Dalli, C. and Urban, M. (2013) *Professionalism in Early Childhood Education and Care: International Perspectives*. Abingdon: Routledge.

Davis, G. (2014) 'Graduate leaders in early childhood education and care settings: the practitioner perspective', *Management in Education*, 28 (4): 156–160.

DCSF (Department for Children, Schools and Families) (2008) *The Early Years Foundation Stage: Setting the Standards for Learning, Development and Care for Children from Birth to Five*. Nottingham: DCSF Publications.

Department for Economic and Social Affairs (2011) *Men in Families and Family Policy in a Changing World*, New York: United Nations Publication.

DfE (Department for Education) (2011) *Reforming the Early Years Foundation Stage. The EYFS: Government Response to Consultation*. London: DfE.

DfE (Department for Education) (2012) *Statutory Framework for the Early Years Foundation Stage. Setting the Standards for Learning, Development and Care for Children from Birth to Five*. Runcorn: DfE Publications.

Douglass, A. and Gitell, J. H. (2012) 'Transforming professionalism: relational bureaucracy and parent teacher partnerships in child care settings', *Journal of Early Childhood Research*, 10 (3): 267–281.

Duffy, B. (2014) 'The Early Years Curriculum', in G. Pugh and B. Duffy (eds), *Contemporary Issues in the Early Years*. London: Sage.

Dunlop, A. W. (2008) *A Literature Review on Leadership in The Early Years*. Glasgow: Learning and Teaching Scotland (LTS).

Eisenstadt, N., Sylva, K., Mathers, S. and Taggart, B. (2013) *More Great Childcare: Research Evidence*. London: Institute of Education, University of London.

Eraut, M. (1994) *Developing Professional Knowledge and Competence*. London: Falmer Press.

Evans, L. (2008) 'Professionalism, professionality and the development of education professionals', *British Journal of Educational Studies*, 56 (1): 20–38.

Eydal, G. B. and Rostgaard, T. (2011) 'Day-care schemes and cash-for-care at home', in I. V. Gislason and G. B. Eydal (eds). Copenhagen: Nordic Council of Ministers.

Findlay, P., Findlay, J. and Stewart, R. (2009) 'The consequences of caring: skills, regulation and reward among early years workers', *Work, Employment & Society*, 2 (3): 422–441.

Fox, C. J. (1992) 'What do we mean when we say "professionalism?": A language usage analysis for public administration', *The American Review of Public Administration*, 22 (1): 1–17.

Gambaro, L., Stewart, K. and Waldfogel, J. (2014) 'Equal access to early childhood education and care', in L. Gambaro, K. Stewart and J. Waldfogel (eds), *An Equal Start? Providing Quality Early Education and Care for Disadvantaged Children*. Bristol: Policy Press.

Gammage, P. (2006) Early Childhood Education and Care: Politics, Policies and Possibilities. *Early Years: An International Research Journal* , 26(3), pp.235–248.

Gunnarsdottir, B. (2014) 'From play to school: are core values of ECEC in Iceland being underminedby "schoolification"?' *International Journal of Early Years Education*, 22 (3): 242–250.

Hallet, E. (2013) 'We all share a common vision and passion: early years professionals reflect upon their leadership of practice role', *Journal of Early Childhood Research*, 11 (3): 312–325.

Haughton, C. and Ellis, C. (2013) 'Play in the Early Years Foundation Stage', in *The Early Years Foundation Stage: Theory and Practice*. London: Sage.

Hegarty, S. (2000) 'Teaching as a knowledge-based activity', *Oxford Review of Education*, 26 (3&4): 451–465.

Heikka, J., Waniganayaka, M. and Hujala, E. (2012) 'Contextualising Distributed Leadership Within Early Childhood Education: Current Understandings, Research Evidence and Future Challenges', *Educational Management Administration and Leadership*, 41 (1): 30–44.

Hiebert, J., Gallimore, R. and Stigler, J. W. (2002) 'A knowledge base for the teaching profession: what would it look like and how can we get one?', *Educational Researcher*, 31 (5): 3–15.

Holloway, W. (2006) *The Capacity to Care: Gender and Ethical Subjectivity*. Hove: Routledge.

Hordern, J. (2012) 'A productive system of early years professional development', *Early Years*, 33 (2): 106–118.

Jones, P. (2014) 'Training and Workforce Issues in the Early Years'. In: G. Pugh and B. Duffy (eds), *Contemporary Issues in the Early Years* (6th ed.). London: Sage, pp. 255–272.

Kinchloe, J. (2004) 'The knowledge of teacher education: developing a critical complex epistemology', *Teaching Education Quarterly*, pp. 49–66.

Langston, A. (2014) *Facilitating Children's Learning in the EYFS*. Maidenhead: Open University

Press.

Lloyd, E. and Hallet, E. (2010) Professionalising the early childhood workforce in England: work in progress or missed opportunity? *Contemporary Issues in Early Childhood*, 11(1), p.75.

Lyons, M. (1996) 'Who cares? Child-care, trade unions and staff turnover', *Journal of Industrial Relations*, 38(4): 629–647.

Male, T. (2004) 'Preparing for and entering headship in England: a study of career transition'. University of Lincoln, unpublished PhD thesis.

Male, T. and Palaiologou, I. (2012) 'Learning-centred leadership or pedagogical leadership? An alternative approach to leadership in education contexts'. *International Journal of Leadership in Education*, 15(1): 107–118.

Male, T. and Palaiologou, I. (2013a) 'Historical developments in policy for early years education and care', in I. Palaiologou (ed.), *The Early Years Foundation Stage: Theory and Practice*. London: Sage.

Male, T. and Palaiologou, I. (2013b) 'Pedagogical leadership in the 21st century: evidence from the field'. *Educational Management Administration & Leadership*, 1–18.

Miller, L. and Dalli, C. (2014) 'Early years professionalism: reflections', *International Journal of Early Years*, 22 (3): 239–241.

Moss, P. (2014) 'Early childhood policy in England 1997–2013: anatomy of a missed opportunity', *International Journal of Early Years Education*, 22 (4): 346–358.

Muijs, D., Aubrey, C., Harris, A. and Briggs, M. (2004) 'How do they manage? A review of the research in early childhood', *Journal of Childhood Research*, 2 (2): 157–169.

Nutbrown, C. (2012) *Foundations for Quality: The Independent Review of Early Education and Childcare Qualifications. Final Report*. Runcorn: Department for Education. Available at: www.gov.uk/government/uploads/system/uploads/attachment_data/file/175463/Nutbrown-Review.pdf.

Oberhuemer, P. (2005) 'Conceptualising the early childhood pedagogue: policy approaches and issues of professionalism', *European Early Childhood Education Research Journal*, 13 (1): 5–16.

Osgood, J. (2004) 'Time to get down to business? The responses of early years practitioners to entrepreneurial approaches to professionalism', *Journal of Early Childhood Research*, 2 (1): 5–24.

Osgood, J. (2006) 'Deconstructing professionalism in early childhood education: resisting the regulatory gaze', *Contemporary Issues in Early Childhood*, 7 (1): 5–14.

Osgood, J. (2009) 'Childcare workforce reform in England and "the early years professional": a critical discourse analysis', *Journal of Education Policy*, 24 (6): 733–751.

Owen, S. (2003) 'The development of childminding networks in Britain: sharing the caring', in A. Mooney and J. Statham (eds), *Family Day care: International Perspectives on Policy, Practice and Quality*. London: Jessica Kingsley Publishers.

PACEY (2013) 'What does "school ready" really mean? A Research Report from the Professional Association for Childcare and Early Years'. [Online] www.pacey.org.uk/news-and-views/news/archive/2013-news/september-2013/school-ready-research-launched/ (accessed 29 January 2016).

Peeters, J. (2013) 'Towards a gender neutral interpretation of professionalism in early childhood education and care (ECEC)', *Revista Española de Educación Comparada*, (21): 119–144.

Pound, L. (2011) 'Exploring leadership: roles and responsibilities of the early years professional', in *Developing Reflective Practice in the Early Years*. Maidenhead: Open University Press.

Pugh, G. (2014) 'The policy agenda for early childhood services', in G. Pugh and B. Duffy (eds), *Contemporary Issues in the Early Years*. London: Sage.

QCA/DfEE (Qualifications and Curriculum Authority/Department for Education and Employment) (2000) *Curriculum Guidance for the Foundation Stage*. London: QCA.

Rodd, J. (1997) 'Learning to be leaders: perceptions of early childhood professionals about leadership roles and responsibilities', *Early Years*, 18 (1): 40–44.

Rodd, J. (2012) *Leadership in Early Childhood*, 4th edn. Maidenhead: McGraw-Hill International.

Rolfe, H. (2006) 'Where are the men? Gender segregation in the childcare and early years sector', *National Institute Economic Review*, 195: 103–117.

Runte, G. (1995) 'Is teaching a profession?', in *Thinking About Teaching: An Introduction*. Toronto: Harcourt Brace.

Sargent, P. (2004) 'Between and rock and a hard place: men caught in the gender bind of early childhood education', *Journal of Men's Studies*, 12 (3): 179–192.

Simpson, D. (2010) 'Becoming professional? Exploring early years professional status and its implications for workforce reform in England', *Journal of Early Childhood Research*, 8 (3): 269–281.

Stewart, K. and Obolenskaya, P. (2015) 'The Coalition's record on the under fives: policy, spending and outcomes 2010–2015', in *Social Policy in a Cold Climate*, Working Paper WP12. London: Centre for Analysis of Social Exclusion, LSE.

Sylva, K., Mehuish, E., Sammons, P., Siraj-Blatchford, I. and Taggart, B. (2004) *The Effective Provision of Pre-School Education (EPPE) Project: Findings From Pre-School to end of Key Stage 1*. Nottingham: DfES Publications.

Tabachnick, R. and Zeichner, K. (2002) 'Reading 1.4: reflection on reflective reading', in A. Pollard (ed.), *Reading for Reflective Teaching*. London: Continuum.

Taggart, G. (2011) 'Don't we care? The ethics and emotional labour of early years professionalism', *Early Years*, 31 (1): 85–95.

Thomas, R. and Thomas, H. (2014) 'Professional Associations and the professionalisation of tourism', *The Service Industries Journal*, 34 (1): 38–55.

Tickell, C. (2011) *The Early Years: Foundations for Life, Health and Learning*. An Independent Report on the Early Years Foundation Stage to Her Majesty's Government. London: Crown. Available at: www3.hants.gov.uk/the_tickell_review_the_early_years_-_foundations_for_life__health_and_learning.pdf (accessed 13 February 2015).

Urban, M. (2014) 'Not solving problems, managing messes: competent systems in early childhood education and care', *Management in Education*, 28 (4): 125–129.

van Laere, K., Peeters, J. and Vandenbroeck, M. (2012) 'The education and care divide: the role of the early childhood workforce in 15 European countries', *European Journal of Education*, 47 (4): 527–541.

Waniganayake, M. (2002) 'Growth of leadership: with training, can anyone become a leader?', in V. Nivala and E. Hujala (eds), *Leadership in Early Childhood Education*. Oulu: University of Oulu.

Western, J., Haynes, M., Durrington, D. A. and Dwan, K. (2006) 'Characteristics and benefits of professional work assessment of their importance over a 30-year career', *Journal of Sociology*, 42 (2): 165–188.

Whitebread, D. and Bingham, S. (2014) 'School readiness: starting age, cohorts, and transitions in the early years', in J. Moyles, J. Payler and J. Georgeson (eds), *Early Years Foundation Stage: Critical Issues*. Maidenhead: Open University Press.

Woodrow, C. (2007) 'Whither the early childhood teacher?: Tensions for early childhood professional identity between the policy landscape and the politics of teacher regulation', *Contemporary Issues in Early Childhood*, 8 (3): 233–243.

Wright, H. R. (2014) *The Child in Society*. London: Sage.

第二部分

教　学　论

第 6 章

实践中的教学论

西奥多拉·帕帕塞奥佐鲁　多娜·波茨

本章概览

　　本章的目的是帮助读者从理论和应用的角度理解教学论的概念。为此，我们首先梳理在较长一段时间里影响和塑造了教学实践的各种理论与政策要求，然后通过个案研究说明发生在实践环节中的这一有意识和无意识的复杂过程，从而获得一种能够满足儿童个体需求并帮助他们发挥潜能的教学论。我们将在本章最后指出，在早期服务实践当中，我们应当提倡一种有目的的、适宜的、与儿童兴趣及潜力相关的、灵活的、赋予儿童权利的、能够培养儿童抗挫力的教学论。

　　本章学习目标如下：

- 获得对教学论的理论认识；
- 理解影响教学论的核心理念；
- 探索国家及国际政策对教学论的影响；
- 将最近的思潮和教学论与早期服务实践联系起来。

教学论的定义

在英文情境下，教学论经常被简单地理解为"教"或者"提供课程"的行为。然而，教学论远远不只是"教"，它还包含了"教"这一行为背后的相关理论、信念、政策和挑战（Alexander，2000）。教学论是"从业者实际上所做的和思考的"（Moyles et al.，2002：5）。这一定义承认"教"是教学论的一部分，但强调了"教"背后的思考才是教学论的核心。

基于伍德黑德（Woodhead）的研究成果，本部分将探索对教学论及其实践产生深远影响的四大儿童发展和学习理论。它们分别是：发展理论、社会文化理论、政策理论、儿童权利理论。

发展理论

人们对发展中的儿童的印象主要来自生物理论和儿童发展理论，这些理论将"发展"理解为"在不同阶段和不同年龄发生的成熟过程"。值得注意的是，皮亚杰认为儿童的发展会经历一系列具有可识别认知属性的阶段。皮亚杰通过研究证明，儿童充满好奇心，渴望探索自己的环境，并通过自己的行动来发现现象背后的原理。假如我们给他们以适当的资源和适宜难度的挑战，他们就能够建构自己的想法和知识。皮亚杰的观点对于主张创设激励儿童调查、实验和动手操作的学习环境的理论尤其具有影响力（Piaget，1952）。

与皮亚杰相反，行为主义者认为学习是通过（正和/或负）强化的过程对环境刺激做出反应的直接结果。根据这种刺激—反应模型，儿童将刺激与由刺激触发的行为所产生的后果联系起来，奖赏性的后果可能会促进该行为的发生，而惩罚性的后果则会将该行为减少到最少。约翰·华生（John Watson）的话更好地诠释了行为主义。

　　"给我一打健康的、发育良好的婴儿，让他们在我指定的环境中长大，我可以保证，从中随机选择一名，我都能将之训练成为我所选择的任何类型的专家——医生、律师、艺术家、商业代表，甚至乞丐和小偷，无论其祖先的天

赋、爱好、倾向、能力、职业和种族。"（1930：104）

环境对个人单向发挥影响这一点已在行为主义内部受到批判。社会学习流派的行为主义者认为环境的、生物的和认知的因素与其他个人因素之间存在着双向的影响。儿童在学习过程中并不是被动的；相反，他们在一定的社会背景之下，通过观察、模仿、建立联系和泛化过程进行学习（Bandura，1977）。

今天的人们对于儿童生活环境的重要性，特别是儿童从生活环境中获得的早期经验的重要性，不再有任何争议。神经科学领域的研究表明，早期的刺激和经验塑造了大脑的结构，并决定其未来的发展（National Scientific Council on the Developing Child，2010）。缺乏适当的营养、健康和看护会"破坏"儿童的生存质量，而不利的生活经历（如看护剥夺、长期的恐惧和焦虑、严厉的惩罚和虐待以及刺激的不足）会对儿童的社会心理与认知发展产生负面影响。相比而言，早期的刺激和积极的经验可以提高儿童的适应性并消解负面影响（Shonkoff and Phillips，2000；Fox and Shonkoff，2011）。精神分析理论（主要是弗洛伊德的研究成果）以及依恋理论（将在第 11 章和第 19 章中讨论）所提供的证据得到了神经科学的进一步支持。神经科学确认了与儿童依恋、情绪安全和心理健康相关的早期经验对儿童未来生活的意义。

儿童发展理论提高了人们对儿童早期作为一个独特生命阶段的认识，这一独特的生命阶段所具备的特点是：儿童具有特定需求，需要一定条件才能够茁壮成长。这些理论在许多方面获得了响应并进一步支持了先驱们的想法——为儿童提供与其年龄相适宜的资源，如福禄贝尔的恩物和蒙台梭利的教具，让其通过亲身体验进行探究，接受环境的刺激（如约翰·洛克声称儿童是一块白板，环境刺激会给儿童留下印记）。

一些与儿童早期相关的著名论断源于发展理论，例如：

- 儿童的发展发生在特定的阶段和年龄，由个体的成熟过程所决定；
- 儿童充满了好奇心和学习的内在动机，有着探究的头脑；
- 儿童需要能够进行探索、积极实验和实际动手操作的资源；
- 儿童在能够提供刺激和支持、具有正面强化作用的环境中茁壮成长；
- 儿童早期是一个独立的生命阶段，应该受到重视；在儿童早期，儿童本身受到重视。

这些思想为教学实践做出了重大贡献：

- 批判了传统的以成人／教师为中心的教学实践——这种教学实践侧重于知识的传播；
- 引入了以儿童为中心、以游戏为基础、在动手操作和体验中学习的概念；
- 影响了学习环境的组织方式，从而为儿童提供了有益的、积极的经验；
- 促进了发展适宜性实践的产生。

社会文化理论

社会文化理论进一步让我们认识到儿童的发展和学习是社会化的过程。维果茨基认为发展与学习是在社会和文化环境中进行的，儿童既不是孤立的科学家——孤立于社会环境之外（皮亚杰理论中的假设），也不是环境直接刺激的产物和正／负强化的产物（行为主义者的观点）。儿童是社会文化环境及其信仰、价值观、习俗和行为方式的产物（Vygotsky，2002）。

社会文化学派强调儿童与他人的相互依存关系：儿童通过知识渊博的他人（如父母、教师或其他儿童），学习与人协商、解决问题，吸取经验。瑞吉欧·艾米莉亚（Reggio Emilia）幼儿园的创立者马拉古齐将儿童视作"有潜力的、强大的、有能力的人，最重要的是与成人及其他儿童联系的人"（Malaguzzi，1993：10）。此外，布鲁纳和黑斯特（Bruner and Haste）称儿童为"意义的创造者"（1987）。儿童在面对处于其最近发展区的任务时（Vygotsky，1978），通过成人搭建的脚手架（Bruner，2006），在成人的引导下活动（Rogoff et al.，1993），与知识更为渊博的他人保持共同思考（Siraj-Blatchford et al.，2002），从而发展自己的潜能（Bruner，2006）。

布朗芬布伦纳的生态学理论试图为人们了解儿童的发展和学习提供更广泛的框架。他强调儿童所处不同系统内部及之间的许多因素相互作用的影响。没有任何一个因素比其他因素更为重要；相反，多种因素随着时间的推移发生了复杂的相互作用，其所产生的累积效应影响和决定了儿童的发展与学习。

鉴于当今社会广泛存在的多样性（如种族、宗教、社会阶层、语言的多样性）以及主流意识形态和制度的潜在影响力，当代许多理论家也对"发展中的儿童"概念提出了挑战。他们指出，诸如"发展中的儿童所处的阶段"和"年龄"这样的概念假定任何时代、任何社会的所有儿童都具备明显的普遍特质，忽视了社会和文化的影响（Cannella，2005；Dahlberg et al.，2007；Moss，2008）。其中，"发展适宜性实践"概念尤其受到争议，并因此发展为"发展和文化／环境适宜性实践"（DCAP），以强调所学习的知识以及学习的方式受到特定社会文化的影响（NAEYC，1996；Hyun，1998）。

这些理论进一步加深了人们对以下内容的理解：

- 社会文化环境对儿童发展与学习的影响；
- 文化价值观和实践的重要作用；
- 知识渊博的成人／他人在搭建脚手架、引导儿童参与以及保持共同思考的过程中对儿童学习的作用；
- 特定群体、制度和（或）政策所信奉的主要意识形态的影响；
- 儿童对自身所处环境的归属感的重要性。

这些观念拓展了与教学相关的理念和实践：

- 更为强调社会和环境因素；
- 儿童通过合作学习和小组任务，相互支持，直面挑战，解决问题，互相合作，彼此协商，形成共同的目标，共同行动；
- 通过搭建脚手架、引导儿童参与和保持共同思考，促进儿童的学习；
- 更强调学习过程（如何学习、为什么学习）；
- 认可差异，创造包容文化，拥抱多样性；
- 重视建立关系和归属感；
- 制定可以体现多样性、识别环境影响的评价和评估策略（如逸事记录和学习日志／故事、早期服务机构的自我评估）。

政策理论

正如第 4 章所讨论的，早期服务对儿童、家庭和整个社会所产生的累积影响，以及由对早期服务的投入带来的经济回报，成了国内外相关政策制定的基石。因此，在过去 20 年中，我们看到了很多国家规定政府必须为儿童提供一定标准的服务。与这些政府承诺相伴而来的是对早期服务的大量投入，对早期工作者专业化的强调，以及重点课程、儿童评价体系和机构评价体系的引入。

随着对儿童早期的投入的增加，人们越来越关注这些投入所产生的回报。发展中的儿童，特别是发展理论中关于不同年龄和发展阶段的特征的描述，成了衡量所有儿童发展的黄金标准，而这些标准实际上脱离了儿童所处的文化和社会环境。与一般性儿童发展特点相关的标准，已被广泛用于机构评估以证明早期服务的影响（如英国有效学前教育项目，Sylva et al.，2004；美国高瞻和提前开端项目的研究，Schweinhart，1994；US Department of Health and Human Services，2010）。

儿童发展理论帮助人们理解了儿童的发展，并且提高了人们对儿童经验和儿童期重要性的认识，但其理论基础也变成了一把双刃剑。这些理论基础为定义与量化诸如"发展标准""理想的学习结果""质量指标"和"基准"之类的术语提供了理论框架。虽然当代许多机构对这些术语提出了诸多质疑，但它们仍然是儿童和机构评估的标准（Cannella，2005；Dahlberg et al.，2007；Moss，2008）。

如第 1、第 2 和第 3 章所讨论的，英国在 20 世纪 90 年代中期引入《指南》，并几经评审和修订，与之配套的是儿童评估、外部检查和机构评估（如教育标准局评估；"确保开端"评估）的增加。最新版本的《指南》尝试整合和协调不同的理论观点，以发展理论为指导，特别强调学业和认知发展，尤其是入学准备（DfE，2014）。

政策对人们思想的影响表现在以下方面：

- 通过强调儿童发展和获得某些有价值的技能，将儿童看作发展中的、未来具有生产力的公民；
- 根据既定的学习结果评估儿童的进步；
- 将早期教育与保育视为一种干预措施，特别是对处境不利的儿童和家庭而言；
- 通过对机构的评估来衡量早期服务的累积影响；
- 视早期服务为改善和消除儿童及其家庭所遭遇的不利影响的干预措施。

政策对教学实践的影响体现在以下方面：

- 课程框架以学习结果为取向；
- 对儿童进行评价和"画像"；
- 使用发展检核表来评估儿童；
- 对早期服务的外部评估越来越多；
- 强调为儿童日后求学，特别是入学做好技能准备。

儿童权利理论

《联合国儿童权利公约》在帮助人们理解"儿童是当今社会的公民而不是还未长成的个体"方面做出了伟大的贡献（United Nations，1989）。《联合国儿童权利公约》以儿童利益最大化为基本原则，阐明了儿童所享有的具体权利：适当的生活水平（第25 条）、教育（第 28 条）、健康（第 24 条）、休息和娱乐以及享受（第 31 条）、社会保障（第 26 条）、参与和自身相关的事项的决策（第 12 条）。

2005 年《联合国儿童权利公约》第 40 次会议重申并肯定了儿童从出生起便是"权利人"。更重要的是，它要求各国根据儿童权利得到尊重的程度评估早期服务的质量（UNCRC，2006）。《联合国儿童权利公约》规定保障儿童权利是父母（或其他照料者）的责任，而政府则有责任支持父母。

《联合国儿童权利公约》在许多方面改变了早期服务的格局。在政策层面上，政府需要统筹其工作目标和优先事项来满足儿童的权利。例如在英国，儿童权利体现在《每个孩子都重要》（*Every Child Matters*）的 5 个"发展结果"中，即健康、安全、享受并有所成就、做出积极贡献、实现经济福祉（DfES，2004）。2014 年版《指南》也体现了权利视角，指出儿童应该享有"生命中最大可能的开始"，成人要支持他们"发挥潜力"。《指南》指出，"一个有保障的、安全的和快乐的童年本身就很重要"（DfE，2014：5），要确保这样的童年需要遵循 4 个总原则：儿童是独一无二的；积极的关系；对儿童有利的环境；儿童以不同的方式与节奏来发展和学习（DfE，2014：6）。

在教学实践方面，对儿童权利（特别是儿童参与自身相关事项的决策的权利）的认识已经提高了人们聆听儿童心声的意识。越来越多的研究让我们了解到，儿童可以用多种方式表达自己的想法，成人需要细心聆听他们。例如马拉古奇关于儿童的百种语言的理论（1993）和里纳尔迪（Rinaldi）的聆听教学论（Pedagogy of Listening）（2001）。儿童是天生的交流者，但成人需要投资情感主体间性（relational inter-subjectivity），捕捉并理解儿童的多种信号（Trevarthen，2011）。

《联合国儿童权利公约》的意义在于：

- 丰富了我们对儿童作为独一无二的、有能力的、可以表达自己观点并影响自己所接受的教育与保育的个体的理解；
- 认可了成熟因素的重要性（如获得健康和营养的权利），并承认社会和文化背景（如教育、休闲和娱乐的权利）对儿童发展和学习的重要性；

- 明确阐述了家庭、社区和国家对儿童的义务。

因此，教学实践应当遵循《联合国儿童权利公约》的原则，让儿童的声音"被听到"。

教学论：实践的框架

有证据表明，早期教育与保育领域借助不同理论和政策要求来理解儿童的发展和学习，并指导其教学实践。以下将结合案例进行阐述。

案例分析

本（Ben）的故事（老师的叙述）

本上了两年幼儿园（nursery），一年预备班（reception class）。6岁时，他进入一年级（Year 1）。由于在阶段评估中得分较低，他被留在了这个班，继续学习两个学期的早期奠基阶段课程。大家担心他读写成绩欠佳，有可能需要阅读补习（Reading Recovery）。阅读补习是一个既昂贵又高强度的干预方案，经过测试，本被认为符合该方案的条件。

进一步的评估表明，本对铅笔的控制能力非常弱，无法正确地书写自己姓名。他左右手的偏好仍然没有确定。当他尝试下笔的时候，总是会不断换手，对自己的精细动作控制缺乏信心。在前测中，本说："我看不懂，我不会写。""我不想这样做。"他低自尊，自认为读写差，而且对学习总体上抱有消极情绪。

与本的父母及过去的老师交谈后我们得知，在预备班的时候，本多数时间都是选择玩电脑或在室外骑车，在家的时候主要也是玩电脑。

我（阅读补习项目的老师）运用了一切我所知道的策略去培养本对遣词造句的热情。我试图让他根据自己的亲身经历造一句话，但他只是耸耸肩。我尝试使用橡皮泥和颜料去引导他说话，同时发展他的精细动作技能。他非常缓慢地开始对我产生信任并给予回应。我知道我首先需要突破的是他的态度，然后让他看学习的过程。最终，我得到的是一幅一个男孩坐在地上、膝盖流着血的画。

我：这个男孩怎么了？

本［耸耸肩］

我：看着图片，告诉我你看到了什么。

本［沉默］

我：我觉得他跌倒了，并且摔伤了膝盖。我敢打赌你过去也跌倒过，伤过膝盖。

本：是的，但我不想写这个!

教师的反思

我得到了本的回应，可以看出，本可以非常犀利地回复我。这花了我 9 个星期（22.5 个小时）。我努力与本建立关系，让他看到，在我的支持下，他可以开始阅读和书写，甚至能享受阅读和书写的乐趣。他突然开始发现自己可以做这些事情。在他获得自信后，我逐步放手，不再提供支持。他的态度已经转变，他现在可以以一种更积极的眼光看待自己。当我问他碰到困难时应当怎么做时，他会从学过的（和教给过他的）策略中选择解决问题的办法，自己独立地解决问题，而不是等待别人告诉他怎么做。

☁ 反思性任务

针对以上案例分析，请你反思以下内容：

- 形成性评价（如奠基阶段评价）如何成为一种用于观察儿童受教育权（这种教育可以让儿童实现他们的潜能）的工具（请同时参阅第 8 章和第 9 章）?
- 教师对本采取的策略依据了哪些理论?
- 教师用了哪些方法去聆听和了解本的心声并开展相应教学实践?

新出现的问题

以上的案例分析阐明了实践中的教学论是怎么样的，提高了人们对儿童发展评估潜力的认知（人们系统地开展评估，将评估作为为儿童创设适宜的学习和生活条件的参考），强调了教学过程中反思的重要性。该案例阐释了在帮助儿童获得积极的学习品质、成为坚强和独立的学习者的过程中，建立关系、培养自尊和自我价值感的重要性。教师对本的需求和潜力的反应表明，教育教学不仅涉及技能的发展和知识的积累，它还涉及关系问题和道德问题。

实践教学论

以上的案例分析例证了教学论的定义：既包括教学行为，也包括教学行为背后的思想。根据"已知的"策略，教师开始着手帮助本发展其用铅笔进行书写（目的）所需的精细动作技能（具体的教学策略）。教师通过对各种理论和政策的学习形成了自己的教学思想。她依据自己对儿童发展理论的了解，采用了一些适合儿童的活动和材料，如玩橡皮泥和绘画。她还秉承"情境相关性实践"（contextually relevant practice）原则，考虑了本可能拥有的经验，例如骑自行车摔倒过和／或伤到过膝盖。她努力唤起本的学习热情，增强其自信、自尊和自我价值感。她认可发展理论和权利理论，并且致力于提高本的读写能力（政策要求）。然而，这并不意味着教师的教育教学是随意的或有选择的。相反，正如以下各部分所讨论的那样，这是一个动态的和不断发展的过程，有一定理论依据和实证依据，也经过了充分反思。

反思

面对本拒绝学习任务及其整体的消极态度，教师不断在行动中反思，对行动进行反思（Schön，1983）。在她针对本的工作中，她更多地意识到自己正在做什么（在行动中反思），并且能回顾整个过程以获得更深刻的理解（对行动进行反思），从而调整自己的教学。教师参与的是一个我们可以称为"调查性反思"（investigative reflection）的过程，目的在于看清可见行为背后儿童的真实情况，理解这种行为所传达的未明说的信息。这需要对本所提供的表面信息（如"我看不懂，我不会写"，"我不想这样做"）以及教学策略在本身上的效果进行耐心倾听和细致解读。在对本的拒绝和逃避进行解读的时候，应该着眼于他的潜力而不是他的缺陷。她的结论是，虽然大家担心的是本的读写成绩，但真正的障碍其实在于他的低自尊和低自我价值感以及总体上消极的学习品质。

相互关系

教师意识到本对她的"回应"和"信任"以及他们之间的"关系"是让本参与读写活动的先决条件。这就要求教师细心聆听本所表达的明确信息（如"我不能"）与隐性线索（如"缺乏自信心和自尊心"）。教师花时间去观察本的回应，然后再改进自己的策略。她耐心等待并接收本的隐性线索，而不是简单运用自己关于儿童的一般性知识。

教师反思自己所规划的学习活动对本的影响，还一次又一次巧妙地去说服本，让其参与那些能给双方都带来有意义经验的活动。与本建立关系意味着教师能够配合他，能够和他一起思考，而不是为他而思考。这种相互关系使教师和儿童成为学习之旅的同行者，而不是由教师去设计学习之旅并将儿童打造得符合社会要求。

自尊、自我价值感和耐挫力

建立关系本身并不是目的，它是帮助儿童建立自我概念、自我价值感和自尊心的基石，因为这是由他人与儿童互动的方式以及对儿童努力的认可态度所带来的（Papatheodorou，2006，2009）。教师将本视为一个有能力的学习者，聪敏且能够发挥自己的潜力；她尊重他，并为他提供有助于意义建构的学习经验（Brownlee，2004）。这促使本意识到自己能做什么，从而增加了他的自我价值感和自尊心，并且让他有信心尝试他以前认为超出自己能力范围或太具挑战性的任务。

教师借鉴了诸如脚手架、教师指引下的参与、保持共同思考以及最近发展区等一系列理论，以培养一个具有自信心和耐挫力的学习者。她说："在我的支持下，他可以开始阅读和书写……，自己可以做这些事情。"通过调整自己的教学策略，教师让本成了一个有抗挫力的学习者，能够解决自己的问题，变得独立，能说出自己学到的方法，知道学习是怎么回事，不再等着别人告诉自己该怎么做。当他建立起自信心，教师便逐步退出，不再提供支持。教师注意到本的学习态度开始扭转，并能以更积极的眼光看待自己。

积极学习品质和技能的发展

好奇心、创造性、独立性、合作性和坚持性等积极学习品质的培养是早期教育与保育的核心。学习品质是指那些有意识、有目的、习惯性／自动的行为，看上去是出于直觉，是自发的，但却是目标导向的，并且不需要强制就频繁展现（Katz，1993）。学习品质的培养有赖于教师对这些品质的认可和示范，以及具有支持性和教育性的师幼互动（Carr，1995）。

面对本，教师亲身示范了积极的学习品质（如交流、信任、坚持和对自己以及本的信心）。她创设了一个能够促进关系和积极交流的环境；她提供支持，并向本传授有用的技能和工具使用方法。教师发现，当他陷入困境的时候，他会回想自己学过的（和教师教过的）策略并使用这些策略去解决自己的问题。

虽然技能培训本身受到人们的质疑，但是在适当的时候给儿童提供适当的支持是必要的，这样儿童才能跨越挑战，获得信心，并坚持不懈地完成手头的任务（Papatheodorou and Loader，2009）。积极的学习品质能促进儿童技能和能力的发展，对技能和能力发展的支持本身又可以促进积极学习品质的形成。二者之间存在辩证和互动的关系，但这需要一位具有积极学习品质和洞察力的教师来把握二者的平衡。

入学准备

"入学准备"是一个有争议的概念，其定义（如被定义为"特定水平的认知技能"）以及到底是儿童还是学校应当做好准备的问题（Pre-school Learning Alliance，2011）广受争议和挑战。儿童早期评估同样是一个有争议的概念，因为它可能能让我们看到儿童的发展面临某种挑战，但并不能解释为什么这些挑战会存在。尽管人们可能会对入学准备和儿童评估的解读及使用持谨慎态度，但如果忽略这些，则可能会导致像本这样有能力的儿童落后于同伴（如本在进入一年级后还继续学习早期奠基课程），接受一个高强度且昂贵的干预项目（阅读补习方案），因此面临不能发挥潜力以及自尊心和自我价值感最终被削弱的风险。

为实现儿童利益最大化，更好地服务儿童，教师需要认真思考如何依据政策要求来开展教学，做出恰当的选择。在上述案例中，本在早期发展总体评价上得分偏低是阅读补习方案的起点（Clay，2005a）。由于得分低，本接受了20周阅读补习。根据与其幼儿园老师的交谈和家长观察、教师观察的结果，教师了解了本的偏好，发现他坚持只参加有限的几种自己觉得舒服的活动。

在开始阅读补习前的两周，本参加了"看看我们会啥"活动（Roaming Around the Known，RAK），在这个活动中本只需做自己早就会做的事，目的就是增加其自信心，营造一个安全的氛围，并且与教师建立关系（Clay，2005b）。虽然阅读和书写被视为本主要的障碍，但是教师很快意识到，在技能欠缺和积极品质之间存在一个复杂的动态系统，低自尊和低自信会导致恶性循环。因此，帮助本建立自尊心和自信心成了提高其读写能力的起点。

游戏化的学习

教师对本采取了一种游戏化学习的方式，最初主要由成人主导，旨在实现特定目标——提高阅读和书写所需的技能。教师意识到本原来的游戏主要是静态的、单独的活动（如骑自行车或玩电脑），所以她着眼于让本进行合作性和互动性的游戏活动（如玩橡皮泥、分享阅读）。她为彼此创造了空间和时间，从而为本开发出属于其个人的、目标明确的、游戏化的学习活动。这是一种灵活、游戏化的做法，让本（和教师）有机会发挥先前经验和个人兴趣的作用。

基于游戏对儿童各个发展领域（如健康、认知、情感和社会性）、学习品质以及技能的影响，早期服务从业者已经从意识上和实践上正式认可和接纳了游戏（关于游戏的更多内容，请参见第 7 章）。然而，游戏和关于游戏的教学并不是没受到挑战。在一个课程以结果为取向以及强调对儿童进行总体评估的文化背景下，甚至关于游戏的讨论都发生了变化。从游戏变成游戏化的学习，从儿童发起的游戏变成儿童主导和成人主导相平衡的游戏（关于游戏的概述，参见：Moyles，2010）。实践——就像以上案例阐释的那样——也存在差异。在某些实践中，游戏可以变得非常开放，儿童在参与游戏时拥有一定程度的选择权，可以拒绝拓展他们的游戏脚本。在某些实践中，游戏可能受到限制，大部分（即使不是完全地）由成人来主导。

考虑到本面对的挑战，重要的是要记住，无论选择什么游戏或游戏化的学习方式，都应该：

- 有助于培养儿童积极的学习品质；
- 培养儿童的技能和能力，使他们能够应对具有挑战性的任务并且能够享受其中；
- 培养儿童与他人互动、合作和解决问题的能力；
- 帮助儿童建立自尊、自我价值感和自信心；
- 培养儿童独立自主的意识和能力。

相关的教学

以上案例分析表明，采纳那些知名的教学实践模式时，我们需要以适宜的教育理论为基础，即依据那些能给儿童和教师都带来有意义经验的教育理论。这要求我们——就像达尔伯格和莫斯（Dahlberg and Moss）提到的——关注"关系""义务网络"和"对他人无限的关注"（2005：1）。通过对主体间情感的投入——这是特利瓦森（Trevarthen）2011 年所提出的——教学论在二元对立的讨论之间搭建了桥梁，如以儿童为中心 / 主导 / 发起的学习对应以成人为中心 / 成人主导的学习，以学习过程为导向对应以结果 / 能力为导向，以儿童的现在对应儿童的未来。

这样做的时候，我们必须不断对不同的甚至相互冲突的影响因素进行讨论，对有意义的、有价值的实践措施进行反思。这种互利互惠的主体间情感让我们得以尊重儿童潜能和兴趣，采取与儿童潜能和兴趣契合的教学方法。这种教学法目的明确，意义深远，并且具有变革性，能够赋予儿童力量，能通过师幼之间的友好关系、支持和鼓励的环境、儿童不断增强的战胜挑战的信心三者之间的动态互动，培养儿童的抗挫力（National Scientific Council on the Developing Child，2010）。

本章小结

综上所述，教学论搭建了一个广泛的框架，为早期服务从业者提供了与儿童互动和为儿童规划学习活动的方法。它是有意识反思和无意识反思之间的跳板，并且为评估教师的行为是否符合儿童的兴趣、是否能够带来预期的结果提供了基础。它为我们提供滤镜，让我们对相关的理论观点、政策要求和公认的良好教育实践进行批判和质疑，以符合儿童的最佳利益，确保儿童获得最佳发展。这不是儿童的当下（发展的视角）与儿童的未来（政策的视角）孰轻孰重的问题。我们需要从道德和伦理的视角观察儿童的现在与未来，通过适宜的教育教学培养儿童的归属感（Papatheodorou，2010）。为此，我们需要辩证地看待理论观点和政策要求，二者之间相互融通又相互影响（Papatheodorou，2012）。对不同甚至经常相互冲突和对立的观点的批判与求同存异的能力会提高我们思维的创造性和灵活性，从而推动教育教学实践的发展。

> **识记要点**
>
> - 教学论不仅仅是教学，包括教的行为和行为背后的思想。
> - 教学论受不同领域思想、政策条文、研究成果的影响。

- 实践中的教学论应该：建立在"儿童是有能力的"这一观念之上；重视师幼关系；增强儿童的自尊心、自我价值感和抗挫力；培养儿童积极的品质，发展儿童适当的技能；遵循政策要求，同时坚持游戏化的学习。

讨论话题

- "脚手架""教师指导下的参与"和"保持共同思考"这几个概念的相同点是什么？它们的不同点又是什么？
- 游戏、游戏化学习、儿童发起的学习和成人发起的学习各有什么特征？他们的相同点和不同点又有哪些？
- "儿童利益最大化"和"维护儿童权利"的含义是什么？

拓展阅读

书

Allen, S. and Whalley, M. E (2010) *Supporting Pedagogy and Practice in Early Years Settings*. London: Sage.

Moyles, J. (2014) *The Excellence of Play*, 4th edn. Maidenhead: Open University Press.

文章

Gupta, A. (2015) 'Pedagogy of third space: A multidimensional early childhood curriculum', *Policy Futures in Education*, February 2015, 13 (2): 260–272.

参考文献

Alexander, R. (2000) *Culture and Pedagogy. International Comparisons in Primary Education*. Malden, MA: Blackwell.

Bandura, A. (1977) *Social Learning: Theory*. New York: General Learning Press.

Bronfenbrenner, U. (1979) *The Ecology of Human Development*. Cambridge, MA: Harvard University Press.

Brownlee, J. (2004) 'Teacher education students' epistemological beliefs: developing a relational model of teaching', *Research in Education*, 72: 1–17.

Bruner, J. S. (2006) *In Search of Pedagogy*, Volume II: *The Selected Works of Jerome S. Bruner*. Oxford: Routledge.

Bruner, J. S. and Haste, H. (1987) 'Introduction', in J. S. Bruner and H. Haste (eds), *Making Sense: The Child's Construction of the World*. London: Methuen.

Cannella, G. S. (2005) 'Reconceptualizing the field (of early care and education): if "Western" child development is a problem, then what do we do?', in N. Yelland (ed.), *Critical Issues in Early Childhood Education*. Maidenhead: Open University Press.

Carr, M. (1995) 'Dispositions as an outcome for early childhood curriculum', paper presented at the 5th European Conference on Quality of Early Childhood Education, La Sorbonne, Paris (7–9 September), available at: http://eric.ed.gov/ER. C.ebPortal/recordDetail?accno=ED4070 55(accessed 5 March 2015).

Clay, M. (2005a) *An Observation Survey of Early Literacy Achievement*. Portsmouth, NH: Heinemann.

Clay, M. (2005b) *Literacy Lessons Designed For Individuals, Why? When? And How?* Part One. New Zealand: Reed Publishing.

Dahlberg, G. and Moss, P. (2005) *Ethics and Politics in Early Childhood Education*. London: RoutledgeFalmer.

Dahlberg, G., Moss, P. and Pence, A. (2007) *Beyond Quality in Early Childhood Education and Care: Languages of Evaluation*. London: Routledge.

DfE (Department for Education) (2012) *Statutory Framework for the Early Years Foundation Stage: Setting the Standards for Learning, Development and Care for Children from Birth to Five*. Runcorn: DfE Publications. Available at: http://www.foundationyears.org.uk/ eyfsstatutory-framework (accessed 29 January 2016).

DfE (Department for Education) (2014) *Statutory Framework for the Early Years Foundation Stage: Setting the Standards for Learning, Development and Care for Children from Birth to Five*. Available at: www.foundationyears.org.uk/files/2014/07/EYFS_framework_from_1_ September_2014__with_clarification_note.pdf (accessed 21 September 2015).

DfES (Department for Education and Skills) (2004) *Every Child Matters: Change for Children in Schools*. Nottingham: DfES Publications.

Fox, N. A and Shonkoff, J. P. (2011) 'Violence and development: how persistent fear and anxiety can affect young children's learning and behaviour and health', in Bernard van Leer

Foundation (ed.), *Hidden Violence: Protecting Young Children at Home*. Early Childhood Matters No. 116. The Hague: Bernard van Leer Foundation.

Hyun, E. (1998) *Making Sense of Developmentally and Culturally Appropriate Practice (DCAP) in Early Childhood Education*. New York: Peter Lang.

Katz, L. (1993) *Dispositions: Definitions and Implications for Early Childhood Practice*. Champaign, II: Clearing House of Early Childhood and Parenting (CEEP). Available at: http://eric.ed.gov/?id=ED363454 (accessed 5 March 2015).

Malaguzzi, L. (1993) 'History, ideas and basic philosophy', in C. Edwards, L. Gandini and G. Forman (eds), *The Hundred Languages of Children*. Norwood, NJ: Ablex.

Moss, P. (2008) 'Meeting across the paradigmatic divide', in S. Farquhar and P. Fitzsimons (eds), *Philosophy of Early Childhood Education: Transforming Narratives*. Malden, MA: Blackwell.

Moyles, J. (2010) *The Excellence of Play*, 3rd edn. Maidenhead: Open University Press.

Moyles, J., Adams, S. and Musgrove, A. (2002) *SPEEL: Study of Pedagogical Effectiveness in Early Learning*. London: Department for Education and Skills. Report No. 363.

NAEYC (1996) Developmentally Appropriate Practice in Early Childhood Programs Serving Children from Birth through Age 8. Position Statement. Available at: www.naeyc.org/files/naeyc/file/positions/position%20statement%20Web.pdf (accessed 5 March 2015).

National Scientific Council on the Developing Child (2010) *Early Experiences Can Alter Gene Expression and Affect Long-Term Development*. Working Paper No. 10. Available at: http://developingchild.harvard.edu/index.php/resources/reports_and_working_papers/working_papers/wp10/ (accessed 5 March 2015).

National Scientific Council on the Developing Child (2015) *Supportive Relationships and Active Skill-Building Strengthen the Foundations of Resilience*: Working Paper No. 13. Available at www.developingchild.harvard.edu (accessed 5 March 2015).

Papatheodorou, T. (2006) *Seeing the Wider Picture: Reflections on the Reggio Emilia Approach*. Available at: http://tactyc.org.uk/pdfs/Reflection-Papatheodorou.pdf (accessed 5 March 2015).

Papatheodorou, T. (2009) 'Exploring relational pedagogy', in T. Papatheodorou and J. Moyles (eds), *Learning Together in the Early Years: Exploring Relational Pedagogy*. London: Routledge.

Papatheodorou, T. (2010) 'Being, belonging and becoming: some world views of early childhood in contemporary curricula', *Forum on Public Policy Online*, Vol. 2. Available at: http://forumonpublicpolicy.com/spring2010.vol2010/spring2010archive/papatheodorou.pdf (accessed 5 March 2015).

Papatheodorou, T. (2012) 'Introduction: early childhood policies and practices', in T. Papatheodorou (ed.), *Debates on Early Childhood Policies and Practices: Global Snapshots of*

Pedagogical Thinking and Encounters. London: Routledge.

Papatheodorou, T. and Loader, P. (2009) 'The Reggio Emilia Artists' Project: changing culture – changing pedagogy'. Paper presented at the 19th EECERA conference, Strasbourg France.

Piaget, J. (1952) *The Origins of Intelligence in Children* (trans. M. Cook). New York: International Universities Press.

Pre-School Learning Alliance (2011) 'Alliance voices concerns about meaning of "school readiness" as Government unveils its early years reforms'. Available at: www.pre-school.org.uk/media/press-releases/245/alliance-voices-concerns-about-meaning-of-school-readiness-asgovernment-unveils-its-early-years-reforms (accessed 5 March 2015).

Rinaldi, C. (2001) 'The pedagogy of listening: the listening perspective from Reggio Emilia', *Innovations in Early Education: The International Reggio Exchange*, Vol. 8, No. 4. Available at: http://academic.udayton.edu/JamesBiddle/Pedagogy%20of%20Listening.pdf (accessed 5 March 2015).

Rogoff, B., Mosier, C., Mistry, J. and Goncu, A. (1993) 'Toddlers' guided participation with their caregivers in cultural activity', in E. A. Forman, N. Mimick and C. Addison Stone (eds), *Contexts for Learning: Socio-Cultural Dynamics in Children's Development*. New York: Oxford University Press.

Schön, D. (1983) *The Reflective Practitioner: How Professionals Think in Action*. London: Temple Smith.

Schweinhart, L. J. (1994) 'Lasting benefits of preschool programs', *ER. C.Digest* (ER. C.Clearinghouse on Elementary and Early Childhood Education, ER. C.Identifier: ED 365478). Available at: www.ericdigests.org/1994/lasting.htm (accessed 5 March 2015).

Shonkoff, J. P. and Phillips, D. (eds) (2000) *From Neurons to Neighborhoods: The Science of Early Child Development*. Washington, DC: National Academy Press.

Siraj-Blatchford, I., Sylva, K., Muttock, S., Gilden, R. and Bell, D. (2002) *Researching Effective Pedagogy in the Early Years*, Research Report 356. London: Department for Education and Skills.

Sylva, K., Melhuish, E. C., Sammons, P., Siraj-Blatchford, I. and Taggart, B. (2004) *The Effective Provision of Pre-school Education (EPPE) Project*. Technical Paper No. 12. London: DfES/Institute of Education, University of London.

Trevarthen, C. (2011) 'How is meaning made before words – and why does it matter so much?'. Lecture at Anglia Ruskin University, 28 March.

United Nations (1989) *United Nations Convention on the Rights of the Child*. Geneva: Defence International and United Nations Children's Fund. Available at: www.ohchr.org/en/professionalinterest/pages/crc.aspx.

UNCRC (2006) *Convention on the Rights of the Child, General Comment No. 7 [2005]*, Implementing Child Rights in Early Childhood, fortieth session, Geneva, 20 September. Available at: http://www2.ohchr.org/english/bodies/crc/docs/AdvanceVersions/General Comment7Rev1.pdf (accessed 5 March 2015).

US Department of Health and Human Services (2010) *Head Start Impact Study, Final Report*. Washington, DC: US Department of Health and Human Services, Administration for Children and Families. Available at: www.acf.hhs.gov/programs/opre/resource/head-start-impactstudy-final-report-executive-summary (accessed 5 March 2015).

Vygotsky, L. S. (1978) *Mind in Society: The Development of Higher Psychological Processes*. London: Harvard University Press.

Vygotsky, L. (2002) *Language and Thought* (ed. and rev. A. Kozulin). Cambridge, MA: MIT Press.

Watson, J. B. (1930) *Behaviorism,* rev. edn. Chicago, IL: University of Chicago Press.

Woodhead, M. (2006) 'Changing perspectives on early childhood: theory, research and policy', *International Journal of Equity and Innovation in Early Childhood*, 4 (2): 1–43. Available at: http://oro.open.ac.uk/6778/1/Woodhead_paper_for_UNESCO_EFA_2007.pdf (accessed 5 March 2015).

第7章

游戏的价值

尚泰勒·霍顿 谢里尔·埃利斯

本章概览

游戏是童年不可缺少的一部分。正如本书所探讨的，游戏是儿童发展的核心，早期教育与保育关注如何实施以游戏为基础的课程，以促进儿童的发展。与儿童游戏以及游戏目的相关的问题对儿童生活有深远的影响。因此，本章将着重讨论游戏的主要特征，帮助大家认识不同形式的游戏（既包括儿童发起的游戏，又包括成人主导的游戏）。本章将阐述游戏体验如何影响儿童全面发展，还将探讨相关优秀教育举措，包括以游戏为基础的教学可能给成年人和儿童带来的益处和挑战。与室内和户外游戏空间相关的问题也将会进行讨论。

本章旨在帮助你：

- 界定游戏的含义和类型；
- 结合早期奠基阶段课程，识别和反思游戏中优秀实践的构成要素；
- 通过思考与游戏环境创设相关的问题来确定游戏环境的关键性要素。

关于游戏的理论

第 6 章讨论了早期教育与保育中教学论的概念，并将"游戏化的学习"作为促使儿童感知世界的有意义的活动的关键要素。伍德和贝内特（Wood and Bennett）认识到，证明游戏重要性的依据来源于不同时代和不同文化下的一系列教育与心理理论、哲学思想（1997）。他们提出，人们已经有一个普遍的认知：儿童需要游戏，以便能更多地了解自己，了解文化、角色和相互关系。人们还没有形成一个用于指导与游戏相关的教育实践的统一理论或教育学基础，导致实践中对游戏的作用产生了"概念混乱"（McAuley and Jackson，1992，引自：Wood and Bennett，1997）。事实上，贝拉早期儿童特别兴趣小组（BERA Early Years Special Interest Group）的文献研究发现：

> 虽然游戏成了早期学习的基石，但倡导游戏的教学论基础却尚未得到清楚阐述，而在实践中游戏仍然存在许多问题。主流观点并未得到系统实证研究的支持，幼儿园和学校的关键性研究也发现了理想与现实之间的重大差距。（2003：14）

贝拉早期儿童特别兴趣小组指出了 4 个方面的问题：

- 人们对于儿童期游戏的发展以及如何支持游戏的发展所知甚少；
- 即便对于自由游戏的作用尚无实证研究的证据，早期服务从业者还是很愿意相信其作用；
- 早期服务从业者假定年幼的学习者具备从自由放任的环境中获益的能力，他们期待这些年幼的学习者有机会在这个环境多样化的活动和体验中自由选择；
- 不是所有的儿童都知道如何游戏。（2003：13）

然而，许多人认为真正的游戏能鼓励儿童积极地参与自由和自发的探究活动。布鲁纳认为儿童游戏中存在创造的自由。

> 在游戏中，儿童并不是不追求结果，也不是不讲究方法，他们经常会改变自己的目标和方法，要么采取新的方法，要么就是调整自己的方法，以达到新的目标。他们这么做不是因为陷入了困境，而纯粹是为了玩得尽兴。游

戏不仅给他们提供了探究的媒介，还给他们提供了创造的机会。（Bruner，2006：91）

案例分析

海　盗

在预备班里，一组4—5岁的儿童从桥梁建筑师的角色转变成海盗的角色（创意自由——在游戏过程中改变目标）。

故事时间刚刚结束。一小组儿童突然有了灵感，要到美工区搭建一座桥，就像那座有巨魔生活在下面的桥。老师认为这是一个绝妙的想法。他们很快地开始在美工箱里搜寻需要的建筑材料。他们找出了一些盒子和厨房用纸的内管，觉得可以使用这些材料。凯蒂（Katy）建议使用胶水，贝西（Bessy）回答说"用胶水的话太费时间"。贝西用胶带将两根内管连接在一起，凯蒂在一旁帮她握住内管。哈立德（Khalid）和汤姆（Tom）在她们旁边搭建"高高的东西"。桥墩主要由哈立德搭，汤姆则坐在地上，握着另一根管子。汤姆透过管子往外看，说："看，这可以是巨魔望远镜。"汤姆拿着这个"巨魔望远镜"，大家都轮流往里面看。贝西说："我们可以用它来玩巨魔海盗游戏。我们可以扮演海盗，找到巨魔和他们的宝藏。"汤姆跳起来，离开桌子。"来吧，"他一蹦一跳地来到角色扮演区。凯蒂、贝西和哈立德放下他们在手工桌那儿做的事情，激动地跟过去了。使用望远镜、名为"寻宝海盗"的游戏开始了。这些儿童从戏服箱子里挑选出需要的物件，把自己打扮成海盗。凯蒂跑回到手工桌，给自己拿了个"望远镜"。很快，4人都有了自己的望远镜，其他儿童也加入寻找巨魔和珍宝的游戏。

如上述案例所示，在生命的最初几年中，儿童的"身体"游戏发展为涉及许多复杂心理过程的更为复杂的游戏。他们游戏时会使用所有的感官。从皮亚杰的理论来看，这可以让儿童吸收（同化）新的信息。这些信息被存储下来，直到与儿童遇到的新信息相矛盾或受到质疑。这种不适或不平衡导致儿童重新思考他们已有的想法（Pound，2005）。这种重新思考被称为顺应，儿童能够通过调整自己的思维来恢复平衡。庞德（Pound）将平衡的结果称为"对自己的思想感到舒服"（2005：37）。斯蒂芬（Stephen）指出，早期服务从业者一再强调为儿童提供资源丰富的环境和多种多样的选择机会，

其实是在践行皮亚杰"儿童通过同化和顺应进行积极探究"的思想（2010）。环境和选择机会为儿童提供了体验新鲜事物、触发同化及顺应的机会（Pound，2005）。这可以被视作一种双向作用：复杂的游戏促进认知发展，同时认知发展也促进复杂的游戏。

从社会性角度看，首先是单个儿童的独自游戏，接着是平行游戏（平行游戏时，儿童虽然一起游戏，但各玩各的；更多的游戏类型请参见第 19 章），然后再发展成为社会性互动游戏（这种游戏主要建立在儿童之间的相互交流之上）。艾维奇迪都（Avgitidou）认为，与朋友一起进行的游戏的主要特质是可以鼓励儿童社会性、认知和情感的发展，"这些特质反映了朋友之间的互动模式，包括互动的持续时间、强度和连续性，互动过程中是否有协商和互助，是否生成了共同的知识"（1997：6）。那些能培养这些特质的游戏有助于儿童在相互帮助、分享和交流信息时形成对彼此的积极态度。游戏因此可能涉及高水平的智力活动和创造，特别是在儿童需要保持相互合作的互动游戏中。合作是共同解决问题的一个重要特点。

游戏可能是学习早期奠基阶段课程的强大辅助工具，同时它在个体更广泛、全面的发展中也发挥着重要的作用。就像沃克（Walker）所说的，教育的目的应该是使个体拥有自我决断力，发展自我意识，从而能与他人在情感、智力和专业上积极地互动（2005）。在信任和关爱的环境中游戏有助于儿童发展这种积极的自我意识。

游戏的意义：游戏是什么？

正如我们所看到的，人们从不同的角度对游戏进行了研究，但是所有关于游戏的研究都有一个共识：游戏是儿童为了快乐而进行的活动，游戏也是儿童在成长过程中最主要的需求之一。《指南》鼓励教师通过游戏来帮助儿童发展多种知识和技能，为儿童未来在学校中的发展乃至成年后的生活奠定一个坚实的基础（DfE，2014）。然而，从来就没有一个关于游戏的简明的、达成共识的定义。桑特等人（Santer et al.）认为，"游戏可能是一个太过深刻和无形的概念，对此人们很难没有争议，也无法形成统一的认识"（2007：xviii）。而林登（Lindon）却表示，"游戏包括儿童为了自己的兴趣以及因游戏而来的享受和满足而进行的一系列活动"（2001：2）。文化、传媒和体育部（Department for Culture，Media and Sport，DCMS）也提出了相似的观点，"游戏是儿童和青少年遵循自己的想法、以自己的方式、为了自己而做的事情"（2004：8）。其中一个最为重要的因素是儿童是自己游戏的主人。从儿童的角度来看，游戏可以是一种令人满足和愉快的工作，可以促进内心的幸福感。

从游戏中获得的乐趣对于儿童心理和生理发展的重要性不应被低估。儿童之所以游戏，是因为游戏本身很有趣。从儿童的角度来看，任何游戏中所发生的学习都是偶然的，因为通常游戏的过程才是最令人满意的。例如，当选择烘烤蛋糕时，将面粉和鸡蛋混合在一起的活动本身可以让人感到愉快，就是一种奖赏。而在某些情况下，实际完成的成品，也就是蛋糕，可能并不那么让人感兴趣。

由儿童自己选择和控制的游戏，可以被看作"自由游戏"。《指南》（2008）将布鲁斯提出的自由游戏的 12 个特征嵌入其中，并不断更新（Bruce，2005，引自 Bruce and Ockelford，2010：113）。这些特征不仅适用于不同文化，而且也适合有肢体或学习障碍的儿童，被认为提供了可用"一辈子"的游戏方法（Bruce and Ockelford，2010：113）。

1. 儿童在游戏时使用自己的一手经验。儿童运用越多感官进行活动，经验就会越丰富、越深入，就越有可能发展出丰富的游戏来。

2. 游戏时，儿童自己制定规则。

3. 儿童用自己能找到的材料（有时也用玩具）做游戏道具。自制游戏道具，而不是昂贵的玩具，通常被视为儿童最喜欢的玩具，因为它们更加开放、灵活，可以提供更多的游戏机会（Bruce and Ockelford，2010）。

4. 游戏最重要的特点之一是"游戏是儿童自己的选择"。我们无法逼迫儿童游戏。儿童按照自己方式和步调进行游戏。

5. 儿童的游戏是对未来各种可能性的预演（如角色扮演）。

6. 游戏为假装（扮演）提供了机会。

7. 有时儿童独自游戏。一个人游戏并不比与其他人一起游戏低级。

8. 当儿童与他人一起游戏的时候，他们可能只是"在别人的陪伴下"游戏，这意味着他们进行的是平行游戏，享受彼此的陪伴，但不希望直接和对方进行交流。他们也有可能选择和他人合作游戏。

9. 进行集体游戏的时候，如果每名儿童都清楚了解游戏的主题，并且有现实的道具供使用，游戏会变得更容易一些。

10. 高质量的自由游戏意味着儿童深深地投入其中。

11. 儿童经常会在游戏中展现最近学到的东西。

12. 自由游戏有助于儿童协调和整合他们所学的东西。

重要的是要认识到，游戏对所有的儿童来说都可能是非常个人的和有益的体验。然而，贝拉早期儿童特别兴趣小组质疑自由游戏的功效，并指出游戏可以如何变得刻板化和缺乏挑战（2003）。他们认为，教师如果不了解上述原则，儿童的游戏就更有可能刻板化和缺乏挑战。但假如我们认同"自由游戏"是一种社会和文化建构，我们确实需要考虑游戏中每一个个体的"自由"水平。正如伍德和贝内特所强调的那样，儿童作为"游戏者"的技能和能力差异巨大（Wood and Bennett, 1997）。

游戏作为学习的平台

对于成人而言，至关重要的是认可游戏过程的重要性，不要过度关注游戏的结果。由于自由游戏中的所有学习活动都有可能是偶然发生的，人们鼓励早期服务从业者为儿童提供能够促进其学习的"有目的的游戏"可能会给他们造成困扰。他们总是在努力寻求儿童发起的自由游戏和成人主导的游戏之间的平衡。要在自由游戏和成人主导的游戏之间取得平衡可能很复杂，因为早期奠基阶段的游戏可能需要达到某些明确的学习目标。我们的一个建议是，一个更有知识或经验的成人可以扩展或丰富儿童的自由游戏。按维果茨基的观点，就是"儿童自己可以做到的"与"儿童在他人（成人或更有能力的儿童）引导下能做到的"之间的差距（Vygotsky, 1978）。有效学前教育项目（EPPE, 1997—2004）将成人与儿童在互动时"保持共同思考"视作优秀教育实践的必要前提。他们将其描述为一个情境，其中两个或多个个体共同解决问题、澄清概念、评估活动、拓展言语（Sylva et al., 2004）。双方都必须进行思考，以发展和扩展思想。成人可以通过使用更为复杂和抽象的"脚手架"道具来维持并促进更具挑战性的共同思考（Siraj-Blatchford, 2009）。

通过游戏支持学习：敏感的干预

教师可以通过"敏感的干预"搭建某种形式的脚手架。有时为了促进儿童的游戏，让儿童保持对游戏的控制，这种形式的脚手架是必需的。通过搭建脚手架，可以让儿童发展成为成功学习者所需的素质，如自信心、思维灵活性以及从不同角度看待问题的能力（Tickell，2011）。这一观点支持了以游戏为基础的学习方法，即结合了成人指导的和游戏化的教学。它强调教师在参与儿童有趣和积极的游戏活动时示范、演示和提问等技巧的重要性。英国有效学前教育项目发现，成人的示范通常可能引发儿童更长时间、更专注的思考，而开放式提问也可能促进认知的发展。该项目还发现，即便是在被评为"优秀"的教育机构中，这些策略的使用频率也很低。

敏感的干预可能包括发起针对特定儿童的特定活动，可以是单独的、小组的或整个班级的活动，教师可观察儿童自己选择的活动，然后为他们的学习搭建脚手架以创造更多的学习机会。这里的一个关键因素可能就是鼓励儿童用语言表述自己正在做的事情，以帮助他们发展语言和认知技能，并且培养他们对自己能力的信心。自由选择的游戏活动通常能为成人提供拓展儿童思维的最佳机会。因此，成人需要创造机会来拓展儿童发起的游戏，也可以组织小组活动，因为这两种活动都被发现是促进儿童学习的重要手段（Sylva et al.，2004）。因此，教育实践工作者的一项专业技能可能就是知道如何、何时在游戏中实施干预以及与儿童协作，以维持"共同思考"。莫里斯（Moyles）将这一过程描述为一种螺旋上升的结构，始于自由游戏，接着是成人主导的游戏，当儿童获取了知识和能力并不断巩固提高后，延伸为丰富的自由游戏（2010）。

在此确定的关键因素是：根据个体儿童的发展水平、需要和兴趣，采用灵活的方式进行基于游戏的学习。虽然从理论上看这可能相当简单，但实际上我们可能很难判断什么时候应该对游戏场景进行干预以进一步拓展儿童的学习。实践工作者需要意识到"打断"正在热情游戏的儿童可能造成的不利影响。事实上，伍德和贝内特发现，实践工作者普遍担心会"破坏"或"入侵"儿童的游戏（Wood and Bennett，1997）。正如林登所发现的，实践工作者和儿童对于游戏质量的看法可能会存在差异，因此一些对儿童来说重要的活动、游戏和游戏资源可能会被实践工作者误解和／或低估（Lindon，2001）。因此，对于实践工作者而言，重要的是在干预儿童游戏前要懂得"一停二看三思考"。实践工作者需要成为儿童的"游戏伙伴"，真诚和热情地参与儿童游戏。一些实践工作者可以轻松地做到这一点，而另一些则可能会觉得有点困难（Smidt，2010）。

案例分析

游戏伙伴关系和"敏感的干预"场景

凯西（Cassie）两周岁，每周在全日制日托待五天。一年多以来，阿米娜（Amina）一直是凯西的主要照看者，觉得自己与凯西的成长和进步过程非常合拍。总的来说，凯西在自己单独游戏或与他人一起游戏时很有自信。某个星期，阿米娜注意到凯西通常都是从教师提供的活动中选择各种活动，且似乎更喜欢大肌肉活动，特别是在自由游戏时间教室通往花园的门被打开的时候。阿米娜对这一发现进行了思考，决定集中发展凯西的思维能力和精细动作技能。阿米娜将通过扮演凯西的游戏玩伴来进行"敏感的干预"。她的工作重点是引导凯西参与一些着重发展思维能力和手眼协调能力的游戏活动。阿米娜已将这些发展领域作为自己未来数周游戏干预和观察的具体目标。

阿米娜在草地上设置了一个游戏，希望能够吸引凯西加入。阿米娜看在草地上铺了块毯子。她坐在毯子上，身边有两个篮子。一个篮子里放有一堆小物件（如鹅卵石、软木塞和橡果），另一个篮子里装有各种容器（包括小盒子、不同口径的瓶子和罐子）。

教室通往花园的门由另一位照看者萨莉（Sally）打开，她鼓励儿童去看看今天花园里有什么可以玩的。阿米娜此时已经坐在了草地上，八名儿童进入花园的时候就可以看到她。

凯西飞快地朝着一辆红色的小三轮车走去，然后坐了上去。玩了几分钟三轮车之后，凯西来到草地上，爬过轮胎阵，然后静静地趴在地上。很快凯西就注意到阿米娜的游戏。阿米娜通过一系列的游戏行为和凯西展开对话。她捡起一块鹅卵石说："嗯，我想把它放进这里。"她试图把它塞进瓶口。"哦不，放不进去！"阿米娜大声说出自己的每一个动作和想法。阿米娜试遍了所有的物件和容器。"啊，这合适！""还有什么可以放进去的呢？"雅克（Jak）跟着凯西一起来到阿米娜跟前。阿米娜对他俩的到来表示了欢迎，并继续自己的游戏。凯西被阿米娜的游戏吸引住了，她选了一个罐子。通过小小的坚持，凯西终于打开了原本盖得不是太紧的盖子，选了些鹅卵石放进去。可能是因为听到小卵石落入玻璃瓶中的声音，她露出了笑容。阿米娜继续报告着自己的动作和想法。"哦，这放不进去。""也许推推它就能进去了？""不，也许我需要尝试不同的东西。""进去了。"凯西放下罐子，挨着阿米娜坐了下来。

凯西拿起另一个罐子，但是打不开盖子，于是她就把它递给了阿米娜。阿米娜鼓励凯西拧盖子，而不是拔盖子。终于把盖子打开了，凯西很高兴。两人并排游戏一段时间之后，凯西也开始报告自己的动作："进去了……不，太大……这个行。"

通过反思、简单的计划和友好的伙伴关系，教师可以实现有价值的、敏感的干预。在这一案例中，教师巧妙地鼓励凯西选择并持续参与有着特定发展目标的游戏活动。

反思性任务

- 对上述案例进行反思，判断以下每个场景可能的积极和消极后果。尝试从两种角度进行反思，并填写以下表格。

表 7.1

场景	实践工作者的视角 （积极和消极）	儿童的视角 （积极和消极）
1. 让儿童停止自由游戏，参加成人发起的活动		
2. 在没有成人干预的情况下长时间地进行自由游戏		
3. 自由游戏时，儿童选择一直待在某一个游戏区域，如在玩沙区待了很长一段时间		
4. 自由游戏时，儿童多次选择同一个游戏		

5. 一群 3—4 岁的儿童在操场尽头的小树林玩耍。两名男孩正沿着不平的小路边跑边笑。教师提醒他们："小心，要走，不要跑。"这一提醒的积极影响可能是预防儿童摔倒和受伤，可能产生的消极影响则是让他们错过了在不平坦的地面上测试风险的机会，而这一机会有助于他们提高运动技能。回顾《指南》的第三部分：安全和健康要求。除此之外，教师的这一提醒对儿童发展还会产生哪些影响？

《指南》和游戏

《指南》（以及其他教育政策）的一个重点是将游戏作为学习的载体。在这种情况下，游戏可以被视为理想的学习平台，而不是为了游戏而游戏。

《指南》确定了有效学习的 3 个主要特征：

- 游戏和探究，其中可能包括调查、体验、尝试；
- 主动学习，意味着儿童会参与并集中注意力，不断尝试（即便碰到困难），在自己计划做的事情中体验成就感；
- 批判性和创造性思维，意味着儿童会提出自己的想法，将想法、知识和经验联系起来，使用多种策略。（DfE，2014）

一个能吸引和激发儿童的游戏环境能让儿童体验上述特征。这可以对儿童的全面发展产生积极影响，促进儿童在各个领域的进步。

莫里斯强调《指南》对儿童的学习和发展可能带来如下好处：

- 儿童对游戏活动产生自信，这种自信对儿童的学习动力、专注性和自我评价都有着积极的影响；
- 儿童在游戏中发展想象力和创造力；
- 儿童在游戏中开展实验和探究；
- 儿童在游戏活动中与同龄人相互合作和配合；
- 儿童在游戏中学会做决定并管理自己的时间和活动；
- 儿童在游戏中锻炼身心，发展运动能力和感知觉。（Moyles，2010）

除了游戏环境很重要以外，我们还要认识到，每一名儿童都是独一无二的，所以实践工作者需要花时间去了解每一名儿童。此外，要通过游戏、积极的关系、对环境的归属感促进儿童的学习和发展，如图 7.1 所示。

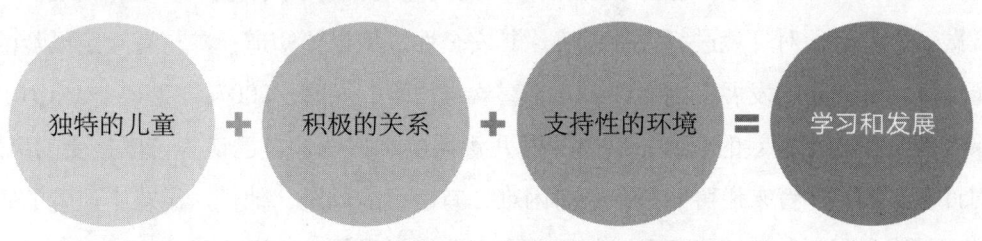

图 7.1　《指南》的 4 个主题（DfE，2014）

虽然游戏有助于儿童的学习和发展，但还是有一些实践工作者提出质疑：从支持学习与发展的角度和儿童互动是否会与他们作为照看者的主要任务相冲突？例如，许多游戏工作者认为这与观察儿童、为儿童提供干预从而引导他们向更高水平发展的核心原则相冲突。同样，一些育儿员认为他们为儿童提供家庭式的环境，依照儿童父母或其他照看者的意愿提供服务，自己不是"教育者"（Tickell，2011）。还有一些实践工作者认为，他们的角色更侧重于看护儿童，其中包括培养和发展儿童个人的游戏倾向。

虽然这类观点可能在保育工作者或服务更小年龄儿童的工作者中更为普遍，但它还是凸显了游戏"过程"（如个体的内在幸福感）与"产品"（如达成特定学习目标）之间可能存在的矛盾关系。

户外游戏

户外游戏在早期服务机构中变得越来越普遍，它可以为儿童的想象和幻想提供丰富的环境（更多关于户外环境利用的内容，请参见第 12 章）。事实上，多戴尔（Dowdell）等人发现，对自然的探索和发现是户外环境中儿童游戏的重要组成部分（2011）。对于户外游戏而言，其最大的效用并不是把室内游戏搬到户外去。相反，它应该被视作一个可以让儿童将感知觉经验、语言和运动整合在一起的机会。

利用自然资源进行游戏的机会可以激发儿童天生的好奇心和内在动力，促进他们问题解决、协商和合作等一系列技能的发展。打通室内和室外游戏环境可以让儿童自主选择在哪里游戏、玩什么游戏和如何进行游戏。为实践工作者和儿童配备适合各种天气状况的衣服、鞋袜，可以让户外游戏变得四季皆宜（Knight，2009）。尽管如此，对于实践工作者来说，识别自然环境中的户外游戏机会仍然是一个挑战（Waller et al.，2010）。这可能需要实践工作者创造性地使用现有的户外空间，或利用社区资源，如当地的公园。虽然实践工作者必须对环境进行评估以确保其安全性，但也要知道，参与有一定风险的游戏可能有利于儿童的发展，因为许多儿童喜欢"冒险"（Gill，2007；Little et al.，2011）。如果我们赋予儿童游戏的权利，就意味着儿童需要承担他们自己认为可以接受的风险。这对许多实践工作者来说可能是一个有困难、有争议的问题，他们对游戏中风险的容忍程度有可能会限制这种游戏机会。如果儿童在此期间受伤，实践工作者会担心自己需要承担法律责任（Waller et al.，2010）。理想的情况是，成人支持儿童评估自己的能力，并为儿童提供一个安全的游戏环境，让儿童在此环境中管理自己的行为。这需要我们将儿童视作有能力的个体，而不是脆弱的、需要成人保护的个体（Sandseter，2009）。

观察和反思实践

儿童主导的游戏的开展，使各机构的评价变得更具挑战性，因此观察性评价是有效早期服务的一个重要组成部分（在第 8、第 9 和第 10 章将进一步讨论）。实践工作者可以观察儿童在游戏、日常活动与有计划的活动中的行为和互动。这可以为他们提供关于个体儿童（发展和学习）成就、兴趣和进步的有价值的信息。正如第 8 章所示，对这些观察的反思有助于实践工作者满足每名儿童不同的需求。非常重要的是，无论是单个的实践工作者还是一个团队，他们都需要有足够的时间来观察并反思。

对游戏的观察可以让我们：

- 了解每一名儿童在知识和理解、技能和态度方面的总体状况；
- 有机会通过运用特定策略、改变资源和游戏环境来促进游戏的发展。

设计优质的游戏体验

然而，值得注意的是，即便是"明显"的自由游戏也需要精心的规划，而经验丰富的实践工作者会把儿童作为设计的核心。他们会积极了解并参考儿童的兴趣、需要和想法，使游戏变得有趣、有吸引力，同时又有教育意义。当游戏成为儿童学习的工具，实践工作者的知识和专业技能与儿童的创造性思维相结合时，游戏的设计过程会受到影响。

在这个过程中，好的教育实践需要考虑一下几个关键点：

- 每一名儿童都是独一无二的，有自己的兴趣、需求和想法；
- 之前的学习经验可以作为下一步学习的基础，用来丰富儿童的游戏；
- 实践工作者对"黄金时刻"（意想不到的学习机会）的及时回应可能引发儿童自发的变化。

因此，在创设支持性和发展性的教育环境，提供自由游戏和结构游戏的机会方面，实践工作者的角色至关重要。实践工作者在提供游戏主题和各种游戏资源方面扮演着举足轻重的角色，但是他们不应该担心儿童改变、拓展或调整游戏。虽然游戏可以为学习提供宝贵的平台，但实践工作者不能忽视这一事实，即游戏本身就是一项有价值的、令人愉悦的活动。

游戏与问责之间的矛盾

实践工作者有义务根据国家的法定要求开展工作，同时为儿童提供能吸引他们的真实的、游戏化的经验。对许多人来说，挑战在于实施课程的同时努力保持一个以儿童为中心的环境。正如兰兹－史密斯（Ranz-Smith）所强调的那样，实践工作者进行着一种"不稳定的平衡行为，他们在对儿童和儿童的游戏保持及时回应的同时，努力满足日益提高的课程要求"（2007：272）。虽然国家政策认可游戏中自由选择和自主的价值，但是在游戏化的教学理念和游戏需重视国家规定的特定学习成果之间往往存在着各种矛盾。

案例分析

今天由史密斯（Smith）先生带班。快到午餐时间了，需要开展教师主导的语言活动（这是旨在促进儿童语言发展的全园课程的一部分）。他环顾活动室四周，注意到一些儿童正在进行自主游戏活动，完全沉浸在自己的活动中。这是一个两难困境：他应该观察儿童、做好记录，还是应该提醒儿童开始上午的正式教育活动呢？史密斯先生认为自己有责任按照全园的计划去完成这项语言活动，因为这项活动是教育标准局认定的该园的强项之一。同时，他也知道不被打断的游戏对儿童发展的意义。

反思性任务

- 好的做法是在做教学计划时倾听儿童的想法。在制订不同年龄段游戏课程计划时，如何捕捉个体儿童的声音？《指南》对此有什么限制？

伍德认为，实践工作者需要在遵循政策框架的同时发挥创意，制定既重视儿童主导的活动又重视成人主导的活动的整合的课程和教学法（Wood，2007）。然而，大家仍然不清楚如何在实践中做到这一点。随着人们对教育标准的日益关注，实践工作者在日常工作中面临越来越多的责任。这可能会降低实践工作者开发有创造性和变革性的教学策略的自由度，按照要求，他们不得不提供记录或证据去证明自己的教学策略是如何体现教育目标的，以及个体儿童的教育目标是否已经达成。

本章小结

本章讨论了游戏在早期保育与教育中的作用。令人鼓舞的是，《指南》强调了室内和户外游戏的作用，并认可了实践工作者在促进儿童游戏中的重要性。儿童需要通过游戏来学习、与人互动、协商，同时追求自己的兴趣。游戏理论认为，儿童在游戏中既有享受、愉悦，同时又面临挑战。游戏中的学习既可以是有计划的，也可以是计划外的，实践工作者在创设游戏机会方面发挥着核心作用，儿童也能在游戏中自由探索自己的想法。游戏也因此为儿童提供了发展沟通技能、社会性和情感技能、动作技能和创造力的机会。

识记要点

- 《指南》倡导将游戏作为学习的载体，促进儿童的全面发展。
- 每名儿童都是独一无二的，各有对游戏的兴趣、需求和想法。
- 游戏本身就是一种有价值的活动。
- 感知觉体验、交谈和运动可以通过游戏组合在一起。
- 自由游戏让儿童可以自己做出选择并体验主人翁的感觉。
- 重要的是游戏的过程，而不是游戏的结果。
- 保持共同思考可以让游戏为儿童提供更多学习的机会。
- 教师在游戏中示范、搭建脚手架和开放式提问可以丰富和拓展儿童的游戏。
- 敏感的干预要求实践工作者仔细思考如何、何时干预儿童的游戏。
- 观察是一种有价值的工具，可以为我们提供关于个体儿童知识和理解、技能和态度的综合信息。
- 对于实践工作者来说，提供证据证明儿童学有所成与促进以儿童为中心的游戏之间难以平衡。

> **讨论话题**
>
> - 根据本章所探讨的布鲁斯和莫里斯的研究成果，思考如何为儿童提供更好的游戏。讨论如何改善机构中的游戏活动和资源使用情况。
> - 举例说明你自己在游戏中是如何支持"保持共同思考"的。
> - 观察游戏中的儿童并尝试进行分析，重点是分析成人的角色、游戏环境和儿童使用的资源，并结合儿童在游戏过程中的发展进行讨论。

拓展阅读

书

Brock, A., Dodds, S., Jarvis, P. and Olusoga, Y. (2009) *Perspective on Play: Learning for Life*. London: Pearson Education.

Smidt, S. (2010) *Playing to Learn: The Role of Play in the Early Years*. London: Routledge.

Wood, E. (2013) *Play, Learning and the Early Childhood Curriculum*. London: Sage.

文章

Avgitidou, S. (1997) 'Children's play: an investigation of children's co-construction of their world within early school settings', *Early Years: An International Journal of Research and Development*, 17 (2): 6–10.

Dowdell, K., Graya, T. and Maloneb, K. (2011) 'Nature and its influence on children's outdoor play', *Australian Journal of Outdoor Education*, 15 (2): 24–35.

参考文献

Avgitidou, S. (1997) 'Children's play: an investigation of children's co-construction of their world within early school settings', *Early Years: An International Journal of Research and Development*, 17 (2): 6–10.

BERA Early Years Special Interest Group (2003) *Early Years Research: Pedagogy, Curriculum and*

Adult Roles, Training and Professionalism. Southwell: BERA.

Bruce, T. and Ockelford, A. (2010) 'Understanding symbolic development', in T. Bruce (ed.), *Early Childhood: A Guide for Students*, 2nd edn. London: Sage.

Bruner, J. S. (2006) *In Search of Pedagogy.* Volume II: *The Selected Works of Jerome S. Bruner, 1979–2006*. Oxford: Routledge.

DCMS (Department for Culture, Media and Sport) (2004) *Getting Serious About Play – A Review of Children's Play*. London: DCMS.

DCSF (Department for Children, School and Families) (2008) *The Early Years Foundation Stage*. Nottingham: DCSF Publications.

DfE (Department for Education) (2014) *Statutory Framework for the Early Years Foundation Stage. Setting the Standards for Learning, Development and Care for Children from Birth to Five*. London: DfE. Available at: www.foundationyears.org.uk/files/2014/07/EYFS_framework_from_1_September_2014__with_clarification_note.pdf (accessed 21 September 2015).

Dowdell, K., Graya, T. and Maloneb, K. (2011) 'Nature and its influence on children's outdoor play', *Australian Journal of Outdoor Education*, 15 (2): 24–35.

Gill, T. (2007) *No Fear: Growing Up in a Risk Averse Society*. London: Calouste Gulbenkian Foundation.

Knight, S. (2009) *Forest Schools and Outdoor Learning in the Early Years*. London: Sage.

Lindon, J. (2001) *Understanding Children's Play*. Cheltenham: Nelson Thornes.

Little, H., Wyver, S. and Gibson, F. (2011) 'The influence of play context and adult attitudes on young children's physical risk-taking during outdoor play', *European Early Childhood Education Research Journal*, 19 (1): 113–131.

Moyles, J. (2010) *Just Playing?* Milton Keynes: Open University Press.

Pound, L. (2005) *How Children Learn: From Montessori to Vygotsky*. London: Step Forward Publishing.

Ranz-Smith, D. (2007) 'Teachers' perception of play: in leaving no child behind are teachers leaving childhood behind?', *Early Education and Development*, 18 (2), 271–303.

Sandseter, E. (2009) 'Affordances for risky play in preschool: the importance of features in the play environment', *Early Childhood Education Journal*, 36 (5): 439–446.

Santer, J. and Griffiths, G. with Goodall, D. (2007) *Free Play in Early Childhood: A Literature Review*. London: National Children's Bureau.

Siraj-Blatchford, I. (2009) 'Conceptualising progression in the pedagogy of play and sustained shared thinking in early childhood education: a Vygotskian perspective', *Educational and Child Psychology*, 26 (2): 77–89.

Smidt, S. (2010) *Playing to Learn: The Role of Play in the Early Years*. London: Routledge.

Stephen, C. (2010) 'Pedagogy: the silent partner in early years learning', *Early Years: Journal of International Research and Development*, 30 (1): 15–28.

Sylva, K., Melhuish, E., Sammons, P., Siraj-Blatchford, I. and Taggart, B. (2004) *The Effective Provision of Pre-School Education (EPPE) Project: Final Report: a Longitudinal Study (1997–2004)*. London: Department for Education and Skills.

Tickell, C. (2011) *The Early Years: Foundations for Life, Health and Learning*. An Independent Report on the Early Years Foundation Stage to Her Majesty's Government. London: Crown. Available at: www.education.gov.uk/tickellreview (accessed July 2012).

Vygotsky, L. S. (1978) *Mind in Society: The Development of Higher Psychological Processes*. London: Harvard University Press.

Walker, J. C. (2005) 'Self-determination as an educational aim', in W. Carr (ed.), *The Routledge Reader in Philosophy of Education*. Oxford: Routledge.

Waller, T., Sandseter, E., Wyver, S., Arlemalm-Hagser, E. and Maynard, T. (2010) 'The dynamics of early childhood spaces: opportunities for outdoor play?', *European Early Childhood Education Research Journal*, 18 (4): 437–443.

Wood, L. and Bennett, N. (1997) 'The rhetoric and reality of play: teachers' thinking and classroom practice', *Early Years: An International Journal of Research and Development*, 17 (2): 22–27.

Wood, E. (2007) 'Reconceptualising child-centred education: contemporary directions in policy, theory and practice in early childhood', *Forum*, 49 (1&2): 119–134. Available at: http://dx.doi.org/10.2304/forum.2007.49.1.119 (accessed 24th November 2015).

第8章

观察、记录和分析

波莱特·勒夫

本章概览

观察在早期教育与保育领域非常重要。当今的早期服务从业者正通过观察，追随约翰·杜威（John Dewey）、玛丽亚·蒙台梭利（Maria Montessori）和苏珊·艾萨克斯（Susan Isaacs）等先驱者的脚步。这些教育传统持续给实践带来灵感，同时，新的观察方式也不断呈现。为了解儿童、促进儿童发展而进行的叙事观察，与用于总结性评价的更为客观、科学的方法之间存在着一些差异。无论早期教育与保育使用何种类型的观察，仔细记录、分析和解释都是非常重要的，因为这样才能帮助我们了解儿童的能力，支持和促进儿童的有意义学习。本章的目的是：

- 了解观察的历史及其在早期教育与保育中的重要性；
- 强调《指南》中观察的地位；
- 通过观察思考理解和了解儿童的方法。

早期教育与保育实践中的观察——历史的影响

长期以来，观察在早期教育与保育中有着重要地位，这是因为通过观察得到的发现被视为学习的核心。例如，玛丽亚·蒙台梭利教学法鼓励对儿童进行观察并训练儿童的感知觉，使其能够感知几何形状、颜色和自然环境的特征（1912）。同样，约翰·杜威认为精心的观察能为促进各年龄段儿童学习的反思性实践提供基础（1933/1998）。

杜威和蒙台梭利都强调，对儿童的观察应该成为教育教学的基础。杜威的《教育信条》（*Pedagogic Creed*）指出：

> 我相信……对教育者来说，对（儿童）兴趣的持续而仔细的观察是至关重要的……。成人只有通过对儿童兴趣持续和投入的观察，才能进入儿童的生活，了解儿童做好了怎样的准备，以及使用何种材料最轻松、最有成效。（Dewey，1897/1974：436）

同样，蒙台梭利基于许多精准的观察设计和实验，指出教学应该基于对自然场景中自由行动的儿童的系统观察。她强调，在没有消极约束的学习环境中对儿童进行观察性研究会带来"很大的惊喜和意想不到的可能性"（Montessori，1912：30）。

作为一名科学家，蒙台梭利强调对外部可见世界的密切观察，强调客观观察与逻辑思考的关系。然而，对于蒙台梭利来说，观察远不只是对观察者和被观察者之间可能存在的密切关系的科学兴趣。她总结出具有观察力的儿童与成人之间有趣的相似之处。

> 他尊重植物和动物，就像负责观察他的老师尊重他一样。随着兴趣的增长和观察的继续，他对生物的关爱也一点一滴地增长，这样儿童就能理智地领会母亲和老师对他的关怀。（Montessori，1912：157）

因此，蒙台梭利认为，正是一个人对另一个人的关注和爱，使观察式教学成为深刻的关怀行为。作为一名训练有素的心理分析师，苏珊·艾萨克斯也认识到了对儿童进行观察和分析，感知、了解和理解儿童的意义。

> 以理解儿童为目的，通过耐心倾听他们的谈话，观察他们在做什么，我们可以感受他们的恐惧和愤怒，他们的困惑和胜利；我们盼其所盼，见其所见，想其所想。（Isaacs，1929：165）

像杜威和蒙台梭利一样，艾萨克斯推行一种基于观察的教学方法，强调通过观察理解和满足儿童的需求。1924—1927 年，她任剑桥麦芽屋（Malting House）实验学校校长，她在那里为儿童提供了一系列真实世界的经验，以激发他们天生的好奇心。对参与的儿童进行叙事性观察，为其向儿童提供丰富的学习机会奠定了基础。艾萨克斯于 1930 年和 1933 年所写的关于儿童发展的书就是以她对儿童的观察为基础的。在担任伦敦教育学院儿童发展系主任时，她鼓励和她一起做研究的人积极开展观察研究（Podmore and Luff，2012）。

《指南》中的观察

和蒙台梭利和杜威的观点一样，《指南》要求儿童进行观察，成为观察者。例如，在"认识世界"这一学习领域，《指南》这样表述："他们观察动物和植物，解释为什么某些事情会发生，并谈论变化。"相关文件《发展很重要》（Development Matters）（Early Education/DfE，2012）建议成人提供机会和材料，鼓励儿童进行密切的观察，讨论他们的观察（引入相关的词汇），并提供资源以便儿童能够陈述他们观察到的东西。对于婴儿和学步儿来说，"百宝篮"和"启发式游戏"（Goldschmeid and Jackson，2004；Jackson and Forbes，2015）让他们能像成人那样调动各种感官感知物品；年龄较大的儿童可以进行更加结构化的探索；成人可以通过"螺旋式发现"（Brunton and Thornton，2010）进行早期的科学调查。

为了支持每一名"独特"的儿童，早期服务从业者应"理解和观察每一名儿童的发展和学习，评价他们的进步，为下一步做计划"（Early Education/DfE，2012：2）。对儿童游戏和其他活动的观察构成了形成性评价和课程设计循环的基础。保持敏锐的观察力对于建立积极关系至关重要，通过这种关系，早期服务从业者能理解儿童，发现儿童的兴趣，并支持儿童的发展。观察对于创设"支持性的环境"也有重要作用，成人能注意到自己可以提供什么资源和机会。

早期服务从业者被要求观察、聆听和关注儿童什么时候游戏和互动，都做了什么，然后加以分析，并在此基础上制订保教计划。计划实施后，观察又成为评价活动的基础。教师记录儿童的进步，并思考丰富和拓展活动的可能性。由此，这一旨在激励和支持学习的持续过程得以不断循环往复。

《指南》重视家长和早期服务从业者之间的合作关系，观察在其中也是至关重要的（见第 13 章）。家长和机构分享各自的观察结果，探讨儿童的进步，并制订进一步支持和促进儿童学习与发展的计划。这些共享的观察可能是非正式的小故事，也可能是记录特定时刻的照片或结构化的文字。《指南》的法定框架文件指出，"只有在对促进儿童学习和发展绝对必要的时候才使用纸面材料"（DfE，2014：13），所以需要确保记录的内容是必要和有意义的。

《指南》认为两种情况下需要进行总结性评价并记录。第一种情况针对两岁儿童，评估他们在主要学习领域的发展，包括沟通和语言（见第 20 章），身体发展（见第 24 章），个性、社会性和情感发展领域（见第 19 章），第二种情况是早期奠基阶段最后一年即预备班阶段的"早期发展档案"（Early Years Profile）（见第 9 章）。为了做出准确的判断，必须进行精确、系统的观察，其中最常见的观察方式是在儿童自然的游戏过程中进行简短记录，通常记在标签纸或即时贴上。本章反思性任务中对两岁奥拉（Ola）的观察给我们提供了很好的范例。为了合理地展现儿童的发展，观察必须持续一段时间，在一天和一周的不同时间点分别进行。早期服务从业者应确保提供丰富的机会和支持性的环境，使所有儿童都能充分发挥自己的能力，并展示他们的潜力（Dubiel，2014）。

观察和了解儿童的方法

为了实施"关键人物法"（a key person approach），进行形成性评价和课程设计，有必要让观察者了解观察法，以接近并理解儿童。因此，叙事性观察是有用的。你可以使用传统的文字记录法，也可以使用系列照片和 / 或音视频来捕捉儿童的学习活动。以下 3 种观察和分析的方法是从不同理论角度提出的，因此其实施和评估的方式也不同。它们的共同之处在于它们都基于叙事，即认可故事在人类生活中的重要性并出于教育目的而加以运用（Carr，2001；Goodson et al.，2010；Carr and Lee，2012）。本书关于评估（第 9 章）和教学记录（第 10 章）的内容进一步提供了可促进儿童学习的观察的范例。还有许多优秀的图书专门解释和展示了早期奠基阶段的观察方法（见本章"拓展阅读"部分）。观察特别年幼的儿童，理解他们的身体语言和情绪表达特别重要，有时也颇具挑战性。

近距离观察：塔维斯托克法（Tavistock approach）

近距离观察婴幼儿的塔维斯托克法是以开创这一方法的伦敦一家诊所的名字命名的。该方法由埃丝特·比克（Esther Bick, 1964）率先使用——用于精神治疗师的培训。按照最初设想，这种方法要求每周一小时的家访，持续整年，追踪婴儿的发育（Miller et al., 1989）。观察者的目标是在保持中立和非参与的同时，充分理解儿童的内心思想和感受。在每周的这一小时内不需要做笔记，但要非常注意儿童的非言语信号，以及他们与父母特别是母亲互动的特点。事后要详细地书面记录这一段时间发生的事情，尽可能地回顾和描述事件的全部过程；运用心理动力学理论做出解释，特别需要注意的是观察者的情绪反应。

埃尔费（Elfer）认为，这种观察技术加以修改后可以用于早期服务机构，以促进各方情感的发展和对情绪的理解（2005）。观察的时间可以减少，频率可以降低，例如只记录 10—20 分钟的互动，但方法是一样的：近距离观察，同时尽可能详细地根据回忆做好书面记录，认识到自己的情感和主观性。

案例分析

喂杰克（Jake）吃饭

观察的对象是一位 7 个月大的婴儿，杰克，他最近每天固定一个时间段来托儿所。他的主要照看者（关键人物）珍妮（Jenny）正在给他喂水果泥。

杰克坐在一把比较矮的高脚椅上，椅子上有一个小垫子。他被稳稳地固定在椅子上，睁着眼睛。他一会儿抬起胳膊，一会儿放下胳膊，不时拍手，放下，再拍手。珍妮拿来一小碗苹果泥，放在他面前的高脚椅的托盘上。杰克开心地笑了，张大了嘴巴。珍妮也冲着杰克微笑，但杰克正盯着碗里的食物，没有回应珍妮的微笑。杰克看到珍妮将小勺伸进了果泥，把嘴张得更大了，并扭动整个身体，一副迫不及待的模样。珍妮缓慢并且轻柔地把勺子放进他嘴里。杰克含住勺子，然后张开嘴，转过头去。他挥动手臂，动着嘴巴，仿佛在吮吸。珍妮舀了更多的苹果泥，然后看着他，等待着。杰克张大嘴，珍妮又喂了他一勺。他们一直这样喂着、吃着。过了一会儿，杰克伸出手臂够勺子或碗，但没够到。杰克闭上嘴，用双手抓住高脚椅的扶手。珍妮递给他一个装了水的练习喝水的杯子，他喝了一口。

> 我很高兴地发现，即使在忙碌的午餐时间，珍妮也没有急于喂完杰克，而是配合他的肢体语言，以他喜欢的速度去喂他。在分析这一观察的时候，我可以详细描述杰克的个性、社会性和情感发展等方面，并发现他在学习吃固体食物方面的进步。我同时也意识到在观察珍妮细心、负责地给杰克喂食时，我内心的积极情绪油然而生，从这个方面看，我认为这个进餐时间对于他们两人来说都是愉悦的。

☁ 反思性任务

- 反思以上案例，并结合克洛艾（Chloe）的案例（见下文），根据《指南》的学习领域进行分析。
- 反思自己的观察经验，并思考：你是如何有意义地运用观察结果的？你认为作为一种学习策略的观察有何重要作用？

从这个意义上看，即使是很短时间的观察，也是了解儿童、理解儿童与照看他或她的关键人物正在建立的关系以及评估服务质量的一种有价值的方式。使用近距离观察技术观察儿童的早期服务从业者称自己对儿童更有同理心了，也更能识别自己的情绪了。《指南》要求早期服务机构考察负责家园联系的工作人员。近距离观察可以是一个有用的工具，可用来讨论如何支持儿童的福祉，让照看者提供细致的服务（Elfer，2005；Elfer et al.，2011）。

可能的发展方向（Possible lines of direction）

《指南》的核心就是要根据观察所获得的有关儿童兴趣和能力的信息来设计课程。然而，这个过程并不总是那么简单。许多早期服务从业者从潘·格林日托中心（Pen Green Center）的工作中汲取灵感，包括运用"可能的发展方向"图（Whalley et al.，2007）。也有人借鉴了这一方法，创造了自己的"可能的发展方向"图。这一方法的工作原理是每周从某一班级或小组中选择不同的儿童进行观察，每次只观察被选的儿童。例如，在一个每天上午有 24 名儿童的日托中心里，每周关注 4 名儿童，这意味着每名儿童在半个学期里都会被作为目标观察一次——通常一周内进行两到三次持续 10 分钟的观察。以下案例就是这类描述观察的摘录。

案例分析

观察克洛艾绘画

3 岁 5 个月大的克洛艾上的是乡村小学的附属托儿班，这是她在这里的第一学期。

克洛艾走到绘画区。她从挂钩上取下一件围裙，无须提醒和帮助，自己就把围裙穿上了。克洛艾从绘画桌中央拿起一张浅紫色的纸，放在自己面前。特蕾西（Tracy）老师一边看着她，一边帮助另一名儿童穿围裙。特蕾西坐在画桌旁，提出可以帮克洛艾写下她的名字。克洛艾点点头。特蕾西一边写她的名字，一边发出每一个字母的音。克洛艾看着放有红色和黄色颜料的托盘。她伸出右手，放进黄色颜料。她手指张开，左右移动着。然后，克洛艾把手紧紧地按在纸上，再把手抬起来。她看着清晰的手印，笑了笑，把手又伸进颜料盘。她又在纸上印出两个厚重而清晰的手印。特蕾西问她是否喜欢黄色，有几根手指，克洛艾只是点头，不回答。克洛艾探出身子，正要把右手放在红色颜料里，突然改变了主意，将左手伸了出去。她将左手伸进颜料托盘，然后按在纸上，按得比之前用右手的时候轻一些。克洛艾举起双手，合在一起，十分专注地看着红色和黄色融合在一起。她再次将右手压在纸上空白的地方，留下又一个手印。

表 8.1 （对克洛艾绘画）观察的原始解释

观察	解释：观察者原始笔记
克洛艾走到绘画区。她从挂钩上取下一件围裙，无须提醒和帮助，自己就把围裙穿上了	表现出主动性和独立性
克洛艾从绘画桌中央拿起一张浅紫色的纸，放在自己面前。特蕾西老师一边看着她，一边帮助另一名儿童穿围裙	在紫色和绿色之间犹豫
特蕾西坐在画桌旁，提出可以帮克洛艾写下她的名字。克洛艾点点头。特蕾西一边写她的名字，一边发出每一个字母的音	不关心老师写她的名字，而是关心什么时候开始绘画

（续表）

观察	解释：观察者原始笔记
克洛艾看着放有红色和黄色颜料的托盘。她伸出右手，放进黄色颜料。她手指张开，左右移动着	似乎很享受颜料的触感
然后，克洛艾把手紧紧地按在纸上，再把手抬起来。她看着清晰的手印，笑了笑，把手又伸进颜料盘。她又在纸上印出两个厚重而清晰的手印	动作有力并且果断，看上去能从这个标志性的动作获得满足感 专注于她所做的事情
特蕾西问她是否喜欢黄色，有几根手指，克洛艾只是点头，不回答	似乎对画而不是问题更感兴趣
克洛艾探出身子，正要把右手放在红色颜料里，突然改变了主意，将左手伸了出去。她将左手伸进颜料托盘，然后按在纸上，按得比之前用右手的时候轻一些	意识到右手仍然有黄色颜料，于是用另一只手解决了问题 右手是她的优势手
克洛艾举起双手，合在一起，十分专注地看着红色和黄色融合在一起。她再次将右手压在纸上空白的地方，留下又一个手印	她似乎十分专注地看着这些颜色融合成一种新的颜色 似乎在体会新颜色的效果

表 8.2　结合学习领域（对克洛艾绘画的观察）的分析

观察	分析：结合学习领域
克洛艾走到绘画区。她从挂钩上取下一件围裙，无须提醒和帮助，自己就把围裙穿上了	个性、社会性和情感发展
克洛艾从绘画桌中央拿起一张浅紫色的纸，放在自己面前。特蕾西老师一边看着她，一边帮助另一名儿童穿围裙	个性、社会性和情感发展
特蕾西坐在画桌旁，提出可以帮克洛艾写下她的名字。克洛艾点点头。特蕾西一边写她的名字，一边发出每一个字母的音	读写
克洛艾看着放有红色和黄色颜料的托盘。她伸出右手，放进黄色颜料。她手指张开，左右移动着。然后，克洛艾把手紧紧地按在纸上，再把手抬起来。她看着清晰的手印，笑了笑，把手又伸进颜料盘。然后，她又在纸上印出两个厚重而清晰的手印	身体发展 艺术表达与设计

（续表）

观察	分析：结合学习领域
特蕾西问她是否喜欢黄色，有几根手指，克洛艾只是点头，不回答	数学
克洛艾探出身子，正要把右手放在红色颜料里，突然改变了主意，将左手伸了出去。她将左手伸进颜料托盘，然后按在纸上，按得比之前用右手的时候轻一些	身体发展
克洛艾举起双手，合在一起，十分专注地看着红色和黄色融合在一起。她再次将右手压在纸上空白的地方，留下又一个手印。	认识世界 艺术表达与设计

反思性任务

- 参照上面的案例分析，反思以下内容。

奥拉（Ola），两岁零 4 个月。观察的目的是了解奥拉在故事时间的表现。

观察 1：3 月 4 日

开始参与小组故事时间（坐下）（拿起一本书，翻开一页，并加入小组）

观察 2：3 月 10 日

讲故事时，奥拉坐在珍妮特（Janet）老师膝上，旁边还有其他 4 名儿童。珍妮特讲着杰克和斯塔克的故事，奥拉一边看书上的图，一边重复故事中出现的词。她帮助老师翻书，也愿意和其他儿童轮流负责翻书。

观察 3：3 月 14 日

奥拉指着书中的图片对珍妮特说：

"猫。"她说完后翻页。

"狗，"又翻一页，说，"袋鼠。"

观察 4：3 月 17 日

泰迪熊的故事讲完了，奥拉开始玩泰迪手提箱（里面有关于泰迪熊的故事书和玩具）。她重复着书里的话，用梳子来梳理泰迪的毛，并且给泰迪穿衣服。

- 你能为奥拉设计可能的发展方向图吗？

对观察记录的分析与解释

下一步是对观察记录进行分析和解释。负责观察记录的人（通常是关键人物）将通读观察记录并做出注解，对观察记录进行初步的解释。

这个阶段的主要问题将与我们在观察中所获知的关于该名儿童的信息相关：

- 揭示了该儿童的哪些个性特征？
- 该儿童展示了哪些技能和能力？
- 该儿童对什么感兴趣？
- 该儿童正在学习什么？
- 这次观察揭示了什么我之前不知道的事情？
- 这次观察有没有发现什么行为规律？

以上任何一个问题都没有唯一答案。为了结合《指南》分析儿童所掌握的技能，观察者也可以加以注释，以凸显活动所覆盖的学习领域以及儿童的反应。

让教师结成对或组成小组，讨论观察记录并比较各自的解释，是一件有益的事情。讨论完儿童的学习之后，可以继续探讨儿童发展的可能性和教师的活动设想。这些可以记录在"可能的发展方向"图中，配以学习目标以及针对每个学习领域的一个或多个活动设想。"可能的发展方向"图可以是线性表格，也可以类似思维导图，还可以是能提供一个新起点让你不断添加新想法和新经验的循环或螺旋式设计。课程的设计与实施不仅发生在幼儿园、游戏小组等，同时也发生在儿童的家和社区之中。因此，有必要与家长分享观察和相关解释，以确保所规划的学习经验能让儿童获益。家长将可以了解到儿童在机构的表现、在家庭环境中的表现及二者的异同。他们还可以对教师的活动设想做出评论，并提供一些有用的建议。

分析的 3 个层面

当我们观察的时候，我们不是孤立地观察儿童，而是观察儿童与他人和环境的相互作用。这在芭芭拉·罗戈夫（Barbara Rogoff）的著作中得到了认可。芭芭拉写到了分析的 3 个层面即个人、人际和社区的重要性（1995，2003）。《发展很重要》这份非法定的早期奠基阶段教育指南（Early Education / DfE，2012）在总结有效学习的特征、提出学习和发展的领域的时候，以 3 个标题重申了这一观点。"独一无二的儿童"意味着观察儿童正在学习什么，可以等同于个人的或单一的分析面。"积极的关系"关注的是成人可以如何从人际交往的方面支持儿童的发展，而"有利的环境"则包括机构和更广泛的社区所提供的规划和服务。

使用三层面分析法进行的观察不仅关注个体儿童，还关注被观察的儿童所处的社会和文化背景。弗利尔和理查森（Fleer and Richardson）描述了澳大利亚堪培拉的实践工作者如何改变观察方法，并开始使用个人、人际和社区的层面进行观察（2009）。这种方法的特别之处在于不仅关注儿童实际发展水平，更记录儿童在别人的帮助下能够达到的水平。这使得观察者能够看到儿童的潜力，并为儿童规划具有发展性和挑战性的活动和经验。

表 8.1 和表 8.2 的观察和解释将克洛艾作为个体来关注。个体是传统上的儿童观察的焦点，因此可以和个人分析面相对应。透过"人际"层面去看待这个观察记录，可以分析克洛艾和教师之间的交流互动（见表 8.3）。这对教师交流的性质提出了疑问：一方面，我们可以看到，她是支持性的，而不是侵扰性的，可以在需要时给予帮助（如帮着在绘画作品上写名字）；而另一方面，她的回应也是需要批判的。为什么她要询问关于颜色和数字这样的封闭性问题？对于克洛艾的画，她还能有其他回应方式吗？同样，第三个分析层面也会被纳入考虑，可以询问有关机构和社区的问题：为什么这种类型的活动被认为是有价值的？

表 8.3　对克洛艾和教师之间的交流互动的观察

观察——人际视角	环境——机构的视角	解释和分析——支持克洛艾的学习
特蕾西老师正坐在绘画区。克洛艾走到绘画区的时候，她冲着克洛艾微笑。克洛艾从挂钩上取下一件围裙，无须提醒和帮助，自己就把围裙穿上了	绘画区可以容纳 1 名成人和 4 名儿童，围裙被挂在儿童自己就能自由取放的地方，并且便于儿童自己穿脱（用的是魔术贴）	有一个成人"驻扎"在绘画区这一点值得鼓励。特蕾西允许克洛艾发挥自己的独立性这一点也很好 特蕾西在此应该评论或称赞克洛艾吗？

（续表）

观察——人际视角	环境——机构的视角	解释和分析 ——支持克洛艾的学习
克洛艾从绘画桌中央拿起一张浅紫色的纸，放在自己面前。特蕾西老师一边看着她，一边帮助另一名儿童穿围裙	活动简单有序，提供了两种纸张和颜料供儿童自由使用	在这里提供简单的选择是对的。如果儿童需要自己去拿纸和颜色等材料，是不是更有利于独立性的培养？ 特蕾西应不应该问克洛艾为什么选紫色？
特蕾西提出可以帮克洛艾写下她的名字。克洛艾点点头，特蕾西一边写她的名字，一边发出每一个字母的音	提供铅笔，把儿童的名字写在画上，有助于儿童认出自己的作品并带回家	鼓励儿童认识自己的名字是对的。事先打印好的姓名签是否有助于儿童快速添加自己的名字？
特蕾西看到克洛艾注视着调色盘，将自己的右手放进黄色颜料	色彩很明亮，也很适宜混色，适合手画	明亮的对比色是不是一定就是最好的？儿童能否把颜色混在一起？特蕾西能否评论克洛艾正在做的事情？

将观察作为提高实践能力的一种方式

上述观察可以为反思和发展师幼间的积极关系、创造有利的学习环境提供帮助。同样，有观察力的领导者可以利用观察技能来关注自己周围发生的事情，然后以身作则，从而鼓励早期教育与保育工作者和儿童进行更为密切的观察。

案例分析

手的观察

将观察作为监督手段是由埃塞克斯（Essex）的早期教育专家简·吉布斯（Jane Gibbs）提出的，她描述了她培训教职工、促进儿童学习时所用的方法。

我观察到教师帮孩子穿围裙，和孩子谈论把不同的颜料混在一起并用手印在纸上时颜色所发生的变化。有些孩子特意举起手来研究他们手上留下的各种颜料的痕迹。他们讨论自己看到的同伴和老师手上类似的颜料。这个过程持续了15分钟以上，然后孩子们就把手上的颜料涂在了纸上。现在孩子们正将自己的作品挂在晾架上，彼此少有交流。

我坐在专门制作标记的桌子旁边，继续观察。我发现有几个孩子反复张开、合上他们沾满颜料的手，仔细观察。我模仿他们的动作，然后用笔沿着我手部轮廓画了一圈，再观察我的手。几个孩子注意到了这一点，急忙把手上的颜料洗干净，走过来看我在做什么，其中一个稍大点的孩子问我是否可以用笔绕着他们的手部轮廓画一圈。我说我可以帮你们，但也许你们更愿意自己这么做。他们自己做了，并且非常感到自豪。我大大地夸了他们一通。数过手指之后，我开始仔细观察我的手，看看上面有什么东西，并一一说出我所看到的东西，然后画在图上的相应位置，并且指出它们的图案和形状。一不注意，桌子旁就坐满了孩子，都在谈论手上究竟有些什么。孩子们注意到我的手比他们的手有更多的线条，我的血管比他们的大且突出。这让我们有机会讨论随着年龄的增长我们的身体会发生何种改变。我们还注意到皮肤颜色的不同，并找到了与我们皮肤相对应的颜色。我解释说，我们的皮肤里都有黑色素，黑色素的多少决定了我们皮肤的颜色。我还解释说，随着年龄的增长，我的皮肤颜色变深了，皮肤上的黑色素比以前多了。他们都开始探究并说出谁的黑色素更多。活动结束后，我向参与培训的教师解释了这个活动是如何促进儿童在多个领域的学习和发展的（见表 8.4）。

表 8.4　活动成果与发展领域的对应关系

个性、社会性和情绪	沟通和语言	身体	读写	数学	认识世界	表达性艺术与设计
合作，与他人轮流	在不同情境下认真倾听	大小肌肉动作表现出良好的控制和协调能力	理解简单的句子	可以正确点数	知道自己和他人的异同	通过设计表达自己的想法、思想和情感
表现出对他人需求和感受的敏感，并与成人和其他儿童建立积极的关系		能有效地操作设备和工具，包括用笔书写		能认识、创造和描述模式；探索日常物体和形状的特征，并用数学语言来描述	观察动物和植物，解释为什么会发生某些事情，并谈论变化	

在这个例子中，这位经验丰富的领导者对她所观察到的现象进行评估，做出回应，并且谨慎地示范如何平衡儿童主导的活动和成人主导的活动。同时，她还分析和解释简单的活动如何对应《指南》规定的所有学习领域。

本章小结

《指南》强调在尽可能地减少教师的文字工作的同时，根据儿童的兴趣做好课程的规划，让教师有机会对自己所选择的观察方式进行批判性和创造性的思考。上述方法有助于了解和欣赏儿童，对于形成性评价和课程规划都很有用。在对两岁儿童和奠基阶段结束时的儿童做总结性评价时，重要的一点是要准确、系统地进行观察，以便根据能证明每名儿童知识和能力的客观证据做出决策。

无论使用何种观察方法，成人的角色都应该是积极的观察者和倾听者，从而理解儿童的一言一行。对于观察记录的所有分析和解释，目的应该是为儿童创造更多的可能性。如果这一工作做得好，教师就能促进儿童的理解和表达能力，从而进一步促进他们的学习。重要的是，如杜威所指出的那样，教师也应该从对儿童的观察中发现自己的兴趣，获得满足感，"享受观察的人将是最好的观察者"（Dewey，1933/1998：256）。

识记要点

- 观察是早期教育与保育的核心。观察法主要由玛丽亚·蒙台梭利和苏珊·艾萨克斯引入早期教育与保育领域，现在被广泛用于收集与儿童相关的信息，然后评价儿童。
- 观察在《指南》中起着核心作用，现在《指南》要求从业者使用观察法来支持儿童的学习，规划儿童的日常活动并与家长进行有效的沟通。
- 有很多方法可以观察儿童、解释和分析观察记录。早期儿童观察中的一个常见做法就是潘·格林日托中心介绍给大家的"可能的发展方向"图。
- 本章推荐从 3 个方面对观察记录进行分析，因为这样既将儿童作为个体来看待，同时也考虑了儿童所处的社会和文化背景。它能让儿童超越自己的现有水平，在环境的刺激和支持下发挥潜能。

讨论话题

- 你认为约翰·杜威、玛丽亚·蒙台梭利和苏珊·艾萨克斯等重要历史人物给你目前的实践工作带来了什么样的影响？
- 根据你的经验，什么类型的观察最适合用来了解儿童？
- 我们如何才能保证对儿童的总结性评价是准确的并且是建立在可靠的证据基础之上的？

拓展阅读

书

Dubiel, J. (2015) *Effective Assessment in the Early Years*, 2nd edn. London: Sage.

Elfer, P. (2005) 'Observation matters', in L. Abbott and A. Langston (eds), *Birth to Three Matters*. Maidenhead: Open University Press.

Fleer, M. and Richardson, C. (2009) 'Cultural-historical assessment: mapping the transformation of understanding', in A. Anning, J. Cullen and M. Fleer (eds), *Early Childhood Education*, 2nd edn. London: Sage.

Palaiologou, I. (2012) *Child Observation for the Early Years*, 2nd edn. London: Sage.

参考文献

Bick, E. (1964) 'Notes on infant observation in psychoanalytic training', *International Journal of Psychoanalysis*, 45: 558–566.

Brunton, P. and Thornton, L. (2010) *Science in the Early Years*. London: Sage.

Carr, M. (2001) *Assessment in Early Childhood Settings: Learning Stories*. London: Paul Chapman Publishing.

Carr, M. and Lee, W. (2012) *Learning Stories: Constructing Learner Identities in Early Education*. London: Sage.

DfE (Department for Education) (2014) *Statutory Framework for the Early Years Foundation Stage. Setting the Standards for Learning: Development and Case for Children from Birth to Five*.

London: DfE. Available at: www.foundationyears.org.uk/files/2014/07/EYFS_framework_from_1_September_2014__with_clarification_note.pdf (accessed 21 September 2015).

Dewey, J. (1897/1974) 'My pedagogic creed', in R. D. Archambault (ed.), *John Dewey on Education: Selected Writings*. Chicago and London: University of Chicago Press.

Dewey, J. (1933/1998) *How We Think*. Boston, MA: Houghton Mifflin.

Dubiel, J. (2014) *Effective Assessment in the Early Years Foundation Stage*. London: Sage.

Early Education/DfE (Department for Education) (2012) *Development Matters in the Early Years Foundation Stage (EYFS)*. London: Early Education. Available at: www.education.gov.uk/childrenandyoungpeople/earlylearningandchildcare/delivery/education/a0068102/earlyyears-foundation-stage-eyfs (accessed 4 April 2012).

Elfer, P. (2005) 'Observation matters', in L. Abbott and A. Langston (eds), *Birth to Three Matters*. Maidenhead: Open University Press.

Elfer, P., Goldschmied, E. and Selleck, D. (2011) *Key Persons in the Nursery and Reception Classes: Building Relationships for Quality Provision*, 3rd edn. London: David Fulton.

Fleer, M. and Richardson, C. (2009) 'Cultural-historical assessment: mapping the transformation of understanding', in A. Anning, J. Cullen and M. Fleer (eds), *Early Childhood Education*, 2nd edn. London: Sage.

Goldschmeid, E. and Jackson, S. (2004) *People Under Three: Young Children in Day care*, 2nd edn. London: Routledge.

Goodson, I. F., Biesta, G. J. J., Tedder, M. and Adair, M. (2010) *Narrative Learning*. London: Routledge.

Isaacs, S. (1929) *The Nursery Years*. London: Routledge & Kegan Paul.

Isaacs, S. (1930) *Intellectual Growth in Young Children*. London: Routledge & Kegan Paul.

Isaacs, S. (1933) *Social Development in Young Children*. London: Routledge & Kegan Paul.

Jackson, S. and Forbes, R. (2015) *People Under Three: Play, Work and Learning in a Childcare Setting*. London: Routledge.

Miller, L., Rustin, M., Rustin, M. and Shuttleworth, J. (1989) *Closely Observed Infants*. London: Duckworth.

Montessori, M. (1912) *The Montessori Method* (trans. A. E. George). New York: Frederick A. Stokes Company. Available at: http://web.archive.org/web/20050207205651/www.moteaco.com/method/method.html (accessed 4 April 2012).

Podmore, V. and Luff, P. (2012) *Observation: Origins and Approaches in Early Childhood*. Maidenhead: Open University Press.

Rogoff, B. (1995) 'Observing sociocultural activity on three planes: participatory appropriation, guided participation and apprenticeship', in J. V. Wertsch, P. del Rio and A. Alvarez (eds),

Sociocultural Studies of Mind. Cambridge: Cambridge University Press.

Rogoff, B. (2003) *The Cultural Nature of Human Development*. New York: Oxford University Press.

Whalley, M. and the Pen Green Centre Team (2007) *Involving Parents in Their Children's Learning*, 2nd edn. London: Paul Chapman Publishing.

第9章

评价

萨莉·霍华德   尼瑞·尼科尔森   克里斯·威廉森

本章概览

评价是教与学的重要方面，然而在尝试将外部压力（如政府标准）与早期服务从业者内在价值观及对学习者如何才能更好地学习的信念相结合时，评价往往被视为一种挑战。《指南》指出，每一名儿童都应该获得最好的开端，以便他们能够发挥潜力。《指南》还认为儿童5岁以前的经历会影响他们未来的生活机会（Sammons et al., 2007；Sylva et al., 2012；DfE, 2014）。然而，当各早期教育与保育机构都需要努力以一种不破坏有效教学和游戏化学习的方式来评价和监测儿童的学习效果（Sylva et al., 2004），通过汇报机制和问责机制保持各自服务质量的一致性时，试图寻找对儿童"最好的方法"可能是有问题的。作为结果，评价——而不是儿童——会成为核心。在本章中，我们将讨论日托中心、幼儿园或学校等机构中进行的评价，因为它们都有可能提供高质量的保教服务，并使用评价来支持和监测学习效果。良好的评价也认识到家长和其他照看者在支持儿童发展方面所起到的宝贵作用，他们对儿童学习和评价的贡献对于从业者了解每一名儿童的学习和发展意义重大。

在本章中，我们将根据英格兰的情况来探讨评价和记录方面存在的挑战并分享有效实践的案例，但重要的是，这些原则在其他国家同样适用，转化后可用于不同年龄组儿童以及不同机构。

本章旨在帮助你理解：

- 各类评价所遵循的原则；
- 机械的评价方式和良好教学实践之间存在的矛盾；
- 持续的观察在收集有效评价证据方面的作用。

评价的类型

有足够的证据表明，早期经历对儿童未来的成功有着长期的影响（Save the Children Fund，2013），并且，通过高质量的早期教育与保育，这些益处将延续到儿童11岁之后，由此可见，利用教、学和评价来帮助儿童获得成功的优质早期教育与保育对儿童的持续进步有极大的影响力，尤其是对于那些处境不利的儿童（Sylva，2008；Sylva et al.，2010）。

对早期教育与保育的评价是指收集与儿童学习和行为相关的一系列证据，对儿童的发展做出判断。这些判断可以分为两大类：

- 对如何设计和实施下一步学习计划以促进儿童进一步发展的判断；
- 对儿童的所学和所得的判断。

评价可以分为两大类：主要着眼于学习的评价和主要着眼于问责的评价（Black & Wiliam，1998）。在各级各类教育中，无论是从学习者的角度，还是出于问责的目的，评价的重要性都与日俱增。评价信息的收集和使用有很多种方式，但并不都把儿童置于中心位置，这会给从业者带来很大的压力，在某些情况下甚至会给学习者及其家庭也带来压力（Ward，2009）。

评价的主要类型有：

- 诊断性评价；
- 形成性评价；
- 真实性评价；
- 总结性评价；
- 问责评价。

　　诊断性评价通常发生在怀疑有问题时，其目的是识别可能阻碍儿童发展的限制因素，以便采取措施，并通过具体的测试或标准化的活动给出关于当前情况的具体的、可测量的信息。它包括为出生 10 日之内的婴儿特别设计的选择性测试，如听力损伤筛查。诊断性评价的另一个例子是 18 个月左右的自闭症检查（Checking for austim，CHAT）。这项筛查由接受过专业培训的基层医疗工作者实施，通常是在儿童的家中，过程包括和家长讨论，进行直接观察。这类评价倾向于由其他专业人士（如卫生保健工作者）而不是早期服务从业者实施，第 15 章将详细探讨。

　　以学习为目的的评价（Assessment for Learning，AFL）构成了所谓的"形成性评价"的一部分，侧重于以儿童的学习为核心，是各个教育阶段有效教学的基础——通过一系列的观察、倾听、讨论和反思，收集有关儿童学习和发展的信息，即有关儿童现在知道什么、可以做什么以及他们需要知道什么的信息。其结果是早期服务从业者和学习者采取必要的行动促进儿童进一步的发展（Harrison & Howard，2009）。这一评价过程让早期服务从业者、家长（乃至儿童）了解儿童的学习成就和兴趣，从而改进日常保教计划，并为儿童的学习搭建脚手架，最终促进儿童的全面发展。虽然这一行动最终需要由学习者完成，但却由早期服务从业者建构，并且对于以学习为目的的评价的成功至关重要。在这个反馈—进步的过程当中，课程是学习的资源而不是一种用来满足外部评价需求的限制性框架，正是因为这样，以学习为目的评价才能成为一种有效和高效的评价手段。

　　杜比尔（Dubiel）评论了一位经验丰富的早期服务从业者在看见"看不见的时刻"时的技巧和淡定心态，认为这是因为他们有能力与儿童交流，有能力进行有目的的观察，并做好了面对意外情况的心理准备（2014）。通过这种方式，他们能够收集学习（评价）的证据，从而改进自己的实践，支持儿童的发展。人们在持续评价的过程中收集到的信息，结合儿童的个性特征、认知和身体发展需要以及环境中可能出现的自然机会，最终被用于课程的设计。早期服务从业者的任何工作计划都可以根据这个正在进行的形成性评价过程进行调整，并且可以重点发展特定技能、认知或社会性能力（见图 9.1）。

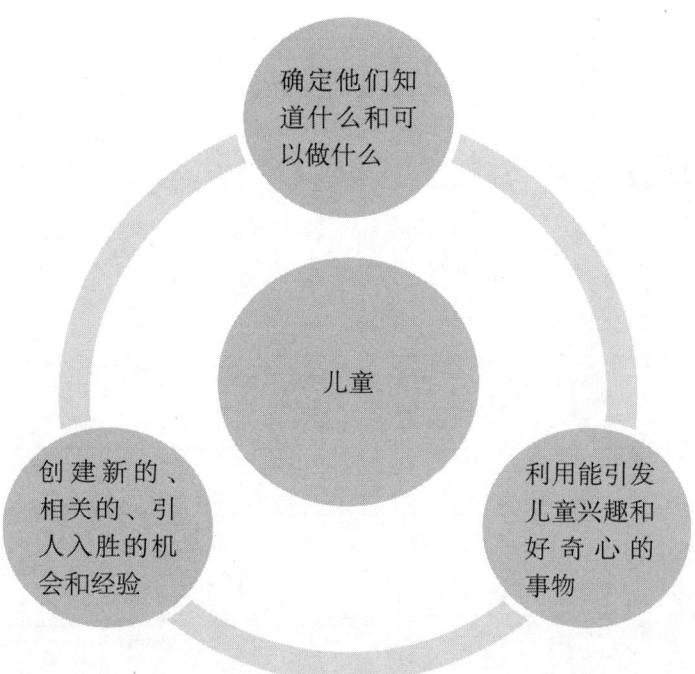

形成性评价是一个不断循环的过程，涉及教师、家长和儿童之间的动态关系。其核心是儿童，而不是追踪或问责。

图 9.1 形成性评价圈

案例分析

形成性评价的例子

早期服务从业者正在利用观察表收集信息，他们是这样做的。

1. 每个区域都有一沓空白观察表。

2. 如果一位工作人员突然观察到与某名儿童相关的事情（随机性评价），他们就填写一张表，然后放在这名儿童的文件夹中。

3. 在每日结束时的"班情简介"中，这些信息将被用来设计第二天的活动、组建第二天的小组（或制订未来几周的教学计划）。

4. 假如观察到可以用来证明学习目标达成的事件，该事件也会被记录在儿童的个人资料中。

四人观察表		教师	日期	时间
区域				
1.	2.	3.	4.	位置
惊喜		投入程度 / 兴趣程度		下一步

两人观察表		教师	日期	时间
区域				
1.	2.	位置		
惊喜		投入程度 / 兴趣程度		下一步

　　这是一个非常具有"可操作性"的过程，可以提供良好的形成性信息。这是一种极佳的评价，过程不麻烦，随机但不投机。之所以说它好，是因为它能影响下一步的教育与保育工作，要么对活动进行重新建构以促进儿童的学习，要么为特定儿童提供特定活动以促进其在某些领域的发展。

☁ 反思性任务

- 在了解儿童在学习和发展上的成就和进展的过程中，形成性评价对早期教育与保育有着至关重要的作用。反思上述案例，并思考如何以儿童为中心设计活动和创设环境。

　　真实性评价是对在环境中从事典型活动和日常活动的儿童进行持续观察。它与形成性评价相似，但是真实性评价收集的信息可以马上为早期服务从业者或其他人（如儿童家长或儿童）所用，因为它们体现了学习目标的实现程度与个体儿童的技能和能力。

巴尼亚托（Bagnato）等描述了真实性评价的 8 个标准：

1. 可接受性——关注什么是被期待的行为；

2. 真实性——利用自然观察法和自然的情境；

3. 协作——家长和专业团队的合作；

4. 证据——以证据为基础；

5. 多因素——整合已收集的信息；

6. 敏感性——"倾听"儿童而不是儿童必须达到的标准；

7. 普遍性——对儿童个体的关注；

8. 效用——理解儿童行为的有用性。（Bagnato，2007；Bagnato et al.，2010）

这种评价可以被表述为一种机会主义的评价，因为它通常"随时随地"发生，特别是由经验丰富的、合格的早期服务从业者来实施的时候，因为他们知道哪些事情具有观察的意义。真实性评价的记录工作可以是由观察者写简单的"便签"，放置在儿童的个人文件夹中，或由主要的保教人员来进行。在评价证据之前，关键人物已经经过一段时间的思考，能够选择最好的证据来进行保存。这种方法不仅不会干扰儿童的学习，还能在常规活动中"无缝"运行，捕捉到类似以下案例所描述的情形。

案例分析

真实性评价

昨天，一位经常到访幼儿园并且对班上儿童非常了解的志愿者奶奶组织了一次活动，她指导每名儿童都小心翼翼地种了一粒"母亲节种子"并给它浇了水。儿童使用自己的工具种葵花籽，过段时间再带回家。这是他们"宠物和植物"主题活动的一部分。

教师注意到有一小组儿童决定自己给幼苗浇水。一名 4 岁的女孩不会用小喷壶，这引起一名在附近进行别的活动的 4 岁男孩的注意。他突然站起身，小心地托起壶底，帮女孩倾斜喷壶，让女孩靠自己浇了水。

注意到这一事件的教师意识到，男孩的这一行为展现出高水平的问题解决能力以及对他人的照顾和关心。这是早期学习目标中个性、社会性和情绪发展领域的一部分。教师认为男孩的举动意义重大，因为教师觉得这个年龄段的大多数儿童会"接管"女孩的浇水工作，直接帮女孩浇水，而不是像他那样"支持"女孩自己完成任务。

总结性评价指向最终结果，重点关注儿童在规定期限内所取得的成果，主要目的是：

- 问责；
- 目标追踪；
- 评价；
- 补充儿童的评价记录。

总结性评价把重点放在与事先确定的基准的对照上。这类评价总结了儿童在特定时间点的表现，通常可以给出一个数值。国家法定测试就是一个例子。总结性评价数据已经成为衡量教育教学成效的主要手段，通过这些手段可以向学校等教育机构和特定工作者问责。这导致课程的某些方面比其他方面更受重视，例如相较于针对全人教育如自我概念和创造力所做的全面评价，对语音或数字等与特定学科相关的内容的评价受到了过度的强调（Dunphy，2010）。有一些总结性的评价系统还可以测量每一名儿童的参与度和情感幸福度，即《参与度和幸福度量表》（*Leuven Scales of Involvement and Well-Being*）（Laevers，2005），这些评价系统与其他评价手段一起使用时不仅有助于了解有效学习的特点，还有助于创设更为有效的学习环境，特别是对那些处境不利的儿童而言。

问责评价是早期教育与保育的重要组成部分。虽然评价的问责属性被认为十分必要，但早期服务从业者还是必须面对一项挑战，那就是在不损害儿童的学习和福祉的情况下满足法定的要求。近来，早期服务从业者更倾向于仅仅收集证明儿童学习和发展最终结果和产品的证据（总结性评价），而较少收集体现儿童学习和发展过程的证据。这似乎是对法定评价要求（如《指南》）所带来的压力的反应，其导致的结果是课程范围缩小（NCSL，2010），成人主导的活动增加，成人为了观察到必要的证据，选择在"清单"上画"√"。如第 3 章所示，北爱尔兰认为，问责评价非常有效，因为它影响教学实践，共享关于儿童学习的有意义的信息。这可能涉及和家长一起召开教学调整会议，分享有效的实践措施，并帮助大家"梳理"对于有关证据的有效性或可靠性的顾虑。问责也可能包括与同类评价数据的比较，这通常构成国家法定检查流程（如教育标准局的评估）的一部分。

具体问责过程在英格兰、苏格兰、北爱尔兰等各地都有所不同（见第 3 章），尽管他们所提供的强大体系（该体系是专业人士做出专业决定的信心和保障）均遵循相同的原则。检查过程还采用了总结性评价所获取的数据，以确保所有儿童在充分实现其潜能的过程中都获得应有的支持。

为何评价？

英国有效学前教育项目的研究结果清楚表明，优质的早期经历对改进儿童的学业成就和社会行为具有重要作用（Sylva et al., 2004）。这项广泛的研究指出了哪些特定因素对儿童发展有帮助或者是没有帮助，尤其是在满足弱势儿童的需求方面。这些研究发现，与女孩相比，男孩从早期教育与保育经历中的获益更为显著（男孩和女孩均能从全日制或半日制的机构教育经历中获益）。这似乎与接受早期教育与保育的长短有关，如 3 年而不是一年。

贝利和德拉蒙德（Bailey and Drummond）的一项小规模研究对处境不利的儿童进行了评价，并且分析了他们早期读写发展滞后的原因（2006：149–170）。该研究发现，尽管早期服务从业者通常善于识别哪些儿童读写技能存在困难，但他们缺乏查明原因或进行有效干预的能力。他们建议，为落实有效的评价从而改进教学，师资团队应该有持续的专业发展。

人们普遍认识到，机构的质量与其教职工的资质相关，要提高机构的质量，需要有更多的教职工获得资质，这正是《指南》对早期服务机构中所有工作人员专业发展的要求（Nutbrown，2012）。

西拉杰–布拉奇福德等人的研究（Siraj-Blatchford et al., 2002）发现，只有当认知发展和社会性发展被认为相辅相成和同等重要的时候，儿童才能取得全面的进步。他们指出，成人针对小组儿童进行有组织的干预并保持共同思考对拓展儿童的学习颇有益处，因为这些活动需要成人对儿童发展有深入的了解。《蒂克尔评论》（*Tickell Review*）结合大量的证据，指出儿童的早期经历对他们认知、个性和社会性发展有深刻的影响——不仅仅影响他们的正规教育阶段，更影响他们的一生（Tickell，2011）。她发现，在早期奠基阶段结束时学业成绩和社会性发展水平处于最低的 20% 的儿童，在关键阶段一（Key Stage 1）结束时学业成绩和社会性发展处于最低的 20% 的可能性比其他儿童高 6 倍。

有效学习和发展的核心是达成共识：沟通和语言，个性、社会性和情绪，身体，不仅彼此相关，而且相互联动。正是由于这种相关和联动，无论是家庭育儿员还是专业机构的工作人员都认识到，早期经历对于实现个人的终身潜能是至关重要的（DfE，2011：9）。

虽然对于发展和学习的特点仍然存在争议，但戴维斯等人认为，学习是经验的结果，发展是经验的结果对个人基因的影响（Davis et al.，2003）。对于儿童是如何学习的以及应该如何构建学科教学法的认识的深度和广度构成了形成性评价的基础。形成性评价是指将有效的评价纳入日常实践中，调整策略和方法，使儿童成为更为有效和独立的学习者，而不是采纳某种僵化的评价方法，给自己额外增加工作。

《指南》对评价的法定要求

在《指南》中，早期服务从业者需要在两个关键的时间点提交正式报告：首先是 24—36 个月龄（最初为"两岁儿童发展评估"，但从 2015 年 9 月开始变成"两岁综合评价"），其次是奠基阶段结束时的"早期奠基阶段发展档案"（EYFS Profile），这是早期奠基阶段到学校的过渡点。《指南》还有一个法定要求，即早期服务从业者每年至少书面概要介绍儿童的进步情况一次。

两岁综合评价

两岁综合评价于 2015 年 9 月推出，目的是将健康检查和两岁发展评估合并在一起。这项评价试图提供一个支持机制，让早期服务从业者与家长及其他照看儿童的人分享对儿童的了解。然而，不同早期服务从业者的报告质量不尽相同。有的做得非常详细，耗费了很多时间；有的仅仅是一两行文字，缺乏对儿童个体及其成就或需求的深入分析。但这两种报告均符合法定要求，是地方当局收集的数据的一部分。

下面的例子展示了英格兰体制下两岁儿童评价的方方面面。这是一份表述清楚的报告，介绍了评价所涉及的学习和发展领域，并简短描述了儿童的学习和发展成就。家长理解报告所说明的内容，并且清楚地表达了儿童的需求得到理解以及自己的关切被认可后的欣慰。

案例分析

对卡勒姆（Callum）的评价

姓名：卡勒姆·诺威尔（Callum Knowel）

年龄：35 个月

班级：托儿班

家长的意见和反馈：我同意报告所写的内容，我之前担心卡勒姆的发展，现在我很欣慰，因为大家都付出了努力。

下一步：因为要转到新的机构，重点是发展技能的迁移能力。

倾听和注意力：通过建立积极的关系，儿童会对眼神交流、口头和非口头交流做出反应；他们期待并主动发起与他人的沟通，学习以多种方式做出回应。儿童通过倾听他人说话，观察和模仿他人，以及一起念童谣、讲故事与玩语音和单词游戏等方式与人交流。通过这些方式，他们学会了如何抓住交流的重点并做出回应，最终能同时关注说和做两方面。

教师的评论：卡勒姆在小组活动和一对一活动时努力保持注意力。教师弯下腰，和卡勒姆同身高，并用手势示意他聆听和观察，这能帮助他集中注意力，但这个过程可能需要重复好几遍。经验告诉我，虽然卡勒姆看上去并没有在听，但他已经听懂了。卡勒姆后来的言行可以证明这一点，只是这种理解无规律可循，常常是随机出现或发生在不相关的时间里。这可能会让人难以理解卡勒姆想要表达什么意思。卡勒姆参加小组活动时有困难，他会变得很沮丧或出现破坏性行为。我们发现，如果全部使用数字化技术（如平板电脑或笔记本电脑），或使用讲故事和唱歌的方式，卡勒姆的状态和参与度会大幅提升。

说：理解他人说的话，与他人说话，作为交流对象以及在对话中与他人分享自己的想法，都是交流过程的一部分。在沟通和语言的这一领域，儿童会以多种方式表达自己的理解，包括恰当地回应别人所说的话，遵从指示，回答和提出问题等。他们理解别人所说的话的能力远远超过他们自己的表达能力。如果成人能与他们分享自己的经验并帮助他们，儿童所拥有的任何经历都会拓展他们的理解能力。

教师的评论：卡勒姆通常能够理解周围的人对他说的话和周围所发生的事情，但不幸的是，他并不是总能表达自己的想法。如果你问他一个问题，他没法给出答案，除非他只需要回答"是"或"不是"。为了搞清楚他的理解能力，你必须采取其他措施。例如，如果你把彩色汽车一一摆好，要求卡勒姆挑出黄色的车，他可以做到这一点，但如果你拿起黄色的车，问卡勒姆这是什么颜色，他只会重复问题，答"颜色"。

☁ **反思性任务**

- 这是一次有效的评价，思考：完成这次评价需要满足哪些要求？与家长以及其他专业人士分享所收集到的信息时可以运用哪些交流方式？哪些技能你认为是必需的？

早期奠基阶段发展档案

英格兰所有早期服务机构都必须完成早期奠基阶段发展档案，无论是注册育儿员还是公立机构、非公立机构和独立机构。

早期奠基阶段发展档案在儿童满 5 岁前的最后一个学期完成，最迟不能晚于 6 月 30 日。该评价档案必须使用相同标准对每名儿童进行判断，包括那些有特殊教育需要儿童、残障儿童和母语非英语的儿童。早期服务从业者必须根据自己的观察以及在一段时间内收集的儿童学习和发展成就的记录，做出最后的判断。通过这种方式，他们有望对儿童目前的学习能力和发展水平做出全面的判断。其目的是让下一阶段教师了解该名儿童是否已经做好"入学准备"，做好从幼儿园到正规教育之间的无缝衔接。

判断每名儿童发展水平的依据是英格兰的早期学习目标，结论包括以下 3 种：超出预期水平、达到预期水平、尚未达到预期水平（正在发展）。按规定要使用简单的表格进行汇报（见图 9.2），不要求额外进行评注，但是必须与家长会面并就评价档案进行讨论。

Area of Learning	ELG	Aspect	Emerging	Expected	Exceeding
Communication and Language	1	Listening and Attention		✓	
	2	Understanding		✓	
	3	Speaking		✓	
Physical Development	4	Moving and Handling			✓
	5	Health and Self-Care			✓
Personal, Social and Emotional Development	6	Self-Confidence and Self-Awareness		✓	
	7	Managing Feelings and Behaviour		✓	
	8	Making Relationships		✓	
Literacy	9	Reading		✓	
	10	Writing	✓		
Mathematics	11	Numbers		✓	
	12	Shape Space and Measure		✓	
Understanding the World	13	People and Communities		✓	
	14	The World		✓	
	15	Technology		✓	
Expressive Arts and Design	16	Exploring and using Media and Materials		✓	
	17	Being Imaginative		✓	

图 9.2　早期奠基阶段发展档案总结性评价范例

> ☁ **反思性任务**
>
> 　　不同早期服务提供者完成早期奠基阶段发展档案的情况不尽相同，请对评价过程进行反思：
> - 最佳教学实践与《指南》的法定要求之间是否存在矛盾？
> - 儿童在关于自己的评价过程中的参与程度如何？
> - 评价的动力是促进儿童个人发展还是记录？

　　虽然早期奠基阶段发展档案数据并不公开，但早期奠基阶段发展档案的得分会作为对地方当局进行监督和评价的依据。这一分数并未考虑个体儿童的进步程度及其所处的特定环境（有可能是环境而不是个人能力影响了他们的进步）。例如，可能有一名儿童刚刚来到英国，英语是他的第二语言。这种分数可能会给早期服务从业者带来过度的压力，使他们过分强调某些内容以达成地方当局的目标。

　　过度关注总结性评价和测试也可能会让早期服务从业者怀疑自己对儿童成就和成绩的认知和理解。这种自信心的丧失似乎源于政策制定者普遍不相信早期服务从业者具备以可靠和有效的方式进行评价的能力（Black et al., 2013），并被认为是导致某些早期服务机构包括学校产生画"√"心态的原因。

　　早期服务机构中的总结性判断应以不断的观察和持续的记录为基础，可以通过填写个体儿童进步手册来完成（见图 9.3）。

　　苏格兰和北爱尔兰采用了类似的方法进行持续的评价。从 2015 年 9 月起，威尔士（见第 3 章）依据《早期发展评价框架》（*Early Years Development Assessment Framework*，EYDAF）制定奠基阶段档案（Foundation Phase Profile，FPP）撰写指南。它将包括一系列的评价工具，这些工具将帮助早期服务从业者描述儿童的进步情况，以建立一个具有一致性和可操作性的有效系统。

> ☁ **反思性任务**
>
> - 所有这些信息的记录需要相当长的时间，有人认为这些花在记录上的时间原本可以花在陪伴儿童上（Dubiel, 2014）。那么，评价的作用是什么？早期奠基阶段应当以评价儿童为重还是以陪伴儿童为重？

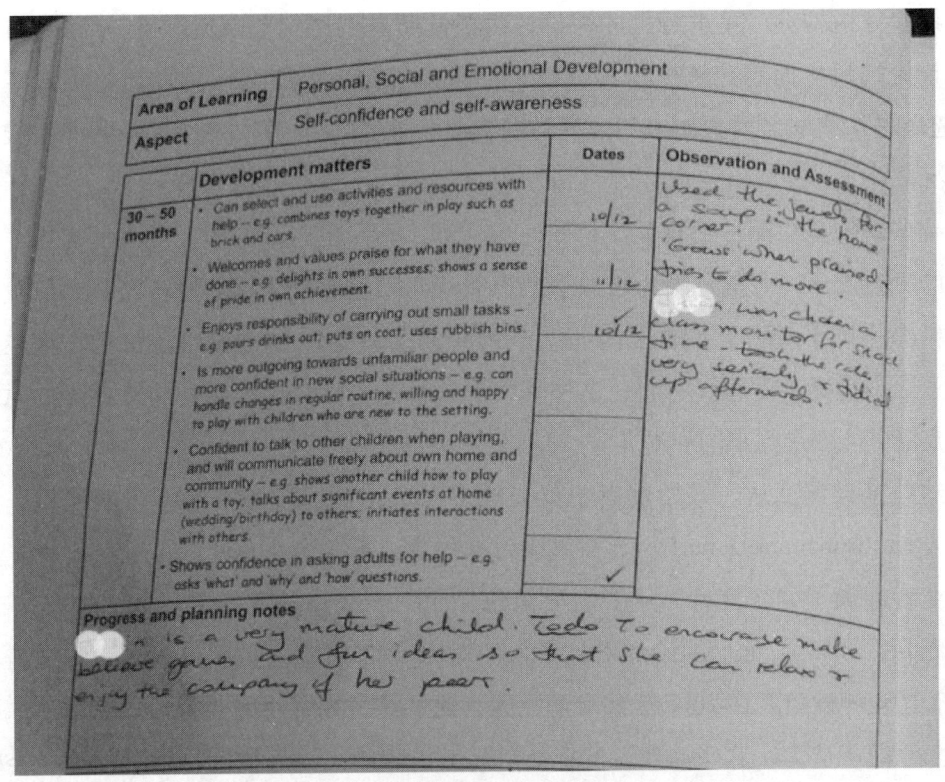

图 9.3　早期奠基阶段总结性评价范例

总结性评价面临的挑战

　　许多机构的早期服务从业者面临的共同问题是：过分强调总结性评价和某些预定目标的实现，特别是在面临高风险情况时。早期奠基阶段发展档案关注儿童下一步的发展机会，重视在儿童达到法定入学年龄前为其提供一个全面的总结性评价。然而，将这些儿童评价数据用于对早期服务从业者和环境质量做高风险判断的做法变得越来越普遍。

　　英格兰早期服务从业者面临的一个问题是，从 2016 年 9 月开始要对 4 岁儿童进行"可选择的"基线评价。教育部打算放弃早期奠基阶段发展档案（它是为了了解儿童在一系列不同的情境中能够自发、独立和持续地做的事情），并采用专门授权机构所提供的特定测试。这些标准化的测试将通过对虚拟玩具或真实物体的操作来收集信息，最终会将正确或不正确的答案转化为具体的分数。2014 年，教育部提出，如果英格兰早期服务机构选择不进行上述评价，将被依照是否达到"最低标准"（由地方根据中央设定的目标而制定）进行评价。早期服务机构很可能会认为自己必须选择这些"可选择的"测试，因为如果不选择这些测试，它们似乎必须去达到一些非常难以达到的标准。

这些新的基线测试主要关注有效性和问责，而不是儿童的学习或发展需求，这受到了严厉的批评，尤其是因为它似乎把重点从向家长汇报儿童的进步转移到监测早期服务机构的服务和管理上去了（Early Education，2015）。这些基线测试的重点应该是为儿童上小学提供信息。然而，这种基线测试目前还没有认识到在将来报告的时间点上，儿童可能不是原来的那群儿童，这将丧失数据的完整性。

这些基准测试从一开始就有争议。许多专家，包括凯西·纳特布朗和简·派勒（Cathy Nutbrown and Jane Payler）都认为这些测试不符合儿童的最佳利益，使早期服务从业者远离了"教育者"这一主要角色，而把测试和备考作为课程的核心（Early Education，2015）。他们的论点引起了人们对 2011 年威尔士首次引入基线测试情况的关注。这些测试随后在 2012 年被取消，因为这些测试耗费时间并且对日常教学造成了干扰。他们还认为，这些基准评价正如前面所提到的，缺乏信度和效度，可能会限制课程的范围，并破坏教学的有效性。

评价与以英语为第二语言的儿童

对于母语非英语的儿童，早期服务从业者必须采取合理措施，为儿童提供在游戏和学习中发展和使用母语的机会，支持儿童在家里的语言发展。同时，还必须确保儿童有足够的机会学习英语，达到英语良好水平，使他们在接受正规教育时能够从学校提供的机会中受益。威尔士对英语和威尔士语一样重视。在英格兰，在评价儿童沟通、语言和读写技能时，必须评价儿童的英语技能。如果儿童没有很好地掌握英语，早期服务从业者必须与儿童家长和 / 或其照看者一起调查儿童的母语技能，以确定是否存在语言发展延迟的问题。在有意义的学习过程中收集有关儿童学习成就的证据需要高效率。相较于那种不让儿童开展自己所选择的活动，而让他们与成人坐在一张桌子旁，写出某些指定的字母或发出和图片内容相匹配的语音，以此显示他们掌握了语音和字形的评价方式，通过以学习为目的等形成性评价方式收集到的信息对于儿童来说将更为有效和轻松。以下策略可以用来帮助以英语为第二语言的儿童：

- 创设一个引人入胜、内容丰富的角色扮演区；
- 总结儿童的学习成就并录入电脑，制作一份电子记录，这样更便于追踪；
- 设计个性化的学习活动。

评价与处境不利儿童

本书强调早期教育与保育机构重在制订适宜的学习计划，持续追踪儿童的有效学习和发展。然而，这个过程是复杂的，因为学习并不遵循某一个处方，切切实实的进步可能是由许多细小的步骤构成的。对于被识别为具有特殊教育需求的儿童，或符合申请额外资助的儿童（小步骤可能表明儿童获得显著进步），在情感参与上存在障碍的儿童，情况都是如此（见第 16 章）。

合作在评价中的作用

本章强调早期服务从业者在评价和规划儿童的学习与发展中的关键作用。家园合作，寻求儿童的意见，重视家庭和儿童的观点，以及重视早期服务从业者对儿童的观察，都是建构儿童能力画像的重要组成部分。通过观察儿童是独自玩耍还是与同伴互动，以及他们对成人提问的参与和回应，可以制订儿童的学习计划。与家长或其他照看者合作，可以理解不同儿童的需求，例如喜欢做什么，不喜欢做什么。了解那些儿童愿意长时间参与的活动有助于以建设性和有益的方式来理解儿童的思想、行为和态度。与家长或其他照看者、其他相关人员（包括健康随访员、教育心理学家和社会工作者等）的合作，有助于尽早发现儿童的额外需求。要想让有关信息发挥效用，就必须将这些信息作为行动的基础，否则就仅仅是某个时间点上的总结性评价。这一"行动"和"合作"是形成性评价和总结性评价的根本区别。早期学习目标就是将形成性评价用作总结性评价证据的例子。这也是一种追踪儿童进步的方式，能为教育教学实践提供依据。

观察在评价中的作用

如上所述，因为问责性数据收集工作的压力不断增加，儿童评价方式的变化可能会引发焦虑，促使某些早期服务机构采用机械化的方法进行评价，把评价作为独立的活动，形成了"测试"文化（Dubiel，2014）。当评价和早期服务从业者对学习理论的认识相矛盾时，焦点就从儿童身上转移到评价过程上了。政策制定者和一些早期服务从业者有时会认为，要做出"准确"的总结性评价，就必须有一个特定的有指导的活动或一对一"测试"。他们不认可"即时"的形成性评价的有效性，虽然它可以通过对儿童日常经验的非预设的真实性评价实现。对于非预设的真实性评价，观察至关重要。第 8 章详细讨论了观察的作用，因此本章只强调观察在评价中的重要性（因为它有助于早期服务从业者系统收集有关儿童学习和发展的形成性和总结性信息）：

- 收集那些可以提供关于儿童学习和发展准确信息的证据；
- 了解在某些情况下儿童行为背后的原因；
- 认识儿童发展的阶段；
- 为制订计划和做出评价提供依据；
- 创设与家长和其他服务机构合作的机会；
- 了解儿童个体；
- 监测儿童的发展情况；
- 为课程设计提供依据；
- 让早期服务从业者能够评价自己的实践工作；
- 提出讨论和改进的重点。（Palaiologou，2012）

反思性任务

- 学习第 8 章，反思观察在形成性评价和总结性评价中的作用。

数字技术在评价中的作用

杜比尔认为，早期服务从业者已经变得只专注于画"√"的字面工作，而不是支持儿童的学习（Dubiel，2014）。本书其他章节探讨了支持儿童学习和发展（第 18、20、21、22 和 23 章）以及与家长的合作（第 13 章）在儿童早期的作用。数字技术可以成为评价过程中的有用工具。它们可以帮助人们进行评价和记录。将网络技术用于评价很可能会对完成评价记录的时间产生显著影响（Dubiel，2014；Bruce et al.，2015）。

人们已经创建了许多可以即时捕捉儿童学习历程的数字系统，并且可以很轻易地、安全地与家长及其他照看者分享（见第 13 章）。

案例分析

支持儿童学习的数字化评价在家庭式育儿机构中的运用

作为一名家庭育儿员，我需要找到一个适合我的工作安排、在我带儿童外出时也可以使用的行之有效的方式来观察和评价儿童。我发现了一个在线的交互系统，我可以通过我的手机、平板电脑或笔记本电脑登录。这种灵活性意味着无论身在何处，我都能观察儿童。

例如，观察与有效学习的特点相关，将观察与许多必需的学习结果联系在一起。照片也可以轻松上传，并链接到相关的学习结果上。这使我能够轻松地追踪儿童所有领域的发展，或者探索某一学习领域下儿童特定时间内取得的所有成就。报告可以立即生成，也可以定期生成。两岁儿童发展评价也可以轻松完成，因为系统可以从上传的儿童照片和观察中获取信息，创建带注释的个人档案（见图 9.4）。

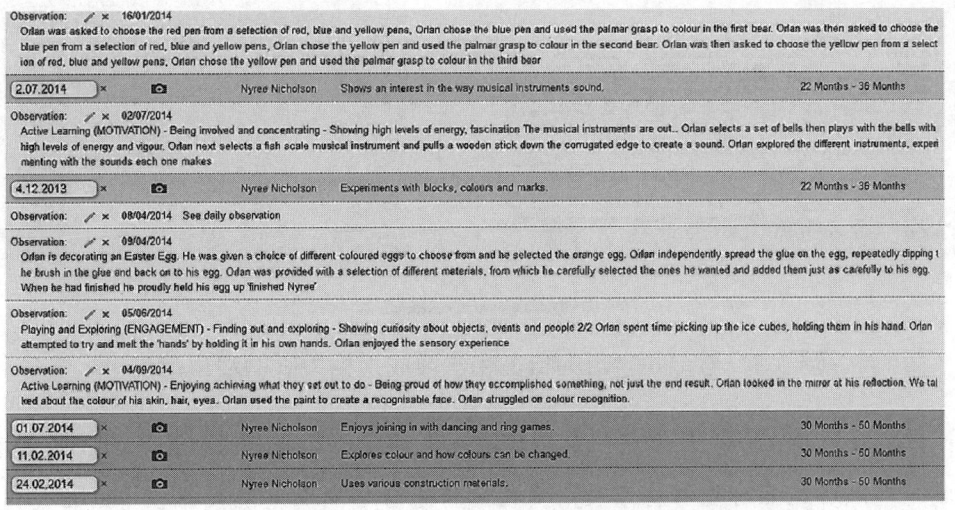

图 9.4　儿童在艺术表达与设计领域的学习过程范例

当儿童在多个机构接受服务时，这项技术非常有用，因为一个机构（经家长许可后）可以获取儿童在另一个机构中的学习经历，同时还可以添加自己的观察或照片，或评论已经添加的观察或照片。这开辟了真正的多机构合作的道路，确保宝贵的学习经验得到共享和发展。儿童的兴趣被充分挖掘，这使得不同机构的早期服务从业者和家长能够了解儿童学习的多个不同方面。我这里有一名儿童，同时还上着一所学校的附属幼儿园。这家幼儿园通过一个和我们不一样的在线工具观察儿童，他们和儿童的家长授权我使用这个工具，这样我就可以看到她在附属幼儿园里做的事情，我也授权他们使用我的软件，这让我们双方都能够根据儿童在两个不同教育机构中表现出来的兴趣为其制订教育计划。

我还可以进一步为儿童的数字账号设置多个选择，让这个账号能够在不同的教育场所中得到使用。假如这些教育场所都使用同一个在线系统，那儿童的学习将无缝衔接，从在某教育场所学习的第一天开始，到最后一天都不间断。

我还能够上传照片和视频，并将其链接到相应学习结果上。这可以让儿童的兴趣和成就实时地呈现在他们的学习之旅中（见图9.5）。

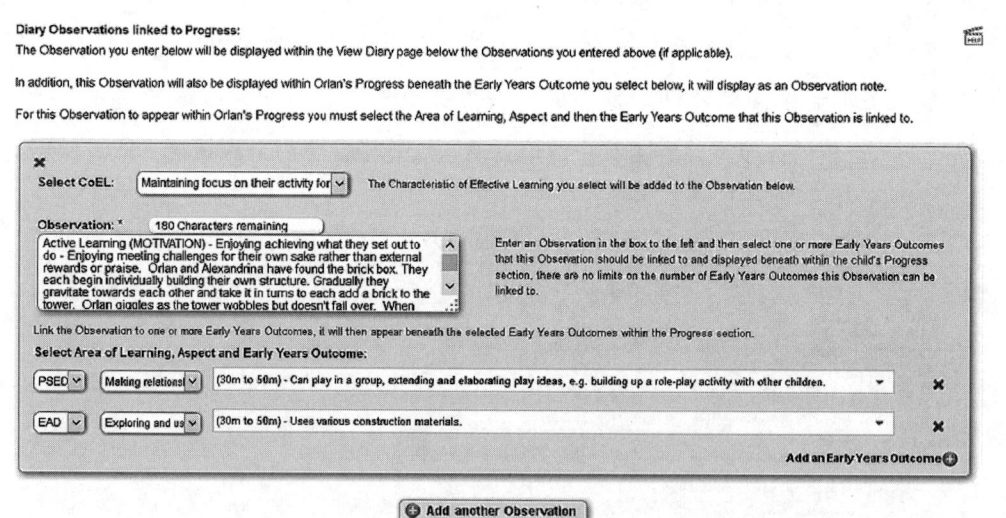

图 9.5　与有效学习的特征和学习成果相关联的观察范例

我喜欢这种在线技术的这一点，即家长也可以添加他们的评论、照片或观察，这使早期服务从业者能够将家长所提供的信息与早期奠基阶段课程中的相关内容关联起来。

记录和测试的作用

我们必须使用家长和专业人士都能理解的语言去分享评价报告，而不是让评价报告充满可能会被误解的术语。因此，非常重要的一点便是使用一种所有相关人员都能理解的方式去做记录。

正如第 5 章所展示的那样，早期服务从业者的身份是一个复杂的组合，既满足个体儿童的需要和兴趣，也与他们的家庭合作，尊重他们的观点，同时也对外部机构负责。有效的早期服务从业者使用证据来调整和协调个体的成长和发展。这种持续的证据是通过频繁地观察儿童在游戏和思考时的表现来获得的。它包括与儿童交流以了解他们在做什么、喜欢什么，以及与家长讨论，以更全面地了解儿童的收获和成就。学习的关键证据可以构成记录的一部分。记录是评价过程中的一个必不可少的重要部分，但如果过于繁重，就会影响教和学，甚至忽略儿童的需求。

基于日常生活和学习对儿童进行持续观察并与儿童交流的评价，与基于通常需要更为正式的组织形式、需要儿童退出自己选择的游戏的测试之间，存在着明显的冲突。

不幸的是，一些评价措施导致了不必要的形式主义的记录，需要保存大量的照片、便笺、儿童作品，甚至通过指定的活动或提问对儿童进行特定的"测试"，以测量他们的学习成果。这种方法似乎是基于这样一个信念：使用固定的成功标准来"测量"儿童的学习，利用数学公式转化为关于儿童能力和进步的准确指标，并且可以通过图表来追踪和监测。

关于哪些内容容易测量的讨论可能会导致对儿童贴负面标签，因为测量的重点往往在于儿童不能做什么，而不是他们能够或喜欢做什么。测量的重点往往是由法定评价过程中的既定标准所决定的，并可能导致对儿童发展特征的歪曲认识，从而导致早期服务从业者限制课程内容，以获得狭隘评价标准之下更好的评价结果。

有效的记录

记录儿童的成就和收获是评价过程的重要组成部分，然而现实中却出现了一种重视记录过程甚于学习过程的风险。这可能会给早期服务从业者和儿童带来过度的压力。有时这些压力仅仅是主观感受，并不真实存在，特别是在收集证据应对正式检查的时候，焦虑导致他们进行了额外的记录工作，并且错误地认为这是必需的。还有大量的证据收集工作使用了预设的表格形式，这会打乱良好的游戏化的学习，并且与测试（如基线数据收集和语音筛查）相联系。

要想让记录有用，必须严格遵循早期教育与保育原则，并且与照顾儿童的家长和其他专业人员通力合作。儿童的发展是他们与环境之间以及与他人之间的一个复杂互动过程，正是通过相关记录工作，儿童在早期服务机构内外的持续发展和进步才得以实现。

有用的记录包括如下特点：

- 包含并遵循良好的早期教育教学理论；
- 必要时帮助家长、儿童、教师（以及其他相关专业人员）建立并保持合作关系；
- 方便使用，省时，有效；
- 使用一系列不同的技术来收集一系列有效的证据，如文字记录、摄影、录像和录音；
- 在一定的情境和时间点评价儿童的进步；
- 针对儿童个体（和 / 或儿童群体）所取得的进步和下一步要采取的措施做出评论；
- 有目的地结合当今的法定要求；
- 易于回顾和总结。（改编自 Bruce et al., 2015：20）

第 10 章提供了一些非常有趣、实用的做记录的方法。

本章小结

本章重点关注早期教育与保育的评价，并且强调《指南》的要求。评价对于了解儿童的学习和发展非常重要。尽管广受欢迎，但《指南》的两大评价（包括两岁综合评价和早期奠基阶段发展档案）确实引起了一些担忧。这些评价的焦点似乎在将"入学准备"作为早期教育与保育的总目标，而不是将个体儿童的最优发展和进步作为早期教育与保育的总目标。令人担忧的是，评价信息应该用于支持儿童学习，不能因为受限于"入学准备"而缩小课程的范围。早期奠基阶段发展档案旨在汇集关于儿童兴趣、学习方式和发展的整体情况。整理后的信息对于通过有计划的活动帮助儿童完成不同机构之间的有效过渡、发挥学习潜力非常重要（见第 11 章）。它可以成为所有参与儿童教育与保育工作的人员的工具，可以被用于讨论和庆祝儿童的学习成就、发展速度、与同伴和成人一起学习和互动时的投入程度。

识记要点

- 评价的类型主要有两种，即总结性评价和形成性评价，这两种评价都需要，因为它们具有不同的目的。
- 就有效教学和学习而言，总结性评价和形成性评价都很必要，也很有价值。正是借助通过真实性评价收集的关于儿童学习和发展的一系列证据，早期服务从业者才得以：
  - 了解儿童的个人情况；
  - 创造与家长和其他机构进行有意义合作的机会；
  - 勾勒儿童学习、发展和兴趣的完整画像；
  - 了解儿童行为背后的原因；
  - 认识儿童的发展阶段；
  - 监测儿童的进步并确定需要干预的领域；
  - 为课程设计提供依据；
  - 评价实践的效果和效率；
  - 为监测和问责提供数据。
- 儿童应该是所有评价的中心，课程要为学习提供基础。
- 儿童评价应吸收家长对自己孩子的看法。
- 评价和记录需要考虑效率和效果。

讨论话题

- 你认为通过教师主导、教师发起和儿童发起的活动来取得评价方式的平衡，是否有助于对不同年龄儿童进行评价？
- 请尝试创造一个解决问题的开放性的机会，通过"观察"和"倾听"对特定年龄的儿童进行评价，而不是执行特定的评价任务。多尝试几次，然后思考你对该方法的认识。这一方法是否可以满足《指南》的评价要求？

- 回想最近的工作，你是否通过"即时"的观察获得了关于儿童的重要信息？这些证据是如何被"捕捉"的？又是如何被运用的？

拓展阅读

书

Bruce, T., Louise, S. and MCall, G. (2015) *Observing Young Children*. London: Sage.

Dubiel, J. (2016) 'What are the purposes of assessment?', in *Effective Assessment in the Early Years Foundation Stage*, 2nd edn. London: Sage.

Formosinho, J. and Pascal, C. (eds) (2016) *Assessment and Evaluation for Transformation in Early Childhood*. London: Routledge.

文章

Dunphy, E. (2010) 'Assessing early learning through formative assessment: key issues and considerations', *Irish Educational Studies*, 29 (1): 41–56.

National Children's Bureau Early Childhood Unit (2015) *The Integrated Review*. London: NCB. Available at: www.ncb.org.uk/media/1201160/ncb_integrated_review_supporting_materials_for_practitioners_march_2015.pdf.

报告

NUT (National Union of Teachers) (2015) 'Exam factories?' [Online] www.teachers.org.uk/files/exam-factories.pdf (accessed 22 July 2015).

参考文献

Bagnato, S. J. (2007) *Authentic Assessment for Early Childhood Intervention: Best Practices*. New York, NY: Guilford.

Bagnato, S. J., Neisworth, J. T. and Pretti-Frontczak, K. L. (2010) *Linking Authentic Assessment and Early Childhood Intervention: Best Measures for Best Practices*, 4th edn. Baltimore, MD: Brookes.

Bailey, A. and Drummond, V. (2006) 'Who is at risk and why? Teachers' reasons for concern and their understanding and assessment of early literacy', *Educational Assessment*, 11 (3–4): 149–178.

Black, P., Harrison, C., Hodgen, J., Marshall, B. and Serret, N. (2013) *Inside the Black Box of Assessment: Assessment of Learning by Teachers and Schools*. London: GL Assessment.

Black, P. J. and Wiliam, D. (1998) 'Inside the black box: raising standards through classroom assessment', *Phi Delta Kappan*, 80 (2): 139–148.

Bruce, T., Louise, S. and McCall, G. (2015) *Observing Young Children*. London: Sage.

Davis, D., Evans, M., Jadad, A., Perrier, L., Rath, D. and Zwarenstain, M. (2003) 'The case for knowledge translation: shortening the journey from evidence to effect', *BMJ*, 327 (7405): 33–35.

DfE (Department for Education) (2011) Early Years Evidence Pack, available at www.education.gov.uk/publications/standard/Earlyyearsandchildcareworkforce/Page1/DFE-00274-2011(accessed 19 July 2012).

DfE (Department for Education) (2014) *Statutory Framework for the Early Years Foundation Stage: Setting the Standards for Learning, Development and Care for Children Birth to Five*. Available at: www.foundationyears.org.uk/files/2014/07/EYFS_framework_from_1_September_2014_with_clarification_note.pdf (accessed 21 September 2015).

Dubiel, J. (2014) *Effective Assessment in the Early Years Foundation Stage*. London: Sage.

Dunphy, E. (2010) 'Assessing early learning through formative assessment: key issues and considerations', *Irish Educational Studies*, 29 (1): 41–56.

Early Education: British Association for Early Childhood Education (2015) 'Sector unites in call to oppose introduction of baseline assessment'. [Online] www.early-education.org.uk/pressrelease/sector-unites-call-oppose-introduction-baseline-assessment (accessed 16 May 2015).

Harrison, C. and Howard, S. (2009) *Inside the Primary Black Box: Assessment for Learning in Primary and Early Years Classrooms*. London: GL Assessment.

Laevers, F. (ed.) (2005) *Well-Being and Involvement in Care Settings: A Process-Oriented Education Instrument*. Brussels: Kind and Gezint/Research Centre for Experiential Education.

NCSL (National College for Leadership of Schools and Children's Services) (2010) 'Leading curriculum innovation in primary schools'. Professor Mark Brundrett and Dr Diane Duncan, Liverpool John Moores University.

Nutbrown, C. (2012) *Foundations for Quality*: *The Independent Review of Early Education and Childcare Qualifications. Final Report.* Runcorn: Department for Education. Available at: www.gov.uk/government/uploads/system/uploads/attachment_data/file/175463/Nutbrown-Review.pdf (accessed September 2015).

Palaiologou, I. (2012) *Child Observation for the Early Years.* London: Learning Matters.

Sammons, P., Sylva, K., Melhuish, E., Siraj-Blatchford, I., Taggart, B., Grabbe, B. and Barreau, S. (2007) 'The Effective Pre-School and Primary Education 3–11 Project'. *Summary Report: Influences on Children's Attainment and Progress in Key Stage 2: Cognitive Outcomes in Year 5.* Report No. RR828. London: Institute of Education, University of London.

Save the Children Fund (2013) 'Too young to fail: giving all children a fair start to life'. [Online] www.savethechildren.org.uk/sites/default/files/docs/Too_Young_to_Fail_0.pdf (accessed 15 May 2015).

Siraj-Blatchford, I., Sylva K., Muttock, S. and Gilden, R. (2002) *Effective Pedagogy in the Early Years*, Research Report 356. London: Department for Education and Skills.

Sylva, K., Melhuish, E., Sammons, P., Siraj-Blatchford, I. and Taggart, B. (2004) *The Effective Provision of Pre-School Education Project.* Technical Paper No. 12 – The Final Report. London: Department for Education and Skills/Institute of Education, University of London.

Sylva, K. (2008) 'Final Report from the Primary Phase: Pre-school, School and Family Influences on Children's Development during Key Stage 2 (Age 7–11)'. Department for Children, Schools and Families Research Report No. DCSF-RR061.

Sylva, K., Melhuish, E., Sammons, P., Siraj-Blatchford, I. and Taggart, B. (Eds) (2010), *Early Childhood Matters: Evidence from the Effective Pre-school and Primary Education Project.* London: Routledge.

Sylva, K., Melhuish, E., Sammons, P., Siraj-Blatchford, I., Taggart, B. with Toth, K., Smees, R., Draghici, D., Mayo, A. and Welcomme, W. (2012) Effective Pre-School, Primary and Secondary Education 3–14 Project (EPPSE 3–14). *Final Report from the Key Stage 3 Phase: Influences on Students' Development from Age 11–14.* Ref No. DFE-RR202 ISBN: 978–1–78105–078–1. London: Institute of Education, University of London.

Tickell, C. (2011) *The Early Years: Foundations for Life, Health and Learning.* An Independent Report on the Early Years Foundation Stage to Her Majesty's Government. London: Crown. Available at: www.education.gov.uk/tickellreview (accessed September 2015).

Ward, H. (2009) 'Patterns of instability: Moves within the English care system, their reasons, contexts and consequences', *Child and Youth Services Review*, 31: 1113–1118.

第10章

教学记录

埃丝特尔·马丁

本章概述

如第 9 章所述，评价是《指南》的核心。英国政府当下推行的综合评价（Integrated Review）包含了早期奠基阶段发展评价和两岁儿童健康与发展评价。该政策的目的是加强儿童早期干预，减少和预防健康及社会问题。综合评价重在借助来自各方（如医疗和社会工作者、早期服务从业者）的知识和资源，全面了解儿童的状况。各类机构和家长之间的信息共享有待改进，机构与家长及其他从事儿童和家庭工作的专业人员之间需要建立信任关系，加强沟通，因为早期奠基阶段发展档案需要这种沟通。正如第 9 章所总结的，为了实现这种沟通，需要进行有效的记录，以便让所有对儿童发展状况感兴趣的人都能理解评价的结果。

本章旨在考察课程实践，了解如何通过记录来加强早期教育与保育中教学法的运用。第 9 章讨论了评价的目的和《指南》的要求，但其讨论的评价（如瑞吉欧·艾米莉亚和新西兰课程中的评价）均是通过有效的记录来提高质量，而不仅是为满足法定要求。本章的拓展阅读部分提供了丰富的参考书目，其中包含许多范例，但本章的目的是概述几种不同的运用记录促进儿童学习的方式，因此，本章将讨论如何通过教学记录（瑞吉欧·艾米莉亚）、学习故事（新西兰）、马赛克教学法和列维斯《参与度和幸福度量表》来有效记录儿童的进步和发展。

本章旨在帮助读者：

- 理解教学记录、学习故事、马赛克教学法和《参与度和幸福度量表》的理论基础；
- 了解这些类型的记录如何用于早期教育与保育；
- 了解这些类型的记录如何在日常实践中相互联系并运用。

教学记录的理论基础

里纳尔迪（Rinaldi）认为记录的价值在于它其实是一个过程，这意味着它是学和教过程的一部分（2006）。这一观点认识到记录作为一种工具，它的价值不仅仅在于评价儿童的经验，还在于它是教育者和研究者在对话过程中的自我评价，即记录是早期教育与保育实践及研究中的一种反思。从社会文化理论的观点来看，儿童与成人的互动是学和教过程中的关键因素。

"鹰架"和"成人引导下的互动"要求早期服务从业者能够判断儿童目前对问题处于什么理解水平，以及儿童在成人和同伴的支持下能够在最近发展区中获得怎样的进步（Vygotsky，1978：86）。关心儿童的成人，比如家长、保育与教育工作者，在围绕儿童思想和兴趣进行对话后，了解了儿童的想法以及他们下一步的计划，然后通过鹰架的方式引导儿童进行概念的探究（Bruner，1986）。

社会文化理论促使实践者和研究者思考早期服务机构可以从儿童在家庭和社区的学习中获得什么。罗格夫（Rogoff）从事社会文化传统方面的研究，她提醒大家关注不同社区支持学习的方式。她认为有两种形式的"成人引导下的互动"对学习至关重要：意义的相互关联和机会的共同建构。罗格夫进一步指出，这两个过程均为学习和发展的基础，并且都是普遍存在的（2003）。这和维果茨基的观点相呼应，在早期服务机构和家庭中观察儿童，这对于教师了解儿童的家庭和社区文化至关重要，因为家长参与了儿童的教育与保育。通过观察，家长和教师可以就儿童的学习和发展达成共识。

分享各自对儿童的观察，了解儿童的经验，对于家长和教师了解儿童的发展过程具有十分重要的意义。《指南》与更为宏大的国家课程框架联系在一起，因此从儿童早期就开始的家长对子女的教育过程的确会受到影响。

教学记录对于家长、早期服务从业者和教师之间的持续性讨论具有重要的价值。在里纳尔迪看来，寻求意义与瑞吉欧幼儿园创造倾听教学法以支持师幼关系属于殊途同归（Rinaldi，2006）。换句话说，就是心怀尊重地倾听，同时对儿童多种形式的学习及其表现形式表示兴趣并做出回应。马拉古齐认为，儿童潜能大，具有与成人和其他儿童建立联系的强大力量（Malaguzzi，1993：10）（见第 20 章）。对于如何看待"儿童影响了我们的态度，影响了我们教育他们或者规划他们学习的方式，以致课程可能会根据他们的目标或多或少具有一定的开放性"，以上观点很有启发性。

马拉古齐的哲学基础

洛里斯·马拉古齐（Loris Malaguzzi），1920 年出生于意大利的柯勒乔，1994 年去世于意大利的瑞吉欧·艾米莉亚，是早期教育思想的奠基者之一，同时也是瑞吉欧·艾米莉亚早期教育的代表人物。他是瑞吉欧·艾米莉亚地区重建教育并且设立市属幼儿园（3—6 岁）和托育中心（0—3 岁）的中坚力量。他用他的"一百种语言"理论倡导大家倾听儿童的想法。他的理论强调所有儿童都具有潜力、资源和智慧。

瑞吉欧哲学的基础是：儿童是有潜力、坚强、有力和能干的个体。洛里斯·马拉古齐将儿童视作积极、坚强和有力的人。马拉古齐（Malaguzzi，1994）和他的同事里纳尔迪（Rinaldi，1995）都在儿童认知发展理论的基础上形成了自己的思想。如上所述，他们特别强调维果茨基的观点，即知识不是被儿童采用的，而是由儿童在学习过程中，通过与比自己更成熟或更有经验的同龄人、成人和社会交流互动而建构出来的。

马拉古齐教学法中的关键因素包括：

- 瑞吉欧·艾米莉亚幼儿园的工作哲学——儿童和教育者通过经验而不是学习内容获得知识；
- 与家庭和社区合作；
- 社区和公民；
- 物质环境为学习提供动力和空间；
- 运用光、镜子和艺术品；
- 用有创意的方式庆祝儿童的工作；
- 关系、好奇心和沟通的重要性；

- 社会文化背景对于学习的重要性；
- 受杜威、布朗芬布伦纳和维果茨基理论的影响；
- 受布鲁纳和加德纳的研究和理论的影响。

教学记录的作用

教学记录通过记录儿童的体验和学习活动，使儿童的学习变得"看得见"。记录过程还可以让那些对儿童、教师和家长有意义的证据显现出来，从而成为教师与教师、教师与外部专业人员（如健康随访员、语言治疗师、理疗师或语言老师）讨论和对话的素材。

教学记录可以加强我们对个体儿童各方面发展和学习的理解。因此，教学记录既是过程，也是经验的呈现。经验即一系列活动、作品和方案，伴随着可视化的对话、描述和行为。

通过对教学实践背后的社会文化观点的思考，教师和研究者可以反思和评价本章所倡导的教学实践。通过对记录的理解，通过成人之间的对话，以及在幼儿园中创设倾听的文化，可以加强自我评价和反思性实践。

对于早期教育与保育工作者而言，这是专业发展的一部分。除了将教学记录用于反思儿童的学习外，还可以将教学记录用作自身学习的工具和反思实践的工具，从而获得专业发展。早期教育与保育工作者能够陈述自己的理念和教学法，不仅仅是出于问责的要求，对儿童的福祉和全面发展也是至关重要的。它会使他们有能力表达自己对教与学关系的理解，从而提高实践的质量。例如，与儿童游戏教学法相关的研究发现，教师在表达自己的游戏观和陈述游戏理论时并不总是很自信（Goouch，2008）。因此，教师应该通过反思充分理解并改进自己的实践。

卡尔（Carr）用"可供性"（affordance）这一概念去描述学习者和早期服务机构之间的关系（2001）。可供性是指：

- 环境中可感知的和实际存在的资源（人、物品、作品和工具）；
- 这些资源是如何被使用的；
- 这些资源还可能有什么用途；
- 这些资源如何促进和阻碍学习。

桑顿和布伦顿（Thornton and Brunton）认为瑞吉欧·艾米莉亚教学法的哲学基础是：应该为儿童提供具有"高可供性"的智力资源，激发儿童的学习（2007）。

案例分析

访问瑞吉欧·艾米莉亚

2004 年访问瑞吉欧·艾米莉亚的幼儿园时，确实感到幼儿园提供给儿童使用的材料和资源具有很高的质量，幼儿园的环境也非常美观。在幼儿园的各个区域都能看到记录的明显证据，如在托班，儿童的年龄特征得到了很好的体现。墙上的展示区都位于小小孩和刚会走路的儿童的视线水平上。展示区通过照片和文本（和对话），记录了一系列活动的过程，例如儿童从游戏开始到游戏结束时的探索、回应和建构。另一个例子是婴儿玩"百宝箱"游戏，只是这些百宝箱还另有柜子，增加了婴儿探索和操作的好奇心。在某种程度上，这些展示让我了解到这些工具和材料的用途，看到儿童如何使用它们，如何用它们来学习，以及留下了哪些回忆。

记录可谓对儿童活动的回忆，可以按照特定的时间顺序制作儿童的学习成长档案。

反思性任务

- 反思你所在的幼儿园，并尝试将瑞吉欧·艾米莉亚与英格兰的幼儿园进行比较。有什么相似之处？你能看到瑞吉欧·艾米莉亚对你所工作的幼儿园的影响吗？

儿童的声音：情境

绘画对儿童发展的重要性近数十年来已经得到了早期服务领域的专业认可。最近的研究文献记载了更偏重社会文化理论的方法（Coates，2002；Arizpe and Styles，2003；Anning and Ring，2004）。这些文献重申了绘画作为重要的表达方式和意义建构方式的作用。在下面这个案例中，儿童通过自己的绘画展示了叙事和自我表达的多层次性（见图 10.1）。

这个案例鼓励儿童画出他们感兴趣的事物，并讨论他们对那些兴趣或事物的感受，这种参与式的方法体现在教师与儿童之间的谈话上。这种方法可以为儿童和教师提供一个通过视觉图像而不只是通过言语进行交流的机会——不同于那种问答式的方法。两个方面的参与使儿童有了更多探索和表达自己思想、观念和感受的自由。

儿童的自我表达包含了他们的内心世界与对环境、经验和他人的回应。下面的儿童档案展现了儿童对自己的世界和自己感兴趣的事物的独特见解，以及他们的读写能力。儿童通过自己的生活体验和想象来表达和工作，体会故事中人物的情感和见识。这一切可以通过谈话、绘画和记号来实现，这些都有助于儿童外化他们的思想。绘画是创造符号来表示真实物体的第一步，是一种交际的方式（Pahl，1999）。克雷斯（Kress）认为社会符号理论可以作为解释的依据。他断言，书写是一种可以从视觉上做出解释的符号系统，儿童会观察到多种形式的图形表达（1997）。虽然这被认为和读写能力相关，但本质上与学习及意义建构相关，涉及儿童在更广泛的世界中叙述与交流经验时对文本、标志、符号和脚本的理解及使用能力。

对当前文化的研究和观察带来了一种新的认识：婴幼儿不可避免地在生活中积极运用一系列不同的交流方式，如看电视、玩电脑和手机等（Palaiologou，2014）。这种多元化的交流可以让儿童有更多机会展示自己的经验，而这些机会可以促进他们的行动、自我表达、想象和理解。这引起人们对知道的和感受到的事物（即认知和情感）之间一般性区别的思考，二者似乎是相互独立的两个过程。艾斯纳（Eisner）认为，二者相互作用，并且都是任何成功的教育体系不可或缺的部分（1982）。瑞吉欧·艾米莉亚的幼儿园所极力倡导的创造性媒介支持这一论点。例如，为了让学习变得可见，他们的倾听法和关系教学法被详细地记录下来。哈佛大学教育研究院与瑞吉欧·艾米莉亚托育中心合作进行的"零点项目"（Project Zero，2001）探索了跨文化的教学方法。让学习变得可见的记录通过多元化的媒介展示了儿童是如何主动学习的，包括儿童在与同伴共同进行的创造性工作和交流中的叙事性表达。

案例分析

儿童的声音

基于这一教学理念，借助使学习可见的记录，我重点关注了某幼儿园一年级（Year 1 of an infant's school）的一小组儿童，其中包括两名 5 岁男孩和两名 5 岁女孩。我和他们面对面坐在一间空教室里的桌子旁。这项活动的重点是了解他们的想法，尤其是了解进入这个新班级后什么让他们感到快乐。我感兴趣的是他们对自己目前体验的看法，因为去年我曾在预备班（reception class）中待了整整一个学期来观察他们。在与儿童对话后，我邀请他们进行绘画活动，这是他们熟悉的日常生活的一部分。有的儿童在这一研究过程开始前就曾经和我一起开展过活动，他们之前在预备班时也曾通过绘画和讲述的方式，向我表达他们的经验、思想和感受。

以下摘自我们的对话记录，可以让大家了解整个绘画过程中儿童的叙述。绘画过程中不要求儿童描述他们正在画什么，因为重点是他们在过程中的对话。儿童表现出很强的专注力，他们对彼此的言语做出回应，并且还会回答我的提问。

艾玛（EM）：我来问你，你觉得你的新班级怎么样？

比尔（Bill）：我觉得很开心，我喜欢新班级，因为我可以做更多的事情。原来的班上我们没有写之类的事情。在这里我们可以做更多的事情，我们喜欢新班级。

杰伊（Jay）：像写、算和讲故事这样的事情。

艾玛：我们是不是应该问李和莉莉为什么喜欢新班级？你们为什么觉得在新班级里很开心？

李（Lee）：我们可以画更多画。我们可以学到东西并且可以做家庭作业。

莉莉（Lilly）：在新班级里学习变难了，但我们仍然可以做到，所以我感到开心。

莉莉画了一座传统的英式房子，屋顶上的那个标志可能是烟囱。这座房子可能不是莉莉实际居住的房子的写照，但我们可以根据她把自己放在房子的中心位置来解释她的用意。房子看上去略微偏离画面的中心，位于花园的草坪上，草坪上有一朵花。花的比例和大小失真，说明了儿童知觉上的欠缺。这和大多数 5 岁儿童的发展水平相符（Matthews，1999）。这座房子上有两扇门和一些数字（可能是门上的配件）。房子上有 4 扇老式的玻璃窗，这种窗户虽然式样老，但人们在建造新房子时仍然会使用。房子上还用黑色块画了 7 个房间，房间画得和窗户有所区别。房子的中央画了一个人。这个人是莉莉，位于门的上方，脸上挂着笑容，披着独特的长直发。画面左侧的太阳也有一张笑脸。此外，画面上还有太阳发出的棕色小线条或光线。花朵上方天空中的乌云有黑色的尾巴，表明雨水从天而降。这可以理解为，即使太阳出来了，也有可能下雨（见图 10.1）。

图 10.1　"对位置的感知"

这幅画所使用的 6 种强烈色彩使得画面线条清晰，很有设计感。莉莉是一个有能力、有技巧的构图者，对自己在家里的位置有着清晰的认知。她选择将自己放在房子的中央。儿童地理概念的形成包含了他们身份认知的发展，是一个持续的过程，而不是一个静态的发展结果。儿童的绘画作品与定格照相似，每一幅画都反映了绘画的儿童的一个稍微不同的方面（Malchiodi，1998）。我可以实时看到莉莉的绘画过程，听到她的描述，这让我有了更加充分的了解。正画画的时候，莉莉抬起头，看了我一眼。她谈到了对这个小组的看法。她能够专注于自己的作品，并且能够轻松参与互动。

然后，我问了一个开放式的问题，以调查儿童对过渡至新班级的看法和感受。

艾玛：新班级的什么让你觉得很开心？

李：我们所有人的妈妈都可以在这里待一会儿，这样我们就能习惯新环境了。

杰伊：我们可以玩所有的东西。

莉莉：老师和妈妈告诉我们厕所在哪里。

比尔：在原来的班级时，我们不知道它在哪里，我们的妈妈现在告诉了我们它在哪里，所以我们现在知道了。

艾玛：进入新班级后，还有什么事情让你感到开心？

莉莉：我喜欢新班级，因为我可以和我的朋友在一起。

杰伊：我们看了一圈，发现了一些可以用来玩的东西。

艾玛：如果你不确定自己快乐不快乐，你会和谁说？

李：我们会和老师、朋友说。我们互相关心。我喜欢新班级，当他们对我很友善的时候。

莉莉：一起玩游戏可以让我开心。

艾玛：你可以把自己的感受画出来。

因此，正如本案例中所展示和讨论的，儿童的声音可以用不同的方式表现出来。同时，对话是教与学的核心部分，也是记录的基本准则。儿童的声音与他人的声音相互关联，因此在优质的早期服务机构中，成人和儿童通过反思自己的体验和学习，相互聆听，共同学习。

☁ 反思性任务

反思案例以及下面关于"保持共同思考"的定义。"保持共同思考"已被作为高质量早期教育与保育的指标之一，并且被纳入《教师标准（儿童早期）》（*Teacher Standards*）（*Early Years*）（NCTL，2013）。

"保持共同思考"是指两个或两个以上的人以理性的方式共同解决问题、澄清概念、评估活动或扩展讲述。双方都必须开动脑筋，并且必须促进理解和扩展认识。有效学前教育项目发现，当儿童一对一地与成人或同伴专注工作时，"保持共同思考"的情况更可能发生（Sylva et al.，2004）。

- 思考本案例中是否存在"保持共同思考"的时刻。
- 你能否设计和组织一次传递教学记录的理念的活动，并评估活动是否存在"保持共同思考"的情形？

学习故事

《新西兰早期教育课程指南》强调儿童选择材料、活动和自主学习的自由。该指南鼓励儿童：

成长为有能力、有自信的学习者和沟通者，拥有健康的思想、身体和精神，因为有归属感而感到安全，并知道自己为社会做出了宝贵的贡献。（Te

Whāriki，1996）。

这一课程指南建立在儿童的兴趣和意愿基础上（Tyler，2002）。与《指南》相似，《新西兰早期教育课程指南》也制定了一些用于指导儿童的原则。

- 赋权是课程的核心。儿童是发展和学习的主人。
- 儿童是一个"整体"，需要全面发展。需要强调的是，儿童的学习是整体的，不仅包含身体、社会性、情感和认知发展，还要综合考虑儿童所处环境的文化背景和精神面貌。
- 家庭和社区——与《指南》要求建立与更广泛的家庭和社区环境之间的伙伴关系相似，家庭和社区也是新西兰早期教育课程的一个组成部分。
- 关系——儿童与同龄人、成人以及真实物体之间的相互作用可以促进学习。
  （Palaiologou，2012）

与瑞吉欧·艾米莉亚课程相似，新西兰早期教育课程也采用项目法，所有阶段的活动都会被记录下来（参见第 24 章中的案例分析），其中包含了儿童及儿童之间对话的片段，展示了儿童正在学习的概念及知识。

卡尔等人解释说，《新西兰早期教育课程指南》中的记录提供学习的证据，而不仅仅是学习的结果。卡尔（Carr，1999，2001）、卡尔和李（Carr and Lee，2012）的研究创建了一种在课程中的评价模式。《新西兰早期教育课程指南》是能让人保持对差异性的敏感、更认可差异性的多元文化范例。学习故事中的 4 种评价方式有助于监测儿童的学习和全面发展。它们分别是：

- 描述；
- 记录；
- 讨论；
- 决策。

学习故事的重点不是儿童的成就，也不是儿童与《新西兰早期教育课程指南》相关的发展，而是重要性格的培养，记录主要关注儿童是否或能够：

- 表现出兴趣；

- 应对变化和差异；

- 将环境和经验联系在一起；

- 发现新事物；

- 练习旧事物；

- 解决困难；

- 发展与成人的关系；

- 发展与同伴的关系；

- 承担责任。（Carr，1999：15）

并非所有的评价都会被记录下来。早期教育与保育工作者将会形成他们的记录程序，共同决定记录过程包含什么内容以及为什么要包含这些内容。其中最重要的因素是儿童和家长通过与教师的对话积极地为学习故事添砖加瓦，从而让儿童与他人之间建立联系，体验他人对儿童的尊重和倾听。教师通过多种方式鼓励儿童表达自己的声音、思想和想法。

案例分析

学习故事：与家长合作

萨莉·霍华德　尼瑞·尼科尔森　克里斯·威廉森

在某幼儿园，一位教师和她的同事们为每一名儿童创建了一本"回忆本"，他们从一系列已收集到的证据中选出一些事例来，然后再看哪些是最让儿童引以为傲的。与儿童讨论他们的学习和兴趣有助于教师从儿童的角度真正了解和理解事物，这些信息具有前馈效应（feed-forward），有助于教师调整儿童的学习经验，满足儿童的需求。由于儿童已经能够与人谈论自己感兴趣的事情，这种一对一的机会为教师提供了洞察儿童家庭环境的机会，也为儿童提供了一个分享自己顾虑的机会。

儿童和教师一起剪贴出"回忆本"，并且为家长留出空间，让他们补充信息。这是一个用来添加家长或其他照看者与儿童之间日常对话的交流工具。每几个星期让儿童带一张大纸回家，上面印着一个云朵（骄傲云朵），写着"因为……，我为我的孩子感到骄傲"，通过这种方式邀请家长反思儿童的进步（并且让儿童知道），同时在"回忆本"某一页表格上写下对儿童具体的表扬。这些回忆可以包括儿童在幼儿园中或在家中创作的照片或作品，也可以包括教师备注的"儿童的声音"。"回忆本"需要时间来制作。它们是关于儿童的，需要他们剪一剪，贴一贴，并说明自己为什么选择那些内容。"回忆本"可以让儿童和家长一起分享他们的学习历程，并且用来庆祝自己的学习成就，其重点不是把学习成就作为一种产品来进行评价。

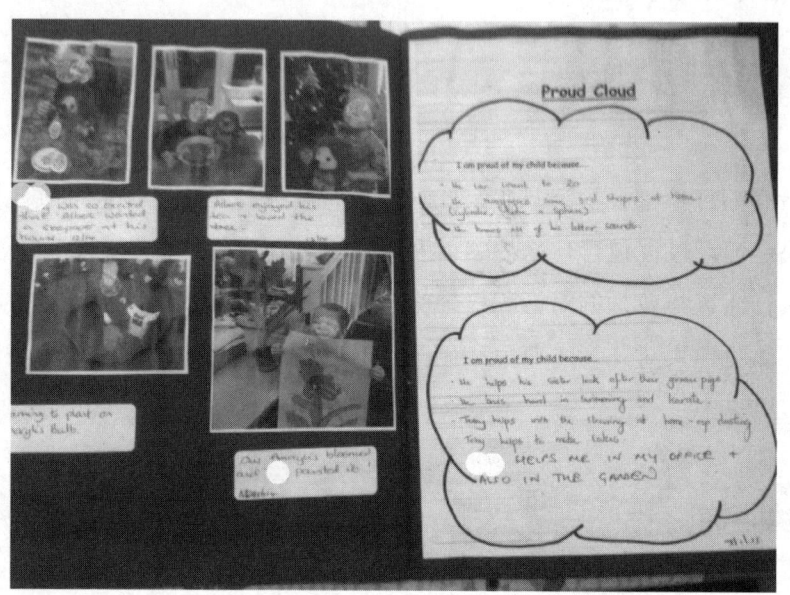

图 10.2　骄傲云朵

在图 10.2 的例子中，家长在"骄傲云朵""因为……，我为我的孩子感到骄傲"下添加了内容：

- 他可以数到 20；
- 他认识一些三维形状（圆柱体、立方体和球体）；
- 他知道所有字母的发音；
- 他帮助妹妹照顾荷兰猪；
- 他努力学习游泳和空手道；
- 他帮助我们打扫房间；
- 他帮助我们做蛋糕；
- 他既是我的办公小助手，又是我的园艺小助手。

倾听儿童：马赛克教学法

受学习故事的启发，克拉克和莫斯（Clark and Moss）在英格兰引进了一种具有文化适宜性的方法，称为"马赛克教学法"，用于对儿童进行评价和研究，同时因其参与式的方法让儿童青少年得以发出自己的声音（2001）。这种方法可以通过声音、语言、视觉和象征性的表达（如图画和照片）来实现。马赛克方法涉及信息的收集和解释两个方面：首先是儿童和成人收集记录样本，其次整理信息进行对话、解释和反思。这为儿童提供了一个媒介，让他们参与持续的拼马赛克的过程，并与成人对话，讨论这些马赛克是如何促进他们的自我表达的。

列维斯的《参与度和幸福度量表》

比利时鲁汶大学（University of Leuven，Belgium）的费雷·列维斯（Ferre Laevers）于 1976 年引入了《参与度和幸福度量表》。这一工具是体验教育研究中心（Research Centre for Experiential Education）开发的，其目的是通过量表来监测儿童参加活动时的情况以及他们的幸福感。这一方法有赖于对儿童的持续监测，有助于教师识别需要额外关注的儿童。由于《指南》旨在帮助儿童实现《每个孩子都重要》中的 5 项成就，所以这一量表因为关注儿童的幸福度和参与度而得到广泛应用。当然它也有助于识别儿童对早期干预的需求。该量表：

- 可以作为早期服务机构自我评估的工具；
- 注重质量，考虑到儿童及其在早期服务机构中的经验；
- 能确保早期教育与保育具有适宜性。（Laevers，2005）

在使用量表收集有关儿童的信息之后，教师就可以识别儿童的优势和不足了。量表所获得的结果有助于他们为儿童的发展创造最佳条件。这一过程包含 3 个步骤：

- 第一步，评估实际幸福感和参与度；
- 第二步，对观察结果进行分析；
- 第三步，选择一定方法并加以落实，提高早期服务机构的实践质量。

列维斯声称，这种评价儿童的方法可能会引发早期服务机构和教师专业发展的重大变化。

通过这一过程，（教师）学会从儿童的视角看问题，并因此为儿童的社会性、情感和认知发展创造最佳条件。（Laevers，2005：5）

如《指南》所建议的那样，每个发展领域都应有评价量表，因此列维斯的量表广受欢迎也就不难理解了。

案例分析

教师利用列维斯《参与度和幸福度量表》进行的观察

本案例体现了教师对儿童情感和社会性发展的重视，还介绍了如何使用特定测量工具去识别儿童的学习成果。教师在使用法定的《奠基阶段早期学习目标和档案》（*Foundation Stage Early Learning Goals and Profiles*）（DfE，2014；Early Education，2012）的同时，使用了列维斯的《参与度和幸福度量表》。下面的案例表明了日托中心托班教师使用该量表进行观察时究竟在找寻什么。

乔治（George）两岁，在日托班上全天，他对班级环境很熟悉。班里有大型开放区域，也包含特定的游戏区或兴趣区；儿童可以在里面自由活动。教师玛丽（Mary）说："乔治的参与度较高，很专注。乔治对书有浓厚的兴趣，动机十足且非常着迷，显然他很享受探索。"

"乔治花了很长时间（大约 7 分钟）翻书，并不止一次地仔细观察图片。我以前从未见过他能集中注意力这么久！乔治很放松，能够自己做选择，会连续翻页，看上去有一种幸福感。"

这与列维斯"幸福和参与是过程变量"的论点是一致的。

二者都是过程变量，因为它们告诉我们儿童在班上的情况。参与是过程的另一种特质：参与者发现自己处于某种特定状态，这种状态的特点包括注意力集中，有强烈的体验和内在驱动力，精力充沛，有与探究动机相关的高度满足感。（Laevers，2005：6）

教师玛丽觉察到乔治在自发游戏过程中所体验到的总体幸福感。数据支持这样一个观点，即当儿童表现出强参与性时，他们的学习将处于较高水平（Howard，2010）。

幼儿园通过观察儿童、反思实践以及对照落实《奠基阶段早期学习目标和档案》和教育标准局要求，设计并实施可以根据实践情况不断修订的回应性课程。幼儿园的做法显得更加重点突出，因为它看上去更加灵活，不受评价儿童发展结果的量表或测量的限制。从文化的角度看，这一点很重要，因为儿童的多样性要求教师敏感地做出回应，并为儿童设计一个能够促进他们与成人之间关系、满足独特需求的学习环境。有人也许会说，这对任何教育阶段的学习都重要，但是这确实对儿童早期尤为重要。

☁ **反思性任务**

- 在学完本章后，反思各方法的相似之处，并思考：虽然方法有所不同，但它们是如何让我们更全面地了解怎样运用有效的记录，并以一种敏感且具有文化适宜性的方式支持儿童的全面发展和学习？

本章小结

　　本章旨在讨论观察儿童和记录儿童发展的有效方法。评价（如本章开头和第 9 章所提到的）是《指南》的法定要求，并且分两个阶段进行。在《指南》中，记录要以正式的方式进行。本章还介绍了其他一些记录和评价的方法，这些方法注重于使用更正式的形式，强调儿童的全面发展。本章讨论了瑞吉欧·艾米莉亚教学记录、马赛克方法、学习故事，最后还讨论了列维斯的量表。尽管这些方法在它们所实施的文化背景下是有效的，但重要的是，我们不仅要借鉴来自其他文化的实践和案例，更要研发符合我们社会和儿童需要的具有文化适宜性的方法。在研究其他评价和记录方法时，重要的是：反思我们的实践，思考我们记录的目的及其在多大程度上反映了儿童；让儿童有机会对这一过程提供信息；安排时间与同事探讨如何解释这些材料。最后，我们需要反思我们的评价过程在多大程度上吸纳了各种声音，并为创造倾听文化提供可能性。

识记要点

教学记录可以帮助早期服务从业者：

- 引导儿童参与记录过程；
- 通过有意义的对话鼓励儿童表达；
- 为儿童创造符号表征和创意表达的条件（瑞吉欧）；
- 创造"倾听"文化（儿童的百种语言）。

学习故事可以帮助早期服务从业者：

- 了解儿童的已有知识和兴趣；
- 与儿童共同构建学习计划和经验；
- 鼓励儿童参与记录自己的学习和全面发展。

评价儿童的参与和幸福水平有助于早期服务从业者：

- 考虑儿童的幸福度和参与度，因为它们指向儿童的学习和发展；
- 评估环境与体验式学习的质量和过程。

讨论话题

- 如何搭建"脚手架"以支持儿童与你之间的谈话？
- 你使用哪种记录系统？为什么？（它是如何帮助你理解儿童的表征和经验的？）
- 你会如何向更多的人（如同事和家长）展示你的记录？

拓展阅读

书

Carr, M. and Lee, W. (2012) *Learning Stories: Constructing Learner Identities in Early Education.* London: Sage.

Clark, A. and Moss, P. (2001) *Listening to Young Children: The Mosaic Approach.* London: National Children's Bureau.

Clark, A., Moss, P. and Kjorholt, A. T. (eds) (2005) *Beyond Listening to Children: Children's Perspectives on Early Childhood Services.* Bristol: The Policy Press.

Edwards, C., Gandini, L. and Forman, G. (eds) *The Hundred Languages of Children : The Reggio Emilia Experience in Transformation*, 3rd edn. California: Praeger.

文章

Coates, E. (2002 '"I Forgot the Sky!" Children's stories contained within their drawings', *International Journal of Early Years Education,* 10 (1): 21–35.

Soler, J. and Miller, L. (2003) 'The struggle for early childhood curricula: a comparison of the English Foundation Stage curriculum, Te Whaāriki and Reggio Emilia', *International Journal of Early Years Education*, 14 (2): 127–140.

参考文献

Anning, A. and Ring, K. (2004) *Making Sense of Children's Drawings*. Maidenhead: McGraw-Hill: Open University Press.

Arizpe, E. and Styles, M. (2003) *Children Reading Pictures Interpreting Visual Texts*. London. Routledge Falmer.

Bruner, J. (1986) *Actual Minds, Possible Worlds*. Cambridge, MA: Harvard University Press.

Carr, M. (1999) *Learning and Teaching Stories: New Approaches to Assessment and Evaluation*. www.aare.edu.au/99pap/pod99298.htm (accessed December 2007).

Carr, M. (2001) *Assessment in Early Childhood Settings: Learning Stories*. London: Paul Chapman Publishing.

Carr, M., Smith, A. B., Duncan, J., Jones, C., Lee, W. and Marshall, K. (2010) *Learning in the Making: Disposition and Design in Early Education*. Sense Publishers: Rotterdam and New York.

Carr, M. and Lee, W. (2012) *Learning Stories: Constructing Learner Identities in Early Education*. London: Sage.

Clark, A. and Moss, P. (2001) *Listening to Young Children: The Mosaic Approach*. London: National Children's Bureau.

Coates, E. (2002 "'I Forgot the Sky!" Children's stories contained within their drawings', *International Journal of Early Years Education*, 10 (1): 21–35.

DfE (Department for Education) (2014) *Statutory Framework for the Early Years Foundation Stage: Setting the Standards for Learning, Development and Care for Children from Birth to Five*. Available at: www.foundationyears.org.uk/files/2014/07/EYFS_framework_from_1_September_2014__with_clarification_note.pdf (accessed 21 September 2015).

Early Education (2012) *Development Matters in the Early Years Foundation* Stage (EYFS). London: Early Education.

Eisner, E. W. (1982) *Cognition and the Curriculum*. New York. London Longman.

Goouch, K. (2008) 'Understanding playful pedagogies, play narratives and play spaces', *Early Years*, 28 (1): 93–102.

Howard, J. (2010) 'Making the most of play in the early years: understanding and building on children's perceptions', In P. Broadhead, J. Howard and E. Wood (eds) *Play and Learning in Early Childhood: Research into Practice*. London: Sage.

Kress, G. (1997) *Before Writing: Rethinking Pathways to Literacy*. London: Routledge.

Laevers, F. (ed.) (2005) *Well-being and Involvement in Care Settings: A Process-Oriented Education Instrument*. Brussels: Kind and Gezint/Research Centre for Experiential Education.

Malaguzzi, L. (1993) 'For an education based on relationship', *Young Children*, 11: 9–13.

Malaguzzi, L. (1994) 'Your image of the child: Where teaching begins'. *Early Childhood Educational Exchange*, 96, 52–61.

Malchiodi, C. A. (1998) *Understanding Children's Drawings*. New York: Guilford Press.

Matthews. J. (1999) *The Art of Childhood and Adolescence. The Construction of Meaning*. London: Routledge Falmer.

NCTL (National College for Teaching and Leadership) (2013) *Teacher's Standards (Early Years)*. Available from: www.gov.uk/government/publications.

Pahl, K. (1999) *Transformations: Meaning Making in Nursery Education*. Stoke: Trentham Books.

Palaiologou, I. (ed) (2012) *Ethical Practice in Early Childhood*. London: Sage.

Palaiologou, I. (2014) 'Children under five and digital technologies: implications for Early Years Pedagogy', *European Early Childhood Education Research Journal*, DOI:10.1080/135029 3X.2014.929876.

Project Zero (2001) Available at: http://www.pz.harvard.edu/ (accessed 29 January 2016).

Rinaldi, C. (1995) 'The emergent curriculum and the social constructivism: an interview with Lella Candini', in C. Edwards, L. Cangini and G. Forman (Eds) *The Hundred Languages of Children: the Reggio Emilia Approach to Early Childhood Education*. Norwood NJ: Ablex Publishing, pp. 233–246.

Rinaldi, C. (2006) *In Dialogue with Reggio Emilia: Listening, Researching and Learning*. Abingdon: Routledge.

Rogoff, B. (2003) *The Cultural Nature of Human Development*. New York: Oxford University Press.

Sylva, K., Melhuish, E., Sammons, P., Siraj-Blatchford, I. and Taggart, B. (2004) *The Effective Provision of Pre-School Education (EPPE) Project. Effective Pre-School Education: A Longitudinal Study funded by the DfES 1997–2004*. London: Department for Education and Skills.

Te Whāriki (1996) 'Early Childhood Curriculum'. New Zealand Ministry of Education. Wellington. New Zealand. Learning Media Ltd.

Thornton, L. and Brunton, P. (2007) *Bringing the Reggio Approach to Your Early Years Practice*. Abingdon: Routledge.

Tyler, J. (2002) *Te Whāriki: The New Zealand Curriculum Framework*. Available at: http://www. worldforumfoundation.org/wf/presentations/index.php?p=2002_tyler (accessed 5 July 2015).

Vygotsky, L. (1978) *Mind in Society: The Development of Higher Psychological Processes*. Cambridge, MA: Harvard University Press.

第11章

有效过渡

安吉·哈钦森　　约安娜·帕拉约洛戈

本章概览

儿童的成长过程充满变化，如身体的变化、家庭状况的改变，以及从家庭进入游戏小组或幼儿园、从幼儿园升入小学的变化。所有这些变化都可以被视作过渡。英国有效学前教育项目认为，儿童在生命最初几年事实上经历了许多过渡，主要包括两种类型的过渡：横向性过渡和纵向性过渡（Sylva et al., 2003）。传统上，从家到学校被视为儿童生活中最重要的过渡。然而，现在人们意识到，儿童在生活中也会进行纵向性过渡，例如从自己家到有家庭成员陪伴的游戏小组。随着越来越多双职工家庭的出现，儿童需要从自己家转移到祖父母家或半日制幼儿园、游戏小组、托儿所。

《指南》很关注入学准备。早期服务机构和学校应该为儿童提供有丰富经验并能激发学习的环境。

《指南》目前对儿童的期望是在 3 个主要领域做好入学准备：个性、社会性和情绪发展，沟通和语言，身体发展。《指南》还介绍了两岁综合评价，该评价由教师实施，以尽早识别儿童的学习和发展需求。儿童转学时，新的机构会收到综合评价概述。此外，早期奠基阶段发展档案还会提供一份报告，旨在告知预备班教师"与一年级教师沟通每一名儿童发展阶段和学习需求的对话内容，并协助教师制订学前班的活动计划"（DfE, 2014: 14）。

为给儿童生活提供一个有效和坚实的基础，教师有必要了解过渡对儿童生活的重要性并努力帮助儿童适应这些过渡。早期服务机构和学校在早期奠基阶段和学前班使用一致的教育方式非常重要。早期奠基阶段的顺利过渡对于儿童具有重要的意义，有利于儿童的发展。本章介绍了与过渡相关的关键问题，并讨论了相关的理论观点，帮助读者理解过渡及其对教育教学实践的影响。

本章旨在帮助读者：

- 了解与过渡相关的理论；
- 了解过渡对儿童健康和发展的影响；
- 研究如何进行有效过渡。

理解过渡：理论视角

儿童会经历多次过渡，如从家庭到早期服务机构、从早期服务机构到学校的外部过渡，或一些内在的过渡，如生长发育和身体发生的变化。过渡是一个复杂的概念，因为它不仅限于物理位置的变化。戈尔戈里奥（Gorgorio）等人认为，过渡

> ……并非某一个时刻的变化，而是对变化的体验，在不同情境下非连续性的生存状态。……在我们的理解中，"过渡"是复数。"过渡"源于个体生存、应对和参与不同的环境、面对不同的挑战并从变化中获利的需求。过渡包含适应新社会和文化经验的过程。（2002：24）

一些理论家研究了过渡的概念及其对儿童生活的影响。例如，詹姆斯（James）讨论了与自我和自我认同相关的过渡（个体心理和发展变化的内部过渡）（1980），而埃里克森（Erikson）则讨论了从一个地方到另一个地方的物理运动（外部过渡）（1975）。皮亚杰将过渡与认知发展联系起来，并指出过渡使儿童处于一种不平衡的状态，这种状态可能会对他们的发展产生影响（1976）。维果茨基认为，儿童通过与他们所处的社会环境相互作用来建构知识，儿童受到环境中文化、信仰和价值观的影响（Vygotsky，1978）。从这个意义上说，过渡可以被看作一个过程，在这个过程中，儿童试图理解他们所处的世界和社会。

布朗芬布伦纳从生态学角度研究过渡，将过渡定义为"人类生态环境的变化"，认为这种过渡带来了人自我认同和社会认同的改变、物理空间的变化，或二者兼而有之（Bronfenbrenner，1979）。他提出了"系统"的概念，即我们生活中进入或者走出的各个层次。例如，他提出，在儿童生活的微观系统（家庭、游戏小组或托儿所）中有着各种各样的过渡，这些过渡都影响着儿童。布朗芬布伦纳强调，为了儿童的福祉，系统之间相互联系非常必要。

> 早期服务机构的发展潜力随着其与其他机构（如家庭）之间支持性联系的增加而增加。因此，最不利于儿童发展的情形是，中间系统薄弱，补充性的联系不具有支持性甚至完全缺失。（1979：215）

因此，对于布朗芬布伦纳来说，儿童从家庭到幼儿园或预备班，不仅意味着他/她所处的环境层次的变化，同样也意味着身份从"儿童"变成了"学生"。从这个意义上说，教师应该明白，为了能有效地照顾儿童，他们需要确保能提供一个既关注儿童内心变化又关注儿童外在变化的环境。

布鲁克（Brooker）扩展了布朗芬布伦纳的研究，并考察了文化在过渡中的作用（2002）。她研究了儿童、家长和教师在社会阶层、文化、宗教、语言等宏观系统方面的经验。她发现，儿童不得不调整自己以适应学校生活、课堂、规则、沟通和互动规范，同时他们的家庭和课堂生活之间可能存在某种不平衡。她提供的一个典型例子是，一些家长可能会建议自己的孩子在课堂上听教师的话，但这可能与教师希望儿童独立和自主学习的目标有直接的冲突。

在早期的一项研究中，比奇（Beach）试图调查人们如何成功地将知识和技能从一个情境迁移到另一个情境（1999）：假如儿童在学校识字时采取某些策略，如自然拼读法，他是否会在家中或现实生活中使用相同的策略进行有效的阅读。他认为，从某种意义上说，过渡会带来结果（consequential），因为过渡对个体及其所处的社会情境有影响。他提出，过渡是"一种有意识的反思，以一种对个体变成新人或获得新发展具有重要意义的方式重建知识、技能和身份"（Beach，1999：30）。他的研究试图理解过渡的内部和外部冲突。

- 横向性过渡（Lateral Transitions）涉及两个活动之间的移动（例如从幼儿园到预备班）。在横向性过渡中，人们用一种活动（预备班）取代另一种活动（幼儿园），这带来了发展。

- 并行性过渡（Collateral Transitions）是指一个人同时参与两个或两个以上的相关活动，如幼儿园要求儿童进行不同的活动。这种过渡不带来发展。

- 包含性过渡（Encompassing Transitions）发生于某一变化的活动之中，个体为了参加活动必须调整自我。例如，角色扮演过程中临时改变游戏，则游戏中的个体不得不适应变化，否则无法参与新出现的活动。

- 调节性过渡（Mediational Transitions）主要与教育活动相关。例如，我们让儿童玩邮局游戏，让他们在还不能真正拥有金钱的年龄进行货币交换。我们也可以看到男孩们的调节性过渡，例如他们假装拿着枪支玩战争游戏，因为在现实生活中他们不被允许持有枪（这种情况在希腊的幼儿园特别常见，因为该国对 18 岁男性有强制服兵役的要求）。我们还会看见女孩们假装穿高跟鞋或化妆。

比奇关于过渡的研究对早期教育与保育有许多启示。教师应该为儿童创造一个学习环境，让他们有效地做好从家庭到幼儿园和从幼儿园到家庭过渡的准备，同时也有效地做好在不同活动之间过渡的准备。"调节性过渡"这一概念也使儿童得以在安全的环境中体验真实情境。

比奇的研究表明，过渡是一种"努力"，但同时他发现过渡有可能"改变一个人的自我意识"（Beach，1999：114）。埃万耶卢（Evangelou）等人进一步提出，成功的过渡可以通过提高自信心和自尊心来改变儿童的自我意识（Evangelou et al.，2008）。然而，人一生中的变化所带来的不确定性和焦虑可能会制造一系列问题。兹顿（Zittoun）将过渡过程中可能出现的问题称为"断裂"（rupture）（2006）。他描述了由于过渡而可能发生的 3 种类型的"断裂"：

- 战争、地震或洪水等自然灾害带来的文化情境的变化，或给人生带来激变的技术变革，这种类型的断裂可以从经历过战争或家长暴力死亡的儿童身上看到；

- 一个人经验范围的改变，如移民、搬家或转学；

- 关系或互动的变化，如生活里新出现一个主要照看者，教师或朋友离开，搬到另一个城市，父母离异或者过世。

兹顿关于过渡中的"断裂"的观点对早期服务机构很有启发，因为我们可以看出，儿童的生活可能是复杂的，过渡的确会带来可能影响儿童生活的变化。理解与过渡相关的各种理论具有重要的意义，有助于我们了解社会环境和文化环境的作用，让我们愿意投入时间和精力去实施"个性化、灵活、全面、多层次和持续的能体现个体差异的支持"（Crafter and Maunder，2012：16）。

案例分析

索菲娜图（Saffinatu）从塞拉利昂搬到英格兰

索菲娜图4岁，她和妈妈一起从塞拉利昂搬到了英格兰。她的爸爸因为疟疾死了，所以妈妈移居英格兰，和她的娘家人一起生活。索菲娜图的妈妈在一家保洁公司工作，所以索菲娜图每天从早上8：00到下午3：30都待在园里。她刚入园时不会说英语，也缺乏与其他儿童交流的信心。教师观察到她在其他成年人（如其他儿童的家长）面前显得很忧伤，每次有工作人员和她交谈时也显得很焦虑。

幼儿园与0—5岁儿童综合支持服务机构（Integrated Child Support Service 0–5，简称 ICSS）合作，针对索菲娜图制订过渡计划。

教师们制订了一项计划，帮助索菲娜图达到早期奠基阶段发展档案中的良好水平。他们还落实《0—5岁儿童综合支持服务的过渡方案》（*Integrated Child Support Service 0-5 component Transition Protocol*），并制定了《伦敦南华克过渡和评价记录》（*Southwark Transition and Assessment Record*，简称 STAR）。

索菲娜图的过渡计划概要

目标1：鼓励与母亲及其大家庭以及儿童服务团队（Team Around the Child，TAC）进行功能性交流，反思怎样才能最好地促进索菲娜图在各个主要领域（个性、社会性和情绪，沟通和语言，身体发展）的发展。

目标2：熟悉她的文化、语言、生活环境。优先建立与母亲及其大家庭的关系，以便他们能积极参与。鼓励家访。

目标3：儿童服务团队为索菲娜图及其家人提供心理支持。教师为索菲娜图创设一个让她有归属感的环境，提供熟悉的玩具、食物和照片等。

目标4：鼓励索菲娜图参与室内外活动和游戏。

教师还根据生态和动态模式（Ecological and Dynamic Model）《准备入学框架》

（*Ready School Framework*）（需要更多信息请参见：Pianta and Walsh，1996；Pianta et al.，1999）制定了以下行动步骤。

步骤 1：鼓励幼儿园通过家访与家庭之间建立密切联系。

步骤 2：建立起儿童所熟悉的环境之间的联系，如果可能的话，保持机构和家庭在活动或其他方面的关联性和持续性。

步骤 3：给儿童提供足够的时间以适应新的环境。

教师们决定使用生态和动态模式，因为这一模式提供了一个框架，允许许多机构合作，让一些外部人员（如心理学家、社会工作者和健康随访员）在过渡过程中进行多个层面的工作。

☁ 反思性任务

- 对索菲娜图的案例进行反思。使用布朗芬布伦纳的生态学理论解释过渡，需要讨论索菲娜图正在经历的内在和外在变化。反思兹顿的"断裂"类型，在索菲娜图的生活中，你能找到哪些类型的"断裂"？

依恋与过渡

你将在第 19 章中看到鲍尔比提出的依恋理论对早期教育与保育的影响（Bowlby，1969）。依恋是婴儿和家长或照看者之间建立关系的过程，依恋会产生情感的联系。鲍尔比指出，婴儿会表现出陌生人焦虑，一种对不熟悉的人或不熟悉的情况的恐惧，它通常会带来压力（Bowlby，1969）。他们在 6 个月大的时候还会表现出分离焦虑。这是一种对与照看者分离的恐惧（Vondra and Barnett，1999）。当父母或照看者离开时，婴儿会感到不安，这可能又会给他们带来压力。为婴幼儿提供服务的早期服务从业者对儿童刚进入不熟悉的机构时表现出的这种压力信号是很熟悉的。他们通常会发现，对于那些焦虑、紧张和感到困扰的儿童而言，在真正平静下来之前的最初几个星期是最艰难和最具挑战的。

鲍尔比（Bowlby，1960，1969，1973，1980，1999，2005）和安斯沃思（Ainsworth，1969，1979，1985，1989；Ainsworth and Bell，1970；Ainsworth and Bowlby，1991；

Ainsworth et al.，1971a，1971b，1978）提出的依恋理论在儿童情绪发展理论中具有主导的地位。所有的这些依恋研究都提出，婴儿出生后，按"先天预设"与母亲/照看者建立亲密关系。这一关系便是依恋。鲍尔比和安斯沃思的理论影响了人们对儿童与母亲及照看者之间关系的认识。鲍尔比和安斯沃思都详细描述了依恋的各个阶段以及母亲（或照看者）与婴儿之间关系形成的过程。他们还讨论了儿童与母亲/照看者分离的后果。

鲍尔比提出了依恋发展的 4 个主要阶段（Bowlby，1969）。首先，婴儿在从出生到 2 个月大时处于"定向"阶段，他们在这一阶段表现出对社会性刺激如抓握、微笑和咿呀学语的定向。当婴儿被抱起、看到人脸或听到熟悉的声音时，他们会停止哭泣。当婴儿靠近陪伴者或他人（主要指家长或照看者）时，这些定向行为会增加——虽然婴儿还不能将这个人与其他的人区分开，比如，他们还不能区分母亲和父亲。儿童的辨别能力大约从 4 周大时开始发展，如他们会仔细倾听母亲的声音。大约 10 周大的时候，"定向"就很明显了：婴儿可以辨认母亲的脸并对她微笑。

其次，婴儿在 3—6 个月大时，就可以对一个或多个不同的"形象"进行定向了。据观察，稍大的婴儿会对自己的主要照看者进行定向。

再次，婴儿在 6—30 个月大时，对他人的反应能力增加，包括能视觉追随母亲离去，欢迎她回来，并把她作为探究的基地（base for exploration）。这一年龄段的婴儿对陌生人小心谨慎，并可能通过大哭来表示自己的警惕或退缩。

最后，儿童在 24—48 个月大时，开始理解母亲的情感和意图，因此产生了合作性互动和伙伴关系（Bowlby，1969）。

依恋理论的重要之处在于：

> *儿童应该与母亲（或长期的母亲替代角色）建立温暖、亲密、持续的关系，在这种关系中他们能获得满足和享受。*（Bowlby，1951b：13）

依恋理论已经证明，从家庭到学校的过渡以及与母亲/照看者的分离是儿童的一段情绪发展旅程。因此，早期教育与保育机构应创设这样的环境，在承认儿童丧失对母亲/照看者的"依恋"后，为儿童提供足够的时间去适应从家庭到机构的环境变化。机构应该为儿童营造一个温暖的环境，让儿童有归属感。鼓励儿童带家人的照片或者在墙面上展示儿童的家庭生活照片等，对儿童具有安抚的作用。在儿童从家庭过渡到早期服务机构之前，一些机构会把一本小册子《关于我的一切》交给家长，让他们在家里填好，并在开学第一天带到机构。这种活动能让家长参与过渡（这个接下来会有进一步的讨论），并且能为教师提供儿童的信息，便于教师做好相关准备。例如，从业者可以根据小册子中的信息与儿童谈论其生活中的特殊人物、宠物或者喜好。在过渡时期尽早建立积极的关系是非常重要的，这样儿童能获得安全感和价值感。

> ☁ **反思性任务**
>
> - 反思比奇认为"过渡会带来结果"的理论，讨论在早期教育与保育中有哪些类型的过渡，并思考如何调动家庭、其他服务机构以及儿童的力量，共同面对过渡时期的复杂情况。

过渡物（Transitional objects）

温尼科特（Winnicott）的第一份工作是儿科医生。他尝试理解儿童如何在与父母建立情感纽带这一大背景下建立自我概念（1987，1995，2005）。他通过仔细观察家长与子女之间的关系，调查儿童是如何发展出健康的"真实的自己"（genuine self），而不是"虚假的自己"（false self）。

温尼科特使用"自己"（self）来描述"自我"（ego）和"自己作为一个客体"（self-as-object）。他用"真实的自己"和"虚假的自己"来描述"自己"。在温尼科特看来，婴儿通过不断认识、表达自我需求从而形成自己的个性，在这个时候"真实的自己"就产生了。当婴儿真正能够表达自己的需要和情绪时，他们处于"真实的"或"真实的自己"的状态。例如，婴儿饿了时通常会哭泣。母亲会通过喂养婴儿来回应哭泣。一旦母亲重复这种行为，婴儿就会意识到，当他们饿了、哭了，母亲就会喂养他们，他们的需要就会得到满足。母亲对婴儿需求稳定、前后一致的回应或反应将有助于婴儿发展"真实的自己"。只有在母亲回应了婴儿的自发表达和需求时，婴儿"真实的自己"才能成功发展起来。

如果婴儿在一个他们的需求得不到满足的环境中长大，那么他们就会建立起一个"虚假的自己"。他们真正的需求得不到表达。这种真正的需求是一种捍卫"真实的自己"的机制，是一个无意识的过程。通过与母亲或主要照看者的互动，婴儿在经验中学习，并开始理解世界，或者像温尼科特所说的那样，理解"客体现实性"（object reality）。婴儿和照看者进入一个让他们有归属感的环境。温尼科特将这一环境命名为"私有环境"（holding environment），其中包括母亲或照看者与婴儿之间语言、心理和身体的相互作用。因此，"私有环境"是婴儿受到保护的情感和物理空间，只不过他们自己不知道。他提出，为了促进儿童健康自我意识的形成，很重要的一点是要让他们知道，母亲或照看者在自己需要时会一直在身边。与母亲或照看者的这种关系能使婴儿感到安全和被保护，由此形成一个健康的自我概念。

在"私有环境"的研究的基础上，温尼科特进一步提出了颇有影响的"过渡经验"（transitional experience）。他指出，当儿童开始变得独立时，例如从家庭走向外部世界（如托儿所或学校）时，他们需要在母亲不在身边时对母亲进行表征（representation），以便获得安全感。儿童会使用玩具熊、毯子和娃娃等物品作为过渡物，实现对于母亲的符号表征（symbolic representation）。通过这种方式，儿童慢慢开始享受他们正在进入的新环境（如托儿所或学校），变得独立并具有创造性，与此同时，过渡物所提供的慰藉使他们有受保护的感觉。

过渡物在儿童进入和离开早期服务机构时均具有重要的意义。这也说明了尊重儿童从家带到早期服务机构的物品的重要性。

有效过渡的步骤：早期服务机构的准备与儿童的准备

制订一个过渡行动计划

虽然《指南》认为早期教育与保育应该帮助儿童做好入学准备，但我们主张，为了实现有效过渡，重要的是要让环境做好接收儿童的准备，而不是让儿童做好"适应"环境的准备。

早期服务从业者已经认识到过渡对于儿童福祉和发展的重要意义。因此，许多早期服务机构和学校为儿童制定了过渡方案，其中包括贯穿一学年的、帮助儿童适应横向性过渡的一系列活动。然而，重要的是，早期服务机构制订的行动计划或过渡方案也能帮助儿童做好垂直性过渡的准备。

许多早期服务机构采用了《伦敦南华克过渡和评价记录》和《0—5 岁儿童综合支持服务的过渡方案》。《伦敦南华克过渡和评价记录》可以作为收集个体儿童相关信息的有用工具，可以提供必要的信息来支持过渡，有助于和学校共享信息，最终满足《指南》的要求。

行动计划为过渡的有效推进提供了必要的保障。在早期服务机构紧张的一日常规中，切记不要有行动计划被遗漏。所有员工都应该参与这个行动计划，因为每个人都可以发挥重要的作用。行动计划需要考虑实际情况，比如完成两岁儿童综合评价，确定谁将为儿童提供服务（即主要照看者），以及在最初的两周中儿童将在早期服务机构中待多少小时，以便儿童能尽快过渡（见第 9 章）。

这个行动计划需要工作人员、儿童和家长的共同参与。布鲁克（Brooker）强调了这种关系的重要性，并将其命名为"关怀三角"（2008）。她提出了有效计划的 3 个关键过程：

- 了解儿童在机构中和家中的各种常规，如睡觉习惯、喂养习惯（幼小儿童）或兴趣（如喜欢在室外玩或是喜欢玩建构材料）；
- 享受与其他儿童的友谊和愉快的互动：机构中儿童的友谊应当得到鼓励；
- 与外界建立联系——"赋权的环境"是《指南》的一大原则，儿童的校外生活应当被重视，如家长的照片或小玩具等小物品可帮助儿童将自己的环境"转移"到机构中。本章的后面部分将对此做解释。

让儿童参与

让儿童积极参与过渡是非常重要的。整个早期奠基阶段最关键的一点是要倾听儿童的想法，了解他们的感受，比如他们喜欢参加哪些活动以及喜欢哪个活动区。在倾听儿童和让他们参与过渡的过程中，观察非常重要。正如第 6 章所解释的那样，观察是一种有用的评价工具，同时也使教师能够倾听儿童的意见，了解他们的需求。观察有助于了解儿童，尤其是更为年幼的儿童（0—2 岁），因为他们的口语表达能力有限，不能总是有效地表达自己的需要。

案例分析

从家到托儿所

哈利（Harry）满 18 个月了。他开始上托儿所了，每周去 3 天，每天不超过 3 个小时。他是家中独子，没有机会和其他同龄人互动，所以他的家长决定把他送到托儿所。他的母亲不工作，所以托儿所可以随时联系到她。正式入托之前，哈里参观了几次托儿所，先进行了熟悉。

正式入托的第一天，哈利刚和母亲迈进大门，就立即跑向了户外区。他拿出他的小红车开始玩。教师邀请他进班，他拒绝了。他的母亲和他说再见后就离开了。对于母亲的离开，哈利没有表现出不适，但他仍然不想进班。他喜欢自己在户外玩耍。

教师一直开着门，这样一旦哈利想进来并加入其他儿童的活动的话，就可以直接进来。哈利在观察教室里的动静，但仍不想进来。

第一个月，哈利一直都在室外观察着室内发生的事情，有时候会跟着唱唱童谣、做做律动，只不过是在室外。他过了一个月才进入班级，参与的第一个活动是唱歌。

☁ 反思性任务

正如《指南》和海伊（High，2008）所强调的那样，"入学准备包括……个体儿童的准备，学校为儿童做出的准备，家庭的沟通能力和支持儿童最佳发展的能力"。从这个意义上讲，过渡是复杂的，受到许多因素的影响，反映了儿童、托儿所、学校、家庭和社区文化与语言等因素之间的相互作用和关系。

- 这对与早期奠基阶段相关的过渡有什么启示？这会如何影响你的实践工作？这对哈利的过渡有何启示？

在这个案例中，教师并没有强迫哈利进入室内，而是在"倾听"哈利的需要。他已经做好了入托准备，只是还没有做好和他人一起待在室内的准备。一旦他真正做好准备，他就会按照自己的意愿行动。在从家庭到机构的过渡过程中，哈利的需求得到了满足，他也参与了过渡——他并没有被强行要求进入室内，而是被给予足够的时间自己做决定，在自己感到舒服的时间选择参与室内活动。

　　有效过渡的另一个要点是理解和尊重儿童从家里带来的物品。就像温尼科特关于过渡物的理论所描述的那样，这些物品（儿童携带的小玩具）给儿童带来情感上的慰藉，他们认为这些物品象征着从家到机构的延续。学习了依恋理论并关注鲍尔比和安斯沃思的研究后，我们可以看到，儿童携带的物品在过渡阶段的重要性在于它们对儿童福祉至关重要。上述案例中的哈利连续两个月带小红车来托儿所。第一个月里小红车从未离手。在第二个月的时候，他每天刚到托儿所时会想玩一下这个玩具，而后会按照教师的建议，把小红车交给教师——让小红车去"睡觉"。然而，当他离开托儿所的时候，总是会记得把它带回家。7 个月后，再次观察哈利。他仍然带着他那辆小红车，但是一到托儿所，他就会把它交给教师保管。

　　教师们有必要尽一切努力让儿童在新的环境中感到自信和被支持，确保自己用词的适宜性，保证儿童能明白其含义。每个机构都会使用不同的术语来描述物品或活动。例如，有的机构中，工作人员可能会使用不同于早期奠基阶段的词汇去称呼"建构区"。因此，搞清是否每个人都知道物品和地点的名称，并且做出必要的澄清防止产生混淆是非常重要的。

　　解释词汇的意义是必要的，例如"集合"和"走廊"这样的成人无意识使用的词汇和概念儿童可能并不熟悉。另一个例子是"坐到线上"这一指令。"什么是线？""如果没有线，我又怎么坐在线上？"

　　一旦儿童与机构或学校里的人建立起了联系，他们就不会随时随地拿着自己的私人物品。不过，仍然会有许多儿童需要把他们的私人物品放在小书包里带到机构或学校，这是对这些物品的情感依恋的体现。从事早期教育与保育工作，很重要的一点是要尊重儿童从家里带来小件物的心理需求以及这些物品对儿童的意义。让儿童自己选择游戏材料，尊重儿童的生活和学习常规，鼓励儿童与家庭持续不断的联系也是至关重要的。

让家长参与

　　在整个早期奠基阶段，家长的角色是被高度重视的。家长被鼓励成为儿童教育与保育工作的参与者，积极参与所有活动。家庭生活中的"课程"非常重要，因为家庭是儿童待很长时间的地方。必须让家长参与，这样儿童的经历就具有"共通"的一面。

　　教师邀请家长参与儿童的教育与保育时，需要意识到，家长自己其实也正在经历过渡。例如，他们往返于家庭和工作之间，在"父母"和"教师"、"女儿"和"母亲"以及"儿子"和"父亲"之间转变角色，等等。家长和教师一样，和儿童一起受到过渡效应的影响。我们还需要承认，家长对儿童的过渡感到焦虑。这就是为什么要给儿童提供试读期或过渡期的重要原因。某些早期服务机构可能会在儿童正式入托之前邀请儿童和家长来园。这不仅对于建立与儿童和家长之间的关系是一个极好的机会，它还有另一个重要的作用。儿童在这期间会慢慢熟悉机构的环境，会逐步了解机构提供的活动，会认识以后可能会成为自己同伴的其他儿童，并且也会熟悉在机构中工作的成年人。这种试读期有两个方面的益处。首先，它将减轻儿童第一天入园时的焦虑，因为儿童进入的是一个熟悉的环境；其次，它也将减轻家长第一天的焦虑。家长的情绪有时会被忽略。这会使家长和工作人员建立良好的关系，知道自己的孩子在机构中会安全和快乐。当然，如果他们在家看到压力对儿童的影响，可能不会报告给机构或学校，特别是在还没有建立起与机构或学校员工的信任关系时。或许儿童开始尿床，说"婴儿语"，举止反常，如在自己的床底下躲藏很长时间。所有这些都可能是儿童受到压力的表现，其原因可能是入园过渡。家长参与儿童"进步"的过程是非常必要的。如上所述，布朗芬布伦纳已经指出，教师越结合儿童在生活中（即不只是"儿童—学校"或"儿童—家长"，而是"儿童—学校—家长"）的互动，儿童的发展将会变得越有效（1979）。由于家庭是儿童最重要的场所（因为这是他/她待最久的地方，并且在情感上受到最多影响的地方），所以机构需要以实际的和积极的方式与家长沟通。

与家长建立积极的关系有助于有效过渡（更多与家长工作相关的内容见第13章）。让家长直接参与进来（即不仅在面临危机或麻烦的时候才让他们参与），邀请他们进班与儿童坐在一起，了解他们，让他们实实在在地感受到机构对他们的欢迎，是非常重要的。与家长越早建立关系越好。正是因为认识到这一点，一些早期服务机构为儿童提供了入园前一天的试读，家长可以留下来和儿童一起待上一段时间。儿童入园后欢迎家长来园仍然是很重要的。有些机构可能会鼓励家长在一天开始时停留一段时间，通过参与短暂的活动（如认识姓名或制作名牌）支持他们的孩子，等觉得自己的孩子已经安顿下来后再离开。值得注意的是，这里的重点不在于让儿童获得学业进步，而在于欢迎家长来到机构共享一段时光。此外，有些机构还安排了一些特殊的活动日，让家长留下来参加一个环节的一部分或全部。教师可以利用这些活动日来展示教学，如拼读法的教学，以便家长可以将新知识带回家，充满自信地支持自己孩子学习。此外，活动日还是与家长保持公开对话、保证家园联系的方式。

家长也可以通过社交媒体随时了解机构的活动。许多机构申请了社交媒体账户，呈现关于活动的照片、介绍和视频（见第 13 章）。等儿童放学回家后，家长可以基于这些活动内容与之对话，亲子得以共享经验。机构还经常会给家长发简报，内容不仅包含过去的活动，还涉及未来的教学计划和重要活动。所有这些信息都有助于家长了解情况，并且参与儿童的保育与教育。

记录儿童的活动并与家长分享，有助于家长的间接参与（见第 8 章、第 9 章和第 13 章）。

儿童熟悉的工作人员——主要照看者

如上所示，对于儿童来说，依恋对于他们的情感和社会性发展具有重要意义。早期奠基阶段通过确定每名儿童的关键人物即主要照看者来解决儿童的依恋问题（见第 19 章）。例如，在奠基阶段一（Foundation Stage 1），成人可能有三到四名，每名成人负责相同数量的一组儿童，儿童平均分配。每个环节都会有一个"主要照看者小组"（Keyworker Group）环节，各小组开展类似活动。儿童很快就能对小组、同伴以及负责这个小组的教师熟悉起来，都知道这个环节什么时候开始。他们会谈论今天是星期几，今天天气如何，会统计今天小组人数，观察教师是如何书写的，并且会经常一起唱熟悉的歌谣。儿童因此获得了秩序感和一致性，不仅可以在小组中发展自己的听说技能，还能建立起自信心和自尊心。有些儿童可能会觉得全班性的活动（甚至自由游戏）令人畏惧，所以这种安静的活动可以帮助他们发出自己的声音。当这种活动成为惯例时，他们就会觉得非常舒适了。

儿童可以和他们的主要照看者讨论他们正在经历的恐惧和担忧，因为他们对他/她很了解，并且已经与之有了感情。不过，比起与成年人交谈，有时儿童更愿意和玩具或布偶交谈——如果奠基阶段和一年级的教师知道这一点后，能开诚布公地询问儿童、表达担忧，将引发师幼之间的对话和讨论，从而引导儿童表达恐惧。

探访活动和跨年级的活动

平稳过渡的一个策略是组织特定年龄组开展一系列不同的探访活动，例如年龄较小的儿童可以去探访他们未来的班级，稍大的儿童可以探访一年级。这些探访活动可以引发项目活动如"邮局"，不同年龄组的儿童可以在"邮局"中交换信件。探访活动和跨年级的活动非常有用，不仅可以缓解过渡阶段的紧张和焦虑，同时也有助于提供有利的环境。

一些早期服务机构可能会将不同年龄班完全地分开，一些机构可能会采取混班制，还有些机构独立设班，但会在一天中的某些时间将各班的门打开，让不同年龄儿童在一起活动。这有助于儿童过渡。给早期奠基阶段的儿童提供相同的机会有助于他们向小学过渡，但有时会因为小学的组织管理方式和早期服务机构不一样而受影响。即使有的儿童可能不能获得相同的机会，他们往往也会在早期奠基阶段末获得一段过渡时间——到自己未来的班级和自己的新教师相处一个星期。

很多时候，儿童会有朋友或兄弟姐妹在隔壁班级中，所以加强各个年龄班之间的联系是一种有益的方式。年龄较大的儿童可以利用这段时间在年幼儿童面前展示自己的才能，还可以经常回到自己过去的班级并回忆在那里的时光。这里也需要指出，从业者可能需要对一些情况做好心理准备。那些刚入园的安静但不自信的儿童可能会被一大群儿童吓到。这些进入他们"安全"环境（他们的教室）的外来者比他们个子更大，更吵闹，并且脚步更快，可能会把他们的教室或户外活动场所变成可怕的地方。因此成人应该小心，确保较小年龄儿童的情绪发展不受影响。所以，各年龄班联合起来开展活动在社会性和情感学习方面的确有益处，不过也应该注意到其中的弊端。

案例分析

"我们的邮局"：一次访问一年级的机会

在参观访问当地邮局后，儿童在班里创建了一个"邮局"。在这个区域放有邮票、笔、信封和其他可以在邮局找到的材料。

儿童开始写他们想要寄出的信件和卡片。教师建议他们把信寄给小弟弟小妹妹们。就这样，他们开始了一个漫长而复杂的项目，哥哥姐姐和弟弟妹妹相互沟通，进行了一项真正的跨年龄的活动。

不同活动之间的过渡

不同活动之间的过渡应该像活动本身一样受到重视。在某些早期服务机构，成人会在过渡时间开始时以一连串的掌声向儿童发出信号，提醒他们安静下来听指令。也有些机构的成人可能会借助乐器的声音来引起儿童的注意。有的成人可能会播放一首《整理歌》提醒儿童。活动之间的过渡方式有很多种，只要经常有规律地重复，即使是新入园的儿童也会很快熟悉。成人可以不用掌声或乐器来吸引注意力，只要播放一段儿童熟悉的《整理歌》，往往也能引发儿童的整理行为，因为他们可以把乐器的某些声音与整理常规联系起来。除了能确保儿童出现在需要出现的地点和时间，活动之间的过渡常规也有助于儿童的发展。对他们来说，理解变化的存在是很重要的，这有利于他们为变化做好准备。在计算机或白板上设定一个可视的倒计时对儿童也是有帮助的，这样他们可以看到他们还剩多少时间。

☁ 反思性任务

- 思考以下的场景：43 名儿童在进行自由游戏活动。他们分散在教室各处，噪声水平适中，你需要启动一个整理环节，以便开始小组活动。你该如何让他们停止游戏？思考并制订计划，讨论如何通过活动之间的过渡来支持儿童的发展。

户外的利用

许多早期服务机构都有自己的户外空间，儿童可以在室内和室外自由活动。户外空间对儿童来说是至关重要的，所以应该尽量定期到户外去活动（更多关于户外空间的使用信息和范例请见第 12 章）。

工作人员联络和记录移交

两岁综合评价等文件的移交，是早期奠基阶段的重要组成部分。移交儿童官方记录有助于工作人员了解儿童的需求和《指南》的思想，并与国家课程联系起来。

过渡时间结束后，我们期望儿童获得某些技能和能力。然而，如果早期服务从业者对儿童以往的学习经历缺乏了解，那么他们就会缺乏过渡的方法——儿童在早期奠基阶段获得的技能和能力可能就不会被考虑在内，学习机会也就随之丧失。早期奠基阶段的工作人员需要确保关键阶段一（Key Stage 1）的工作人员充分认识这一点，以确保其提供的服务是适宜的，直到儿童平稳过渡。否则，儿童会因为环境陌生而失去积极性。对于早期奠基阶段的工作人员而言，了解小学一年级的国家课程要求并且帮助儿童做好过渡准备是非常重要的。

本章小结

本章讨论了儿童从家到早期服务机构过渡的复杂性。过渡是个体生活中发生的变化，这些变化不仅包括生长发育或自我认同建构等内部的心理过渡，还包括所处物理空间或国家和文化的变化等外部过渡。所有这些变化都会对儿童的社会性、情感、个性和认知发展产生影响。政策制定者必须考虑过渡对儿童生活的影响。同时，早期服务机构创设环境时也必须考虑过渡对儿童学习和发展的影响，要确保环境能够让儿童平稳过渡，能够促进与儿童生活和发展相关的各种情境、文化、信仰和语言发挥有效的作用。早期奠基阶段的有效过渡应当着眼于支持家长、儿童、教师和其他重要工作人员创造有效的环境，促进儿童过渡，而不是让儿童适应环境。

识记要点

- 本章讨论了过渡在儿童生活中的重要作用。过渡可能会给儿童带来压力，进而影响儿童的健康。过渡是不可避免的，但是可以加以有效规划和组织，从而使过渡带来的对儿童社会性和情感方面的影响不会对儿童的健康产生负面影响。
- 本章提供了一些方法，可以帮助儿童有效过渡。这一过程非常强调儿童自己的参与，同时也强调家长的参与。早期服务从业者应当成为儿童过渡的促进者，让环境中所有的工作人员都参与进来，为儿童设计有创造性和激励性的活动。

讨论话题

- 假设你班上一名儿童将要离开一个月。你能够为他／她的归来制订一个行动计划以帮助其顺利过渡吗？在他／她离开前，你打算让他／她及其家长做好哪些准备？你打算怎样欢迎他／她的归来？
- 研究早期奠基阶段和关键阶段一的课程，并比较二者之间的异同。你打算如何帮助儿童为关键阶段一做准备？

- 早期服务从业者在创设有利的环境、组织参观活动和分享游戏、联络其他员工等方面面临的主要挑战是什么？

拓展阅读

书

Brooker, L. (2008) *Supporting Transitions in the Early Years*. Maidenhead: Open University Press.

Dunlop, A. W. and Fabian, H. (eds) (2007) *Informing Transitions in the Early Years: Research, Policy and Practice*. Maidenhead: Open University Press.

文章

Ainsworth, M. D. S. (1989) 'Attachment beyond infancy', *American Psychologist*, 44: 709–716.

Crafter, S. and Maunder, R. (2012) 'Understanding transitions using a sociocultural framework', *Educational and Child Psychology*, 29 (1): 10–18.

参考文献

Ainsworth, M. D. S. (1969) 'Object relations, dependency, and attachment: a theoretical review of the infant–mother relationship', *Child Development*, 40: 969–1025.

Ainsworth, M. D. S. (1979) 'Attachment as related to mother–infant interaction', *Advances in the Study of Behaviour*, 9: 2–52.

Ainsworth, M. D. S. (1985) 'Attachments across the life span', *Bulletin of the New York Academy of Medicine*, 61: 792–812.

Ainsworth, M. D. S. (1989) 'Attachment beyond infancy', *American Psychologist*, 44: 709–716.

Ainsworth, M. D. S. and Bell, S. M. (1970) 'Attachment, exploration, and separation: illustrated by the behaviour of one-year-olds in a strange situation', *Child Development*, 41: 49–67.

Ainsworth, M. D. S. and Bowlby, J. (1991) 'An ethological approach to personality development', *American Psychologist*, 46: 333–341.

Ainsworth, M. D. S., Bell, S. M. and Stayton, D. J. (1971a) 'Individual differences in the strange situation behaviour of one-year-olds', in H. R. Schaffer (ed.), *The Origins of Human Social Relations*. New York: Academic Press. pp. 15–71.

Ainsworth, M. D. S., Bell, S. M., Blehar, M. C. and Main, M. (1971b) 'Physical contact: a study of infant responsiveness and its relation to maternal handling'. Paper presented at the biennial meeting of the Society for Research in Child Development, Minneapolis, MN.

Ainsworth, M. D. S., Blehar, M. C., Waters, E. and Wall, S. (1978) *Patterns of Attachment: A Study of the Strange Situation*. Hillsdale, NJ: Erlbaum Associates.

Beach, K. D. (1999) 'Consequential transitions: a sociocultural expedition beyond transfer in education', *Review of Research in Education*, 24: 101–139.

Bowlby, J. (1951a) *Maternal Care and Mental Health*. Geneva: World Health Organisation Monograph (Serial No. 2).

Bowlby, J. (1951b) *Child Care and the Growth of Love*. Harmondsworth: Penguin.

Bowlby, J. (1960) 'Grief and mourning in infancy and early childhood', *The Psychoanalytic Study of the Child*, 15: 9–52.

Bowlby, J. (1969) *Attachment and Loss, Volume 2. Separation: Anxiety and Anger*. New York: Basic Books.

Bowlby, J. (1973) *Attachment and Loss, Volume 2. Separation: Anxiety and Anger*. (International Psycho-analytical Library No. 95). London: Hogarth Press.

Bowlby, J. (1980) *Attachment and Loss, Volume 3. Loss: Sadness and Depression*. (International Psycho-analytical Library No. 109). London: Hogarth Press.

Bowlby, J. (1999) *Attachment and Loss*, Volume 1, 2nd edn. New York. Basic Books.

Bowlby, J. (2005) *The Making and Breaking of Affectional Bonds*. London: Routledge Classics.

Bronfenbrenner, U. (1979) *The Ecology of Human Development*. Cambridge, MA: Harvard University Press.

Brooker, L. (2002) *Starting School: Young Children Learning Cultures*. Buckingham: Open University Press.

Brooker, L. (2008) *Supporting Transitions in the Early Years*. Maidenhead: Open University Press.

Crafter, S. and Maunder, R. (2012) 'Understanding transitions using a sociocultural framework', *Educational and Child Psychology*, 29 (1): 10–18.

DfE (Department for Education) (2014) *Statutory Framework for the Early Years Foundation Stage: Setting the Standards for Learning, Development and Care for Children from Birth to Five*. Available at: www.foundationyears.org.uk/files/2014/07/EYFS_framework_from_1_September_2014__with_clarification_note.pdf (accessed 21 September 2015).

Erikson, E. H. (1975) *Life History and the Historical Moments*. London: WW Norton.

Evangelou, M., Taggart, B., Sylva, K., Melhuish, E., Sammons, P. and Siraj-Blatchford, I. (2008) 'What makes a successful transition from primary to secondary school?', Secondary Education 3–14 Project (EPPSE 3–14). Department for Children Schools and Families Research Report No. DCSF-RR 019. London: DCSF.

Gorgorio, N., Planas, N. and Vilella, X. (2002) 'Immigrant children learning mathematics in mainstream schools', in G. de Abreu, A. Bishop and N. C. Preseh (ed.), *Transitions between Contexts of Mathematical Practice*. Dordrecht: Kluwer Academic Press. pp. 23–52.

High, P. H. (2008) 'School readiness', *Pediatrics*, 123(e): 1008–1015.

James, W. (1980) *The Principles of Psychology*: Volume 1. Mineola, NY: Dover Publications.

Piaget, J. J. (1976) *The Grasp of Consciousness: Action and Concept in the Young Child*. London: Routledge and Kegan Paul.

Pianta, R. C. and Walsh, D. J. (1996) *High Risk Children in Schools: Constructing Sustaining Relationships*. New York: Routledge.

Pianta, R. C., Cox, M. J., Taylor, L. and Early, D. (1999) 'Kindergarten teacher's practices related to transition to schools', *Elementary School Journal*, 100: 71–89.

Sylva, K., Melhuish, E., Sammons, P., Siraj-Blatchford, I., Taggart, B. and Elliot, K. (2003) *The Effective Provision of Pre-school Education (EPPE) Project: Findings from the Pre-school Period: Summary of Findings*. London: Institute of Education/Sure Start.

Vondra, J. I. and Barnett, D. (1999) 'Atypical attachment in infancy and early childhood among children at developmental risk', *Monographs of the Society for Research in Child Development*, 64 (Series No. 258).

Vygotsky, L. (1978) *Mind in Society: The Development of Higher Psychological Processes*. Cambridge, MA: Harvard University Press.

Winnicott, D. W. (1986) *Holding and Interpretation: Fragment of an Analysis*. New York: Hogarth Press.

Winnicott, D. W. (1987) *The Child, the Family, and the Outside World*. New York: Addison– Wesley.

Winnicott, D. W. (1995) *Maturational Processes and the Facilitating Environment: Studies in the Theory of Emotional Development*. New York: Stylus.

Winnicot, D. W. (2005) *Playing and Reality*. London: Routledge.

Zittoun, T. (2006) *Transitions: Development through Symbolic Resources*. Greenwich, CT: Information Age Publishing.

第12章

户外环境的利用

克莱尔·纽金特

本章概述

户外学习理论是一个内容广泛的思想体系。本章重点介绍户外学习理论中适用于早期奠基阶段的那些内容，以及将户外环境用于教学的几种方法。户外环境的使用受当地因素和社会文化因素的影响，因此，本章中的案例研究有针对性地根据户外学习发生的背景来进行分析。我们需要以一种适合不同活动空间的方式来使用户外环境，同时认识到儿童的经验将受到不同场景下成人态度和倾向的影响。对于早期服务从业者而言，发现自己工作场所中的机会是很重要的。正如本章将要展示的那样，当学习环境具有丰富性、多样性同时安全且富有挑战时，儿童的学习和发展就得到了最好的支持。本章将重点讨论近年来越来越受欢迎的森林学校（Forest School），借此了解利用户外环境的益处和障碍。

本章旨在帮助读者：

- 了解利用户外环境的不同方式；

- 进一步认识到户外环境可以成为日常教学实践的有益条件；

- 思考成人在儿童与自然和户外空间建立紧密联系的过程中扮演何种重要角色；

- 发现培养儿童对户外的积极态度，尤其是对自然环境的积极态度，可以让儿童终身受益。

政策与户外课堂

户外学习委员会在他们的宣言中承诺：

> 为户外学习树立典范，让人们普遍认识到这些经验对儿童生活的独特贡献。（Learning Outside the Classroom，2006）

然而，连续 5 年，英国下议院报告户外课堂在各年龄段的应用"没有明显的进展"（House of Commons，2010）。但如果我们分解证据，特别分析早期奠基阶段，结果还是比较可喜的。事实上，自从 2008 年开始推广《指南》（见第 2 章）以来，户外学习在早期奠基阶段得到了高度的重视，这表明了人们对户外环境的积极态度。此外，最近的政策认可了教师在推进户外活动中的关键作用，指出"需要让教师在职业生涯初期就充分了解课程之外的学习机会，而不应该顺其自然"（House of Commons，2010）。

对户外资源的自由探索和不设限的使用对儿童生理和心理有着显著的益处。研究对政策提供了支持。相关研究一再表明，参与户外活动的儿童可能显得冒险、脏和精力充沛。文献表明，由于可以强身健体（Kaplan，1995），促进创造力（Wilson，2012）以及儿童福利（Kernan and Devine，2010；Bruce，2012），户外活动对童年具有积极的作用。本章的内容非常及时，因为本章所提倡的户外环境及户外教育实践的益处是英国皇家鸟类保护协会（Royal Society for the Protection of Birds）和野生动物信托（Wildlife Trusts）所发起的运动——"参观英国各地经《自然和幸福法案》认定的自然环境"——所关注的焦点。

精彩的户外：我们是如何走到现在这一步的？

儿童期接触户外环境的传统由来已久。从 18 世纪末福禄贝尔的幼儿园以及麦克米伦的"以天空为屋顶的教室"（Bruce，2012）开始，人们在创设学习环境时就开始关注有利于儿童的户外空间。大量文献描述了户外学习的理论基础，感兴趣的读者可以参考本章末"拓展阅读"部分。虽然可能有人会说这些是过去人们对童年的浪漫主义的看法，但是一些著名先驱的研究成果对我们仍有启发，在今天仍然很有意义。麦克米伦等人说出了他们那个时代公认的"捍卫儿童需求"原则。她认识到儿童在户外积极活动后会更加健康。

与这一早期研究成果相关的北欧地区的例子包括德国和瑞士的幼儿园，这些例子集中体现了北欧各国常见的大致可以翻译为"有新鲜空气的生活"的精神。这与现今英国社会形成了鲜明的对比。在现今英国社会中，儿童的户外游戏和与大自然的亲密接触并不像在其他文化中那么普遍。相比之下，英国户外游戏的发展仍处于初级阶段。例如，英国的森林学校教学法在 20 世纪 90 年代后期才确立，包括自然幼儿园在内的提供全日制服务的早期服务机构仍然只占少数。然而，森林学校的出现让英国早期服务从业者有机会在户外环境中为所有儿童提供相关课程。在当前大力倡导儿童在室内和户外环境中自由流动的情况下，虽然我们对户外环境的利用可能还不很充分，但正在越来越受到广泛重视。

"户外"的含义

我们在本章中需要关注的一个要点就是，"户外"究竟指的是什么？这个问题很难回答，因为没有两个户外环境是相同的，并且每个户外环境每天都可能在发生变化——记住，它们都是不可预测的空间。例如，一个晴朗干燥的早晨，可能会变成一个潮湿的下午。在我看来，这正是让户外活动变得更为激动人心的原因。如果难以给出一个定义，我们不妨从户外环境的一般特点出发，从技能、理解力和知识发展的角度审视户外活动的作用。

如上所述，户外环境应该丰富多样、安全且富有挑战性，相关文献也经常提到这些方面（Waite，2011；White，2011）。为了促进儿童在户外空间中学习，我们需要了解这些形容词的含义。丰富多样的环境可以激发儿童产生兴趣。第一手的经验让儿童产生游戏热情，并在游戏中将自己的想法付诸实践。刺激是真实的、直接的——如被黏土弄脏的手可以是学习过程中的关键——户外空间如此强大，甚至可以影响儿童未来的选择（Wells and Lekies，2006）。丰富意味着多样性，这使得儿童的选择具有差异性和混合性。例如，多样性可能源于天气的变化和天气带来的不可预测性，或者源于其他非预设的资源，这为那些以各种方式利用这些资源的儿童提供了无尽的可能性。教师应当巧妙制订计划以应对这种不可预测性。布罗德黑德和伯特（Broadhead and Burt）在研究了同伴间的社会性和合作游戏之后，提出"成为任何你想要的场所"（2012）概念，这个概念是对户外环境固有的丰富性和多样性的巧妙描述。

教育部要求必须保证儿童的安全（DfE，2014），而户外游戏通常可能包括一些冒险行为（Sandester，2009），可能会给安全造成威胁。我们对于为何不去户外有着合理的解释和规定。目前人们普遍的说法包括都市生活方式，课程、经费和时间条件，以及教师对自身专业知识和技能以及可能引起的法律诉讼的担忧。这让人们心生害怕，从而限制户外学习（Gill，2007）。莱德·理查森（Ryder Richardson）在自己的博客中指出，修订后的《指南》仍然提到了"不安全的天气"的风险。在森林和林地环境中，四级和四级以上的大风或雷暴与树是一种非常危险的组合。掉落的树枝或闪电真的非常危险，必须加以重视。至于极端寒冷的天气，假如打算在户外游戏的人已经做好了充分的准备，则很难被视作"不安全"。

简而言之，户外是一种与室内不同的环境。虽然两种空间可能具有一些共同的特征（包含教师、儿童、时间、资源），但是户外的特有属性让其有别于室内。事实，"户外"在形式上和方法上都很宽泛，就像发生在其中的学习一样。户外学习委员会的宣言和其他相关文件指出了接触户外环境的各种路径和方式（Ofsted，2008；LTS，2010），下面将介绍不同户外环境，这是一个很好的给"户外"下定义的方式。

户外环境及其使用方式举例

吉布森（Gibson）的"可供性"（affordance）概念经常被用于户外学习的相关文献中，以帮助人们了解环境能为使用它的人提供什么（Gibson，1979）。教师需把每一种户外环境都视为一种独特的资源，这样才能充分利用特定环境所提供的条件。一线实践给我们提供的信息是清晰的——体验（而不是设施）、过程（而不是产品）、简单的资源往往是最有效的。

教师必须看到自己所在学校或幼儿园的潜在优势，并最大限度地将这些资源用于自己的日常工作（DfES，2006；Greater London Authority，2011）。幼儿园户外的空间可能是你需要迈出的第一步，也可能是唯一的一步——无论如何，这是值得迈出的一步，一些专门的组织正引导和激励教师通过园艺活动将户外环境嵌入早期奠基阶段课程（参见本章的"实用网站"）。例如，"通过园艺进行早期学习"就是对"一种尺寸不可能适合所有人"理念的认同，包含了适合不同机构或满足地方当局要求的培训。

自然游戏（nature play）是一种历史悠久的户外学习形式。盖弗里（Ghafouri）简要描述了现代游戏范围之广："儿童与自然的相遇和互动存在于从荒野到更人性化的自然环境的连续体中。"（2014：55）那些经常游戏的儿童通过感知觉学习，他们是"天生的游戏者"（Andrews，2012），因此自然游戏中固有的"一手互动"应该得到重视。研究者们获得的结论是，除非能与大自然接触，否则谁也无法充分发展对环境的兴趣（Vadala et al.，2007）。理查德·卢夫（Richard Louv）创造了"自然缺乏障碍"（2005）一词来描述人类与大自然的疏离，并进一步描述了人在童年时期与自然环境的互动对成年期亲环境态度的重要贡献（2011）。其他研究者也注意到儿童时期的经历与长大后所做的选择之间的相关性（Kopczak et al.，2013），这一立场的首要前提是与自然建立联系（Cheng and Monroe，2012）。因此，用早期奠基阶段的术语来说，定期接触户外环境有助于每一名儿童发展这种联系。

森林学校在这方面做出了许多贡献。儿童的学习和发展与此教育方法之间的联系已经被认可（Ridgers et al.，2012；Knight，2013）。下面的两个案例是对森林学校这一方法的不同的解释。通过关注此种学习方式的更多细节，我们可以反思如何让儿童与户外环境进行有意义的接触，以及如何让户外环境成为早期教育与保育的一个组成部分。

案例分析

> **在自然中培育（Nature to Nurture）——朱莉·怀特（Julie White）**
>
> 城市公园、自然保护区、植物园和其他绿地都有着明显的季节特征。在默西塞德郡（Merseyside）有一所户外幼儿园，一所社会办园，成功地将《指南》的要求与森林学校结合起来。该幼儿园的创办人朱莉·怀特在 2011—2012 年的一个试点项目中提出"在自然中培育"。作为训练有素的森林学校三级领导者，朱莉对自然学习价值的认可显而易见，其宣传语"让自然滋养我们"渗透在其教育实践当中。在克罗克斯厅（Croxteth Hall）——利物浦市议会管理的一个大型公园，他们将这一精神付诸行动。

"在自然中培育"从组织林地生日派对开始逐渐发展起来，现在不仅提供学步儿的亲子活动，还提供面向幼儿园的服务。许多当地幼儿园会定期到访，每周一次，每次 2.5 小时。

他们高度重视并特别关注与家长的伙伴关系。通过亲子活动，家长开始了解活动的内容。家园联系通过科技手段，如私密的社交软件或儿童带的相机镜头进一步得到改善和加强。学校在申请市议会同意活动时会支付一定费用，即便这些活动是危险的、肮脏的或其他的。

问题在于使用公共场所。例如，该幼儿园使用弹出式厕所帐篷，所有的垃圾每天都被带走处理。朱莉提到有可能有人搞破坏，然而，现场没有建筑或设备。但也没有愿意提供支持的土地主来帮助他们克服这些障碍。

他们依靠自身适应和改变，已经获得了成功。朱莉估计，自成立以来，当地有 2000 人次参与"在自然中培育"实践。其社会影响在儿童身上得到了体现，具体表现为儿童自信心、抗挫折能力增强，能将入学准备技能迁移到别的情境中。

☁ 反思性任务

- 思考本案例的实用性，并反思他们是如何解决实际问题的。
- 你将如何鼓励家长和儿童照看者吸收该幼儿园的教育理念与实践？

下面这个案例描述了一位教师在自己学校场地上实施森林学校教学法的故事。案例显示森林学校是一种方法或者说一种机制，而不是一个事先设计好的可复制的模板。

案例分析

森林学校

一位名叫安迪（Andy）的新教师来到一所招收 3—11 岁儿童的小学的幼儿部工作。在进入幼儿部之前，安迪学过环境科学并且热爱户外活动。这所学校位于大城市的边缘，拥有一万平方米可供游戏的草地，草地的东南角有一小片大树和灌木丛。虽然草地常用于户外活动，但那一片小树林并未得到利用——直到安迪发掘了这个机会。一组组儿童根据需要随时从教室出发，穿过户外的游戏场地，进行"大自然漫步"和"寻找昆虫"。儿童热衷于参加这些探险活动，并将回班里展示他们在自然中的发现作为庆祝。

另一位同事听说过森林学校，但最初他不愿进一步冒险。经过研究并讨论之后，团队成员一致认为，森林学校给他们指出了一个积极的前进方向。幼儿部有一项培训预算，安迪申请使用这笔经费来获得"森林学校三级领导者"证书，而其他两位教师则选择去获得"一级基本技能"证书。培训内容包括现场观察、风险评估、与家长沟通以及日常记录，另外还包括怎么开展研究和课外实践。3 位教师都获得了相应的证书，学校毫无保留地接纳了森林学校这一方法。

现在，全园 48 名 3.5—4.5 岁的儿童每周都会去一次他们的森林学校。儿童被分为 4 组，每组 12 人，在不同的日子轮流去森林，以减少对师资等的要求。

☁ 反思性任务

- 根据自己的实际情况，并结合《指南》，仔细研究可以如何在本园实施森林学校教学法。
- 针对刚刚来到森林学校的新生，奈特提出"需要让儿童形成自我'主导'的观念"（Knight，2012：148）。试着想想，你该如何制订并实施计划？

我们可以从这些案例中学到什么？

森林学校教学法是一种灵活的方式，它以其包容、尊重和支持的特质满足了《指南》的要求。由于这种教学法具有适应性并且鼓励过程取向而不是结果取向的实践，所以教师的态度和倾向至关重要。这两个案例都告诉我们，某个人的动机是如何鼓励他人采纳一些他们通常不熟悉的学习方式的（Waite，2011）。花时间实践、适应这种方法对于儿童和成人来说都很重要。这可能会对机构时间安排、课程和培训提出要求，开展活动的场地也可能需要考虑交通和安全。森林学校需要对活动场地、活动内容及小组成员进行风险评估，并且完成相关的文书工作。

在户外，成人应该做什么？

本章最后这一节总结了户外学习环境与《指南》之间的联系。显然，国家政策对实践者的决策和课程实施方式都有影响，而成人本身是学习环境的一个重要组成部分。对于儿童来说，成人无所不在，因此成人对儿童的经历有着重要的影响。沃勒（Waller）指出，儿童和成人之间的关系与互动是"促进有效的户外活动的最重要的方面"（2011：39）。用两个案例对森林学校进行说明，旨在建议参与其中的成人支持户外活动，实际上，情况往往不是这样的。在思考成人的角色时，我们必须考虑到不同成人的特定信仰和背景所带来的不同态度、价值观和倾向，因为这些主观因素在引导着人们的工作。无论我们的态度、价值观和倾向来源于哪些方面（个人条件的限制、过往经历、与环境设计及布局相关的喜好和动机），请记住，成人对户外游戏的敌对态度会对儿童的健康和幸福感产生破坏性的影响（Gleave and Cole-Hamilton，2012：2）。

《指南》提到了有效学习的特点（Characteristics of Effective Learning，CoEL），这些特点可以用来审视户外的成人所扮演的角色。第一个特点是游戏和探索。教师不仅要反思不同儿童户外游戏时的不同调查、探索和实验方式，还要反思自己在培养儿童与环境互动时的支持性角色。在成人的层面上，"信心和专长只能通过积极参与户外活动来建立"（Passy & Waite，2011：174）。对于儿童来说，"更加生动有趣"的一手学习可以"提高理解力"（Ofsted，2008：7）。我们必须记住，儿童的行为受他们的观察包括对他们周围成人的观察的指引。我们可能也能感觉到土很干，与水混合后变得黏糊糊。和儿童一起游戏时，我们可以通过自己用舌头品尝雪花来鼓励他们也这么做。

第二个特点是主动学习。麦克米兰指出，"不活泼"的儿童需要在大自然中奔跑和喊叫（McMillan，1919）。当今的主动学习者不是只自由活动，更多是身体运动。我们必须明白，儿童时期的积极参与有终身的好处，有利于习惯的养成。成人可以通过让儿童远离成人监督来支持儿童获得积极的体验（Waller，2011：38），通过提供更安静的空间，允许儿童在远离成人控制的环境中冷静反思，进一步丰富儿童的学习（Learning Outside the Classroom，2009）。

第三个特点是：有效的教与学通过创造性和批判性的思维得到证实。当儿童进行独立、新颖的思考时，他们最具创造性。当儿童有了自己的想法，成人可以帮助他们采取一定策略来完成任务。正如威尔逊所指出的，"儿童用简单的材料乱搞就能学到很多东西"（Wilson，2012：2）。有眼光的教师会知道什么时候自己该退后，允许儿童将棍子变成利剑、魔杖、梯子或麦克风。

本章小结

　　《指南》制定标准，确保儿童在 3 个方面 4 个领域获得学习和发展。本章阐述了为什么我们应该去户外，并举例说明实践样态。本章分析了倡导者如何看待户外学习，以及为何教师会那样做。我们所服务的儿童正处于这样一个发展阶段——在这个阶段他们的记忆和经验可以持续一生。我们研究儿时的经历对一个人成年后态度和信仰的影响，得到了环境教育家和心理学家的证实。这鼓励教师不盲从概念，结合情境发掘潜力——"利用你已有的条件"。如果我们能看到不同户外空间的潜力，那么一块有盆栽的城市绿地，或者一片菜地，都不比一个拥有大面积野地或参天树木的空间差。

　　总而言之，当儿童在具有支持性的户外环境下活动，且有相同动机的成人在旁鼓励他们进行有意义的互动时，他们将能更好地受益于环境所提供的挑战，更健康地生活，更持久地喜欢户外环境。

识记要点

- 户外环境有多种形式，其中存在的学习机会也一样有多种形式。
- 童年时代形成的价值观可能会持续一生。事实上，这些价值观构成了人们成年后的倾向和态度。
- 我们可以让儿童直接在大自然中获得一手经验，从而帮助儿童重视户外活动，培养儿童终身对自然的尊重态度。
- 任何户外环境的运用都可以创造性地整合《指南》的要求。

讨论话题

- 教师必须考虑自己及儿童周围的人的态度、倾向、动机，因为这些因素会反过来影响儿童的学习机会，从而影响儿童与户外环境之间的关系。任何早期服务机构都可能有对户外环境重视程度不同的教师——你将如何驾驭这种情况？
- 你所在机构的户外环境在哪些方面可以被视为一个有利的环境？
- 户外环境本身是灵活的。如果教师要呼应每一名儿童的个体需求（DfE，2014）以及学习环境的不可预测性，那么学习适应并做好准备工作就是关键。讨论你将如何制订计划。

拓展阅读

书

Knight, S. (2013) *Forest School and Outdoor Learning in the Early Years*, 2nd edn. London: Sage.

White, J. (ed.) (2011) *Outdoor Provision in the Early Years*. London: Sage.

文章

Ridgers, N. D., Knowles, Z. R. and Sayers, J. (2012) 'Encouraging play in the natural environment: a child-focused case study of Forest School'. *Children's Geographies*, 10 (1): 49–65.

Sandester, E. B. H. (2009) 'Affordances for risky play in preschool: the importance of features in the play environment', *Early Childhood Education Journal*, 36 (5): 439–446.

参考文献

Andrews, M. (2012) *Exploring Play for Early Childhood Studies*. London: Sage.

Broadhead, P. and Burt, A. (2012) *Learning through Play: Building Playful Pedagogies,* New York: Routledge.

Bruce, T. (2012) *Early Childhood Practice: Froebel Today*. London: Sage.

Cheng, J. C-H and Monroe, M. C. (2012) 'Connection to Nature: children's affective attitude toward nature', *Environment and Behavior*, 44, 31–49.

DfE (Department for Education) (2014) Statutory Framework for the Early Years Foundation Stage: Setting the Standards for Learning, Development and Care for Children from Birth to Five. Available at: www.foundationyears.org.uk/files/2014/07/EYFS_framework_from_1_September_2014__with_clarification_note.pdf (accessed 25 November 2015)

DfES (Department for Education and Skills) (2006) *Schools for the Future: Designing School Grounds*. Norwich: TSO. Available at: www.gov.uk/government/uploads/system/uploads/attachment_data/file/276691/schools_for_the_future_-_designing_school_grounds.pdf.

Ghafouri, F. (2014) 'Close encounters with nature in an urban kindergarten: a study of learners' inquiry and experience', *Education 3–13: International Journal of Primary, Elementary and Early Years Education*, 42 (1): 54–76.

Gill, T. (2007) *No Fear*. London: Calouste Gulbenkian Foundation.

Gibson, J. J. (1979) *The Ecological Approach to Visual Perception*. Hillsdale, NJ: Lawrence Erlbaum Associates.

Gleave, J. and Cole-Hamilton, I. (2012). *'A World Without Play' – A Literature Review*. London: Play England. Available at: www.playengland.org.uk/media/371031/a-world-without-playliterature-review-2012.pdf (accessed 14 July 2015).

Greater London Authority (2011) Sowing the seeds – reconnecting London's children with nature. Available at: www.londonsdc.org/documents/SowingtheSeeds–FullReport.pdf (accessed 14 July, 2015).

Kaplan, S. (1995) 'The restorative benefits of nature: Toward an integrative nature', *Journal of Environmental Psychology*, 15 (3): 169–182.

Kernan, M. and Devine, D. (2010) 'Being confined within? Constructions of the good childhood and outdoor play in early childhood education and care settings in Ireland', *Children and Society*, 24 (5): 371–385.

Knight, S. (2012) *Forest School for All*. London: Sage.

Knight, S. (2013) *Forest School and Outdoor Learning in the Early Years*, 2nd edn. London: Sage.

Kopczak, C., Kisiel, J. F. and Rowe, S. (2013) 'Families talking about ecology at touch tanks', *Environmental Education Research*, DOI: 10:1080/13504622.2013.860429

House of Commons (2010) *Transforming Education Outside the Classroom*. Available at: www.publications.parliament.uk/pa/cm200910/cmselect/cmchilsch/418/41806.htm (accessed 22 November 2014).

LTS (Learning and Teaching Scotland) (2010) *Curriculum for Excellence through Outdoor Learning*. Available at: www.educationscotland.gov.uk/Images/cfeOutdoorLearningfinal_tcm4–596061.pdf (accessed 2 November 2014).

Learning Outside the Classroom (2006) *Learning Outside the Classroom Manifesto*. Available at: www.lotc.org.uk/wp-content/uploads/2011/03/G1.-LOtC-Manifesto.pdf (accessed 21 September 2015).

Learning Outside the Classroom (2009) *Early Years Settings' Grounds*. Available at: www.lotc.org.uk/wp-content/uploads/2011/03/Early-Years-Settings-Grounds.pdf (accessed 14 July 2015).

Louv, R. (2005) *Last Child in the Woods*. Chapel Hill, NC: Algonquin Books of Chapel Hill.

Louv, R. (2011) *The Nature Principle: Human Restoration and the End of Nature-Deficit Disorder*. Chapel Hill, NC: Algonquin Books of Chapel Hill.

McMillan, M. (1919) *The Nursery School*. London: J. M. Dent and Sons Ltd.

Ofsted (2008) *Learning outside the classroom – how far should you go?* Available at: http://www.lotc.org.uk/why/ofsteds-view-of-lotc/ (accessed 25 November 2015)

Passy, R. and Waite, S. (2011) 'School gardens and Forest Schools', in S. Waite (ed.), *Children*

Learning Outside the Classroom: From Birth to Eleven. London: Sage.

Ridgers, N. D., Knowles, Z. R. and Sayers, J. (2012) 'Encouraging play in the natural environment: a child-focused case study of Forest School', *Children's Geographies*, 10 (1): 49–65.

Sandester, E. B. H. (2009) 'Affordances for risky play in preschool: the importance of features in the play environment', *Early Childhood Education Journal*, 36 (5): 439–446.

Vadala, C. E., Bixler, R. D. and James, J. (2007) 'Childhood play and environmental interests: panacea or snake oil?', *Journal of Environmental Education*, 39 (1): 3–18.

Waite, S. (ed.) (2011) *Children Learning Outside the Classroom: From Birth to Eleven.* London: Sage.

Waller, T. (2011) 'Adults are essential', in J. White (ed.), *Outdoor Provision in the Early Years.* London: Sage.

Wells, N. N. and Lekies, K. S. (2006) 'Nature and the life course: pathways from childhood nature experiences to adult environmentalism', *Children, Youth and Environments*, 16 (1): 1–24.

White, J. (ed.) (2011) *Outdoor Provision in the Early Years.* London: Sage.

Wilson, R. A. (2012) *Nature and Young Children: Encouraging Creative Play and Learning in Natural Environments.* London: Routledge.

第三部分

实践中的重点问题

第13章

与家长合作

安娜·诺尔斯

本章概览

《指南》确认了"早期服务从业者和家长合作"（DfE，2014a）的需要。与家长建立合作关系是保障儿童幸福和发展的核心。与家长或其他照看者合作是英国政府的战略《家长的选择，儿童最好的开始》（*Choice for Parents, the Best Start for Children*）的要求（HM Treasury，2004）。此前关于早期服务机构与家长合作的要求一直缺乏内在一致性和规范。这一战略强调家长和教师之间合作，成为《指南》理论依据。本章将探讨影响家长参与早期教育与保育的因素以及家长成功介入的益处。本章中的"家长"，是指父母以及没有血缘关系但是承担父母责任的成年人。

本章致力于帮助读者：

- 理解早期服务机构与家长（和其他照看者）合作的目的和意义；
- 思考吸引家长参与和支持早期教育与保育的方法；
- 探讨和反思教师在发展与家长的良性关系中所扮演的角色。

建立有效的合作关系的原理

建立和维护与家长的有效合作关系是养成关注儿童需要意识的重点。杰克逊和尼达姆（Jackson and Needham）强调良性的亲子关系是儿童幸福的核心（2014：8）。家长应该被看作自己孩子的专家。他们总是能敏锐察觉儿童所表现出来的个性行为和独特习惯。家长分享的针对个体儿童的专门知识有助于教师充分了解儿童。这些信息也可以与机构内其他员工分享。在入园之前，儿童已经积累了初步学习经验，教师必须要了解这些经验，并以此为基础与儿童展开合作。

把家长的观点和教师的经验结合起来，有助于儿童获得良好结果。索顿和布伦顿（Thornton and Brunton）认为，瑞吉欧教学法强调家长、教师和儿童之间的关系是一种三通关系（2007）（见图 13.1）。在这个三通关系中，教师可以得到家长的专门知识，而家长则能学到教师的专业经验。与家长和教师互动的儿童，被认为"有潜力、毅力、动力和能力"（Malaguzzi，2001：5）。所有人平等参与交流，彼此尊重、倾听，互相合作。积极参与是保证关系成功的根本。

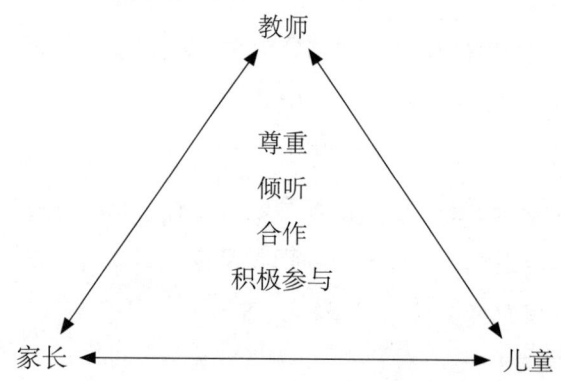

图 13.1　三通关系（改编自 Thornton and Brunton, 2007）

这个既定的三通关系让家长有机会了解早期服务机构中发生了什么以及为什么发生。试想你是不是经常会看到儿童跑到幼儿园门口与家长分享一张在班里创作的画？家长或是主观臆断，或是轻易否定。这种反应源于家长对儿童独特学习和发展方式缺乏了解。教师能帮助家长重新认识儿童学习方式、学习过程及其中蕴含的创造性和想象力。

英国儿童、学校和家庭部强调，家长在儿童很小的时候就参与教育对儿童的教育成果有着显著影响（DCSF，2008）。有家长参与的儿童，认知发展会更好。费尔

勒（Feiler）指出儿童的发展源于家庭和学校中成人的指导性参与，即与儿童一起工作
（2010：14）。为家长提供早期教育与保育的知识可以帮助他们更有效地支持和拓展儿
童在家庭环境中的学习。不应该假定家长不愿意学习更多关于儿童学习的知识。惠利
（Whalley）在讨论佩恩·格林中心（Pen Green Centre）进行的家园合作研究时着重强
调了家长的热情。

> 我们意识到，我们低估了家长希望更深入和广泛地了解儿童的学习并展
> 开对话的积极性。我们开始看到教、学、课程的问题——专业人士曾熟视无睹
> 的问题——现在需要与家长一起进行广泛的探讨。（2007：9）

与家长合作的目的是提升家长的热情。有效的合作关系会引发彼此关于儿童的对
话。家长和教师应该围绕儿童的需求进行开放、自由的讨论。

有效的初期互动

当家长到早期服务机构登记时，初期互动就开始了。思考家长在这个阶段如何参
与非常重要，因为早期的互动是形成伙伴关系的基础。教师应该先考虑家长的感受，
为以后合作关系充分发展打好基础。

与家长第一次面对面的交流是确保未来合作关系成功的关键。教师面对家长时应
该表现出"礼貌和尊重"（Thornton and Brunton，2007：14）。必须要采用一种敏感、
友好和专业的方式，既考虑到家长的需求，也考虑到儿童的需求（如果儿童也在场的
话）。为初次会面留出足够的时间无疑会对实际工作产生影响，但关键是要确保家长对
家园关系有信心。充分的会面时间也让教师有机会向家长了解更多信息，这些信息会
有利于将来的合作。

第一次交流的场所各有不同，一般会在早期服务机构或者儿童的家里。在讨论
如何使用叙事法（narrative therapy）与家长建立真正的伙伴关系时，马克奎恩和霍布
斯（McQueen and Hobbs）建议对话开始时重点应该询问：对于家庭来说，什么非常重
要？（2014：17）如果我们考虑到对话的前提是儿童将要入园，我们应该关注对于这个
家庭来说重要的事：怎么做好入园适应？哪些方面会影响儿童在园生活？

古德曼和格雷格（Goodman and Greg）证明，相对于来自富裕背景的儿童，来自贫穷家庭的儿童较少拥有优势环境（2010：5）。环境与儿童早期认知发展有强相关关系。家访可以帮助教师对儿童的原生环境形成初步概念。这也为家长提供了一个在他们感觉舒服和熟悉的环境中与教师交流的机会。他们建议家访应该由儿童的主要负责教师和另一位教师一起进行。在家访过程中，一位跟儿童互动，另一位则集中精力和家长交流。简短客观地观察儿童在家庭中的活动，当场或者在参观结束后做好记录。一定注意不能花费太多时间来记录。让家长和儿童都能够充分地参与家访过程，会为将来的工作建立起一个坚实的基础。有的家长可能不喜欢家访，教师需要尊重家长的这种感觉，并且准备可能需要的替代场所。

教师没有第二次给家长留下好印象的机会，所以在第一次见面前仔细思考见面时怎么做至关重要。麦格诺顿（MacNaughton）强调在优秀教师身上有一种反思技能。她建议"回顾"和"反思"实践（2005：6）。重要的一点是反思我们在与家长初次会面时的行为。尽管不可能确保每一次互动都成功，但是反思会帮助我们找到将来与家长合作的方法。

让家长持续参与、分享实践

有效的合作关系应贯穿儿童整个在园期间。教师和家长同心协力，促进儿童发展，扩大儿童学习机会，轻松交流儿童的趣闻逸事。教师应该创造机会让家长参与实践，共享儿童的经验。劳斯讨论了一种以家庭为中心的实践模式，这种模式信奉这样一种信念：家长有权为自己的孩子做出决定。实践显示，当家长定期与机构分享经验时，他们更有可能感到被赋予了与教师讨论自己孩子学习的权利。

早期服务机构是否方便联系的问题也需要得到重视。应该让家长明白，他们可以留下来安顿孩子并参与游戏。在实施开放的政策时，应该对家长解释清楚。《指南》强调家长应该能够得到关于活动和经验的内容与类型的信息，以及家长应该如何在家中分享学习的信息（DfE，2014a：30）。有组织的"家长留下来"环节通过有计划的协作，为分享提供了极好的机会。这一环节的活动形式会有不同，但是定期、方便是保证家长出席率的重要因素。"家长留下来"环节活动对于大多数家长需要在送完孩子后接着去上班的日托机构极具挑战性。因此极为必要与家长保持密切联系，便于确定一个有效的家长参与时间，比如周六，家长也可以在每天下班后停留 5—10 分钟的时间。

> **反思性任务**
>
> • 你面对的是一位觉得与教师合作很有挑战性的父亲。他告诉你，他自己有很负面的学校经历，不知道怎样才能最好地支持孩子的学习。请列出所有你将尝试的旨在建立这位父亲信心的方法。你会怎样让他参与幼儿园的日常活动？

合作评估（Collaboration in assessment)

早期奠基阶段的两岁综合评价规定，教师需要评估儿童在每一个领域的发展情况，以确保家长对儿童的发展有一个清晰的了解（DfE，2014a：3）。勾勒儿童清晰发展画像需要借助教师的知识、评估以及从家长和其他专业人士处收集的信息。梅辛杰和马洛伊（Messenger and Malloy）指出，当这样的合作关系得以实现时，家长的育儿水平和儿童的认知表现都会有改善（2014：9）。

关于儿童发展的书面总结是分享有关儿童信息的重要手段，这一总结也应该允许家长提供反馈意见。教育部建议，两岁综合评价书面总结的格式可以由教师决定，但是他们必须与家长或其他照看者讨论如何利用这一总结来支持儿童在家庭中的学习（DfE，2014a：13）。

除了书面总结，还有必要让家长有机会入园讨论儿童的成长。儿童的主要照看者与家长之间的会议为此提供了机会。除了正式的会议外，还应该让家长感到可以随时与教师讨论儿童的成长情况。这对繁忙的教师是一种挑战。如果家长提出需求，可能需要双方协商安排一个适当的时间。

教育部提出了在早期奠基阶段引入基准评估的计划（DfE，2014b：6-7）。在问责制改革中，教育部建议基准评估应该建立在与家长仔细沟通的基础上，并通过教师的评估进行"情境化"。这样，在儿童上小学之前的过渡期，与家长建立良好的关系会支持关于基准评估结果的交流。

分享每天的实践

斯米迪特（Smidt）论述了家长参与在早期服务机构日常运行中的重要性，并提出了一个能使家长真正地参与机构生活的最佳方法（2007：176）。她认为家长应该清楚自己的角色。为提高透明度，教师应强调正在发生的事情及其原因，让家长能够更好地了解机构的目标和理念，进而在家庭环境中拓展儿童的学习。家长参与包括请家长协助课堂活动、参观活动和筹款活动，面试求职教师，帮助烘焙或者分享故事。

一对一的分享，使家长更有动力与教师进行有益和有意义的合作。阿西（Athey）强调，"对于家长来说，没有什么比自己孩子的表现能更快、更永久地进入他们的心灵"（2007：209）。早期服务机构通过多种方式从家长那里收集信息，包括记录双方对话、合作记录学习历程。信息和通信技术也为与家长的沟通提供了强大的支持。电子邮件和共享评估应用程序的使用，对于由于工作或其他原因而无法定期来到机构的家长来说切实有益。但涉及阅读和写作等时应该谨慎。这涉及家长的知识、能力。永远不能对个人的阅读和写作能力想当然。

数码成像和手提录像设备改进了与家长分享实践的方式。通过教师观察所得的并经注释的图片和录像片段为有意义的分享提供了基础。奥哈拉（O'Hara）发现家长与儿童玩电子玩具或者使用音像设备记录儿童，对儿童学习信息技术产生了重大影响（2011：229）。让家长和儿童把照相机带回家，记录周末的活动，使教师有机会通过分享和讨论照片来拓展儿童的兴趣和探究。

有效地使用展示空间有利于加强合作关系，因为家长经常会停下脚步，讨论贴在墙上的自己孩子的照片。家长信息板作为分享机构信息的媒介，应该被放置在醒目的地方，比如等候区、走廊和更衣室等家长经常光顾的地方。如果有儿童的第一语言不是英语，则提供给家长的信息需要保证包含英语和该儿童的母语等不同版本。

通过信息通信技术和社交媒体吸引家长参与

教师注意到家长多拥有智能手机，家访时也发现许多家庭拥有平板电脑。许多儿童熟练掌握信息通信技术，证明他们有这方面习惯。教师开始考虑把这个技术作为分享实践和想法的工具。教师设立了班级邮箱，这样家长可以发送照片，并且介绍儿童在家里做了什么。这已经变成了一个受家长欢迎的方法。对于家长来说，从智能手机上分享图片很简单；对于教师来说，这样能定期收到信息。这些图片为鼓励家长与教师交谈提供了绝妙的机会，也可以放入儿童学习过程文件夹，供教师与儿童一起翻阅。

刚开始使用社交媒体时会有点难。有关社交媒体的争论一直存在。我们评估了自己关于社交媒体的观念，开始考虑用其来积极地支持我们的家庭。我们不愿意通过社交媒体分享儿童图片，所以决定不发表儿童的图片。幼儿园的网站和社交账户等可以用来知会家长我们正在做的事情。我们发现社交媒体是现代社会一个极好的工具，能吸引家长，可以成为我们得到信息流的渠道。我们通过我们的网站开展挑战活动，如："你是一个听力大侦探吗？"我们鼓励进行一次"聆听声音"的亲子散步，然后讨论听到的内容。必须强调的是，信息通信技术的采用并不意味着替代传统的交流方式，相反，我们力求去强化这些传统方式。在通过社交媒体与家长沟通的同时，我们一般也会使用书面信件的方式，因为我们不能假定所有的家长都喜欢社交媒体这样的沟通方式。

下一步怎么做？

我们感觉我们已经发挥了社交媒体积极的潜力，并打算继续这么干，利用它来助力我们的日常实践。很幸运，我们还与一家信息技术咨询公司合作，试验一个应用程序，核心是利用信息技术加强语言和沟通。我们会继续努力使用信息技术，评估它作为提升儿童家庭生活工具的功能。

> ☁ **反思性任务**
>
> - 思考通过使用社交媒体吸引家长参与信息分享的利弊。考虑社交媒体作为一个现代化的互动工具以及互联网上信息共享工具的安全隐患。

如果家长不参与

当家长不参与时，我们需要考虑其背后的原因。友好的口头沟通常有助于了解以前参与的家长为什么突然停止与机构互动，原因可能包括职务改变、家庭变故或机构的变化等。应该谨慎地把机构的改变介绍给家长，有新的员工要一一做个人介绍。

沃德（Ward）建议使用意见箱、便笺和专题小组等各种方法，重新吸引家庭（2013：111）。调查问卷也可以作为重新吸引家长参与的有效方法和工具，因为它们能够提供真实的反馈意见。意见箱可以便捷地获得家长的意见，可以与问卷一样允许匿名形式。教师应该观点明确地发起对话，以了解为什么家长选择不参与互动，尤其是那些以前曾经参与过的家长。

如果家长的不参与是与儿童的福利相关，则更令人担忧。在这种情况下，可能需要联系外部机构，如社会服务机构。对所有不参与的情况一一进行反思是有用的。研究近期的行动和事件可以为教师提供一些启发，以查明家长突然不愿意进行互动的原因并重建关系。

考虑家长的个别需要

重要的是要记住，并不是所有的家长都会有信心参与机构活动。同样，在我们考虑儿童需求的同时，我们也要考虑家长的需求。不说英语的家长也许会觉得互动尴尬又紧张。有着负面教育经历的家长可能不愿意参与互动。请记住，如果这是他们的第一个孩子，那么这可能就是他们（家长）从学校毕业之后第一次重新进入一个教育机构。阿诺德（Arnold）研究了影响参与的个人的以及人际的障碍。她指出以下情绪影响家长在教育机构中放松：

- 愤怒、恐惧和焦虑；
- 格格不入；
- 被轻视；
- 麻木；
- 孤立；
- 倾向于逃避 / 避免权威；

- 自惭形秽。（2003）

费尔勒（Feiler）强调妨碍家长参与的原因既多样又复杂，其中包含了社会剥夺、贫困、种族和残疾等（2010：35）。教师尤要注意的是，家长的经历和情绪可能会阻止他们参与。了解这一点会让教师更周密地考虑和计划适当的合作机会。至关重要的是要采用一种敏感的、不加评判的和适合家庭情况的方法。

对于第一语言不是英语的家长，我们可用他们的母语给他们提供信息。我们也可以请翻译人员来辅助家访和咨询。鼓励家庭分享照片对于英语不是第一语言的家庭也很有益处。重要的是为他们提供机会来谈论家庭环境、特殊节日和庆祝活动。

下面的案例谈的是麦克米伦幼儿园（McMillan Nursery School）的教师怎样跟一对向来感觉合作是一种挑战的家长建立伙伴关系的。这是一家很大的幼儿园，建于1939年，利用的是当时的大型市政用房，与当地的家庭建立了深厚的关系。很多孩子的兄弟姐妹、父母、祖父母上的都是这家幼儿园。人口统计显示这个地区是英国最贫困的地区之一，很多家庭都面临种种问题，包括吸毒和酗酒、家庭暴力、失业、家庭破裂、与社会隔绝和精神疾病（健康问题）。大量儿童有特殊教育的需求，很多家庭需要社会服务等外部机构的介入。此外，很多家长在少年求学时期都有负面的经历，当地人的学历都不高。不过，幼儿园的孩子们被形容为"快乐、聪明、热情、独立、智慧、友好、活泼、积极、富有创造力和想象力"，家长被描述为"被动地支持"幼儿园，表现为不愿意与幼儿园合作。教师尝试了一系列传统的方法，让家长积极参与儿童的学习。

案例分析

麦克米伦幼儿园：通过森林项目"在树林里"鼓励家长参与

安德鲁·希姆敏（Andrew Shimmin）为本文合作者

方法的考量

麦克米伦幼儿园从2008年起就是一所创造力合作伙伴学校（a Creative Partnerships School of Creativity）。通过这个项目，部分教师接受培训，成为森林学校教师，有资格在林地环境中指导活动。他们认为家长的参与是森林项目的核心特征，因此努力尝试让家长参与儿童的学习。他们预估，家长出于各种原因可能有以下倾向：

- 家长向来对异址参观很热心，从而可能更倾向于参与森林活动；
- 相对于传统上以课程为中心的活动，专注于森林的活动也许会让缺乏自信心的家长较少感到"威胁"；
- 持续6周的活动给家长、儿童和教师提供了长期互动的机会。

因此，幼儿园为某固定小组的儿童及其家长设计了一个常规项目，进行一系列的参观。这个小组包括了2岁、3岁和4岁的儿童，在受过专门训练的教师的领导下定期活动，持续一年。家长被邀请参加了一个只有家长参加的预备会，并且被要求承诺参加每次活动。工作人员介绍了森林学校，解释了有关安全规定和具体安排。一些家长持续表现出参与的兴趣，包括相当数量的父亲（传统上不太可能参与活动的群体）。

初次访问的重点是设定安全界限，介绍项目，成立团队。具体活动包括由教师主导的活动、游戏以及结构化的自由探索。工作人员每周组织一次小组反思和计划活动，加强小组之间的沟通。家长被鼓励发表自己的观点和意见，他们的贡献受到了重视和尊重。在森林学校框架下，教师基于早期教育实践模式，采用参与者主导的方法。早期奠基阶段的实践被用来提高儿童及其家长的信心和自尊心。借由当地早期奠基阶段教师和儿童的参与，项目组还探索了（从幼儿园到预备班的）过渡法。

项目的成果

有的家长，尤其是父亲，在户外似乎很自信。其他家长在最初的反馈中表现得紧张、担心，缺乏自信。随着活动的发展，他们表示信心和团队责任感都有提高，同时日益放松并享受其中。家长之间和儿童之间都产生了友谊，这些友谊陪伴他们过渡到小学阶段。说到家长参与自己孩子活动的经历和情感，有一位家长这样说："我发现走进森林会让你更平静和轻松。我觉得很多孩子都喜欢这样的感觉。"

开心、享受和时间是项目成功的关键因素。家长们评论说，他们很感激有机会和孩子们一起探索和度过美好时光。在森林中的探索又在幼儿园中得到呼应，教师们纷纷使用共同探索的模式，以支持亲子互动。一些家长在参加这个项目之后，报名继续学习儿童教育课程。

☁　**反思性任务**

回顾前面的案例研究。假设你要对一个家庭进行第一次家访，你如何确保有效地吸引家长和孩子参与？想一想你在家访时需要的信息。考虑下面的问题：

- 我该怎样尝试在第一次会面时让家长和孩子都参与？
- 我是否了解该家庭所用的语言？如果他们不说英语，我该如何沟通？
- 我该怎样让家长和孩子都能够在会面后感觉到我对他们的关注？
- 我该怎样落实三通关系？
- 本机构是否适合这个家庭？

本章小结

与认为合作是一种挑战的家长一起工作时，循序渐进至关重要。要重视他们宝贵的贡献，这样会提高他们提出意见和发表观点的信心。案例显示善解人意并经过深思熟虑的干预措施能够有效地激励伙伴关系，从而惠及儿童、教师和家长。

识记要点

- 本章讨论了让家长参与、建立和维护成功的伙伴关系的原则。与家长合作对儿童的成就有积极的影响。
- 教师与家长及其子女第一次互动的质量影响后续的合作。
- 合作应该被看作一个介于教师、家长和儿童之间的三通过程。

讨论要点

- 假设家长收到了你发出的关于初次沟通的信息，你会怎样保证他们有充足的时间来讨论他们的顾虑？你怎样感谢和肯定他们的贡献？
- 你怎样鼓励班上儿童的家长与班集体分享他们的才能？
- 你怎样利用信息通信技术和社交媒体创造性地吸引家长参与？

拓展阅读

书

Feiler, A. (2010) *Engaging 'Hard to Reach' Parents*. Chichester: Wiley-Blackwell.

Jackson, D. and Needham, M. (2014) *Engaging with Parents in Early Years Settings*. London: Sage.

Whalley, M. (2007) *Involving Parents in Their Children's Learning*, 2nd edn. London: Paul Chapman Publishing.

文章

McQueen, C. and Hobbs, C. (2014) 'Working with parents: using narrative therapy to work towards greater partnership', *Educational and Child Psychology*, 31 (4): 9–17.

参考文献

Arnold, C. (2003) *Observing Harry: Child Development and Learning 0–5*. Maidenhead: Open University Press.

Athey, C. (2007) *Extending Thought in Young Children: A Parent–Teacher Partnership*. London: Sage.

DCSF (Department for Children, Schools and Families) (2008) *The Impact of Parental Involvement on Children's Education*. Nottingham: DCSF Publications.

DfE (Department for Education) (2012) *The EYFS Progress Check at 2: A Know How Guide*. Available at: www.gov.uk/government/uploads/system/uploads/attachment_data/file/175311/EYFS_-_know_how_materials.pdf (accessed 28 September 2015).

DfE (Department for Education) (2014a) *Statutory Framework for the Early Years Foundation Stage: Setting the Standards for Learning, Development and Care for Children from Birth to Five*. Available at: www.foundationyears.org.uk/files/2014/07/EYFS_framework_from_1_September_2014__with_clarification_note.pdf (accessed 28 September 2015).

DfE (Department for Education) (2014b) *Reforming Assessment and Accountability for Primary Schools*. Available at: www.gov.uk/government/uploads/system/uploads/attachment_data/file/297595/Primary_Accountability_and_Assessment_Consultation_Response.pdf (accessed 28 September 2015).

Feiler, A. (2010) *Engaging 'Hard to Reach' Parents*. Chichester: Wiley-Blackwell.

Goodman, A. and Greg, P. (2010) *Poorer Children's Education Achievement: How Important Are Attitudes and Behaviour?* York: Joseph Rowntree Foundation.

HM Treasury (2004) *Choice for Parents, the Best Start for Children: A Ten-Year Strategy for Childcare.* London: TSO.

Jackson, D. and Needham, M. (2014) *Engaging with Parents in Early Years Settings.* London: Sage.

MacNaughton, G. (2005) *Doing Foucault in Early Childhood Studies.* Oxford: Routledge.

Malaguzzi, L., quoted in L. Abbot and C. Nutbrown (2001) *Experiencing Reggio Emilia – Implications for Pre-school Provision.* Maidenhead: Open University Press.

McQueen, C. and Hobbs, C. (2014) 'Working with parents: using narrative therapy to work towards greater partnership', *Educational and Child Psychology*, 31 (4): 9–17.

Messenger, C. and Malloy, D. (2014) *Getting It Right for Families: A Review of Integrated Systems and Promising Practice in the Early Years.* London: LGA.

O'Hara, M. (2011) 'Young children's ICT experiences', *Journal of Early Childhood Research*, 9 (3): 220–231.

Smidt, S. (2007) *A Guide to Early Years Practice*, 3rd edn. London: Routledge.

Thornton, L. and Brunton, P. (2007) *Bringing the Reggio Approach to Your Early Years Practice.* Abingdon: Routledge.

Ward, U. (2013) *Working with Parents in Early Years* (2nd edn), London: SAGE.

Whalley, M. (2007) *Involving Parents in their Children's Learning,* 2nd edn. London: Paul Chapman Publishing.

第14章

共同保护儿童

佐伊·尼基弗瑞德　芭布丝·安德森

本章概览

捍卫并提升儿童的福利，是儿童幸福的根本，是《指南》(DfE，2014)的宗旨，它表明每一位参与儿童相关工作的人都有保护儿童的责任。为此，教师需要积极主动地处理儿童保护问题，同时也要确保为每一名儿童提供安全的环境。

本章的目的：

- 探讨安全措施和儿童保护的概念，突出其在实践中的应用；
- 审查对早期服务机构有关儿童保障与福利的立法要求和期望；
- 反思以儿童为中心和协同一致的安全防护举措的意义。

保护儿童的重要性

各国儿童保护和社会福利体系有不同的结构和功能，因为这些"社会结构植根于特定儿童观、家庭观以及社区和社会的特定愿景"(Cameron and Freymond，2006：3)。无论处于何种情况，不可否认的是，当儿童在安全的家庭、学校、邻里和社区环境中互动和成长时，他们的社会性、精神、身体、情感和个性等各方面都会获得发展。马斯洛(Maslow)在他的动机理论中强调了如何对各种需求进行分层：在生理需求满足之后，安全需求极为重要，随之而来的是爱的需求、尊重的需求乃至自我实现的需求。他提到，正是在遭受威胁或者疼痛后，婴儿会发现"整个世界突然从光明变成黑暗"（1943：377），需要"强有力的父母保护他们远离伤害"（1943：378）。

儿童保护是指公民社会通过家长、专业人士以及各机构和项目承担的责任、开展的活动、履行的职能，确保儿童不会面临任何风险、伤害和 / 或虐待（Sloth-Nielsen，2014）。儿童保护的本质是承认儿童可能面临风险和 / 或虐待行为，及时地采取评估、解决和干预的措施和行动，从而创造安全或较安全的环境。识别这些风险因素并及早干预是克服未来生活中可能的社会排斥和更广泛问题的主要策略（Parton，2011）。捍卫儿童的安全和福利旨在确保儿童和年轻人的整体福祉，并意味着要采取积极而不是被动的方法、态度和行动来支持每名儿童发展他们的潜力。这样，儿童的声音、观点可以发挥重要作用，得到肯定。

儿童保护的意义远不止于保护儿童，它考虑的是有需要的儿童、处于危险之中的儿童、弱势的儿童乃至每一名儿童。儿童是指"每一个 18 岁以下的人"（DfE，2015a；United Nations，1989）。任何儿童，在他们生命的任何时刻，都可以被认为易面临某种形式的风险，可能需要支持、指导和保护。由此，关注的对象主要是可能遭受虐待和"重大伤害"的儿童。此外，所有儿童，由于他们的年龄、不成熟以及对成年人的依赖，在某种程度上都是易受伤害的（Munro，2011）。然而，有效的保护是通过提供更广泛的支持系统和服务来满足儿童及其家庭的需求与利益，保障儿童和家庭的福利。正如帕顿（Parton）指出的，预防和保护的作用不仅在于消除负面影响，而且还在于通过最大限度地利用保护因素和程序，提高儿童发展的积极机会（2011）。

伤害包括不同类型。对儿童的虐待和忽视包括身体上的、情感上的虐待和忽视，以及性虐待和忽视（DfE，2015a）。身体虐待可能涉及殴打、甩、摔、喂毒、烧伤或烫伤、溺水、窒息以及其他对儿童造成物理伤害的形式。身体伤害也可能是在家长或其他照看者伪造儿童的症状或故意诱发疾病时导致的。

情感伤害是通过对儿童的持续情绪虐待而产生的，会对儿童的情绪发展造成严重和持久的不利影响。它可能会向儿童传递这样一种信息：自己是无价值的，不被爱的，不够好的，或是只有在满足另一个人的需要的情况下才能被重视。它可能包括不给予儿童表达自己观点的机会，故意不让他们发声，或取笑他们说的话或说话的方式。它可能体现在给儿童强加与其年龄或发展不适宜的期望、超越儿童发展能力的互动，过度保护和限制儿童探索和学习，或阻止儿童参与正常的社交互动。它还可能涉及看到或听到另一个人受虐待，涉及严重的霸凌（包括网络霸凌），涉及对儿童的剥削或腐败，导致儿童经常感到害怕或处于危险之中。各种形式的儿童虐待都涉及某种程度的情感虐待，不过情感虐待也可能独立发生。

性虐待涉及强迫或诱使儿童青少年参与性活动，包括卖淫，无论儿童是否意识到发生了什么。这些活动可能涉及身体接触，如暴力侵入性行为，可能涉及非接触式活动，如让儿童观看性用品和图像、性活动，或利用儿童制作图片，鼓励儿童做有不当性暗示的行为或教唆儿童施行虐待行为（包括通过互联网）。性虐待不是只有成年男性才会犯的罪。妇女也会犯，儿童也有可能犯。

忽视可能会因为儿童基本生理和／或心理需求长期得不到满足从而导致健康或发展严重受损。忽视可能由怀孕期间滥用药物导致。在儿童出生后，则忽视可能会涉及家长或照看者未能提供足够的食物、衣服和住所（包括不让儿童在家或遗弃儿童），不能保护儿童免受身体和情感伤害或危险，不能确保充分的监督（包括提供不适当的监护人），或不能确保儿童获得适当的医疗或治疗，或者忽视儿童的基本情感需求或对儿童的基本情绪需求无动于衷。

此外，《联合国儿童权利公约》也明确指出了保护儿童青少年的安全和福利的重要性，强调了儿童的生存权，全面发展的权利，免受有害的影响、虐待和剥削的权利，以及充分参与家庭、文化和社会生活的权利。其第 19 条规定：

> *各方应采取一切适当的法律、行政、社会和教育的措施，保护儿童免受一切形式的身体或精神暴力、伤害或虐待、忽视或疏忽、虐待或剥削，包括性虐待，无论儿童是由家长照顾，还是由法定监护人或任何其他有照顾责任的人照顾。*

《每个孩子都重要》（DfES，2003）标志着自 1948 年以来英国在儿童服务理念和实践方面具有重大意义的变革（Hudson，2005）。在儿童保护的议题上，《每个孩子都重要》和《儿童法案》（2004 年）都致力于通过提升健康、社会保障、教育和司法制度等方面的综合服务来改善儿童的福祉，重点是儿童生活的 5 个方面：健康、安全、快乐和成就、做出积极贡献并实现经济福利。今天的英国教育有 3 个关于保护和促进少年儿童福利的核心法规体系，旨在形成以儿童为中心并协调一致的教育模式：

- 修订后的《指南》（2014）更加详尽地强调了对儿童保障和福利的要求；
- 《共同保护儿童》（DfE，2015b）涵盖了对各个服务机构的立法要求和期望，及地方保护儿童委员会（Local Safeguarding Children Board, LSCBs）的指导框架，以监督地方服务的有效性；
- 《关于确保儿童安全接受教育的规定》（*Keeping Children Safe in Education*）（DfE，2015a）规定了学校和大学（不包括公立托幼机构）应履行的法律义务。

这些法规根据以下 4 个关键原则定义了维护和增进儿童福利的概念：保护儿童免受虐待；防止儿童的健康或发育受到损害；确保为儿童提供安全有效的成长环境；采取行动使所有儿童都能获得最佳结果（DfE，2015a：6；DfE，2015b：5）。

对早期服务的立法要求和期望

《儿童法案》为早期服务提供了立法背景，例如英格兰根据法律为不到法定入学年龄（5 岁）的儿童提供保育和日托服务。这个法案要求地方政府本着保护儿童和促进儿童福利的目的，为有需要的儿童提供服务。它还反映了 1991 年英国政府签署《联合国儿童权利公约》的目的，倡导以儿童为中心的保障方式（DfE，2015b）。最近，2010 年《平等法》（*Equality Act*）赋予地方政府特殊责任去消除歧视和促进机会均等，从而使所有儿童能够平等地获取满足其需求的服务。这些责任已被庄严地融入英国政府在《共同保护儿童》中提出的两大儿童保护原则：以儿童为中心并协调一致（DfE，2015b）。

第一个关键原则意味着儿童保护是每一个专业组织或机构工作人员的责任，不能将这种责任只下放给某个指定的人员。第二个关键原则与以儿童为中心的模式有关，儿童说他们需要：

- 警觉：当自己被问题困扰时，成人能注意到；
- 理解与行动：了解发生了什么，自己的声音得到倾听和理解，且能产生作用；
- 稳定性：能够与帮助自己的人发展一种持续稳定的信任关系；
- 尊重：希望被视为有能力的而不是没有能力的人；
- 信息和参与：对程序、决策、关切和计划有知情权和参与权；

- 解释：如果意见没有得到积极回应，会被告知结果和决定以及原因；
- 支持：自己作为人以及家庭的一员的权利得到支持；
- 主见：成人赞同并协助自己提出看法。（DfE，2015b：11）

因此，服务于儿童保护方面的专业人士需要清楚地了解儿童的需求和看法，以及如何最有力地支持儿童。地方政府工作人员对于本地区内儿童的共同需求有着义不容辞的责任。确定个别儿童及其家庭新出现的问题和未满足的需求，是早期教育与保育人员与其他更专业的对口机构的基本服务和专业职责的一部分。这就对教师提出了不断提高专业水平的要求。教师需要知道如何识别与有效应对虐待和忽视的情况，了解引发这些情况的原因，特别是关系到弱势儿童时，更要注意什么类型的干预措施是适当的。

案例分析

罗布（Rob），3岁

3岁的罗布有一个哥哥和一个姐姐。他有严重的听力问题。他和家人住在一个高级社区的独栋别墅里。母亲刚刚因为癌症去世，父亲决心维持一个稳定的家庭生活，包括他们富裕的生活方式。罗布在托儿所一直很安静和沉默，教师担心他缺乏与别人交流。他们同时也担心地发现罗布错过了几次与他的听力有关的医疗预约。

他的父亲否认他有任何健康和行为问题，说他很健康，他12岁的哥哥肯把他照顾得很好。有一天，父亲因为工作原因不在家，让哥哥肯负责照顾罗布吃饭睡觉。罗布过于兴奋不肯吃晚饭。肯对他的不合作行为深感沮丧，就打了罗布。

事件发生的第二天，罗布的负责老师注意到了瘀伤并通知了儿童保护相关负责人。他们一起讨论下一步的措施。

☁ 反思性任务

要认识到儿童有不受到来自家长或任何其他人的暴力、虐待和忽视的权利（United Nations，1989）：

你应该怎样帮助儿童理解他们的权利？

你会计划什么样的行动？

你会怎样使家长、地方政府和社区参与？

早期发现儿童个体和家庭的需求并持续提供支持服务，取决于对他们需求的识别。当涉及初级支持的时候，个人或机构可采取明确的行动，例如介绍家长参与家庭支持网络。对于其他需求，可以通过《共同评估框架》（*Common Assessment Framework*, CAF）来采取协调一致的方式，指定一个专业人员负责协调机构内部评估，综合其他机构的信息和知识，目的是通过专业机构为家庭提供相关和适当的支持，而不是让儿童及其家庭对各种各样的专业服务无所适从。如果遇到更复杂的需求或儿童保护问题的情况，1989 年《儿童法案》第 17 和 47 条规定了支持有需要的儿童或地方政府社会福利措施的基本政策。

当儿童保护措施失效，已知或怀疑因为虐待或忽视而导致儿童死亡或受到严重伤害，就需要进行重大案件审查（Serious Case Reviews, SCRs）。布兰登（Brandon）等人详细介绍了通过审查这类案例可能学习到的经验，并提出了可能对实践产生积极影响的新的见解（2012）。然而，罗林斯（Rawlings）等则通过对新出现的主题的识别，解释了从重大案件审查中学到的经验没有体现在政策和实践中的原因（2014）。一是从重大案件审查中学习经验存在障碍，大量来自不同重大案件审查、旨在形成新的政策和程序的建议令人不知所措，不仅没有达到支持的目的，反而降低了效率。二是学习的文化和培训，说明教师缺乏一致的相关培训。三是政策和程序，"政策和程序的不断变更与实施对一线工作人员产生重大影响，导致了与工作量、角色、责任感和义务相关的困扰和紧张"（Rawlings etc., 2014：7）。所有调查结果表明，需要采用更加协调一致的方式对重大案件进行善意的公开审查，当保护措施失败时，可以在政策和实践方面采取更加广泛和深入的改变。

早期奠基阶段儿童保障和福利要求

早期奠基阶段的儿童保障和福利要求（DfE，2014）非常清楚地指出早期服务提供者要向公众负责（Ball，2013）。《指南》中使用"必须"这一类术语来强调达到每项要求的重要性。

早期服务机构的关键责任，是创造"高质量的即舒适、安全、令人振奋的环境，使儿童能够于其中自信地学习和发展"（DfE，2014：16）。除了要求儿童在机构中处于安全和健康的状态，教师也有义务对儿童在家庭或别的任何地方所产生的安全问题保持警觉。例如，从 2015 年 7 月 1 日起，所有公共机构都有义务根据 2015 年《反恐怖主义和安全法》（*Counter-Terrorism and Security Act*），"适当考虑防止人们被卷入恐怖主义的需要"。这项义务被称为"预防义务"，是早期服务提供者必须承担的。在履行这一义务时，教师被要求辨别可能易受变化影响的儿童。教育标准局的检查对此需求也有具体解释。教师的责任超出了他们的工作场所，扩展到了社区，因此也面对更多的挑战。

这些要求分为政策和程序、人员、关系、环境和信息共享等几大方面。早期服务提供者必须制定相应保护制度，确保达到地方保护儿童委员会的要求。

如机构手机使用制度也必须体现《共同保护儿童》的意见（DfE，2015b）。每个机构都应该指定专人负责儿童保护，他 / 她需要接受必要的儿童保护培训，与地方保护儿童委员会保持联系，并给其他同事提供关于儿童保护方面的支持。然而，这并不意味着不需要所有工作人员都全面了解儿童保护的要求，以便能够及时识别和应对突发事件。其他关键的政策和程序是与健康相关的，比如给儿童服用药物，控制感染及其传播，处理意外伤害，提供健康食品（这也体现了政府减少儿童肥胖的目标）（Public Health England，2014）。

教师还应掌握犯罪记录检查、儿童支持技能等，其中包括关于儿童保护和紧急撤离居舍的程序、健康和安全问题的知识、儿童学习与发展的知识，熟悉平等政策，能从整体上考虑儿童的福利，如除身体健康以外的社交和情感方面的健康。工作人员有权定期举办会议，如以持续改进实践为目标的辅导会。他们也必须具备一定水准的口头和书面表达能力，保证有效沟通。其他要求是：无论儿童在园还是外出，至少保证有一名员工持有小儿急救证书，还需要有一名员工担任特殊教育需求协调员（SENCO）。

每名儿童都有一个主要照看者，二者关系是发挥作用的基础。他们需要与每一名儿童协调好关系，以便更好地了解儿童的需求从而提供支持（Elfer，2012）。他们必须能够与家长有效交流，建立互惠关系。他们需要使用适当的管理方法，禁止体罚。

案例分析

尼雅（Nia），幼儿园教师

4 岁的劳拉（Laura）跟妈妈一起住。她妈妈的妹妹即劳拉的姨妈，每天送她到幼儿园。近期劳拉的行为较为反常，变得很有攻击性和敌意，多次跟小伙伴发生冲突。她看起来很疲惫，衣服也不干净。这导致了小朋友不想跟她玩，于是她变得更加不友善。

她的主要照看者尼雅在鼓励儿童解决冲突的同时，也进行了记录。但对于儿童行为改变的原因，相关线索却极为有限。尼雅决定暂不通知幼儿园儿童保护负责人，先接触劳拉的姨妈了解情况。可是，姨妈说她没有责任，并且回避任何对话。尼雅与劳拉关系很亲密，所以她跟劳拉聊天。但交流之后，尼雅几乎没有发现任何信息和迹象说明这些行为变化背后存在的潜在危险和诱因。

在那周晚些时候，尼雅在课堂上运用了个性、社会性和情感发展课程（personal, social and emotional development curriculum，PSED）的"三座房子"法（Weld，2008）。这个方法让儿童自己画图并进行口头解释，重点放在"担心屋""好事屋"和"梦想屋"上。根据劳拉的绘画，尼雅意识到问题出在她家里，决定安排一次与母亲的会面来讨论这些问题。由于劳拉的母亲没有出席会议，尼雅报告了幼儿园的儿童保护负责人。接着，他们做了份正式的报告。

☁ 反思性任务

人们对于如何在早期服务机构中维持健康与安全之间的平衡，以及如何管理儿童合理的冒险行为，至今仍存在着争议。

- 基于《指南》（DfE，2014），你会考虑哪些健康和安全问题？
- 你为什么对提高儿童个人的抗风险能力有兴趣？

早期服务机构的环境对于保障儿童福利发挥着关键作用。环境包括内部和外部可用空间的布置。按规定，除非出现极端的天气条件，必须保证儿童每天至少有一次室外活动。定期风险评估的规定很明确地要求机构安排外出活动。另外，还应该有一个可供工作人员和家长进行私密会谈的空间，以便在讨论可能的困难和问题时使用。

在信息共享和保存记录方面与家长合作，是致力于为每名儿童保留机密记录的机构高效率工作的一部分。这些记录也可用于与儿童参加的其他机构分享。另外，当涉及儿童的最大利益时，这些信息也可能会分享给儿童社会福利机构、警察局或其他专业机构。

以儿童为中心、协调一致的儿童保护办法

儿童保护是每一个人的责任。每一个参与儿童保护的人都应该充分发挥自己的作用，以儿童的意见和需求为核心，开展以儿童为中心的机构间合作。儿童和青少年是有权利的个体，有根据年龄和成熟度参与决定的权利（Munro，2011）。此外，儿童和青少年是他们受特定家庭文化影响而产生的问题的重要信息来源（Willow，2009），如果能够保证倾听儿童的声音，儿童的参与便可以实现。此外，每一位从事与儿童及其家庭工作相关的人，如教师、全科医生、护士、医生、健康访问者、青少年工作者、警察、急救人员、儿科医生、志愿者、社区工作和社会工作者，都需要在职责范围内互相协调、合作，采取相应的行动（DfE，2015b）。

每一位与儿童及其家庭接触的人都需要与其他专业人员和机构合作，发现问题，分享信息，并采取及时的行动，维护和促进儿童福利。当儿童受到明显的伤害，或者极有可能会受到伤害时，即使他们没有处于直接的伤害或危险之中，也需要及时采取保护行动，还应采取行动提升需要额外帮助的儿童的福利（DfE，2015a）。各领域专业人士处于一个非常重要的位置，扮演着尽早发现问题并提供帮助和支持以防止问题升级的重要角色，因为时间很重要。如果能够在儿童生命早期阶段进行干预，那么更有可能防止未来受教育程度低、失业、犯罪和反社会行为等一系列问题（Parton，2011）。

没有一个系统可以完全消除风险。根据亚当斯（2006）的说法，在某种意义上，关于风险和风险管理，每个人都是被实践和经验培训出来的风险"专家"。风险和危险是我们生活的一部分，是活跃和不断变动的，具有不同的形式、成因、影响、程度、层次、复杂性和构成。理解风险需要学会判断和平衡。为了管理与儿童有关的风险，专业人员应该首先考虑儿童的最大利益，依靠可靠的证据和儿童发展规律做出决定。保护和促进儿童福利需要经过批判性反思、高质量评估、循证决策和审查，及时系统地调查儿童发展需要、家长或其他照看者应对能力，以及家庭和社区的影响。这些都需要仔细调查，目的是对儿童在家庭中的需求和／或面临风险的性质与程度进行判断（见图 14.1）。

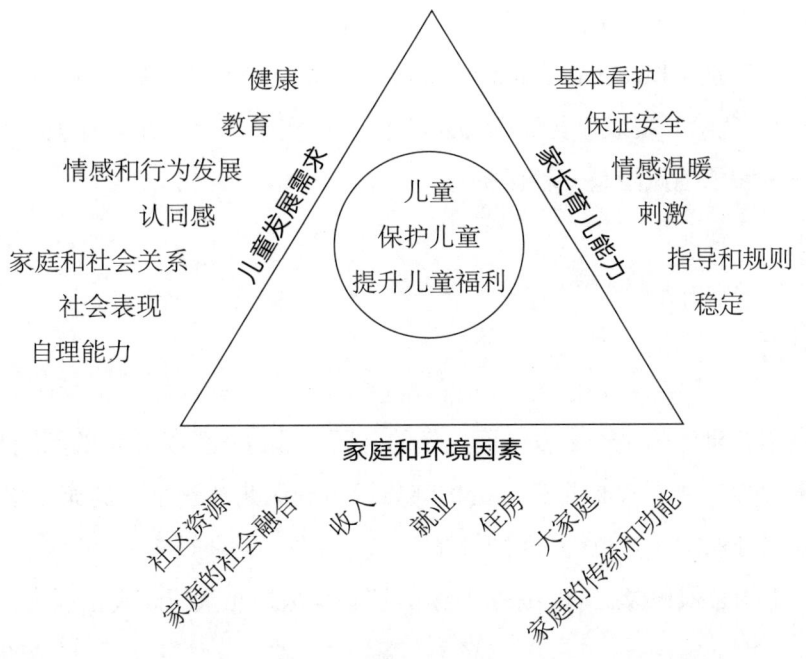

图 14.1　评估框架（来源：DfE，2015b：22）

但是，儿童保障比儿童保护要复杂得多，也许还重要得多。它可能意味着能够使儿童充分发挥潜力，而不是坚持一种过度保护的立场，以防阻碍儿童独立、自尊和冒险精神的发展。成人不可能永远守在儿童身边。保障不仅仅是为了眼前，更是为了使儿童将来能够照顾好自己。

通过确定儿童重要且积极的媒介性作用，越来越多的研究指出了"安全过剩"的趋势（Wyver etc.，2010）。所以，今天的风险在于儿童"没有风险"（Bundy etc.，2009）。为了确保安全而日益增多的法规和程序，导致社会走向过度保护和安全控制的极端（Sandseter，2010）。这种成人控制和监视儿童的互动以及规避或厌恶风险的意识，已使儿童的生活方式受限，活动尤其是身体活动受限，与陌生人和不熟悉的、未知的环境的互动受限，仅与大自然部分接触（Gill，2007）。扭转这种趋势的可能方案是考虑并提高儿童自身作为积极公民的风险意识。基本论点不是让儿童完全暴露在某种形式的危害之下，而是以有组织和适当的方式让儿童有机会提高自我照顾技能、风险评估能力和自主决策能力（Christensen and Mikkelsen，2008）。可以借助教育的方式，让儿童逐步在"受控"的课堂环境中进行活动，提高风险认知，从而发展风险意识和风险能力（Nikiforidou et al.，2012）。儿童需要了解"可以接受的风险"和"不可以接受的风险"之间的区别，能够充分认识"感觉安全"与"实际上安全"的区别（Eichsteller and Holthoff，2009）。他们还需要时间和空间，就什么是"安全""危险"发表意见、希望和看法。事实上，允许儿童在教育目标的引导和激励下理解和承担风险是一种保护。

本章小结

本章指出儿童保障是一个复杂而广泛的问题，探讨了保护儿童的问题及其在《指南》中的重要性。所有关心儿童的机构都要承担确保儿童安全、健康和幸福的责任，这是对早期服务保护儿童免受任何形式的虐待和伤害的要求，为了确保避免虐待的策略到位，各机构必须积极主动。保护儿童的核心是保护儿童的健康和福祉，第 15 章将继续讨论。

识记要点

- 修订版《指南》（DfE，2014）凸显了保护和促进儿童福利的重要性，确保儿童的安全和福祉成为早期服务机构及其工作人员的责任和义务。
- 儿童保障不仅限于儿童保护，因为它指的是儿童的整体发展以及预防伤害、虐待和忽视。
- 儿童保障的 4 个关键原则是：保护儿童免受虐待；防止儿童健康或发展受损；确保儿童在一直安全并提供有效照顾的环境中成长；以实际行动促使所有儿童适时得到最好的结果。
- 儿童保障工作不仅是让儿童现在安全，还要通过帮助他们发展风险意识和抗风险能力来实现他们将来的安全。

讨论话题

- 为什么保障和促进儿童福利的问题在当下如此重要？
- 教师在扮演儿童保护者的角色中面临的挑战是什么？
- 你会将霸凌与儿童保障联系起来吗？早期服务机构如何体现对儿童的保障？

拓展阅读

书

Coleman, S. and May-Chahal, C. (2013) 'Understanding child maltreatment', in *Safeguarding Children and Young People*. London: Routledge in association with Community Care. pp.1–16.

Parton, N. (2014) 'The changing politics and practice of child protection and safeguarding in England', in *Thatcher's Grandchildren? Politics and Childhood in the Twenty-First Century*. London: Palgrave Macmillan. pp. 45–68.

文章

Lumsden, E. (2014) 'Changing landscapes in safeguarding babies and young children in England', *Early Child Development and Care*, 184: 9–10, 1347–1363.

参考文献

Adams, J. (2006) *Risk*. London: Taylor & Francis/Routledge.

Ball, S. J. (2013). *Foucault, Power and Education*. New York: Routledge.

Brandon, M., Sidebotham, P., Bailey, S., Belderson, P., Hawley, C., Ellis, C. and Megson, M. (2012) *New Learning from Serious Case Reviews: a two year report for 2009–2011*. Research Report DFE-RR226. London: Department for Education.

Bundy, A. C., Luckett, T., Tranter, P. J., Naughton, G. A., Wyver, S., Spies, G. and Ragen, J. (2009) 'The risk is that there is 'no risk': a simple innovative intervention to increase children's activity levels', *International Journal of Early Years Education*, 17: 33–45.

Cameron, G. and Freymond, N. (2006) 'Understanding international comparisons of child protection, family service and community caring systems of child and family welfare', in G. Cameron and N. Freymond (eds) *Towards Positive Systems of Child and Family Welfare*. Toronto: University of Toronto Press. pp. 3–27.

Christensen, P. and Mikkelsen, M. R. (2008) 'Jumping off and being careful: children's strategies of risk management in everyday life', *Sociology of Health & Illness*, 30 (1): 112–130.

DfE (Department for Education) (2014) *Statutory Framework for the Early Years Foundation Stage:*

Setting the Standards for Learning, Development and Care for Children Birth to Five. London: DfE. Available at: www.foundationyears.org.uk/files/2014/07/EYFS_framework_from_1_September_2014__with_clarification_note.pdf (accessed 28 September 2015).

DfE (Department for Education) (2015a) *Keeping Children Safe in Education: Statutory Guidance for Schools and Colleges*. London: DfE.

DfE (Department for Education) (2015b) *Working Together to Safeguard Children: A Guide to Inter-agency Working to Safeguard and Promote the Welfare of Children*. London: DfE.

DfES (Department for Education and Skills) (2003) *Every Child Matters*. London: TSO.

Eichsteller, G. and Holthoff, S. (2009) 'Risk competence – towards a pedagogic conceptualization of risk', *Children Webmag*, 9.

Elfer, P. (2012) *Key Persons in the Early Years: Building Relationships for Quality Provision in Early Years Settings and Primary Schools*. Abingdon: Routledge.

Gill, T. (2007) *No Fear: Growing Up in a Risk Averse Society*. London: Calouste Gulbenkian Foundation.

Hudson, B. (2005) 'Partnership working and the children's services agenda: is it feasible?', *Journal of Integrated Care*, 13 (2): 7–17.

Maslow, A. H. (1943) 'A theory of human motivation', *Psychological Review*, 50: 370–396.

Munro, E. (2011) *The Munro Review of Child Protection: Final Report: A Child-Centred System*. London: TSO.

Nikiforidou, Z., Pange, J. and Chadjipadelis, T. (2012) 'Risk literacy in early childhood education under a lifelong perspective', *Procedia – Social and Behavioral Sciences Procedia*, 46: 4830–4833.

Parton, N. (2011) 'Child protection and safeguarding in England: changing and competing conceptions of risk and their implications for social work', *British Journal of Social Work*, 41 (5): 854–875.

Public Health England (2014) Child obesity and socioeconomic status data factsheet. [Online]. Available at: http://www.noo.org.uk/NOO_pub/key_data (accessed 29 January 2016).

Rawlings, A., Paliokosta, P., Maisey, D., Johnson, J., Capstick, J. and Jones, R. (2014) *A Study to Investigate the Barriers to Learning from Serious Case Reviews and Identify Ways of Overcoming These Barriers*. Research Report DFE-RR340. London: Department for Education.

Sandseter, E. B. H. (2010) 'It tickles in my tummy!' Understanding children's risk-taking in play through reversal theory', *Journal of Early Childhood Research*, 8 (1): 67–88.

Sloth-Nielsen, J. (2014) 'Regional frameworks for safeguarding children: the role of the African Committee of Experts on the Rights and Welfare of the Child', *Social Sciences*, 3: 948–961.

United Nations (1989) *United Nations Convention on the Rights of the Child*. Geneva: Defence International and United Nations Children's Fund. Available at: www.ohchr.org/en/

professionalinterest/pages/crc.aspx.

Weld, N. (2008) 'The three houses tool: building safety and positive change', in M. Calder (ed.), *Contemporary Risk Assessment in Safeguarding Children*. Lyme Regis: Russell House Publishing.

Willow, C. (2009) 'Putting children and their rights at the heart of the safeguarding process', in H. Cleaver, P. Cawson, S. Gorin and S. Walker (eds), *Safeguarding Children. A Shared Responsibility*. Chichester: Wiley–Blackwell. pp. 13–37.

Wyver, S., Tranter, P., Naughton, G., Little, H., Sandseter, E. B. H. and Bundy, A. (2010) 'Ten ways to restrict children's freedom to play: the problem of surplus safety', *Contemporary Issues in Early Childhood*, 11 (3): 263–277.

第15章

儿童的健康与福利

卡罗琳·西尔贝菲尔德

本章概览

　　《指南》指出了儿童健康的重要性以及教师确保儿童健康和安全的责任，强调以儿童的自我保护为核心，尤其是引导儿童在卫生、体育锻炼和营养方面做出健康的选择。为了满足儿童的健康需求，将这些方面放在儿童健康和福利这样更广泛的背景中考虑就显得极为重要。贫困和不平等的问题是影响儿童健康和福利的基础，因为这些影响超过了其他任何外部因素。不过，虽然存在贫困和不平等现象的影响，但仍有强有力证据表明，早期干预和预防措施，如免疫接种、卫生监测和健康教育等发挥着积极的作用（Marmot Review，2010）。

　　本章旨在帮助读者：

- 定义儿童的健康与福利；
- 讨论贫困和不平等的影响；
- 探索健康政策和服务；
- 解释健康专业人员的工作和跨专业合作；
- 讨论儿童在有关健康和卫生保健的决策中的参与。

定义儿童的健康与福利

健康和福利都是复杂的概念，都有许多广泛使用的定义，其中较全面的一个定义是世界卫生组织（WHO）于 1984 年讨论的促进健康的原则。他们重新界定了 1948 年将没有疾病视为健康的定义，提出健康是

> 个人或团体既能够实现愿望、满足需求又能改变或应对环境的程度。因此，健康应该被视为日常生活的资源，而不是生活的目标。这是一个强调社会和个人资源以及身体能力的积极概念。（WHO，1984：4）

不同的定义往往是由不同个人和组织的不同关注内容决定的。有一些很有趣的定义是儿童提出的。相比一些成年人缺陷模式的定义，儿童更倾向于积极地看待健康。奈塔波夫（Natapoff）的研究表明，6—12 岁的儿童能够对什么是健康表达自己的想法：健康就是感觉良好，能够参加自己喜欢的活动（1978）。当儿童在后续的研究中被问及对健康的看法时，他们将健康与生活习惯和更广泛意义的幸福感联系起来（NCB，2005）。这样就可以将健康看作一个更复杂的主观的概念。在最近的研究（Children Society，2012；La Valle et al.，2012）中，儿童的看法依旧——他们不认为健康就是没有不健康的症状，而认为健康就是感觉良好，能够参与日常活动。他们能够区分身体和心理健康，将情绪良好与健康联系起来。身体健康被视为有能力参与体育活动，得益于"玩耍、参与体育运动或玩得高兴"（La Valle et al.，2012：47）。

在没有明确定义"健康"（well-being）的情况下，人们很容易随意地或修辞地使用"健康"一词。比如，在 2006 年，英国保守党领导人（当时非执政党）在他"对未来的希望"演讲中，关于健康进行了以下说明：

> 现在是时候承认生活远不只是金钱了，是时候让我们不仅关注国内生产总值（GDP），而且关注总体幸福感（general well-being，GWB）了。幸福不能用金钱衡量或在市场上交易。它是我们周围环境的美、我们文化的质量，尤其是我们之间关系的力量。我相信，提升我们社会的幸福感，是我们这个时代的核心政治挑战。（Cameron，2006）

健康似乎是成年人可以比儿童更轻易地定义的一个概念（Counterpoint Research，2008）。这可能是因为儿童把健康定义为"好"，而在"好童年"（Good Childhood）调查中，儿童认为健康是幸福的重要组成部分（Children's Society，2012）。根据斯泰瑟姆和蔡斯（Statham and Chase）对健康的证据的论述，有一种观点认为健康是指人们的生活质量。

> 健康是人们在实现个人和社会目标时不断加强的一种动态过程，包括了家庭收入、教育资源和健康状况等客观因素，以及幸福感、生活质量感和生活满意度等主观指标。（2010：2）

这个定义说明健康是多维度的，应该从主观和客观两个维度，考虑儿童的权利、需求以及生活质量等方面，考虑儿童未来生活的需要和现在生活的需要。联合国儿童基金会认为富裕国家如英国儿童生活的健康包括 6 个维度：

- 物质福祉；
- 健康和安全；
- 教育福祉；
- 家庭和同伴关系；
- 行为和风险；
- 主观幸福感。（UNICEF，2007）

这份颇具影响力的报告试图通过这些维度将儿童贫困问题纳入思考范围。值得关注的是，在 21 个参与研究的国家的总体排名中，英国在生活质量的指标上排在最后（见下文）。同样，在随后的 29 个最发达经济体的比较中，虽然英国排第 16 名，但是需要注意的是，其他国家的经济受到全球经济衰退的影响更严重（UNICEF，2013）。此外，该报告所用的儿童生活水平评估内容减少到 5 个，不包括家庭和同伴关系（或者说主观幸福感）——这在儿童看来是他们快乐和幸福的关键。

贫困和不平等对儿童健康和福利的影响

在英国，儿童的健康和福利一直备受关注（Marmot Review，2010）。在过去的 25 年中，尽管英国社会繁荣昌盛，但是比起其他欧洲国家，英国儿童的健康状况被认为要差得多（BMA Board of Science，2013）。各种原因造成的儿童死亡率仍然较高，如英国每年儿童死亡人数估计比瑞典多出 2000 例。其中一个最令人担心的问题是英国的贫富差距不断扩大。在过去 15 年间，儿童健康研究专家一直认为，除非合理解决造成贫困的问题，并为英国儿童提供更公平的社会和经济条件，否则这一差距将继续扩大（Bardsley and Morgan，2000；Shaw et al.，2005；Marmot Review，2010；Child Poverty Action Group，2012；BMA Board of Science，2013；Wolfe et al.，2014）。

婴幼儿死亡率、儿童肥胖和事故等方面的统计数据可以明显揭示这些不平等现象。受处境不利影响最严重的是接受照看服务的儿童、残疾儿童、黑人以及少数民族儿童。

> 社会和经济不平等是关乎儿童生死的问题。在社会保护方面投入越多的国家，儿童死亡率越低。这些信息显而易见且至关重要。贫困会害死儿童。平等能拯救生命。社会保障是人口的救命良药。（NCB / RCPCH，2014：2）。

儿童在获得优质保健服务方面的不平等现象仍在持续。例如，有明显证据表明，在更富裕的地区，获得健康监测服务的人数在增长（Hall and Elliman，2006）。为了解决这一社会不平等现象，有人提出比例普遍主义（proportionate universalism）的概念（Marmot Review，2010），指出普遍服务的规模和强度应该与不利因素成比。

自从全民医疗保健和福利政策实施以来，儿童的健康状况和生活水平已有所改善，但英国的贫困和不平等现象仍然没有改变。贫困可以分为绝对贫困和相对贫困两种。绝对贫困的衡量标准是没有足够的资源来满足儿童及其家庭的需要，而相对贫困则是指在所处的同一社会中，缺乏其他人拥有的资源（Townsend，1979）。这是一个重要的区别，因为它承认并非所有社会都有同样的需要。这个概念由兰斯利和麦克（Lansley and Mack）进一步发展，他们提出了"社会公认的必需品"这个概念，即人们认为在英国社会没有人应该没有的生活必需品（2015）。这些必需品包括：够住的房子以及某些个人和家庭用品、休闲和社会活动。因此，贫困被认为是多维度的，而且全世界都承认，在任何社会考虑贫困问题都不能不考虑到政治、社会和经济背景。

一个跨学科的研究项目即千禧年出生人口研究（Millennium Cohort Study）追踪了 2000—2001 年在英国出生的约 19000 名儿童的生活。研究结果表明，与社会阶层相比，社会不平等和物质缺乏与儿童的发展和健康结果更相关。儿童面临的风险指标包括家长的心理健康、身体残障、暴力、吸毒、酗酒、无业、住房拥挤、未成年生育和经济压力。只有 42% 的家长不会面临任何一种这样的风险，通常各种风险也不会孤立发生（Sabates and Dex，2012）。

2008 年的经济衰退不仅影响了英国国民经济，也导致了儿童健康与福利情况的恶化（UNICEF，2014）。贫困会导致健康和居住条件差、儿童健康状况差和受教育程度低。2010 年以来联合政府以及随后的保守党政府实施的经济紧缩措施对英国贫穷和弱势群体的健康与福利产生了负面影响。福利政策的改变、持续的高失业率、低薪而无保障的就业、廉价住房的不足，都影响了那些最不能在政治上表达自己声音的群体。政府也采取了行动，要求人们对自己的生活（无论是社会意义的还是经济意义的）负起更大的责任（Lansley and Mack，2015）。从以下的案例研究中可以看到，萨拉（Sarah）感到，她除了自力更生别无选择。她有权利得到经济和社会支持，但是她没有得到。

案例分析

2 岁的罗伯特（Robert）跟他 27 岁的单亲妈妈萨拉（Sarah）、5 岁的哥哥迈克（Michael）住在一栋公寓楼的 15 层。哥哥迈克患有哮喘。罗伯特白天跟退休的姥姥待在一起。姥爷在去年去世了，姥姥一个人住在跟罗伯特同一栋楼的第 10 层。萨拉无法负担罗伯特的托儿服务，因为她的工作不稳定，负担不起定期的保育费用。萨拉在一家国际食品连锁店当临时工，通常每周工作 15—30 小时。她还在一家餐饮公司做临时工，通常每周工作 10—20 个小时。这两份工作都不能给萨拉提供稳定的工作或者带薪假期、病假工资等就业福利。萨拉的工作地点也不稳定，因为她可能不得不前往食品连锁店的其他分店工作或到餐饮公司的其他地址工作。虽然当地的福利办公室了解她的情况，但由于她工作时间不规律，本有资格获得的福利出现了延误等问题。福利延后了 4 个星期，她走投无路，从当地的放债人那里借钱。虽然这已经是一年多以前发生的事，但她仍然没有偿清债务，而且还背上了更多的债务。当孩子没有食物的时候，萨拉只好求助于食品银行。她不喜欢求助慈善机构，因为她觉得如果那样，她就是个不称职的妈妈。

☁ 反思性任务

在学习了第 11 章并了解了布朗芬布伦纳的生态系统理论后，思考关于儿童健康与福利的案例。考虑以下问题：

- 微系统，比如家庭或《指南》对儿童有怎样的直接影响？
- 生态系统如何影响儿童？
- 虽然不直接涉及儿童，但可能通过家长的就业/失业影响儿童的"外层系统"，对萨拉的家庭造成了什么影响？
- 包括政治、社会经济和文化背景的宏观系统如何影响儿童？
- 你可以如何帮助萨拉了解有哪些可能的支持服务？
- 你能如何有效地支持班上儿童的健康需求？

健康政策和服务供给

继《每个孩子都重要》（DfES，2003）出台之后，2004 年，政府提出了针对服务提供者的健康服务要求（DH，2004）。"儿童健康"方案（Child Health Program）推出，后来变成"健康儿童"方案（Healthy Child Program，HCP）（DH，2009）。该方案旨在根据儿童和家庭的需要采取预防性措施。为了改善儿童和家庭健康结果，面向家庭提供健康筛查、免疫接种和发育评估等服务，也向家长提供了充分的信息支持，以使他们为自己及孩子做出健康的选择。虽然"健康儿童"方案是一个通用方案，但它必须根据实际情况，将不同的家庭和不同的健康需求结合起来。该方案的核心是发挥健康访问员的作用，他们是方案的落实者。这个方案还包括了一个持续两年半的评估，通常由健康访问员执行。后来，"健康儿童"方案与早期发展检查整合为一个综合评估（见下文）。

最近，政府改变了服务方式，使健康政策受到了重大影响（HM Government，2010）。政府主要资金不再投入到地方卫生部门或初级卫生信托（Primary Health

Trusts），而是提供给临床委任小组（Clinical Commissioning Groups，CCGS），由他们委任他们所负责地区的医院和社区服务部门。全科医生属于这一小组，他们拿到了预算，为他们的患者提供适当的医院和社区护理资源。这就有可能会影响儿童和家庭的服务。

马默特的报告（Marmot Review，2010）提出了政府为减少健康方面的不平等现象而制定的最有效的、基于实证的战略，包括了可能解决其中更多决定因素的政策。政策中关于儿童和家庭的建议很明确：为了解决健康方面的不平等现象，政策需要进行改革，包括增加对儿童早期阶段的投入，优先干预怀孕和儿童出生第一年的不良后果，并为育儿项目提供常规支持。2014 年，英国政府在其发布的一项健康改善计划中表示，需要将工作重点从治愈疾病转向维持良好的健康状况，重要的是把心理、生理和社会的健康看作一个整体，全面看待健康问题（DH，2014）。该计划也建议在继续限制公共卫生支出的同时，必须满足慢性病患者和精神健康患者的需要。令人惊讶的是，文件没有提到马洛特评估中提出的关于减少健康方面的不平等现象的政策建议。

健康专业人士和跨专业合作

面向儿童和家庭的健康专业人员包括健康访问员、校医和社区儿童医生，其他健康专业人员包括教师、家庭医生、儿科医生、语言和表达治疗师、学习障碍医生、营养师和临床心理学家等。

健康访问员是专门的社区公共卫生专业人士，其目的是给家庭提供支持，提高家长的育儿能力，在家庭健康和社会保障以及儿童发展方面具有渊博的知识。他们有很多任务，包括儿童健康筛查，向家长提供咨询和指导，并在需要时给家长介绍适当的服务。许多健康访问员参与对儿童和家庭的干预。更多关于他们的工作内容，将在本节后面进行介绍。为健康访问员提供支持的是包括了校医在内的跨专业团队，以提供被公认为必要的公共卫生服务。随着人们越来越多地了解生活状况对儿童健康和大脑发育的不利影响，政府、卫生机构已经采取措施支持公共卫生服务，如健康访问等已经展现出改善儿童和家庭的成果（NHS England，2014）。

校医在支持和监控学龄儿童的健康方面也起着至关重要的作用。校医职责范围最近已扩展至 17 个健康领域，其中包括促进儿童的精神健康和情绪健康。

"家庭医生合作伙伴关系"（Family Nurse Partnership）是一个家庭访问项目，自2007 年以来一直为不到 19 岁的首次做妈妈的年轻母亲提供服务。从母亲怀孕早期直到儿童两岁，社区卫生专业人员（通常是健康访问员）会定期访问。目标家庭预测有3 万，工作量很小，但如果全面正式推行该方案，还需要额外的健康访问员（Browne and Jackson，2013）。研究表明，该方案有效地帮助年轻父母降低了健康和安全的风险、虐待和忽视儿童的风险以及儿童发展迟滞的风险。多兹（Dodds）提出了一个注意事项：如果背后的贫困和不平等情况没有根本变化，比如房屋不足，或资源不足以支付健康食品、额外的育儿服务或安全设备等，干预本身也许影响有限（2009）。批评者担心这项专门的服务只能使很小一部分被认为处于危险中的儿童得益。此外，41% 的母亲在孩子不到两岁时就离开了此项目（Browne and Jackson，2013）。因此，项目的成功可能靠的是参与完成项目的剩余 59% 的家庭。而相对于如此小数量的家庭，这个项目太过昂贵（Browne and Jackson，2013）。有人建议将可以参与该项目的人群扩大，以包括更多的儿童，从而使其更具有成本效益。还有人建议，卫生服务部门以外的机构也应该为这个项目贡献资金，因为项目的好处也可能影响到教育与保育的成果。然而，人们都认为还需要做更多的工作，以让更多的人了解该项目以及跨专业协同工作的好处。

过去 35 年来，健康访问和学校卫生一直属于卫生部门的职责范围。从 2015 年起，它们将成为地方儿童综合服务团队的一部分，具体涉及社会工作者、家庭援助人士与为儿童和家庭提供更广泛支持的服务人员等。尽管教师经历过这种整合工作模式，已经具备了一些优势，例如学会了与不同专业团队和组织开展多部门合作，但也要面对不同工作文化、角色定位、信息共享和权利问题的挑战（Richardson-Todd，2013）。增加的多部门合作被认为有益于儿童及其家庭，因为它减少了评估儿童需要的频率，降低了家庭需要适应不同专业人员的难度。

其中的一项举措是 2015 年实施的两岁综合评价。这是政府报告的一项提议（DfE/DH，2012）。两岁综合评价将整合通常由早期教育专业人员在儿童两岁时进行的早期发展检查（Early Years Progress Check）与由卫生专业人员根据"健康儿童"方案对 2—2.5 岁儿童实施的健康与发展评估。整合这两项法定检查的目的，是从健康和教育的角度，更全面地了解儿童的健康、学习和发展（Bridgewater Community Healthcare NHS Trust，2012）。家长将被邀请参加评估，他们的意见和关心会得到重视。这也被视为融合所有服务家庭和儿童的工作人员的专业技能、更好地支持儿童健康的一种方式。通过这种方式，可以及早发现儿童的发展需求，并转介适当的服务。政府委托了两项试点研究（Blades et al.，2014；Kendall et al.，2014），研究结果指出了这一方法的明显优点和面临的挑战。优点包括提高多机构合作效率、减少重复和改进信息共享等，而挑战则包括：在评估《年龄和发展阶段问卷》（*Ages and Stages Questionnaire*，ASQ-3）时，对儿童发展和转介需求存在不同理解；不同服务机构数据系统不同；不同服务机构之间关系质量不同。对该问卷是否可被用来作为一种筛查发育迟缓的工具，人们还存在一些困惑。卫生工作者担心，如果两岁综合评价只在早期服务机构实施，他们将无法在儿童自己的社会环境（家庭）中观察儿童的发展和进步，这可能会影响最终的结果。

☁ **反思性任务**

在早期教育与保育领域工作，你将需要与上面提到的所有专业人士合作。这对你的工作意味着什么？

儿童参与关于健康和卫生保健的决策

在评估人们与儿童关于健康服务的讨论时，拉瓦列等（La Valle et al.）发现，儿童有着自己的看法，也想参与关于健康服务的决策（2012）。这些发现与克拉弗林和麦克劳克林的研究（Clavering and Mclaughlin, 2010）相似，后者调查了儿童被纳入健康相关研究的方式。这两大研究都认为，应该给儿童机会参与健康研究和有关健康服务的决策，这既尊重了儿童的权利，又有助于更好地了解儿童的观点。第三项研究也使用类似方法，审了儿童参与卫生保健决策的情况（Moore and Kirk, 2010）。该研究考察了儿童参与的几个方面，包括儿童是否确实想参加，他们在多大程度上被赋予了参与的机会，影响他们参与的障碍是什么，他们如何能够参与，以及对参加的儿童有何利弊等。他们发现，儿童参与决策的证据不足，对儿童参与讨论的程度也缺乏说明。儿童是否可以被纳入有关卫生保健的讨论，取决于卫生专业人员及其对儿童参与决策能力的解读。

这些结论与其他有关儿童参与的研究形成了对照，例如伦敦儿童现状研究（State of London's Children）（Hood, 2002）和美好童年探索研究（The Good Childhood

Inquiry）（Children's Society，2006，2014）。在这些研究中，儿童能够阐明他们对于照看和服务的不同方面的观点。他们对于如何改善自己的健康和福利也有明确的想法。根据我的经验，决策往往在与儿童进行讨论和磋商之前便已做出。如果儿童被邀请就健康服务发表他们的观点，这可能会给健康服务提供者带来预料之外的挑战。控制儿童如何和何时参与决策，使儿童参与卫生保健和健康服务的权利只是停留在口头上。

本章小结

　　本章尝试将儿童健康问题置于政治、社会和经济背景下，因为如果不这样的话，就不可能了解当今儿童健康政策和规定的影响。除非那些制定儿童健康和福利政策的人认真解决了儿童生活中越来越多的贫困和不平等，否则儿童的健康问题将会继续受到不利的影响。童年时期的健康问题，如心理健康、营养以及可能因此发展的慢性亚健康状况，无疑会在将来的生活中演变为健康问题。这些都可能严重影响当代人口乃至子孙后代的健康和幸福。儿童工作者需要了解儿童健康和福利的影响，以便了解如何才能更好地支持儿童，满足儿童的需要。他们还需要考虑儿童和家庭所处环境的复杂性，了解改善健康问题的难度。最后，需要所有儿童工作者一起来支持各种活动，比如儿童青少年健康结果论坛（Children and Young People's Health Outcomes Forum），该论坛推荐了改善儿童健康和福利的可行的方法（DH，2012）。

识记要点

- 儿童的健康与福利是复杂而广泛的概念，可能受到社会、经济、环境和个人因素的影响。
- 《指南》的核心是促进儿童健康，这属于"安全措施和福利要求"部分。"儿童的健康与福利对儿童的发展有重大影响"这一点得到公认。
- 贫困与不平等是影响儿童健康与福利的关键因素，早期教育与保育应该主动维护儿童的健康与福利。

讨论话题

- 教师如何帮助他人了解社会经济不平等现象的复杂性及其对儿童健康与福利的影响?
- 研究相关网站的资料，想一想：减少对儿童的健康筛查，或者减少执行和督察健康筛查的社区卫生专业人员后，可能会产生什么影响?
- 研究关于儿童精神健康问题的相关网站，讨论儿童精神健康问题的增多对教师的影响。

拓展阅读

书

Albon, D. and Mukherji, P. (2008) *Food and Health in Early Childhood*. London: Sage.

Burton, M., Pavord, E. and Wiliams, B. (2014) *An Introduction to Child and Adolescent Mental Health*. London: Sage.

文章

Clavering, E. K. and McLaughlin, J. (2010) 'Children's participation in health research: from objects to agents?' *Child: Care, Health and Development*, 36 (5): 603–611.

参考文献

Bardsley, M. and Morgan, D. (2000) *Inequalities in Maternal and Early Child Health: Priorities for London. Measuring Inequalities in the Health of Mothers and Children*. Briefing Paper 1. London: Directorate of Public Health, East London & The City Health Authority.

Blades, R., Greene, V. and Wallace, E. (NCB) and Loveless, L. and Mason, P. (ICF GHK) (2014) *Implementation Study: Integrated Review at 2–2½ Years – Integrating the Early Years Foundation Stage Progress Check and the Healthy Child Programme Health and Development Review*.

London: National Children's Bureau & ICF GHK.

BMA Board of Science (2013) *Growing Up in the UK: Ensuring a Healthy Future for Our Children*. London: British Medical Association.

Bridgewater Community Healthcare NHS Trust (2012) *Healthy Child Programme 2 Year Review – A Joint Assessment with Early Practitioners*. London: Department of Health.

Bronfenbrenner, U. (1994) 'Ecological models of human development', In *International Encyclopedia of Education*. Vol 3, 2nd edn. Oxford: Elsevier.

Browne, K. D. and Jackson, V. (2013) 'Community intervention to prevent child maltreatment in England: evaluating the contribution of the family nurse partnership', *Journal of Public Health,* 35 (3): 447–452.

Cameron, D. (2006) Speech to Google Zeitgeist Europe 2006. www.guardian.co.uk/politics/2006/may/22/conservatives.davidcameron (accessed 28 September 2015).

Child Poverty Action Group (2012) *Ending Child Poverty by 2020: Progress Made and Lessons Learned*. London: CPAG.

Children's Society (2006) *The Good Childhood Inquiry: What the Children Told Us*. London: The Children's Society.

Children's Society (2012) *The Good Childhood Report 2012: A Review of Our Children's Wellbeing*. London: The Children's Society.

Children's Society (2014) *The Good Childhood Final Report*. London: The Children's Society.

Clavering, E. K. and McLaughlin, J. (2010) 'Children's participation in health research: from objects to agents?', *Child: Care, Health and Development*, 36 (5): 603–611.

Counterpoint Research (2008) *Childhood Well-being: Qualitative Research Study*. London: Department for Children, Schools and Families.

DfE (Department for Education)/DH (Department of Health) (2012) *Supporting Families in the Foundation Years*. London: DfE.

DfES (Department for Education and Skills) (2003) *Every Child Matters: Agenda for Change*. Nottingham: DfES Publications.

DH (Department of Health) (2004) *National Service Framework for Children, Young People and Maternity Services*. London: DH.

DH (Department of Health) (2009) *Healthy Child Programme: Pregnancy and the First Five Years of Life*. London: DH.

DH (Department of Health) (2012) *Report Of The Children And Young People's Health Outcomes Forum*. London: Department of Health.

DH (Department of Health) (2014) *Department of Health Improvement Plan: April 2014*. London: DH.

Dodds, A. (2009) 'Families "at risk" and the Family Nurse Partnership: the intrusion of risk into social exclusion policy', *Journal of Social Policy*, 38 (3): 499–514.

Hall, D. and Elliman, D. (2006) *Health for All Children*, 4th edn. Oxford: Oxford University Press.

HM Government (2010). *Healthy Lives, Healthy People: Our Strategy for Public Health in England*. London: Department of Health.

Hood, S. (2002) *The State of London's Children Report*. London: Office of Children's Rights Commissioner for London.

Kendall, S., Nash, A., Braun, A., Bastug, G., Rougeux, E. and Bedford, H. (2014) *Evaluating the Use of a Population Measure of Child Development in the Healthy Child Programme Two Year Review*. London: Policy Research Unit in the Health of Children, Young People and Families UCL Institute of Child Health; and Hertfordshire: Centre for Research in Primary and Community Care, University of Hertfordshire.

Lansley, S. and Mack, J. (2015) *Breadline Britain: The Rise of Mass Poverty*. London: Oneworld Publications.

La Valle, I., Payne, L., Gibb, J. and Jelicic, H. (2012) *Listening to Children's Views on Health Provision: a Rapid Review of the Evidence*. London: National Children's Bureau.

Marmot Review (2010) *Fair Society, Healthy Lives: Strategic Review of Health Inequalities in England Post-2010*. London: The Marmot Review.

Moore, L. and Kirk, S. (2010) 'A literature review of children's and young people's participation in decisions relating to health care', *Journal of Clinical Nursing*, 19: 2215–2225.

Natapoff, J. N. (1978) 'Children's views of health: a developmental study', *American Journal of Public Health*, 68 (10).

NCB (National Children's Bureau)/RCPCH (Royal College of Paediatrics and Child Health) (2014) Press Release 1 May 2014 about their joint new report 'Why children die: death in infants, children and young people in the UK'. London: NCB/RCPCH.

NCB (National Children's Bureau) (2005) *Children's and Young People's Views on Health and Health Services: A Review of the Evidence*. London: NCB.

NHS England (2014). National Health Visiting Service Specification 2014/15. London: NHS England.

Richardson-Todd, B. (2013) 'Integrated working: school nursing in Suffolk', *Education and Health*, 31 (1): 22–25.

Sabates, R. and Dex, S. (2012) *Multiple Risk Factors in Children's Development*. London: Institute of Education (IOE)/Centre for Longitudinal Studies (CLS).

Shaw, M., Smith, G. D. and Dorling, D. (2005) 'Health inequalities and New Labour: how the promises compare with real progress', *British Medical Journal*, 330: 1016–1021.

Statham, J. and Chase, E. (2010) *Child Well-being: A Brief Overview*. Briefing Paper 1. London: Childhood Well-being Research Centre.

Townsend, P. (1979) *Poverty in the United Kingdom: A Survey of Household Resources and Standards of Living*. Harmondsworth: Penguin.

UNICEF (United Nations Children's Fund) (2007) *Child Poverty in Perspective: An Overview of Child Well-being in Rich Countries* (Innocenti Report Card 7). Florence: UNICEF Innocenti Research Centre.

UNICEF (United Nations Children's Fund) (2013) *Child Well-being in Rich Countries: A Comparative Overview* (Innocenti Report Card 11). Florence: UNICEF Office of Research.

UNICEF (United Nations Children's Fund) (2014) *Children of the Recession: The Impact of the Economic Crisis on Children's Well-being in Rich Countries* (Innocenti Report Card 12). Florence: UNICEF Office of Research.

WHO (World Health Organisation) (1984) A discussion document on the concept and principles of health promotion. Copenhagen, 29 July 1984. In WHO (2009) *Milestones in Health Promotion: Statements from Global Conferences*. Geneva: WHO. p. 29.

Wolfe, I., MacFarlane, A., Donkin A., Marmot, M., Viner, R., on behalf of the NCB, RCPCH and BACAPH (2014) *Why Children Die: Death in Infants, Children and Young People in the UK: Part A*. London: Royal College of Paediatrics and Child Health.

第16章

融合

亚历克斯·欧文

本章概览

　　儿童早期阶段的融合理论认为每一名儿童、家长和教师都有权利参与高品质的早期服务，在这里，多元文化受到欢迎，并被视为内涵丰富的资源而不是问题（Booth et al.，2003：2）。每一名儿童的姓名、性别、能力、需求、生活经验、文化、家庭语言、家庭背景、家庭经验等各不相同——在一个真正包容的机构中，人们会探讨和赞美差异，而不是将差异视为问题。在这一章中，我们将思考什么是融合，以及这种定义是如何影响早期教育与保育实践的。本章的目的是支持读者反思自己对差异的认识，因为只有当我们挑战自己的偏见时，才能使我们的实践真正支持每名儿童。基于这一点，本章的目的不是规定在早期教育与保育中"如何"实施融合，而是支持读者去探讨与融合实践有关的若干因素。

　　本章旨在帮助你：

- 反思自己对差异的既有观念；
- 考虑教师在营造融合教育文化中所扮演的角色；
- 探索"排斥"清单，以期了解早期奠基阶段的普适性原则。

从参与到融合

　　融合远不只是让儿童在特定地点和时间参与某事。有时人们认为，只要所有的儿童都能够聚在一定的机构中，他们就"被包括在内"。融合通常被简单地视为学生从特殊教育场景到主流教育场景的运动，似乎只要他们出现在那里，就是"融合"（Ainscow，1999：218）。然而，这忽视了儿童作为独立的个体有着自己的需求、信念、文化背景、经验、家庭状况等。保证儿童处于同一个地方，只是表明他们"在场"，并不意味着"融合"（Corbett，2001）。只有当儿童的独特需求在其所在机构中得到真正认可时，儿童才能从"存在"达到"包容"（Graham and Slee，2008）。因此，融合涉及任何儿童都可能经历的过程：克服参与障碍（Ainscow，1999）。这在《指南》中有体现。《指南》旨在提供平等的机会和反歧视做法，确保每一名儿童得到包容和支持（DfE，2014：5）。因此，融合不只是"识别"被贴上特定诊断标签的儿童或具有不同种族背景的儿童等，而是意味着所有儿童都是独特的、珍贵的，值得我们付出时间、关注和欣赏。

　　然而，这种理解却带来了问题，因为它没有指出特定人群、特定属性或独特经验。从某些方面来说，仅从实践的角度来定义可能会更容易。先退后一步。该定义源自每一个主体主观的、个人的和概念的理解。从某种意义上说，我们应该允许对融合的定义不断变化和发展，这样才能不断挑战我们的参照体系，使其变得更具包容性（Nutbrown and Clough，2013）。只有当我们的世界观受到挑战时，我们才能认识到信仰和价值观是可以进化和发展的，融合的定义和实践才能不断进步。

> 　　关于融合意味着什么、看起来像什么的许多假设没有受到质疑，并构成、约束和压抑我们的社会组织。……如果我们能够将关注点重新引向融合的概念（通过挑战我们自己的已有观念），我们也许可以改变将融合看作一系列实际行动的视角，而将融合视为一种心态和意愿，因为实际行动仅仅可以作为融合的外在补偿，是对"正常"世界观进行补救的措施。（Nutbrown and Clough，2013：3）

　　至关重要的是，在我们探索融合实践对早期服务机构的影响之前，我们需要时间来了解和质疑我们自己对差异的态度和偏见，从而暴露、挑战并尽可能地扩展我们自己的世界观。因此，应通过探讨既定规范来对融合进行定义，并应考虑到所有使个人独特和珍贵的因素。

根据这一主张，即融合首先在个人内部培养，真正的融合不能靠强加、强迫或命令。它需要那些寻求融合的人和那些寻求被融合的人之间进行真诚的对话。通过对话，双方辩论和探索，创造一种适当的、能真正培育融合行为的文化。在双向的、对话的过程中，当儿童、家长和教师的经验、需要和态度得到呼应和满足时，融合文化就形成了。这种文化允许开诚布公地探讨不同的态度和信仰，从而促进实践的发展，获得真正包容的成果。

案例分析

卡伦和劳拉（Karen and Laura）的故事

我在卡尔顿小屋每周有一次语言治疗课程。我今天到得有点晚。在我妈妈刚去世3周后返回工作，我感到有点不适应。

"早上好，各位！"

当我进入学校里那排平房的走廊时，我大喊了一声。

一，二，三，四——哦，只有四个？少了谁？……斯蒂文。

"斯蒂文在哪儿？"

"小巴到的时候，他很不配合，所以妈妈把他带走了。"班级老师玛格丽特说。

伊恩和简正笨手笨脚地把乌曼绑到站立支架上；戴安仰躺在地板上，四肢张开；玛格丽特在帮助索尼亚往桌子上放一个装了浓缩橙汁的高脚杯；卡伦，嗯，像每次我去班级里的时候一样，蜷缩在看起来不很舒适的缠着黑胶的扶手椅里。我快快地绕了一圈，弯腰屈膝地跟每个人说"你好"，目光与他们保持平视。我最后向卡伦打招呼。她的双腿已经从她的头后面伸出来，正期待着。她大声发出可呵呵的音，好像说：你说这什么时候了？

"哎呀，亲爱的，你生我气了？是因为我迟到了？还是因为我几个周没有来了？"

卡伦可以在很长一段时间内保持双腿在她的头后面交叉，分开双腿也需要花费一些时间。奇怪的是，这里的工作人员很难处理卡伦所制造的口水，于是大多数时间她就蜷缩成一个球，坐在那把椅子里，很少与其他人互动。最近有人提议给她使用一些药物来减少流口水问题，我清楚表达了我的感觉：我们应该质疑的是这到底是谁的问题（而不是给她吃药）。

当卡伦的脸轻轻露出，我可以看到她在咧嘴笑。她的脸颊是潮湿的，很红——她看起来就像有时候当我刚刚醒来时从枕头上抬起张带着皱纹的脸的样子。看着她敏捷地分开她的腿，我想，如果我双腿交叉坐一会儿，然后再把它们拉直，我的双腿会有多疼。她怎么做到的？

"早上好。你以为我没有来吗？"

"可呵呵呵呵。"

"好的，好的，"我说，"对不起。"

卡伦抓住我衬衫的一角，开始把她那小而灵巧的身体的重心放到脚上。我轻轻地把我的手臂放在她的腰部，免得她翻倒。我在黏糊糊的塑料椅子上坐下，轻轻地挪动她的双腿，让她靠在我的腿上，这样她就不会摇晃。

卡伦把她湿漉漉的下巴压在我的前额上，说"啊呵呵"。我把我不那么潮湿的下巴放在她的肩上，说"啊呵呵"。卡伦说："啊呵呵呵呵呵呵。"我回答说："啊呵呵呵呵呵呵。"

很有趣。每天早晨我不得不坐地铁上班，我讨厌失去了个人空间，但是此刻我并不介意我那本不应该有人进入的想象空间被卡伦引发。她用她的右脸颊贴我的右脸颊。"姆姆姆姆姆。"我回答："嗯，姆姆姆姆姆，你今天不准备玩我的头发了吗？"

通常卡伦会拨弄我两边的头发，上下弹跳，同时给我第一个"可呵呵"，我重复，然后是第二个，第三个。当她厌倦了这个游戏时，她通常会瘫在我的膝盖上，用左手轻轻敲打左胯，我重复敲打她的右胯同样的次数。她轻轻地捧起我的脸，凑近我的右耳，"姆姆姆姆姆"。我回答说，"姆姆姆姆姆"。

她今天出奇温柔。"你累了吗？还是饿了？你感觉怎么样？"她的温柔让我感觉非常感动。"你能觉出我今天有些伤心吗？"我问。

今天回来工作并不容易，我的领导的确也问过我因为我妈妈的突然离世，是否需要再多一些假期。但是我确实想不到应该跟哪一个体贴的人度过这一天的开始。与卡伦在一起，我不需要讲述经历过的事情，也没有尴尬的"不知道该说什么"的时刻。"特嘶嘶嘶""噢，这是一个新的音。特嘶嘶嘶。"

卡伦现在坐在我的膝盖上，把她的右脸颊放在我右肩上。我能感觉到我的衬衣被她的口水浸湿了。"姆姆姆姆姆。""姆姆姆姆姆。""我猜你想你的爸爸了，对吗？"卡伦在两个月前失去了她的父亲。"你知道我刚刚失去了妈妈吗？这是你今天非常温柔的原因吗？""特嘶嘶嘶。""特嘶嘶嘶。"我回答，"我们是在一起伤心吗？""姆姆姆姆姆。""姆姆姆姆姆。"

"索尼亚已经准备好了，你好了吗，劳拉？"共享时刻被打断了，"哦，好的。"我不得不离开去找索尼亚了。"卡伦，不好意思，我这么快就得离开了。感谢你今天这样体贴和理解我。"我小心地把卡伦放回她的椅子。她立刻无精打采地坐下，并且开始慢慢地把双腿弯回到她的头后面。

我走到桌边，打开语言治疗文档，并且记录下：卡伦今天有一点忧郁。出现新的发音"特嘶嘶嘶"。（Waite，2015）

☁ 反思性任务

反思卡伦的案例，并且思考以下问题：

- 从卡伦和劳拉身上你能学到什么？
- 卡伦和劳拉的故事是否挑战你的态度、信念和世界观？
- 在这个机构可能存在的影响融合的因素是什么？
- 用这种方式反思的价值何在？故事的结尾，"我走到桌边，打开语言治疗文档，并且记录下：卡伦今天有一点忧郁。出现新的发音'特嘶嘶嘶'"。评估文档中的内容功能有限——反思这种记录的实用性。
- 《指南》的4个指导原则（独特的儿童、积极的关系、有利的环境、儿童以不同的方式和不同的速度发展和学习）在这个机构可以如何落实？

因此，融合可以被理解为从真正意义上支持多样性，因为差异是为所有参与者带来丰富经验的关键因素。与其对差异提出质疑，不如转而展开讨论并制定相应策略，以提高所有儿童的参与度，因为差异丰富而不是削弱了儿童在机构中的经验（Purdue et al.，2009）。

解释政策

可以发现，很多政策可能是相同的，但机构的每一个工作人员决定着融合活动的实际开展程度（Ballard，2003）。除此之外，在政策传达到一线教师前，中间还需要经过多个层级。正如德瓦雷孔达（Devarakonda）详细说明的，"政策从国际到国内、再到地方、然后到机构逐级传递，导致政策被稀释或被错误解读"（2013：4）。

关于融合问题，政策法规的重点在于有特殊需要和残疾的儿童。这种狭隘的观点往往忽视了融合实践对于全体儿童的重要性，是一种"缺陷"模式。表 16.1 简要列举了全球和英国的一些政策法规，谋求在具体的实践环境中开展融合教育的实践者可以参考。

表 16.1　世界和英国的政策法规举例

全球政策法规举例		
联合国儿童权利公约	英国于 1991 年批准加入	所有儿童都有公民、政治、经济、社会、健康和文化权利
萨拉曼卡宣言和行动框架（世界特殊教育大会）	1994	融合有特殊需要的儿童和残疾儿童应该成为常态，应根据儿童的需要做出调整
联合国残疾人权利公约	英国于 2009 年批准加入	残疾儿童依法享有平等的权利，必须促进和保护他们的权利
英国政策法规举例		
儿童法	2004	应采用跨专业合作的方法来支持儿童的需要
平等法	2010	所有种族的所有儿童都应该被视为平等的个体，不应被区别对待
儿童贫困法	2010	2020 年根除儿童贫困
早期奠基阶段教育指南	2014	早期教育与保育机构应该提供平等的机会和反歧视措施，确保每一名儿童都被包括在内
儿童和家庭法	2014	所有的儿童都应该被包括在内并有机会参与
特殊需要和残疾儿童教育法则	2015	为《儿童和家庭法》工作指导；必须满足有特殊需求的儿童的需要

在融合之外

融合实践可以理解为在早期服务机构中捍卫差异，重要的是要尊重各种融合实践策略之间的相似性和差异性。各策略都是由特定群体推动或针对特定群体制定的。因此，融合涉及让机构内所有儿童都充分参与。有一些因素会妨碍儿童参与和学习（Booth and Ainscow，2011）。这些障碍可以是物质的、社会的、文化的、经济的、态度的和教育的。融合性机构要重视识别并消除这些障碍（Purdue et al.，2009）。

纳布朗和克劳夫承认潜在障碍是无限的，因为它们源于人种的差异。他们提供了一份列入"包容/排除"的清单（Nutbrown and Clough，2013：9），但明确指出该清单仅是举例，并不完整。该清单包括：

成就；

年龄；

挑衅性行为；

残疾；

不满；

情绪和行为困难；

职业；

性别；

住房；

语言；

精神健康；

肥胖；

身体受损；

贫穷；

种族/族裔；

宗教；

性取向；

社会阶层；

特殊教育需求。

本章的目的不是详细地说明所有这些障碍。不过，我们现在将探讨其中一个方面，目的是了解一些关键原则，使真正想实施融合实践的人可以在各种各样的机构中进行探索。各种机构在具体实践时，与其寻找一套可以普遍适用的、行之有效的实践模式，不如掌握一系列的原则会更有价值（Ainscow，2000）。

☁ 反思性任务

思考你所熟悉的机构关于融合的政策、话语和实践，他们怎么应对纳布朗和克拉夫 2013 年所列出的各种影响融合的因素？实践层面如何做到真正地重视差异，并且包容所有的儿童、家长和教师？

障碍之一：儿童贫困

贫困问题与今天许多英国人有关（Bunyan and Diamond，2014）。生活在贫困中的人与不受贫困影响的人之间存在显著的差异，而且这种差异在持续扩大，这也造成在英国长大的儿童有显著不同的经历，导致了排斥问题（Wilkinson and Pickett，2010）。研究表明，儿童贫困对儿童当前的经验和未来的生活机会都有着重大影响（Field，2010；Tickell，2011）。由于这些原因，1999 年 3 月，执政的工党政府宣布要在 2010—2011 年减少一半的儿童贫困，并在 2020 年之前将其消灭。这在《儿童贫穷法》（*Child Poverty Act*，2010）中得到了体现，对于今天的实践仍然具有现实意义。尽管政府已经采取了一系列旨在加强融合的干预措施，但仍有证据表明，与贫困有关的排斥性问题仍然显见地存在于许多儿童的生活中，并对其未来的生活机会产生负面影响（Odgers et al.，2012；Ludwig et al.，2013）。

布拉德肖和霍姆（Bradshaw and Holme）的研究显示，一系列因素与排斥问题有关，这些因素增加了儿童在贫困中成长的可能性（Hansen et al.，2010）（见表 16.2）。

表 16.2　排斥性因素增加了儿童生活于贫困中的可能性

家庭背景：单亲家庭，孩子出生时家长不到 30 岁
种族：母亲是巴基斯坦裔

（续表）

住房：没有自己的住房
家长受教育程度：母亲的教育水平低于初中水平（英国国家职业资格证书3级）
职业：家庭只有一个人有收入或家庭没有收入
抚养情况：儿童由亲生母亲和继父抚养

这些因素通常与其他排斥性因素相结合，如残疾、肥胖或挑衅行为，对儿童现在的生活经历和未来生活机会都会产生重大影响。

> 出身于英国低收入家庭的儿童长大后往往也成为贫穷的成年人。不管如何判定贫困（如根据家庭收入、社会经济地位或受教育程度），贫困影响了儿童的机会……。他们更可能在学龄前出现行为和表现问题，十几岁时更可能经历霸凌和冒险行为，不太可能在学校里表现得很好，16岁以后不太可能留在学校，长大后很大可能成为穷人。（Field，2010：28）

研究表明，因为排斥原因，受贫困影响的儿童与不受贫困影响的儿童之间的发展差异，早在22个月大的时候就会显露（Whitham，2012）。这启示我们，提供支持儿童发展的机会对儿童的未来会产生深远影响。菲尔德（Field）用证据支持这一观点：儿童未来生活的机会在其生命的头5年就被决定了（2010）。各种排斥性因素，包括家庭背景、父母的受教育程度和童年经历等，对于创建机会来支持儿童茁壮成长至关重要。

案例分析

奠基阶段项目

　　奠基阶段项目由奠基阶段信托建立，旨在实施菲尔德的研究项目发现的结论：单纯提高家庭收入并没有抵消影响贫困儿童未来生活机会的排斥性因素（2010）。正如菲尔德的分析所显示的，与"财务"贫穷的狭义定义相关但又有区别的一系列排斥性因素决定了贫困儿童的未来经验。这些因素包括家庭学习环境、家长的温暖和体贴，以及家长的身心健康。这些显著的特点结合起来，潜在地阻碍了父母养育子女的能力。

该项目采取了一系列干预措施，集中支持生活在经济贫困地区的家长。一系列研究成果验证了这一重点举措的效果，突出了外部支持对于生活在贫困中的父母的重要性（Kirk，2003；Attree，2004；Field，2010；Tickell，2011）。在此基础上，研究还指出，特别是对于那些生活在贫困中的人（Forehand and Kotchik，2002；Peters et al.，2005），尚缺乏正式干预措施（Heinrichs et al.，2005）。

> 家长面对诸如收入低、家庭关系不和谐、生活混乱、健康不佳等众多问题时，影响儿童出勤和参与的障碍就会显著提高，已经发现母亲在这种情况下不信任提供的帮助，不愿接受有关"育儿计划可能会有用"的建议。
>
> （Whittaker and Cowley，2012：142）

因此，该项目将部分精力集中在建立支持机制上，使有可能逃避正式的支持服务的家长，可在基于社区的儿童团体（如学步儿小组）获得非正式的社会支持。这些团体的主要目标之一是帮助家长应对那些可能对其孩子的经历有不利影响，并最终导致孩子被排除于支持成长的机制之外的一些因素。

☁ 反思性任务

融合最重要的是将融合价值观落实到行动中。这是一种承诺——克服排斥，促进参与。如果追求融合不成为一种根深蒂固的价值观，则可能沦为顺应潮流或应付要求……。如表 16.3 所示，可以将融合价值观进一步细分，将一部分视为重点，一部分视为与性格和关系的质量有关，一部分视为培养人的精神（Booth and Ainscow，2011：21–22）。

表 16.3　融合价值观（Booth and Ainscow，2011）

结构	关系	精神
平等	尊重不同	喜悦
权利	非暴力	爱
参与	信任	希望 / 乐观
社区	同情	美

（续表）

结构	关系	精神
参与	信任	希望 / 乐观
社区	同情	美
持续性	诚实	
	勇气	

- 你的融合价值观与此表相比较如何？
- 你的哪些融合观念没有在此表列出？为什么你认为属于融合价值观？
- 上述融合价值观中，你没有哪些？为什么？
- 这些融合价值观会怎样影响你的实践？

在英国国家层面乃至地方，有关在早期阶段开展早期干预的论述颇多，这是在最大限度地减少排斥性因素对儿童经历的影响方面的重大进展（Tickell，2011）。早期干预包括普遍方法和具体政策，旨在为儿童提供福利，已被证明比在更晚时候提供融合性干预措施更具成本效益，更有实效（Allen，2011）。结论很明确：在早期服务机构采取融合性干预措施将会支持儿童的发展和成长，这对儿童个人和社会都有着长远意义。

来自较低社会经济阶层的儿童可能面临各种潜在的障碍。许多面临各种排斥性因素的儿童也都会遇到这些障碍，因此类似的挑战可能适用各种情况。

贫困儿童面临的潜在障碍举例

- 成就期望低；
- 健康和福利不平等；
- 家庭学习环境不良；
- 家长精神紧张；
- 资源有限；
- 贴标签，如所有的贫困儿童都会这样做 / 这样想；
- 教师的态度和偏见。

　　这些障碍可能与前面提到的一系列排斥性因素有关。因此，在思考好的融合实践时，重要的是要认清一些可能与多种情况相关的基本原则。这些基本原则明确地与《指南》有关，而且对确保融合实践有直接关系。

　　　　每一名儿童都是一个独特的个体，他不断学习，坚忍，能干，自信。（DfE，2014）

这要求：

- 理解每一名儿童都有特别的学习需要；
- 理解每一名儿童都有特别的兴趣；
- 理解每一名儿童都给机构带来了丰富的经验、文化和理解；
- 以开放的态度向所有儿童、家庭和教师学习，提倡差异。

　　　　通过积极的关系，儿童学会坚强和独立。（DfE，2014）

这要求：

- 与家长和儿童合作，了解每一名儿童的具体需要；
- 与家长形成伙伴关系，支持每一名儿童的学习和发展；
- 与其他专业人士合作，支持每一名儿童的需要；
- 认同差异的价值，努力建立相互尊重的文化；
- 鼓励所有儿童之间建立支持关系。

　　　　儿童在有益于他们的环境中学习和发展，在这种环境中，他们的经验可以呼应他们的个人需求。（DfE，2014）

这要求：

- 努力减少排斥障碍，使儿童能够平等接触和参与；
- 呼应儿童的经验和背景；
- 庆祝、学习并重视儿童的差异；
- 提供呼应差异的学习经验；

- 减少社会障碍，例如教师的态度或偏见。

儿童用不同的方法、以不同的速度发展和学习。《指南》涵盖了所有儿童的教育与保育，包括有特殊教育需要的儿童和残疾儿童。（DfE，2014）

这要求：

- 重视和培育每一名儿童以支持他们充分发挥潜力；
- 尽早发现任何需求或排斥性因素，提供适当的支持策略；
- 努力理解每一名儿童，而不是简单地给他们贴标签（如"穷人"或"残疾人"）；
- 确保所有机构都有专人负责协调各项努力；
- 确保每一名儿童都能获得一个全面和相关的课程，尤其在各主要领域。

本章小结

融合教育是早期奠基阶段的基本原则。正如我们所看到的，融合源于所有参与早期教育与保育的人的观念和态度，由此产生的文化决定了真正的融合是否能实现。每一名儿童都有被接纳的权利，而且教师有责任来确保儿童的这项权利得到认可和维护。这样做的前提是理解差异，反对围绕缺陷做文章，将重视差异作为机构的必要组成部分。因此，只有当机构中所有有着各种差异的儿童、家长和教师都得到尊重和珍惜时，真正的融合才会实现。

最后，通常是儿童最有效地示范了对融合的理解，对成年人有意和无意的态度、动机和行为提出了挑战。

儿童是包容和开放的。他们能发现差异，也乐于无条件地接受不同。但是，他们同时也会受到家庭、同伴、机构、教师的影响……。积极的经验可以使儿童在很小的年龄就能接受差异。（Devarakonda，2013：vi）

识记要点

- 早期奠基阶段的融合理念认为每一名儿童、家长和教师都有权参与高质量的早期服务。

- 创造真正包容的文化包括探索和庆祝"不同",而不是质疑"差异"。

- 潜在的排斥性因素是无限的,因为它们代表了人的差异。

- 在考虑如何用最佳的方式进行回应时,重要的是要认识到与不同早期服务机构有关的基本融合原则:
  - 每一名儿童都是独特的,他们的需要、兴趣、文化和生活经验给每一个机构带来丰富的多样性;
  - 儿童家长和教师之间良好的关系可以创造一个相互尊重的文化,每个人都将得到认可和支持;
  - 一个有利的环境对于识别和消除障碍从而支持融合至关重要;
  - 儿童以不同的方式和速度发展和学习,因此,每一名儿童都应该被重视和培育以充分发挥潜力。

讨论话题

- 家长是早期服务机构在发展真正包容的文化过程中的关键合作伙伴。你会怎样发展这个决定性的关系来确保家长全面的参与?

- 本章主张"差异"应该被视为丰富的资源而不是问题。早期服务机构如何真正做到欣赏"不同"?

- 《部长级工作组关于追踪吉卜赛游民不平等经历的进展报告》指出:吉卜赛游民经历着比任何其他群体都糟糕的结果……。研究公布:吉卜赛游民遭受着敌意和歧视,过着远离主流社会的生活(Department for Communities and Local Government,2012:5)。请思考早期教育与保育工作者该如何针对这种情况制定相应策略。

拓展阅读

书

Booth, T. and Ainscow, M. (2011) *Index for Inclusion: Developing Learning and Participation in Schools*, 3rd edn. Bristol: Centre for Studies on Inclusive Education. pp. 73–159.

Devarakonda, C. (2013) *Diversity and Inclusion in Early Childhood: An Introduction*. London: Sage.

Nutbrown, C. and Clough, P. with Atherton, F. (2013) *Inclusion in the Early Years*, 2nd edn. London: Sage.

文章

Macartney, B. and Morton, M. (2013) 'Kinds of participation: teacher and special education perceptions of "inclusion" in early childhood and primary school settings', *International Journal of Inclusive Education*, 17 (8): 776–792.

Nutbrown, C. and Clough, P. (2009) 'Citizenship and inclusion in the early years: understanding and responding to children's perspectives on "belonging"', *International Journal of Early Years Education*, 17 (8): 191–206.

参考文献

Ainscow, M. (1999) *Understanding the Development of Inclusive Schools*. London: Falmer Press.

Ainscow, M. (2000) 'The next step for special education: supporting the development of inclusive practices', *British Journal of Special Education*, 27 (2): 76–80.

Allen, G. (2011) *Early Intervention: The Next Steps*. An Independent Report to Her Majesty's Government. London: Cabinet Office.

Attree, P. (2004) 'Parenting support in the context of poverty: a meta-synthesis of the qualitative evidence', *Journal of Health and Social Care in the Community*, 13 (4): 330–337.

Ballard, K. (2003) 'The analysis of context: some thoughts on teacher education, culture, colonisation and inequality', in T. Booth, S. Nes and M. Stromstad (eds), *Developing Inclusive Teacher Education*. London: Routledge Falmer.

Booth, T. and Ainscow, M. (2011) *Index for Inclusion: Developing Learning and Participation in Schools*, 3rd edn. Bristol: Centre for Studies on Inclusive Education. pp. 73–159.

Booth, T., Nes, K. and Stromstad, M. (eds) (2003) *Developing Inclusive Teacher Education. London*: Routledge Falmer.

Bunyan, P. and Diamond, J. (2014) 'Approaches to reducing poverty and inequality in the UK: a study of civil society initiatives and fairness commissions.' A Report Commissioned by the Webb Memorial Trust for the All Party Parliamentary Group on Poverty.

Corbett, J. (2001) 'Teaching approaches which support inclusive education: a connective pedagogy', *British Journal of Special Education*, 28 (2): 55–59.

Department for Communities and Local Government (2012) Progress Report by the Ministerial Working Group on Tackling Inequalities Experienced by Gypsies and Travellers. London: Crown.

Devarakonda, C. (2013) *Diversity and Inclusion in Early Childhood: An Introduction*. London: Sage Publications. pp. 1–11.

DfE (Department for Education) (2014) *Statutory Framework for the Early Years Foundation Stage: Setting the Standards for Learning, Development and Care for Children from Birth to Five*. London: DfE. Available at: www.foundationyears.org.uk/files/2014/07/EYFS_framework_from_1_September_2014__with_clarification_note.pdf (accessed 28 September 2015).

Field, F. (2010) *The Foundation Years: Preventing Poor Children Becoming Poor Adults*. Report of the Independent Review on Poverty and Life Chances. London: Cabinet Office.

Forehand, R. and Kotchik, B. (2002) 'Behavioural parent training: current challenges and potential solutions', *Journal of Child and Family Studies*, 11: 377–384.

Graham, L. J. and Slee, R. (2008) 'An illusory interiority: interrogating the discourse/s of inclusion', *Educational Philosophy and Theory*, 40 (2): 277–293.

Hansen, K., Joshi, H. and Dex, S. (2010) *Children of the 21st Century: The First Five Years*. Bristol: Policy Press.

Heinrichs, N., Bertram, H., Kuschel, A. and Hahlweg, K. (2005) 'Parent recruitment and retention in a universal prevention program for child behaviour and emotional problems: barriers to research and program participation', *Prevention Science*, 6: 275–286.

Kirk, R. H. (2003) 'Family support: the role of the Early Years' Centres', *Children and Society*, 17: 85–99.

Ludwig, J., Duncan, G., Gennatian, L., Katz, L., Kessler, R., Kling, J. and Sanbonmatsu, L. (2013) 'Long term neighbourhood effects on low income families: evidence from moving to opportunity', *American Economic Association*, 103 (3): 226–231.

Nutbrown, C. and Clough, P., with Atherton, F. (2013) *Inclusion in the Early Years*, 2nd edn. London: Sage. pp. 6–29.

Odgers, C. L., Caspi, A., Bates, C. J., Sampson, R. J. and Moffit, T. E. (2012) 'Supportive parenting mediates neighborhood socioeconomic disparities in children's antisocial behavior from ages 5 to 12', *Development and Psychopathology*, 24: 705–721.

Peters, S., Calam, R. and Harrington, R. (2005) 'Maternal attributions and expressed emotion as predictors of attendance at parent management training', *Journal of Child Psychology and Psychiatry*, 47: 99–111.

Purdue, K., Gordon-Burns, D., Gunn, A. Madden, B. and Surtees, N. (2009) 'Supporting inclusion in early childhood settings: some possibilities and problems for teacher education', *International Journal of Inclusive Education*, 13 (8): 805–815.

Tickell, C. (2011) *The Early Years: Foundations for Life, Health and Learning*. An Independent Report on the Early Years Foundation Stage to Her Majesty's Government. London: Crown. Available at: www.education.gov.uk/tickellreview (accessed September 2015).

Waite, L. (2015) Unpublished stories from practice.

Whitham, G. (2012) *Child Poverty in 2012: It Shouldn't Happen Here*. London: Save the Children.

Whittaker, K. A. and Cowley, S. (2012) 'An effective programme is not enough: a review of factors associated with poor attendance and engagement with parenting programmes', *Children and Society*, 26: 138–149.

Wilkinson, R. and Pickett, K. (2010) The Spirit Level: *Why Equality Is Better for Everyone*. London: Penguin.

第17章

领导力

特雷弗·梅尔   尼瑞·尼科尔森

本章概览

不管是哪一版本的《指南》，都给早期教育与保育领域的领导层带来了深刻但不罕见的挑战。本章将探讨这些挑战，以帮助他们确定适合的应对措施。

本章首先会探讨英格兰早期教育与保育的复杂性，从而认清系统内的领导和管理责任。无论是私立的还是公立的，只要拥有不止一个雇员，机构的正式领导就被标记为"关键角色"。本章也将讨论领导与管理之间的差异，指出领导的本质是一系列社会性行为。这一定义不再将正式领导者限于简单的问责，而认为领导者应探索通过共享的或集体的领导方式来创建并维护有效的学习环境，以保证儿童的安全和福利。为此，本章还探讨恰当的组织结构和领导行为。为了引导早期服务从业者明白他们的作用和可能的贡献，本章有关领导理论的部分讨论了许多具体的问题，如跨专业合作和严重女性化等。本章结尾用一些实用技巧，说明早期服务机构可以如何超越简单的行政管理和问责，转向集体的、联结的领导。

本章旨在：

- 探讨和早期教育与保育相关的领导问题；
- 讨论领导风格的不同，反思早期教育与保育的核心价值观；
- 讨论有助于建立共享价值体系的领导方式。

领导情境

无论是公立还是私立，无论是个别的育儿员还是集体的机构，各早期服务机构在英格兰通常被统称为"早期服务机构"。然而，这个称呼掩盖了行业内关系的复杂性，给领导和管理这些机构的人带来重大挑战。实际上，早期服务机构是学龄前儿童定期参与的地方，承载一定的法律、道德和社会期望。影响早期服务机构组织和运行的因素有很多，反过来，这又给那些承担责任的人提供了很大操作空间。这些期望和影响给所有早期服务机构都带来了挑战，通常包括：

- 确立并强化机构的核心目标；
- 将个人（和机构）的价值观、信念和使命与外部的影响和期望相协调；
- 厘清领导者和管理者的角色和责任；
- 采用与当下乃至新环境匹配的领导结构、风格和行为。

《指南》对英格兰早期教育与保育提出了基本期望，从而极大地影响了这些问题的处理和解决方式。从第 1 章和第 2 章可以看出，这个框架 2008 年第一次出现，2012年修订后确认了进一步改革的需要，强调：

- 确保质量和一致性，使所有早期服务机构中的每一名儿童都有进步，没有人被落下；
- 提供学习和发展机会以帮助儿童奠定坚实的基础，即围绕每名儿童的需要和兴趣进行计划，并定期进行评估和审查；
- 建立伙伴关系，即教师和家长／照看者之间的关系；
- 机会平等和反歧视实践，保证容纳并支持每一名儿童。（Department for Education，2014：5）

从上述引文的日期可以推断，修订后的《指南》在 2014 年又进一步进行了修订，并于当年 9 月开始实施。虽然这并不意味着全部政策都发生了重大变化，但还有另外两个因素有可能影响早期服务机构的领导和管理。

第一个是引进育儿员代理机构，在实施新政策之前，政府只进行了 22 次测试（DfE，2015）。这些代理机构的引进让提供家庭式早期服务的从业者产生了不满。特别是在本书写作时，在英格兰范围内只有 4 个代理机构在运作，报告显示许多育儿员对此表示反对（Goddard，2015）。虽然这些机构会组织基本的培训，并督查自己的育儿员，但不清楚他们会如何领导实践，这意味着领导力变得不明确甚至被曲解。一个新出现的争议是，育儿员在规划和组织自己的服务方面享有自主权，不接受机构指导。

第二个关键问题是劳动力性质的变化，包括引入早期教育教师（EYTS）和早期教育者标准，这改变了《指南》最初设定的领导是早期教育专业教师（EYPS）的目标（见第 5 章）。

2012 年修订的《指南》强调领导和管理者需要对实施《指南》承担全部责任，在法律框架下展开工作，并和其他儿童支持力量合作。引入了新的监督管控（育儿员代理机构）后，劳动力结构发生变化，相关职责还有待进一步的思考。重点还在于担负责任的个人，即每个机构的领导者，但这些变化增加了这个角色的复杂性。下面将进一步讨论。

早期教育与保育中的领导责任

领导之所以不同于管理，是因为领导是"做出决策"的过程，而管理则是"执行决策"的过程。然而，关于谁承担做决定的责任，依然存在困惑。罗德（Rodd）表示：

> [……] 早期服务领域的领导力到底是指什么，必须以对从业者有意义和可靠的方式来回答，目前的含义明显是模糊和混沌的。（Rodd，2006：4–5）

在任何系统中，最终领导责任都是由正式负责的人承担。目前，在英格兰早期服务机构中，尽管事实上还有其他许多人也担当领导角色，但机构负责人仍然肩负着主要职责。要更清楚地了解这一点，需要了解领导力的性质，特别是在社会系统中正式领导和非正式领导之间的区别。

案例分析

苏珊（Susan）的故事

苏珊在被指定为确保开端计划儿童中心的负责人之前，是一所公立早期服务机构的负责人。自从角色变换以来，她的工作模式发生了变化。在学校放假期间，她每周至少要去办公室两次，除非她自己休假。这导致她的生活发生了根本性变化。过去，她完全是自愿去办公室，现在她觉得她大多数时候不得不去。有趣的是，她工作合同中的服务条款和条件并没有更新，也没有加薪。当她被要求回答她的工作量是否有所上升时，她表示，已经对副手的工作进行了一些调整，把一些职责，如课堂观察和课程开发的任务转给副手，这也改变了她领导的性质。此外，苏珊还得到一些额外的支持：一个特殊需要专业人士；一个组织并举办家长学校和成人培训的社区联络官。这把她从这些以前的事务中解脱了出来。

她认为领导儿童中心的主要挑战在于：

- 管理；
- 资金；
- 可持续发展；
- 维护作为社区设施的形象；
- 支持来参与的家长和儿童。

她认为，关注的重点应该是社会福利和教育之间的平衡，并认为她的作用就是维持这种平衡。根据重大政策措施，比如作为政府最前沿政策的《每个孩子都重要》，很容易看出社会福利议程是如何主导早期服务的。苏珊的观点很明确，没有适当的社会支持就不可能成功地教育儿童，但她认为社会支持应该被视为一种手段，而不是目的本身。她的结论是儿童中心负责人应该不断推动儿童学习，并让家庭持续参与。

☁ 反思性任务

根据这个案例，想一想，你所了解的某早期服务机构里，谁是主要贡献者？谁是决策过程中最重要的人？

领导者不仅对结果和过程负责，而且还需要管理组织中的其他成员。然而，领导者的概念比这个简单的定义要大得多，还包括领导者改变他人能力、动机或行为的方式（Bass，1981）。这里有一个很好的例子。我们认识的一位有 3 级证书的领导者说，她没有必要获得更高一级的资质，因为她手下的工作人员都拥有专业学历，她作为领导者的角色是确保团队的技能得到有效的利用。因此，领导可以是一种社会互动，而不仅仅是实际行动。不论处于何种体制，大多数工作人员都可以参与决策，这意味着有许多潜在的领导者，而且领导力有多种表现形式。

大部分关于领导力的文献混淆了这一区别，早期服务领域的文献也一样。该领域的许多工作人员都发挥领导的作用，承担领导责任，其中有一些人也有正式的职务。在这方面，大部分的讨论一直关心"领导职位"（headship）而不是更广泛的"领导"概念。换句话说，讨论的重点是领导者作为个人需要做什么，而不是需要怎么使"组织内的所有成员在一个强调承诺和挑战的氛围中发挥自己最大的作用"（Whitaker，1993：74）。因此，机构的领导者，通常是园长或负责人，必须创造适当的条件来支持和加强早期奠基阶段的重点：学习、发展及安全。为了实现这一目标，领导者（负责人）的任务是协调所有正在支持儿童的成年人的专长和努力，包括那些可靠的专业人士（如有资格证书或其他资质的专业人员）、没有证书的雇工和热情的志愿者（如家长或义工）。在这种情况下，领导是职务能力，需要有一套符合特定情境的行为和领导方法。在这方面，之前已经证明，"有效的领导是情境性的，并且取决于背景和客观形势"（Male，2006：3）。

无论是机构内的员工还是机构外的专业人士，他们都需要做出自己的贡献，因此，系统内的人都需要做出不同的领导行为。为了达到这一目标，领导者需要确保全体员工和所在社区（包括家长）拥有共同的价值观。如其他地方所建议的，"为了提供有效的服务，组织或机构必须有明确的愿景，特别是在核心目标方面"（Male，2012：199）。因此，当务之急是，领导者必须建立和维持与所服务的社区相适应的价值观，并将这些价值观体现为组织的核心精神和决策指南（见图17.1）。

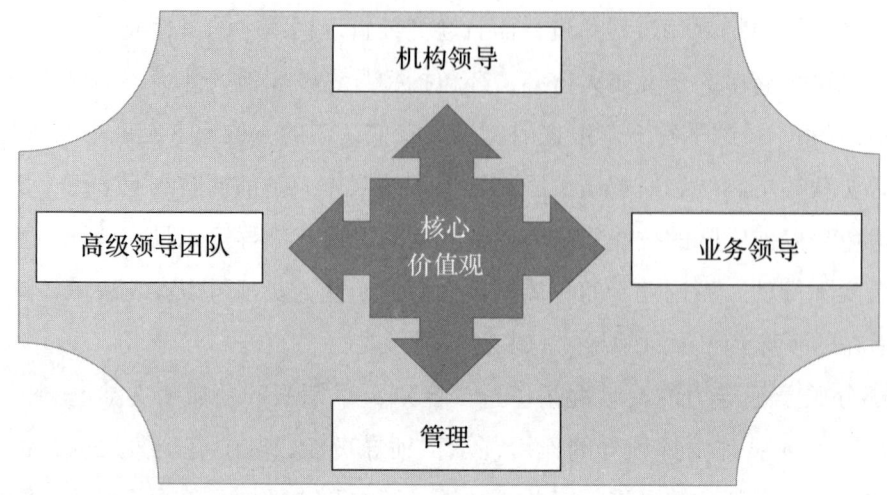

图 17.1 建立组织的核心价值观

核心目标

早期奠基阶段现在不仅有法定大纲，而且有非法定的《指南》提出可接受的最低标准，二者成为问责的参考框架。每个早期服务机构的负责人都需要制定最低标准，并确保本机构雇员或者与本机构有合作关系的从业者能够达到这些预期的标准。鉴于许多这样的早期服务机构可能面临额外的要求（如在育儿员代理机构注册，有直接的赞助商或者成为民办营利机构），所以可能需要解决差异性和多样性的问题。然而，无论何种情况，领导者的法定责任是确保机构所有活动符合法定大纲，而道德责任可被视为确保所提供服务满足当地儿童的社会性和情感需求并为入学做好准备（是早期奠基阶段的要求）。在这个概念下，西拉杰－布拉奇福德和曼尼（Siraj-Blatchford and Manni）对早期教育与保育领域的领导力进行了研究，得出这个领域领导力的重点应该在学习上。

> 我们认为"阅读"情境的能力，即保证实现对合作的承诺、改善儿童学习成果的承诺，应成为领导力的基本要求。（2007：28）

然而，为了学习的领导力（Leadership for learning）不只是以学习为中心的领导力，后者源于美国学校普遍存在的"教学领导力"（instructional leadership）概念，包含在特定情境和社区开展工作之意（Southworth，2002）。我们从而可以得出结论，"课程领导力"（pedagogical leadership）可以更准确地描述领导力的广泛含义，其重点是"与其他人，如学习者、家长、社区和政府建立关系，建设一个学习型社区"（Male and Palaiologou，2012：107）。在这种情况下，领导者的核心目标是协调所有参与儿童学习和照看工作的工作者的努力，以"达到早期教育的法定要求"为最低标准。课程领导力符合早期教育与保育的精神，表明领导力并不局限于那些领导"机构"的人，而属于领导"实践"的人。麦克尼尔等（MacNeil et al.，2003）认为，课程领导力不仅仅是教学领导力的替代，而是对这一概念的延伸，并表明每个参与照顾和教育儿童的人都发挥领导作用（Male and Palaiologou，2012）。这最终将重点从领导"人"转移到领导"实践"，并包括了引导儿童学习的所有方面内容（van Manen，1991）。反过来，这又使从业者视自己为实践的领导者，能够以不同的眼光来看待自己，从而有助于提升自我效能。这也有助于早期服务从业者重新塑造自己的专业形象。

早期教育与保育中的领导力

因此，早期教育与保育的正式领导力的一个重要方面，就是承认系统中其他参与者有潜力为本机构做出积极的贡献。正如本章之前所讨论的，早期教育与保育队伍庞大，其中一些人具有较高专业资格，一些人具有较低专业资格，另外还有其他一些员工。儿童劳动力发展委员会（Children's Workforce Development Council，CWDC）在尝试对各种资格进行分类以确定其"充分性和相关性"之后，又补充了早期服务从业者（Early Years Educators）的标准（NCTL，2013）。在团队安排上，现在的法定要求是：管理者（即机构的正式领导者）和至少一半的工作人员必须拥有充分、相关的资格。此外，管理者应至少有两年的幼儿园工作经验，或至少有两年其他相关的经验；必须指定一名副职，有能力和资格在正式领导者缺席时负起责任（DfE，2014：20）。考虑到育儿员代理机构潜在的强大影响，可以认为各机构的领导者包括：

- 高层领导者和管理者；
- 有资质的从业者；
- 后勤人员；

- 其他机构的专业人士。

要成功地满足早期教育与保育行业的法律和道德要求，则各类领导力都需要得到全面展现，并适应当时形势和背景。领导力在这里是指有机会在某事上"带头"或发挥主动性。在新世纪的教育和社会体系中，领导力被视为"分散、差异化和多样化"（Southworth，2006），这是因为有更多的人——早期教育与保育的合格从业者和其他机构的专业人士——都能发挥领导作用。因此，我们倾向于认为早期服务机构的领导力是共享的，针对机构领导者的问责是将领导者与其他成员进行区分的关键特征，因为机构的领导者/管理者承担具体的法律责任。然而，从实际运作来看，最有效率的机构可能是那些集体进行调研并制定战略决策的机构（Siraj-Blatchford and Manni，2007）。

案例分析

茱莉亚（Julia）的故事

茱莉亚是设在教会礼堂的一家早期服务机构的负责人。这个机构为 2 岁半到 5 岁儿童提供早期教育与保育，同时也为这个年龄段的儿童提供政府资助的学位。该机构的开放时间为上午 8 点到下午 5 点，提供全日但分段的服务。茱莉亚的工资按机构开放的时间计。茱莉亚负责机构的运行、（包括人员配备、会计），课程标准落实，满足福利要求，并向当地政府报告。她还与当地的早期教育与保育团队合作，并与质量改进负责人保持联系，为自己和员工进行培训。此外，茱莉亚也为机构的儿童/成人比做出了贡献。大部分的文书工作都被她带回家，利用晚上自己的时间完成，并且没有报酬。当被问及此事时，茱莉亚说这对于早期教育与保育领域是常态。茱莉亚利用自己的时间修完儿童研究的基础学位，并且是自费的。与其他正在进修硕士学位的从业者访谈，证明了茱莉亚的工作模式符合他们的工作经验。茱莉亚感觉作为一个领导者的主要挑战是：

- 责任与拿到的工资和得到的认可不对等，作为管理者/领导者，茱莉亚每小时只比其他工作者多挣 10 便士；
- 资金和可持续性：儿童教育与保育的成本与政府提供的资金不对等，导致机构财政紧张；

- 用于支持家庭的预算有限。

茱莉亚认为，早期服务机构的重点应放在为儿童及其家庭提供优质服务上，但由于资金不足，她感到压力越来越大。茱莉亚对目前困境的解决办法就是把工作带回家，以确保上班时间能有效地用于支持儿童及其家人。

☁ 反思性任务

反思早期服务机构中每一个工作人员所做的贡献，并且考虑：当务之急是什么？领导者所面临的挑战是什么？是否应该让每一个员工都有机会展示他们的领导力？从这个案例中你能识别出哪种领导力？

由于需要集体做出决策，因此呼吁建立分散式领导力模式对于早期服务机构至关重要（Aubrey，2007；Miller，2011），不过这样的呼吁很少能解决"领导"机构和"管理"机构之间需要适当平衡的问题，或者过滤外界对机构的影响，从而提供相配套的教育与保育。如前所述，尽管关键的领导角色是由机构的领导者 / 管理者所担任的，但是其他人员也承担重要的领导工作。有资质的教师（特别是主班老师）的角色在机构中最为突出，而机构之外的专业人员的知识和专长也很重要。不过，要使服务满足所有儿童的需要，发挥有资质的从业者的领导力是非常重要的。总而言之，领导力需要在各个层面上展现出来，但是协调所有努力的关键在于机构领导者。

领导早期服务机构

最有效率的早期服务机构不仅内部结构和程序能成功地支持儿童学习，提供与儿童需求和背景相适应的保障措施，而且还能更有效地处理可能影响日常稳定的外部因素。

一般来说，在组织内部的一些关键要素需要协调一致，以打造最高效的环境。首先，如图 17.1 所示，必须有：

- 一种明确定义的文化，为各项决策提供了一个参考框架。

此外，还需要：

- 明确领导者与管理者的区别；
- 打造有效的高级领导者团队；
- 为实践中的各级领导者提供机会和支持。

如上所述，领导和管理通常是通过决策途径来区分的。换句话说，领导者做出决定，而管理者执行决定。领导和管理都是动词，不是名词，而领导活动和管理活动对组织中的所有成员来说都是合理的活动。所有早期服务机构都需要有效的管理系统，高效地推行决策并保持良好运转。这些管理系统变成组织的规章和标准流程，能保证组织的正常运转。因此，高效的领导者需要建立满足需求的管理体系和实践。

当然，在应对不同或不寻常问题的过程中，会产生一系列领导责任，领导者要认识到，除了一些不能逃避的个人责任，自己不可能完成工作中的所有任务，需要其他人分担责任。领域内的专业人才通常被认定为潜在的高级领导者。因此，需要给予早期教育与保育工作者信任，请他们为机构做出贡献。然而，组织发展的关键是发展潜在的高级领导者的能力，不仅分担领导责任，更打造一个团队。一个小组和一个团队之间的区别在很多地方都有很好的证明（Katzenbach and Smith，1993），但是通常取决于成员愿意放弃自身利益来支持集体的利益。可以说，一个团队的成员往往乐意不求回报地付出，而一个小组的成员可能会为了自身利益无视总体目标。团队通常被认为更可取，并被认为能通过协同作用取得超过个人投入总和的结果。然而，除了相互负责之外，高级领导班子需要很高程度的信任。

内部结构的最后一块拼图是操作层面的领导力，个人有权做出与共同价值体系相对应的决定。如在其他地方所论述的，每个从业者需要知道当实践对他们提出相矛盾的要求时，应该优先考虑什么。他们赖以确定优先次序的工具是从机构价值观中得出的行动原则。关键是，从业者在"不违反本组织确立的道德准则的基础上，有权对当前情况做出回应"（Male，2012：205）。

在更广泛的背景下领导早期服务机构

机构领导者需要更关注团队，个人行为变得次要。这种模式并不否认机构领导

者在内部仍然可以发挥重要领导作用，只是可能需要根据情况采用多种领导模式
（见图 17.2 ）。

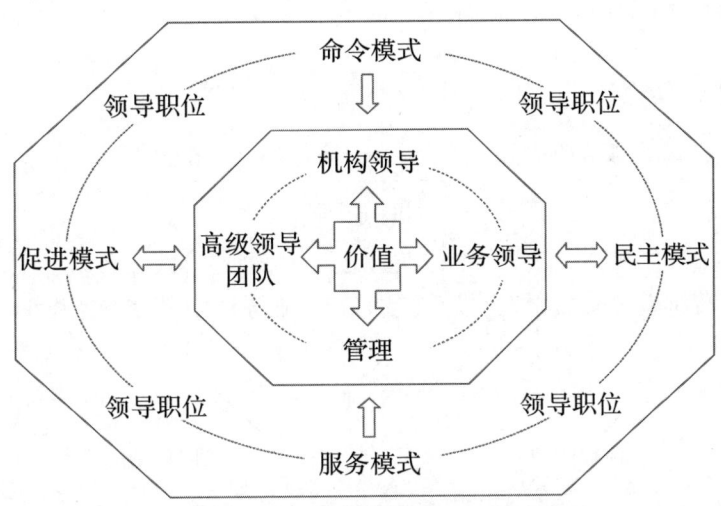

图 17.2　组织内不同模式的领导行为

　　在上图可以看出，机构的领导者需要根据同事的能力，采用恰当的领导风格来
维持内部结构。这里参考了促进模式、民主模式、服务模式和命令模式（Goleman，
2001），要强调的是模式（或风格）应该适合各自背景和形势。分析表明，早期教育
与保育领域普遍被视为地位低、工资低和技能水平低，劳动力几乎完全由女性构成
（Miller，2011）。以女性为主的背景信息使得一些评论员认为早期服务机构独特的领
导特色主要与女性的天性和行为有关（Moyles，2006；Rodd，2006；Aubrey，2007；
Whalley，2011）。然而，这种分析过于简单化，更恰当的是承认系统内不同层级都需
要有一系列的领导特性和行为，只有部分是基于传统的女性领导风格（McDowell Clark
and Murray，2012）。例如，在缺乏明确的目标或相关专业知识的情况下，采用命令模
式是完全恰当的；同样，如果有专业资质的和丰富经验的工作人员能提供适当的专业
服务，则采取单一模式是不明智的。机构领导者此时主要不是采用一种预设的方法，
而是要学会选择适合情境和背景的领导风格。

　　然而，机构领导者在早期服务机构的关键作用更可能是管理"边界"以确保满
足儿童的需要，其领导力的真正艺术在于对外部环境界限的管理。例如，塞尔兹尼克
（Selznick）区别机构领导者与日常管理者的方法，是通过观察领导者应对组织的核心
活动与更广泛外部环境的需求、挑战和机遇之间的矛盾所采取的行动（1983），因为这

涉及保护和支持组织的重要功能，同时适应外部需求。鉴于《指南》的影响（包括与外部机构固有关系的影响）、当地社区需求的变化以及政策倡议的不断推陈出新，机构领导者需要不断检查外部环境以确保工作正常开展（见图 17.3）。

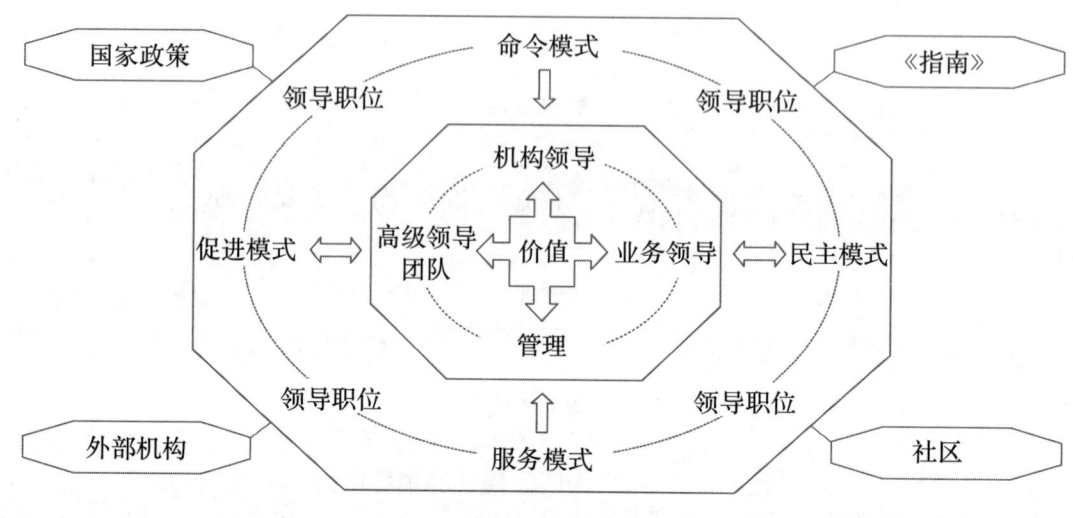

图 17.3 检查外部环境

"边界"管理的关键因素是外部机构——外部机构对儿童的教育与福利有着直接影响——而不是那些问责机构（例如国家监察部门和育儿员代理机构），尤其是那些在健康和社会服务领域工作以及其他被纳入地方团体的教育工作者，他们通常被标记为"儿童服务人员"。"综合服务"的概念带来了一种资格，即国家综合中心领导专业资格（National Professional Qualification for Intergrated Centre Leadership, NPQICL）。该资格于 2005 年推行，以支持早期服务机构领导者 / 管理者专业发展。安格（Ang）研究了 359 个获得该资格的人员，发现，"与其他专业人士有效地合作，需要更高程度的职业敏感性和责任担当"，这带来了特别的挑战和困难（Ang, 2012：296）。挑战的一个关键方面是，关于早期教育与保育，不同的人群有不同的愿景、目标和期望（Jones, 2008：18），这是一个由个人信念、价值观和观点所主导的且可以有强烈情感因素的领域（Rodd, 2006：110）。不同职业和机构的人士倾向于从自己职业的角度来看待问题（Miller, 2011：83）。

将一切整合起来

区分早期教育与保育的领导和其他职业或专业的领导的唯一特点，是多机构、跨专业工作。因此，因为从业者几乎全部都是女性而探讨"女性化"领导风格在某种程度上并不重要。多机构支持机制扩大了单一机构或个人为儿童确定适当的学习、发展和照顾的责任范围。因此，建立并维护支撑行动的核心价值观是一项令许多行动者感到不适的任务。正如上文所述，在任何社会体系中领导力在多个级别都有体现，但在早期教育与保育领域，又增加了跨专业支持系统这一复杂的问题。

本章小结

本章讨论了与早期奠基阶段有关的领导力的概念。自 2008 年首次引入《指南》以来，早期教育与保育领域有关领导力的文献数量有所增加。然而，领导力的具体约束因素是儿童，系统中唯一需要被问责的是机构领导者／管理者。虽然把重要的责任赋予了个人，但早期教育与保育需要集体共同努力，即莫伊尔斯（Moyles）所说的以儿童为中心的联合领导。她指出，联合领导是一种新的、综合的领导模式，对早期教育与保育至关重要，（因为它提供了）教师与儿童和家庭一起工作的基础（Moyles，2006：4）。这种联合领导的起点应该是一套价值体系，该体系不仅对早期教育与保育领域从业人员和出资机构有意义，对服务对象和当地社区也有意义（Male，2012）。因此，早期教育与保育的有效领导应该关注联合模式，这样会让儿童的能力超越《指南》的狭隘范围。

> **识记要点**
>
> - 早期教育与保育领域的领导与其他领域的领导存在差异。
> - 早期教育与保育机构领导者需要协调早期教育与保育领域所有贡献者的努力。
> - 建立和维持核心（共享）价值观是成功决策的基础。

> ## 讨论话题
>
> - 你认为《指南》是对早期教育与保育服务的最低要求吗?
> - 早期教育与保育机构的领导者 / 管理者是否在早期教育与保育方面发挥关键领导作用?
> - 早期教育与保育机构内外每一个人的所有努力是更注重于儿童的学习还是他们的安全?

扩展阅读

书

Aubrey, C. (2011) *Leading and Managing in the Early Years*, 2nd edn. London: Sage.

Bennett, N., Wise, C., Woods, P. and Harvey, J. (2003) *Distributed Leadership: A Review of the Literature*. Nottingham: National College for School Leadership.

Rodd, J. (2012) *Leadership in Early Childhood*, 4th edn. Maidenhead: Open University Press.

Siraj, I. and Hallett, E. (2014) *Effective and Caring Leadership*. London: Sage.

文章

Davies, G. (2014) 'Graduate leaders in early childhood education and care settings, the practitioner perspective', *Management in Education*, 28 (4): 156–160.

参考文献

Ang, L. (2012) 'Leading and managing in the early years: a study of the impact of a NCSL programme on Children's Centre leaders' perceptions of leadership and practice', *Educational Management Administration and Leadership*, 40 (3): 289–304.

Aubrey, C. (2007) *Leading and Managing in the Early Years*. London: Sage.

Bass, B. (ed.) (1981) *Stodgill's Handbook of Leadership*. New York: Free Press.

DfE (Department for Education) (2014) *Statutory Framework for the Early Years Foundation Stage*. London: DfE. Available at: www.foundationyears.org.uk/files/2014/07/EYFS_frame work_ from_1_September_2014__with_clarification_note.pdf (accessed 28 September 2015).

DfE (Department for Education) (2015) *Policy Paper 2010–2015 Government Policy: Childcare and Early Education*. Available at: www.gov.uk/government/publications/2010–to-2015–government-policy-childcare-and-early-education/2010–to-2015–government-policy-child care-and-early-education (accessed 17 June 2015).

Goddard, C. (2015) 'Nursery management: childminding strength in numbers', *Nursery World*, 15 March 2015. Available at: www.nurseryworld.co.uk/nursery-world/feature/1150330/ nurserymanagement- childminding-strength (accessed 17 June 2015).

Goleman, D. (2001) *The Emotionally Intelligent Workplace*. San Francisco: Jossey-Bass.

Jones, C. (2008) *Leadership and Management in the Early Years: From Principles to Practice*. Maidenhead: Open University Press.

Katzenbach, J. and Smith, D. (1993) *The Wisdom of Teams: Creating the High Performing Organization*. Maidenhead: McGraw-Hill.

Male, T. (2006) *Being an Effective Headteacher*. London: Paul Chapman Publishing.

Male, T. (2012) 'Ethical leadership in early years settings', in I. Palaiologou (ed.), *Ethical Practice in Early Childhood*. London: Sage.

Male, T. and Palaiologou, I. (2012) 'Learning-centred leadership or pedagogical leadership? An alternative approach to leadership in education contexts', *International Journal of Leadership in Education*, 15 (1): 107–118.

McDowell Clark, R. and Murray, J. (2012) *Reconceptualising Leadership in the Early Years*. Maidenhead: Open University Press.

Miller, L. (2011) *Professionalization, Leadership and Management in the Early Years*. London: Sage.

Moyles, J. (2006) *Effective Leadership and Management in the Early Years*. Maidenhead: Open University Press.

NCTL (National College for Teaching and Leadership) (2013) *Early Years Educator (Level 3): Qualifications Criteria*. Nottingham: NCTL.

Rodd, J. (2006) *Leadership in Early Childhood*. Maidenhead: Open University Press.

Selznick, P. (1983) *Leadership in Administration: A Sociological Interpretation*. Berkeley, CA: University of California, Berkeley Press.

Siraj-Blatchford, I. and Manni, L. (2007) *Effective Leadership in the Early Years Sector: The ELEYS Study*. London: Institute of Education, University of London.

Southworth, G. (2002) 'Instructional leadership in schools: reflections and empirical evidence', *School Leadership and Management*, 22 (1): 73–91.

Southworth, G. (2006) 'A new flame', *LDR*, 20: 19–21; Nottingham: National College for School Leadership.

van Manen, M. (1991) *The Tact of Teaching: The Meaning of Pedagogical Thoughtfulness*. Albany, NY: State University of New York Press.

Whalley, M. (2011) *Leading Practice in Early Years Settings*, 2nd edn. Exeter: Learning Matters.

Whitaker, P. (1993) *Managing Change in Schools*. Buckingham: Open University Press.

第18章

数字技术的作用

洛娜·阿诺特

本章概述

随着数字技术日渐渗透到儿童的教室和家庭中，围绕技术的教育教学理论大量出现（Plowman and Stephen, 2007; Parette et al., 2010）。然而研究表明，家长和教师对如何适当使用技术颇感焦虑，且在许多情况下利用有限（Zevenbergen, 2007）。为了解决这个问题，我们需要将技术作为影响儿童早期发展的一个因素来考量，并将其视为可以通过多种方式加以调整和整合的工具和资源。本章认为，技术的"好坏"取决于成人对儿童经验的设计及技术在教育情境中的定位，因为技术提供"机会"，但不"决定"儿童的游戏（Arnott, 2013）。

本章的目的是：

- 在早期教育与保育的背景下介绍技术的概念；
- 讨论儿童期概念是如何随着技术的发展而演变的；
- 从儿童经验的可能性和机会视角看待技术；
- 考虑技术如何成为儿童环境的一部分及技术在儿童学习环境中的地位；
- 证明技术是儿童的工具——就像传统的玩具一样。

技术是什么？

当代关于"数字童年"的讨论中，一系列有着细微差别的术语被用来描述儿童在日常生活和学习中使用的资源，包括但不限于"技术""数字技术""信息与通信技术""智能玩具""屏幕媒体"和"数字媒体"。随着技术资源的快速发展，定义很快变得不准确。从最广泛的意义上来说，技术是科学知识的应用或"满足需求的设计"（Bergen，2008：88），可以包括常见的工具，如钢笔或铅笔。对于大多数人来说，一提到当代儿童期的技术，他们指的是新的被认为能改变童年的数字技术。

有关技术的研究已从台式电脑（Haugland，1992），逐步发展到"电子辅助装备"和"聪明"的机器人（Bergen，2008）、智能玩具（Plowman，2004）、电子屏幕（Neumann and Neumann，2014）、互联网资源（Palaiologou，2014）。因此，技术包括：

- 台式和便携式电脑、移动技术（Edwards，2013）；
- 音乐播放器和游戏机等娱乐技术（McPake et al.，2013）；
- "家用数字科技"、儿童日常接触的家庭数字技术、数字玩具和游戏（Arnott，2013，McPake et al.，2013）；
- 平板电脑和移动设备（e.g. Neumann and Neumann，2014）。

定义是不断发展的，已经有人呼吁探索未来的技术，如利文斯通等人（Livingstone et al.）建议探索 3D 打印和智能家居（2015）。不管所采用的定义是什么，要注意的核心点是，技术是复杂多样的（Bergen，2008），且并不完全相同。确切地说，不同的资源提供不同的技术支持（Carr，2000），因此可能会对儿童的经验有不同影响。为了理解技术在童年的作用，我们必须考虑都有哪些可用资源，并且探索它们的可获得性和独特性。

数字童年：必然发生的改变？

互联网变得无处不在，童年也因此发生了改变（Craft，2012）。儿童生活在一个以数字技术为媒介的文化环境（Bird and Edwards，2014：2），经常被描述为"网络一代"（Tapscott，2008）或"数字土著"（Prensky，2001）。由此可见，当代儿童与之前的儿童相比是独特的，他们拥有不同的知识、观点、行为，在某些情况下甚至拥有不同的道德观。数字时代的学习也被认为发生了变化。移动技术提供的连接使人们能够即时获取知识，更多的年轻人在随机组合、试验和错误中学习（Kolikant，2010）。关于短信如何改变了读写能力的研究也出现了（Wood et al.，2013），而且我们还看到了创造性（Craft，2012）和游戏（Yelland，2010）的改变。2014 年是平板电脑超过电视成为儿童首选媒介资源的第一年（Livingstone et al.，2015）。因为儿童从 3 岁开始就接触互联网设备（Palaiologou，2014），所以这些变化从来没有像现在这样与早期阶段密切相关。

这种变化也引发了人们有关技术对儿童有害的担忧。因此，对童年的看法已经变得两极化。我们看到有不同的说法出现，既有人害怕科技，坚持强调儿童处于危险中，也有人兴奋于科技给予人的力量和技能（Craft，2012）。也就是说，成人要么把儿童看成是被动的、需要保护的，要么主动睿智地破译媒体中的信息并向媒体学习（Marsh，2004）。在某些情况下，消极的、认为儿童处于危险中的言论与现今认为儿童自身是他们生活中的积极因素的社会学观点相矛盾（James et al.，1998）。这些顾虑本身也存在问题，因为他们往往是基于未经证实的证据（Plowman and McPake，2013）。

童年毫无疑问已经发生了改变，部分是因为儿童（和成人）现在生活在一个数字时代。许多人对童年时期使用科技有顾虑是缘于对童年的浪漫化想象（Plowman et al.，2010）。然而，在西方社会，技术植根于当代人的工作和家庭生活，所以儿童会随着成长遇到这些资源。我们生活在一个社会文化世界，我们的知识、信仰都是通过经验和文化形成的（Tudge，2008）。因此，就像社会一样，童年也将发展和变化。每一代人都会带来新的知识和新的世界观，因此，这一代的童年经历将永远不同于上一代。这并不是说技术是好的或坏的，而是说，技术是儿童生活的中心部分。因为技术是儿童日常生活中积极的但不是压倒性的因素（McPake et al.，2013；Plowman and McPake，2013），因此我们必须重点关注如何用这些资源来支持儿童。

技术融于生活是不容置疑的，这意味着我们应该将日常辩论重心从儿童是否应该使用科技转换到儿童应该如何使用科技。关于"如何"的问题还没有完全得到解答——我也从来没有认为它能够得到完全的解答，所以我不打算在本章提供一份儿童早期技术经验蓝图。相反，我的目的是提供一些基于研究证据的必要背景，供读者在实践中参考。

技术提供机会和可能性

在为儿童规划有效学习机会的时候，卡拉克斯顿和卡尔（Claxton and Carr）建议我们应该努力加强环境，即那些能引发儿童表达某些心智倾向，并能积极"延伸"它们，从而发展它们的环境（2004：91–92）。我认为，如果加以有效使用，技术有这种潜力。我回顾了当代社会关于童年的不同讨论，特别是安娜·克拉夫特的论述（Craft，2012）。她主张给童年赋权，提出技术在创造机会和可能性方面有巨大潜力。她根据自己的工作和文献综述指出，技术不仅提供娱乐，还提供了人际网络、内容生产和共享、自我表达、身份验证和知识建构等的机会。她提出教育工作者的作用是质疑技术怎样促进儿童的参与，探索技术如何加强环境。

要进一步探索这一问题，首先需要将技术资源定位在一定的背景下，而许多研究没有做到这一点。我们经常看到孤立的技术研究，由此引出的理解是儿童如何与技术互动（Ljung-Djärf，2008）。这些研究非常有价值，揭示了技术活动和儿童的相关学习（associated learning）之间往往存在因果联系。这样的立场也造成了有关技术的两极化讨论，有人认为技术应该对童年的烦恼或反社会行为等负责（如 Palmer，2006）。

近期的研究认为技术是社会背景的一部分（Marsh，2010；Plowman et al.，2010），不应被视为"异物"（Edwards，2013；Livingstone et al.，2015）。这样看来，技术是学习环境的一个要素，本身并不是学习环境。在这种情况下，我们能够看到技术提供了游戏的"机会"，但不决定游戏（Savage，2011）。根据克拉夫特的"可能性思维"（possibility thinking）（Craft，2012），我们可以来探索儿童怎样利用技术，从考虑"这是什么"到思考"这可能变成什么"。鉴于技术在教室中的生态性，技术成为复杂的因素矩阵中的一个要素，包括塑造儿童学习的物理环境以及社会和文化环境（Arnott，2013；Savage，2011）。采纳这种生态观是利用技术强化环境的第一步。

儿童早期阶段技术的定位

在相关情境下探讨技术，就需要了解成人和儿童如何看待技术。有人认为，互联网资源为儿童打开了教室和家庭外的世界。互联网为"跨越界限、跨越年龄阶段、激发儿童兴趣、提高儿童参与度和创造性思维提供了可能性——如果我们有足够的勇气去承认儿童和青少年有潜力来共同创造未来的话"（Craft，2012：183）。克拉夫特认为，数字媒体为儿童提供了一个成为"变革推动者"的机会，让儿童通过"游戏化的共同参与"来发出自己的声音。同样，互动性资源可以作为一种机制，让儿童将自己看作学习中的共同构建者（Palaiologou，2014）。在这里，我们将技术视为推动儿童早期阶段以儿童为中心的教育法的关键力量，这是我们实践的基础。

技术有潜力，但伯斯（Bers）认为人们并不总是欢迎技术（2012）。她思考网络空间和技术资源为何有潜力成为"游乐场"——自由探索，安全地冒险，自主游戏，而实际上往往变成"安全围栏"——无风险，自主探索空间有限。她谈到技术工具的设计，但同样可以看出在儿童早期阶段儿童参与技术的机会是有限的。早期服务机构通常将技术作为孤立的活动，如单独设置电脑角，这给儿童一种暗示，电脑游戏与其他游戏资源是相对分割的。普洛曼和斯蒂芬（Plowman and Stephen）指出部分观点认为技术教学具有远程性——"间接影响学习"（2007：18）。

可以认为远程性——将技术与其他游戏或课堂实践相分离——带来了"科技是独特资源"的理解。这样一来，技术成了中心活动，例如玩电脑游戏是儿童适应资源，而不是资源适应（儿童）学习。这与早期服务机构缺乏游戏化的技术整合有关（Edwards，2013）。当我们将技术定位为孤立的活动时，儿童没有机会将其整合到游戏主题中。如果我们考虑奥马拉和莱德劳（O'Mara and Laidlaw）所描述的混合游戏（hybrid play）（2011），就可以实现将技术整合于传统假扮游戏的目标。"技术远不只是白板或计算机"的定义也有助于实现这一点。例如，模拟成人使用的手机、微波炉，这使得儿童能在游戏中将技术作为道具，而不是活动的中心（Savage，2011）。

案例分析

混合游戏：在中餐馆玩手机和收银机

　　3 名儿童和一位成人在娃娃家玩。那里除了标准的与家相关的玩具外，还有一部移动电话和一台收银机。中间有一张中等大小的圆桌和几把椅子。希拉里（Hilary）在洗盘子，成人坐在桌子边。在洗盘子时，希拉里时不时按收银机上的按钮。瓦内萨（Vanessa）在娃娃家来回走动，偶尔接听电话。约翰（John）出现了，并告知成人需要等待 50 分钟，然后带给她一碗吃的。"给你！还有筷子。你想喝点什么？"他举起一个瓷杯，并指着它问道。她回答："汽水，好吗？"约翰继续着说："汽水——我再给你个冰激凌。"约翰再次出现了，说："哎呀，我弄错了，这是蛋奶，但这个是冰激凌。"成人要结账，约翰带着收银机出现，并说："这是你的账单。"（假装收银机是读卡器）她递给他一张塑料卡，问："我可以用信用卡付钱吗？"他接过卡，在卡槽上刷了一下。成人问："可以吗？需要密码吗？"他一边说"是的，请输密码"，一边指着上面的号码。成人输入密码，约翰说"谢谢"，带着收银机离开。

☁ 反思性任务

在应用技术时，哪些物理的和社会的环境因素有可能影响儿童的相关游戏？这些影响是正面的还是负面的？如果是负面的，需要做出什么样的改变，才能让技术促成更有创造性的游戏经验？

在这里我们看到技术被作为假装游戏的一部分，游戏的核心是创造力和想象力。这种游戏尤其适用被视为"开放资源"的技术。儿童能改变这些技术资源来满足自己的游戏需求。在某些情况下，可以是根据设计意图使用技术。但如果允许自由探索，技术完全可以变成其他的东西。如卑尔根（Bergen）认为游戏可以从探索开始，有实践，有假装，重要的是允许儿童使用技术进行探索（2008）。伯德和爱德华兹（Bird and Edwards）把儿童以技术为工具游戏的过程形容为"从探索到创新"的过程（2014）。

案例分析

汽车座椅变成了医生的设备

利安娜（Leanne）4 岁了，她的妈妈最近给她生了一个弟弟。她到医院看望了妈妈和新生的弟弟。利安娜跟着妈妈到我们当地科学博物馆参观，我们让她玩各种电动和科技玩具，其中一个就是玩具汽车。我们在给利安娜展现这些资源时，没有做任何介绍，而只是放在桌子上，让她自由探索。如果她提出疑问，我们可以回答，但是她没有问。当我们向她展示遥控汽车组成部件时，利安娜立刻把这些部件变成了医生的设备。她根本没有用这些资源去做一辆遥控汽车。她把长长的仪表盘放到她妈妈的嘴巴里，用来检查妈妈的喉咙，而其他部件变成了听诊器或者检查她妈妈反射能力的设备。利安娜显然对医护工作产生了兴趣，这很可能与她最近到医院看望她的弟弟有关，而且她能够把所有展示给她的资源都延伸到这一游戏主题中。

☁ 反思性任务

- 本章讨论了多种数字技术，并强调对于这些资源不能一概而论。反思上述案例，回忆一家自己熟悉的早期服务机构。如果有人问你："你们／他们用了什么技术？"你会怎样回答？除了你最初想到的技术外，还有没有新的？
- 根据你列出的技术，考虑这些技术为儿童的游戏提供了什么机会，以及这个过程中技术发挥了多大的作用。

虽然上述例子与智能玩具和资源相关，但互联网资源也为教师和儿童发展关系、分享知识提供了超越学校／幼儿园围墙的巨大可能性（Craft, 2012）。图 18.1 是一个 14 个月大的儿童与她生活在千里之外的表姐聊天，她在谈话结束时给了对方一个吻。对这名儿童来说，屏幕并不影响情感和交流。如果表姐站在面前，她的交流方式也不会不同，她还是会正常地吻她。这证明儿童拥有极大的潜能来接受互联网资源和其他能够提供互动和延伸人际机会的媒介。我们已经在实践中看到这一点，因为早期服务机构正在与来自不同国家的儿童建立关系，他们在互联网上分享经验和想法，发展和促进全球公民意识。

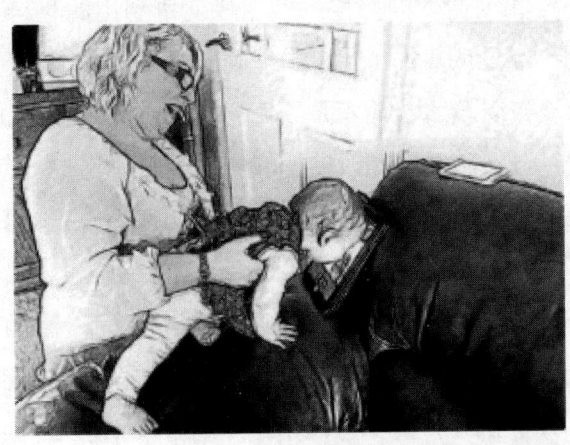

图 18.1　网络表姐妹

这些案例的共同点是认为资源能"强化"环境（Claxton and Carr，2004）。只有认识到技术是学习的另一种工具，人们才有可能将技术整合到实践中。

本章小结

帕拉约洛戈表示，早期教育教学应该营造"学习的环境"，鼓励使用数字技术分享和交流思想，平衡儿童家庭数字体验（Palaiologou，2014：15）。为了实现这一点，必须将技术放到适当的位置。我们需要将技术整合到游戏中，而不是总将二者区分开。对技术的定义需要扩大，从而发现"混合游戏"，围绕技术应用的社会和文化规则也需要能反映出传统游戏的意义。

在访谈家长关于儿童在家使用技术的情况时，有家长说技术就像另一个玩具（Palaiologou，2014）。这对实践有启发，就像卡拉夫特（Craft）所建议的，我们需要改变成人与儿童和技术的互动方式，不是因为资源的可得性，而是因为教育者自身与资源的关系（2012）。重要的是将技术应用技能视为教师所有技能中的一种——为儿童创建有强化性和激励性的学习环境。利文斯通等人建议我们找到有创造性和教育性的方法来使用数字技术（Livingstone et al.，2015）。对于早期服务从业者来说，这并不是新鲜事，通过将技术定义为另一种资源或教学工具，他们可以根据已经确立的高质量早期教育理论将资源整合到实践中。

卑尔根（Bergen）表示，"（任何年龄）游戏的本质在于它能够使游戏者通过积极的参与、灵活的思维和创造性的操控，使用任何可利用的材料来改变他们的世界"（2008：87）。我认为，经过认真的考虑，技术可以提供这些游戏体验。然而，要做到这一点，我们首先需要接受技术，而不是要回避它们。我们需要接受技术是儿童学习环境和日常生活的一部分，不要害怕改变。我们需要仔细考虑如何将这些资源作为儿童经验的一部分，在什么情境中使用这些资源，正如我们在设计其他活动时一样。显然，我们必须提供经过精心设计的经验，既让儿童安全地探索，又不限制儿童的潜力。我们必须将早期服务机构视为更广泛的、相互联系的社会和社区的一部分，因此，我们必须让儿童和家长都参与进来，以更有效地利用这些资源，支持儿童学习。

格利普顿（Gripton）认为，要支持儿童自发的游戏和学习，需在制订计划时注意开放性。她认为，开放性既是理念，也是实践（2013：18）。对于技术也同样如此。技术应该被视为早期服务机构中的另外一种资源，它可以是"机会"（Savage，2011）、"可能性思维"（Craft，2012）和"无尽的可能性"（Gripton，2013）。平衡风险，拥抱技术的潜力，并以适合当下实践和儿童学习的方式利用技术——把技术当作某种传统资源。

识记要点

- 技术是复杂和多面的早期经验的组成部分。
- 技术是多样的，具有不同属性和可能性，为儿童的游戏和学习提供了大量的机会。
- 技术本身不需要成为儿童的"活动"，考虑其在混合游戏中的作用。

讨论话题

- 你将在自己的实践中吸收哪些创新技术？
- 你在多大程度上同意这一观点：技术将继续存在，重在探索如何更好地使用技术，而不是担心儿童是否应该使用技术。
- 你会在多大程度上认同"儿童之间可以通过即时通信软件进行虚拟社交"这一观点？

拓展阅读

书

Berson, I. R. and Berson, M. J. (2010) *High-tech Tots: Childhood in a Digital World*. Charlotte, NC: Information Age.

Plowman, L., Stephen, C. and McPake, J. (2010) *Growing Up With Technology: Young Children Learning in a Digital World*. London: Taylor & Francis.

文章

Craft, A. (2012) 'Childhood in a digital age: creative challenges for educational futures', *London Review of Education*, 10 (2): 173–190.

McPake, J., Plowman, L. and Stephen, C. (2013) 'Pre-school children creating and communicating with digital technologies in the home', *British Journal of Educational Technology*, 44 (3): 421–431.

参考文献

Arnott, L. (2013) 'Are we allowed to blink? Young children's leadership and ownership while mediating interactions around technologies', *International Journal of Early Years Education*, 21 (1): 97–115.

Bergen, D. (2008) 'New technologies in early childhood: partners in play?', in O. N. Saracho and B. Spodek (eds), *Contemporary Perspectives on Science and Technology in Early Childhood Education*. Charlotte, NC: IAP–Information Age. pp. 87–104.

Bers, M. U. (2012) *Designing Digital Experiences for Positive Youth Development: From Playpen to Playground*. New York: Oxford University Press.

Bird, J. and Edwards, S. (2014) 'Children learning to use technologies through play: a digital play framework', *British Journal of Educational Technology*.

Carr, M. (2000) 'Technological affordance, social practice and learning narratives in an early childhood setting', *International Journal of Technology and Design Education*, 10 (1): 61–80.

Claxton, G. and Carr, M. (2004) 'A framework for teaching learning: the dynamics of disposition', *Early Years*, 24 (1): 87–97.

Craft, A. (2012) 'Childhood in a digital age: creative challenges for educational futures', *London Review of Education*, 10 (2): 173–190.

Edwards, S. (2013) 'Digital play in the early years: a contextual response to the problem of integrating technologies and play-based pedagogies in the early childhood curriculum', *European Early Childhood Education Research Journal*, 21 (2): 199–212.

Gripton, C. (2013) 'Planning for endless possibilities', in A. Woods (ed.), *Child-Initiated Play and Learning: Planning for Possibilities in the Early Years*. London: Taylor & Francis.

Haugland, S. W. (1992) 'The effect of computer software on preschool children's developmental gains', *Journal of Computing in Childhood Education*, 3 (1): 15–30.

James, A., Jenks, C. and Prout, A. (1998) *Theorizing Childhood*. New York: Teachers College Press.

Kolikant, Y. (2010) 'Digital natives, better learners? Students' beliefs about how the Internet influenced their ability to learn', *Computers in Human Behavior*, 26 (6): 1384–1391.

Livingstone, S., Marsh, J., Plowman, L., Ottovordemgentschenfelde, S. and Fletcher-Watson, B. (2015) *Young Children (0–8) and Digital Technology – UK Report*. Luxembourg: Publications Office of the European Union.

Ljung-Djärf, A. (2008) 'The owner, the participant and the spectator: positions and positioning in peer activity around the computer in pre-school', *Early Years*, 28 (1): 61–72.

Marsh, J. (2004) 'The techno-literacy practices of young children', *Journal of Early Childhood Research*, 2 (1): 51–66.

Marsh, J. (2010) 'Young children's play in online virtual worlds', *Journal of Early Childhood Research*, 8 (1): 23–39.

McPake, J., Plowman, L. and Stephen, C. (2013) 'Pre-school children creating and communicating with digital technologies in the home', *British Journal of Educational Technology*, 44 (3): 421–431.

Neumann, M. M. and Neumann, D. L. (2014) 'Touch screen tablets and emergent literacy', *Early Childhood Education Journal*, 42 (4): 231–239.

O'Mara, J. and Laidlaw, L. (2011) 'Living in the iWorld: two literacy researchers reflect on the changing texts and literacy practices of childhood', *English Teaching: Practice and Critique*, 10 (4): 149–159.

Palaiologou, I. (2014) 'Children under five and digital technologies: implications for early years pedagogy', *European Early Childhood Education Research Journal*, 1–20.

Palmer, S. (2006) *Toxic Childhood: How the Modern World Is Damaging Our Children and What We Can Do about it*. London: Orion.

Parette, H. P., Quesenberry, A. C. and Blum, C. (2010) 'Missing the boat with technology usage in early childhood settings: a 21st century view of developmentally appropriate practice', *Early Childhood Education Journal*, 37 (5): 335–343.

Plowman, L. (2004) '"Hey, hey, hey! It's time to play." Exploring and mapping children's interactions with "smart" toys', in J. Goldstein, D. Buckingham and G. Brougere (eds), *Toys, Games, and Media*. Mahwah, NJ: Lawrence Erlbaum.

Plowman, L. and McPake, J. (2013) 'Seven myths about young children and technology', *Childhood Education*, 89 (1): 27–33.

Plowman, L., McPake, J. and Stephen, C. (2010) 'The technologisation of childhood? Young children and technology in the home', *Children & Society*, 24 (1): 63–74.

Plowman, L. and Stephen, C. (2007) 'Guided interaction in pre-school settings', *Journal of Computer Assisted Learning*, 23 (1): 14–26.

Plowman, L., Stephen, C. and McPake, J. (2010) *Growing Up With Technology: Young Children Learning in a Digital World*. London: Taylor & Francis.

Prensky, M. (2001) 'Digital natives, digital immigrants part 1', *On the horizon*, 9 (5): 1–6.

Savage, L. (2011) 'Exploring young children's social interactions in technology-rich early years environments.' PhD thesis, University of Stirling, Scotland.

Tapscott, D. (2008) *Grown Up Digital: How the Net Generation is Changing Your World*. New York: McGraw-Hill.

Tudge, J. (2008) *The Everyday Lives of Young Children: Culture, Class, and Child Rearing in Diverse Societies*. Cambridge: Cambridge University Press.

Wood, C., Kemp, N. and Plester, B. (2013) *Text Messaging and Literacy – The Evidence*. London: Taylor & Francis.

Yelland, N. (2010) 'New technologies, playful experiences, and multimodal learning', in I. Berson and M. Berson (eds), *High-Tech Tots: Childhood in a Digital World*. Charlotte, NC: Information Age Publishing. pp. 5–22.

Zevenbergen, R. (2007) 'Digital natives come to preschool: implications for early childhood practice', *Contemporary Issues in Early Childhood*, 8 (1): 19–29.

第四部分

学习领域

第19章

个性、社会性和情绪发展

约翰·本内特　约安娜·帕拉约洛戈

本章概览

　　毋庸置疑，儿童早期生活经历对儿童个性、社会性和情绪发展至关重要。为了获得尽可能高效的发展，儿童必须身处一个安全的、充满感情和具有鼓励性的环境，一个促进积极情感和社交技能进步的环境。

　　儿童从一出生就开始与成人互动，逐渐成长为独立的社会个体。生命的早期阶段对儿童社会性和情绪技能发展有重要的影响，这同时也将促进他们的个性发展。可以明确的是，个性、社会性和情绪发展对一个人的学业成就有显著影响。重要教育理论家的成果，如维果茨基（Vygotsky, 1986）、皮亚杰（Piaget, 1951）和班杜拉（Bandura, 1977）等提出的理论，以及近年来关于社会互动和经验如何促进人类大脑工作和发展的脑机制研究（Davison et al., 2009），都证实早期个性、社会性和情绪发展对人生的成功起关键作用。

　　个性、社会性和情绪发展被放在一起进行考量，是因为它们之间是相互联系和彼此支撑的。本章旨在探讨儿童的个性、社会性和情绪发展，帮助你理解以下内容：

- 儿童个性、社会性和情绪发展特点；
- 环境在儿童个性、社会性和情绪发展中的作用。

《指南》中的个性、社会性和情绪发展

2010—2011 年，《指南》在接受审查时，公布了一项关于"环境和学校对儿童学习和发展最重要的推动意义是什么"的调查结果（请参阅 DfE，2011），认为"最重要的是个性、社会性和情绪发展"（personal, social and emotional development，PSED）的受访者占 81%。因此，经修订的《指南》强调了个性、社会性和情绪发展对儿童幸福的重要性，这不仅仅是由于它符合既定的总体原则，更是由于它也是学习和发展的主要领域之一（DfE，2014）。修订版《指南》延续了个性、社会性和情绪发展的"关键"地位，其四大原则支持每名儿童的个性、社会性和情绪发展，其中，前两个原则体现得尤为明显，即"儿童的独特性"原则和"构建积极关系"原则。第一个原则指出，每名儿童都是独一无二的，坚忍、能干、相信他人、自信是儿童的理想特征，这都有赖于儿童个性、社会性和情绪的发展。第二个原则即"儿童通过积极的人际交往学会坚强和独立"（DfE，2014：6），更有赖于积极的社会性发展。

如第 2 章所示，在政策层面，儿童个性、社会性和情绪发展仍然是政府议程中的关键问题和优先事项。英国政府以往的政策文件，如《英国儿童保育战略》《每个孩子都重要》和《捍卫儿童》等，都旨在保护儿童免受伤害并促进儿童的幸福。这些政策秉持的原则在最新版《指南》里清晰可见。

《指南》确定了个性、社会性和情绪发展的 3 个要素，每个要素都与早期学习目标相关。

- 自信和自我意识：儿童敢于尝试新的活动，并能够说明更偏爱某一些活动的原因。他们能在一个熟悉的小组中自信地发言，阐述想法，并能够根据活动的需要挑选资源。他们能够表达是否需要帮助。

- 管理感受和行为：儿童能够谈论自己和他人如何表达感受，讨论自己和他人的行为及其后果，知晓某些行为是不被认可的。他们知道自己是小组或班级的一部分，理解并遵守其中规则。他们能够根据不同的情境调整自己的行为以适应变化。

- 建立人际关系：儿童能够与他人合作，会轮流，在共同活动时能够考虑他人的想法。他们表现出对他人需求和感受的敏感，并与成人和其他儿童建立积极人际关系。（DfE，2014：11）

如果我们希望儿童有被接纳的感觉，觉得自己既独立同时又是集体的一部分，并且无畏成败，坚信至少有一位支持性的成人能够提供帮助和指导，从而获得全面协调发展并富有安全感，那么，上述要素缺一不可。

作为早期教育与保育不应被低估的关键部分，个性、社会性和情绪发展颇受重视。例如，瑞吉欧·艾米莉亚教学法侧重于儿童的幸福感和个性发展，并期望以提升儿童幸福感为宗旨来组织活动和环境。正如第 1 章和第 6 章所讨论的，一些理论家将教学与儿童的社会关系结合起来（Rubin，1982；Rubin et al.，1983；Hymel，1983；Hymel et al.，1990；Howes，1990，1992；Dunn，1993；Elfer et al.，2002）。《指南》将个性、社会性和情绪发展视作与儿童学习同等重要的关键问题，这是具有积极意义的。但是，由于《指南》预设了目标和教学方法，个性、社会性和情绪发展就不能被视为儿童发展自我意识、幸福感和关系建立的过程，而应被视为可测量的发展成果。

儿童的道德发展与个性、社会性和情绪发展密切相关。皮亚杰（Piaget，1932）、科尔伯格（Kohlberg，1969）和班杜拉（Bandura，1977，1986）都探讨过这个观点，这也被认为与吉利根和威金斯（Gilligan and Wiggins）提出的关怀依恋理论（caring attachment）（1987）有关。虽然道德发展在《指南》中未被认定为学习领域，但是早期服务从业者必须要思索如何支持儿童道德发展。这取决于他们如何与儿童互动，如何对待儿童的行为，以及如何设计活动让儿童通过故事或可能的"线上活动"（circle time）来探索对错，这些都会在本章中讨论。有必要明确的是，儿童往往是按照内心冲动和直接需求来行动，比如因为自己想玩，就从另一位小朋友那里拿走玩具。这时需要有人告诉他们，为什么一些行为是不公平的，可能会伤害他人身体和情感。儿童的情绪语言需要发展，需要有人引导他们进行基本的人际互动，如分享和交换，特别是在资源有限的情况下。至关重要的一点是，与儿童一起工作的人需要在行为方式上，特别是对待他人的行为方式上提供出色的榜样。成人示范积极的社会性和道德行为为儿童提供了榜样。

儿童进入这个世界的过程是"双向"的，在此过程中，他们既融入群体，又成长为独特的个人。社会性发展的一方面是社会化，儿童习得社会标准、价值观和知识的过程，另一方面是儿童个性的形成，即在各种情境下都有稳定的情感、思维和行为模式。

为了有效并成功地促进年幼儿童个性、社会性和情绪发展，早期服务从业者有必要了解多数儿童在个性、社会性和情绪发展方面的大致发展阶段，同时认识到儿童具有个性化的特征。（NCB，2012：18）

个性、社会性和情绪发展的评估，以及为满足儿童进一步发展需要而采取的后续行动，得到了非法定文件《早期发展结果》（*Early Years Outcomes*）的支持。该文件为早期服务从业者提供指导，以便他们能够对儿童是否达到该年龄段的典型发展水平做出最恰当的判断（DfE，2013a：3）。如第9章所示，《指南》包括两个阶段、所有领域的总结性评估：两岁综合评价和早期奠基阶段结束时的评价，即早期奠基阶段发展档案。这两项总结性评价都应反映儿童的发展和学习情况，早期服务从业者应利用他们的日常观察来完成这些评价，并与儿童的父母／照看者或其他服务机构分享信息。

正如第8章所阐述的那样，近年来，相较于与儿童互动，早期服务从业者对儿童的观察逐渐增多，这主要是由以前的评估系统导致的，因为该系统强调根据大量指标做出判断。虽然目前评估体系已经"瘦身"，但观察的价值仍必须得到认可，教师有必要在儿童参与社会性活动时观察儿童，思考他们个性、社会性和情绪发展状况，并就每名儿童在这些领域的发展需要做出判断。这些工作可以通过互动完成，但是如果作为非参与的观察员，教师能够更纯粹地专注于识别儿童个性、社会性和情绪发展的迹象。

"确保最有效的个性、社会性和情绪发展"这一关键需求促使政府制订社会性和情绪发展计划（Social and Emotional Aspects of Development，SEAD），专门用于支持那些努力培养儿童社会性和情感技能的人。社会性和情绪发展计划为这些方面的进一步工作奠定了坚实的基础（DCSF，2008）。该计划的目标群体是出生至36个月大的儿童。同样由政府制订的社会性和情绪学习计划（Social and Emotional Aspects of Learning，SEAL）为30—60个月儿童的相关发展提供类似资源（DfES，2005）。因此，教师拥有大量支持材料以促进儿童有效的个性、社会性和情绪发展。

教师非常有必要从理论和实践的角度思考个性、社会性和情绪发展的内涵，充分理解如何能够培养儿童的自信和自我意识，帮助儿童管理情绪和行为，并支持他们建立人际关系。

自信和自我意识

从出生到独立，儿童有很长的路要走，其中有一条路，是与他人逐渐区分并构建"自我"（或个体身份）。

在发展自我的过程中，儿童逐渐认识到自己是一个独立的、独特的实体，与周围充斥的其他所有实体（人类和非人类）具有明显的不同。这种自我定位和表达的过程始于婴儿早期。起初婴儿并不认识自己。比如，婴儿在被放置在镜子前面时并没有反应，因为他们没有认识到这是他们自己的反射。在大约 18 个月大的时候，他们开始清楚地认识到，这种反射就是他们自己。

获得身份概念对于儿童的健康发展具有重要意义。塞莱克（Selleck）声称，父母 /照看者在儿童身份概念形成过程中发挥重要作用（2001），这一作用包括回应儿童、持续关怀儿童，让儿童感到自己的不同，帮助儿童建立信心，等等。

成人需要意识到，儿童的哭泣是他们表达感受（如不适、压力、饥饿或疲倦）的一种形式，同时也是一种尝试与父母 / 照看者沟通的方式。成人应该做出相应反馈，提供适当的回应（缓解不适、压力、饥饿或满足休息的需要）。

成人需要了解儿童的社会沟通也是通过"社会性微笑"发展的。生命伊始，婴儿的微笑与他们的生理需求有关，是他们表达舒适的一种形式。当生理需求得到满足时，他们感到舒适，脸上的肌肉放松，露出微笑。感受到母亲的抚摸，他们也会微笑。在 6 周至 10 周大的时候，他们开始表现出对某些人，特别是熟悉的人的脸的明显偏好。

"社会性微笑"表明婴儿逐渐将自己区分为独立的个体，他们通过微笑来表达对另一张笑脸的回应。这是婴儿发展身份认同和社交技能的重要阶段。

图 19.1 的一系列照片捕捉到了婴儿的社会性微笑。婴儿躺在床上，一位成人逐渐靠近他。婴儿看着成人的脸，不久后他的嘴唇形成一个微笑（见最后一张照片），随着微笑变得更加强烈，他的表情显得越来越欢乐。

逐渐地，当婴儿变得更加活跃并开始探索周围的世界（伴随着认知发展）时，他们开始认识到自我，从而获得自我认知。这是儿童情感和社会生活的核心要素。

在机构中与婴儿互动时，为他们提供发展自我概念的机会非常重要。诸如有韵律的童谣加上让婴儿探索自我的可移动的镜子，或者藏猫猫游戏（把脸隐藏而后闪现），活动貌似简单，但实际上却能在婴儿获得自我概念的过程中起到辅助作用。

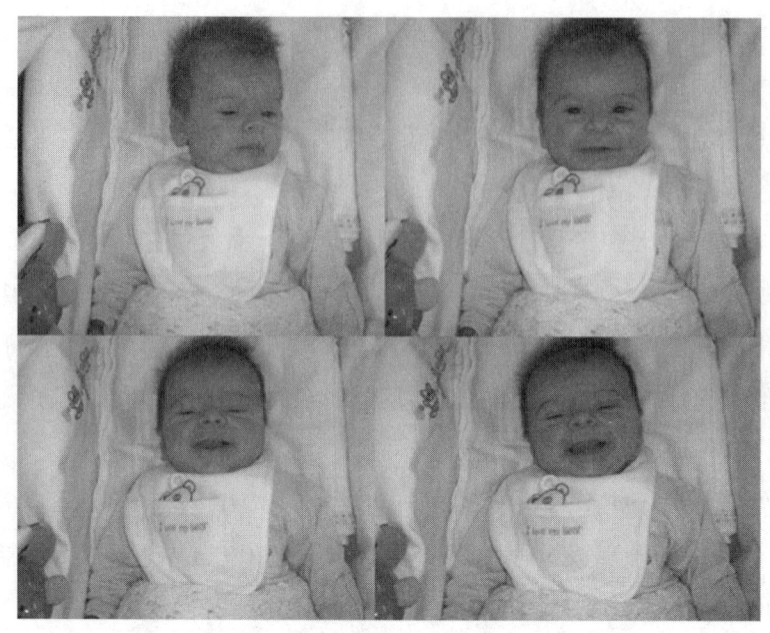

图 19.1 婴儿的"社会性微笑"

在儿童发展自我概念和体悟个体身份的过程中,作为关键内容的自信和自尊必须加以培育。在早期阶段,其他人,无论是父母/照看者、机构中的工作人员还是同伴的回应,都会影响儿童对自我的看法。所有对儿童发展负责的人都应确保他们与儿童的互动能够让儿童感到自己是被接纳的、安全的和有价值的。这些肯定会帮助儿童形成积极的自我概念。成人应在与儿童互动时通过表扬和鼓励来帮助儿童建立自信。机构也必须支持这种发展。对儿童与其他儿童的互动有必要加以一定的看管,并在必要时给予适当干预,比如当一位小朋友可能给别的小朋友带来难以独自应对的烦恼时。这种干预措施必须经过慎重考量,因为如果成人持续干预的话,可能无法让儿童获得解决人际交往的技能或发展对负面社交状况的适应能力。

管理情绪和行为

依恋

正如第 11 章所讨论的那样,关于儿童情绪发展的颇具影响力的主流理论是依恋理论,它由鲍尔比提出(Bowlby, 1951, 1960, 1969, 1973, 1980, 1999, 2005),并经安斯沃思等进一步发展（Ainsworth，1969，1979，1985，1989；Ainsworth and Bell，1970；Ainsworth and Bowlby，1991；Ainsworth et al.，1971a，1971b；Ainsworth et al.，1978）。所有这些研究都提出，当婴儿出生时，他们"按先天预设"与母亲／照看者建立密切的关系。这种关系被称为依恋。鲍尔比和安斯沃思的理论影响了人们对母子和照看者—儿童关系的认识。他们都详细描述了依恋的发展阶段以及母亲／照看者与儿童之间的关系是如何形成的。他们还讨论了将儿童与母亲／照看者分开的后果。

> 为支持早期奠基阶段开展评估、制订计划而出台的文件《发展很重要》，明确指出早期服务从业者必须"意识到依恋关系的重要性"。（Early Education／DfE，2012：8）

这对早期奠基阶段的环境创设有非常大的影响。出于经济的考虑，越来越多的母亲进入劳动力市场，因而越来越多的儿童在非常年幼的时候就开始进入机构环境。根据依恋理论，《指南》有必要强调与儿童有关的关键人物即主要照看者在儿童从家庭到机构的平稳过渡中的重要性。儿童需要情感上的温暖，需要与早期服务从业者建立持续而稳定的关系以促进自身的良好发展。

鲍尔比声称："如果一个社会珍视儿童，那就必须珍惜他们的父母。"（Bowlby，1951：84）子女依恋父母，父母也一样依恋子女。因此，当子女进入机构时，父母可能会因为不与他们在一起而感到内疚，并且可能会担心他们的孩子是否在机构中过得愉快，能否交到朋友。在这个过程中，对父母的支持非常重要。作为关键人物，早期服务从业者不仅要不断确认儿童在机构中形成了稳定的关系，还要向父母提供关怀和支持。

建立人际关系

儿童社会性发展的一个重要方面是他们如何建立关系，与其他儿童或成人交往时如何表现，以及如何努力成为集体或更广泛社会的一部分。

儿童很小时就想建立关系。比如，婴儿会对同龄人的活动感兴趣，会对其他人（特别是熟悉的面孔）微笑。儿童在早期建立关系是一项重大的发展任务。有必要弄清楚的是，儿童对于友谊的看法和标准在很多方面是与成人不同的。儿童选择朋友，是基于自身愉快的交往感受。这并不意味着他们自私。当儿童最初开始建立关系时，他们缺乏抽象思维，所以不能理解彼此友爱的含义。随着年龄的增长和认知能力的发展，他们逐渐形成一种基于相互关心和心理满足的更为抽象的关系。

如在室外玩耍的时候，儿童可以因为都喜欢骑自行车、跑或跳而成为朋友，而在教室里的时候，都喜欢在建构区玩耍的儿童就可能成为朋友，诸如"你不是我的朋友"或"我不想和你一起玩"这样的话语非常常见。正如戴蒙（Damon）提出的，儿童友谊的发展具有不同的阶段（1988）。戴蒙将儿童早期的友谊描述为"便利的玩伴"，儿童选择朋友，是因为他们在一起做了彼此喜欢的事情。

随着慢慢长大，儿童自我概念、自我意识以及对他人想法和感受的认识不断发展，逐渐能够建立相互信任的关系。

社会计量学研究调查了早期机构中儿童关系的建立，并将儿童划分为 4 种主要类型（Rubin，1982；Rubin et al.，1983；Hymel，1983；Hymel et al.，1990；Howes and Matheson，1992；Dunn，1993；DeRosier et al.，1994；Black and Logan，1995）：

- 受欢迎的儿童——这些儿童受到同龄人喜爱，非常活跃，常指挥或主导活动、提出建议并组织活动；
- 被排斥的儿童——这些儿童不受同龄人欢迎，收到许多负面评议，常常表现出不利于他们的攻击性行为，比如打人、咬人或踢人；
- 有争议的儿童——这些儿童从同龄人那里得到大量积极和消极的评论；
- 被忽视的儿童——被忽视的儿童很少主动或被动地参与活动，通常被同伴无视，发现自己处于孤立状态，表现出孤立的行为。

同伴接受度是当下（以及之后）心理调节能力的有力预测指标。特别是被排斥的儿童，他们不快乐，被疏远，自尊低，发展差。早期服务从业者和家长都认为他们有大量的情绪和社会性问题。研究表明，童年中期的同伴排斥，也与一个人在青少年时期和成年初期的低学业成就、反社会行为与违法犯罪行为密切相关（DeRosier et al.，1994）。

随着年龄增长，儿童习得许多技能，如换位思考和理解他人观点的能力，因此，他们能更好地解决社会冲突，并改善与他人的关系。创设一些活动，让儿童有机会发展所需的全部社会性技能，并鼓励他们建立关系，非常重要。比如，轮流有助于儿童发展解决社会问题的能力，同样地，在点心时间服务他人，能够帮助他们考虑别人的视角。

案例分析

友谊

凯莉（Kayleigh）和利安娜最近同时进了托儿班（nursery class），她们似乎总在一起玩。两人被分配了不同的负责老师。

起初，两个女孩总是被安排在同一小组中，但随着时间推移，两位负责老师都感觉到两个女孩之间的强联系对她们开展广泛互动和发展社会性技能产生了影响。例如，凯莉的负责老师观察了她们在沙盘中玩水桶、铲子和大塑料模具的场景。凯莉总是使用铲子，而利安娜总是拿着模具或水桶。当利安娜要求使用铲子时，凯莉说，这不是她的"工作"。每当有另一个孩子试图加入时，凯莉总是告诉他或者她，这里只能有她和她的朋友利安娜。同样，利安娜的负责老师也听凯莉告诉另一个孩子说不能和利安娜一起玩，因为利安娜只和她做朋友。进一步的观察证实，凯莉主导并控制了她与利安娜一起玩的游戏。

尽管老师们认为凯莉的行为并无恶意，但他们还是决定时不时把两个女孩分在不同小组。结果，利安娜获得了更多的独立性和自信，凯莉则在经历了一些最初的困难、获得一些安慰和解释之后，开始变得更乐于分享，并与他人一起愉快玩耍。随着时间的推移，虽然两个女孩在一个小组时仍然倾向于在一起玩耍，但她们也更乐意让其他人加入其中。

反思性任务

思考对机构中儿童不同社会性地位的定义（即"受欢迎""被排斥""有争议"和"被忽视"），并尝试确定上述案例中的儿童分别属于哪一类。你如何帮助她们与其他儿童建立关系？如果你是她们的负责老师，你会采取什么样的策略，来帮助她们过渡（见第 11 章）、加强友情？你将如何与她们的父母沟通（见第 13 章）？

游戏和故事

对于游戏在早期奠基阶段的作用，第 7 章已经进行了探讨，展示了游戏对儿童学习和发展的重要性。此处考察游戏在儿童个性、社会性和情绪发展中的作用。当儿童进入早期服务机构后，他们一开始开展的是非社会性活动和独立游戏（即未参与的旁观者行为）。他们后来转向了一种有限的社会性参与形式，即平行游戏。在这种游戏中，儿童在使用类似材料的其他儿童附近玩耍，但并不试图与他们发生互动或影响他们的行为（Barnes, 1971；Rubin, 1982；Rubin et al., 1983；Dunn, 1993；Smith, 1997）。

随着年龄的增长，儿童社会性互动水平更高，出现了两种真正的社会性互动形式：联合游戏——儿童各自活动，但通过交换玩具和评论彼此的行为来进行互动；合作游戏——这是一种更高级的互动方式，有共同目标，如共同创设一个虚构的场景或者完成同一个作品如沙子城堡（Barnes，1971）。这些类型的游戏在童年早期同时存在（见表 19.1）。

表 19.1　儿童早期各类型游戏案例

游戏类型	案例
非社会性活动	**独立游戏**
	一个孩子独自坐在书写桌旁，把桌子当高速公路，玩开汽车的游戏。他在那里玩了大约 6 分钟
	平行游戏
	4 个孩子正围着一张桌子玩拼图，每个孩子玩不同的拼图
	机能游戏
	简单、灵活的身体移动（携物或不携物）
未参与活动	一个 3 岁的男孩坐在椅子上很长时间无所事事。他显然没有做任何事情，但经过细致观察，他发现了其他孩子的存在并非常认真地看着他们
联合游戏	**建构游戏**
	孩子们坐在玩乐高积木的地毯上，试图搭建一个有不同动物的农场。每个人都有他或她自己的积木，他们交换积木，并谈论农场里要有哪些动物
	扮演游戏
	两个女孩在娃娃家里假装是朋友。她们互相邀请对方喝茶，谈论各自的布娃娃，好像它们是真正的娃娃一样

（续表）

游戏类型	案例
比较游戏	院子里有 4 个孩子正在观察他们早上种下的扁豆。突然，他们看到一只乌龟，想阻止它，因为他们认为乌龟会吃掉扁豆
规则游戏	两个男孩和一个女孩在室外沙坑玩耍。他们为了赛车而造了一条高速公路。他们制定了两条规则：不要用汽车推沙子以防损坏高速公路；不要用脚踩沙子

尽管非社会性活动的数量终会随着年龄而下降，但它仍然是三四岁儿童最常见的行为形式，占据年幼儿童自由活动时间的三分之一。独立游戏和平行游戏在 3—6 岁儿童身上的发生频率相对稳定（Howes and Matheson，1992）。

扮演游戏的水平与表征能力并行发展。皮亚杰认为，通过假装，儿童练习和强化新获得的符号性图式（Piaget，1951）。通过扮演熟悉的场景和高度可视化的职业（如警察、医生或护士），儿童更熟悉社会角色。通过这种方式，儿童得以洞察自己与社会之间的联系。

皮亚杰认为扮演游戏仅仅是让儿童练习符号性图式，现在看来这种观点太狭隘了。新近的研究表明，游戏不仅反映儿童的认知和社会性技能，而且还促进它们的发展（Nikolopoulou，1993）。

对于扮演游戏，维果茨基的观点略有不同。他看重社会经验，强调语言在认知发展中极为重要，在此基础上，他赋予扮演游戏一个突出地位（1986）。他认为它创设了一个独特的、影响广泛的最近发展区，儿童在此区间内进行各种具有挑战性的尝试从而发展自身。

> 在游戏中，儿童的行为往往超越他平均年龄水平，高于他的日常表现；在游戏中，他就像比自己"高了一头"。就像放大镜的焦点一样，游戏富含着以浓缩形式存在的所有发展倾向，并且它本身就是发展的主要源泉。（Vygotsky，1978：102）

在扮演游戏中，学前儿童表演并回应对方假装的感受。他们在游戏中的情感非常丰富。他们还可以探索并控制令人恐惧的经验，如当他们扮演医生或假装寻找怪物时，能更好地理解他人的感受，并且调节自己的感受。最终，为了共同创造并管理复杂的情形，儿童必须通过谈判和协商来解决他们的争论——这是随着年龄增长发展的技能（Singer and Singer，1990；Howes，1992）。

上述所有要点都强调了早期服务从业者需要确保儿童拥有通常所说的扮演游戏或角色游戏的机会，这不仅是早期服务的重要内容，而且有利于儿童自发开展角色游戏。要实现这一点，在很大程度上要靠角色扮演区和角色扮演资源。角色扮演区可以是社会环境的反映，如商店、学校或医生的手术室，也可以简单地设置成儿童可以玩的空间，还可以设置为儿童听过和分享过的故事的场景，如《三只山羊》（*The Three Billy Goats*）中的桥，《咕噜牛》（*The Gruffalo*）中的森林或者《我们去捉熊》（*We're Going on a Bear Hunt*）的场景。每个角色扮演场景的资源应该适当增加，包括道具和服装，以及玩具如泰迪熊、玩偶和木偶等。所有这些都可以让儿童在模拟的社会场景中进行角色扮演和社会互动，在安全、无险的环境中进行必不可少的实践并发展社会性。成人在这方面的角色与导师非常相似，以角色身份介入并参与游戏，示范社会行为和情绪反应，同时帮助解决分歧，支持儿童社会性和情绪发展。

沟通和语言领域与个性、社会性和情绪发展领域之间存在着密切的联系。说的能力（在第 20 章和第 21 章里有所涉及）显然有助于关系的建立，有助于精准地交流感受，然而这两个学习领域之间的密切联系远不止于此。

在早期奠基阶段，故事的重要性不容低估。因为只需要安全地做个倾听者，儿童得以在故事中探索自我、社交情境、互动、情感以及更广泛的个性、社会性和情绪。故事传达关于生活的重要信息，并给予儿童与角色共情的机会。大多数儿童会自发地跟随他们听到的故事，独自或者和他人一起进行富有想象力的游戏。成人可以通过提供游戏区域、道具、木偶和服装等来支持他们，并进一步发挥故事的影响。除了讲故事和基于故事创设游戏机会之外，成人还应该鼓励儿童谈论故事，深入理解并探索角色的行为和感受。这是帮助他们发展情绪语言的一种方式。

另一种可供探索情绪又可支持社会性技能、轮流能力和听说技能的方法，是让儿童进入"线上时间"（Mosley，2005）。这个过程可以通过许多不同的方式来探索不同的感受，也可以让儿童理解其他人的视角，并有机会表达自己的观点。如果做得好的话，这类活动可以支持个性、社会性和情绪发展的许多方面，特别是增加儿童对情绪语言的理解，并有助于他们发展倾听和理解他人感受的技能。

案例分析

通过故事促进情感语言的发展

阿姆里特（Amrit）和其他一些孩子在听老师讲《我们去捉熊》。故事中的这家人遇到了一只熊，但最后成功逃脱。故事讲完后，老师要求小朋友假装自己就是这家的孩子，说一说他们发现熊时的感受。一个孩子回答"可怕"，一个说"害怕"（一个在该故事多次出现的词），另一个说"被吓着了"（老师用正确的发音又说了一遍这个词），但是阿姆里特说他觉得"滑稽"。老师问阿姆里特为什么故事很滑稽，他说"故事不滑稽"，但他"感到滑稽"。

阿姆里特还不能充分表达自己情感，因而他引用了之前听到的别人说过的话，但在这种情况下并不完全合适。通过其他孩子的反应和老师对恰当词语的重复，阿姆里特开始学习与害怕有关的词。

在之后的活动中，老师听到阿姆里特说他的猫被隔壁花园里的一只狗吓坏了。他开始使用适当的语言，老师计划通过《咕噜牛》进一步强化这一点。

☁ 反思性任务

通过上述案例分析，你将如何进一步使用《咕噜牛》来支持阿姆里特的个性、社会性和情绪发展？你还可以采取哪些策略来支持他发展情绪语言？

资源和环境

游戏材料的质量和数量对儿童个体性、社会性和情绪发展有重大影响。在一项有趣的研究中，史密斯（Smith）指出，当儿童被限制在一个相对较小的空间，且没有足够玩具的环境中时，彼此争斗增多，也更为混乱（1997）。

确保儿童拥有大量的玩具和游戏材料非常重要。建构材料、积木和拼图往往与独立游戏有关，他们都是儿童决定独自活动时可用的重要材料。正如已被证明的那样，在儿童日常生活中同时存在所有类型的游戏。儿童根据他们当时的需要选择游戏。

开放式活动（如玩布、画脸）和相对低结构性的材料可以促成合作性的和想象性的游戏，鼓励所有儿童参与。在参加这些活动时，儿童需要利用并发展他们的协商能力、问题解决能力、倾听能力和交流技巧等。

使用玩具卡车、玩偶、玩具电话和茶具等仿真玩具可以帮助儿童扮演生活中的角色，从而促进他们的角色扮演。角色扮演需要复杂的互动，特别是当儿童试图再现发生在他们身上的真实事件时。此外，角色扮演对于儿童在安全的环境下表达和展现他们的感受至关重要。

课堂活动需要进行一些调整，以增加所有在场儿童的参与度。对班级不同活动区域进行系统的观察是必要的。早期服务从业者要随时准备调整环境布置，以确保儿童可以四处移动并尽可能地使用所有区域。

近年来，早期服务机构中室外环境的运用得到了相当大的提升。对于个性、社会性和情绪发展来说，户外活动是非常必要的。正如第 12 章所谈到的，户外游戏可能存在更普遍的合作活动，如沙坑游戏和大型建构活动，从而帮助儿童加强互动。一些户外游戏和设备，如供儿童自由活动的大型游乐设备，经常需要儿童轮流、等待或结伴，这能帮助儿童培养对同伴的尊重。户外活动带来更多自由，有助于情感的发展。相比待在室内，在户外，儿童可以在更大的空间里以更大的声响表达自己的情绪。如果愿意，他们可以奔跑、跳跃、呼喊、尖叫，陶醉于户外环境所提供的自由中。

成人在所有场景中的作用都是非常重要的。成人可以直接帮助活动中的儿童，也可以建议儿童开展协作。成人可以关注儿童之间的互动，并鼓励所有的儿童一起游戏。

一个促进儿童社会性行为的支持性环境或户外环境，一个让儿童觉得能够安全地表达自己感受的环境，能让儿童的发展更加高效。

☁ 反思性任务

如果你第一次开展"线上活动"，你会怎么做？你需要做些什么来让儿童参与？你需要考虑哪些环境因素？当你首次使用这一策略时，你会探索哪些主题？

教师的技能

本章已经提到成人如何支持儿童个性、社会性和情绪发展，为了确保效果，教师还需要有一系列的技能和态度。尽管 2012 年凯西·纳特布朗的报告强调教师达到一定资格，并认定那是员工素质的关键（Nutbrown，2012），但为了支持儿童有效的个性、社会性和情绪发展，教师还需要掌握一系列的理论、技能、素质和态度，这些超越了资格本身。

关键是教师需要对儿童有同理心。他们要能够识别儿童的感受，并理解他们为什么要那样表达。除了同理心，同情也是至关重要的。在照顾和支持儿童时，真正的和无条件的同情将有助于儿童获得最佳体验。作为良好行为的榜样，教师必须时刻意识到自身的行为方式会影响儿童对各种行为的看法，必须确保自己不会以不恰当的方式表现可能引发儿童模仿的行为。

《早期教师标准》（*The Early Years Teacher Standards*，DfE，2013b）包含了对教师的一些关键期望，如标准 5 的核心子标题是：

> 展示对婴幼儿身体、情感、社会性、智力发展和交流需求的认识，并知道如何调整教育与保育，以支持处于不同发展阶段的儿童。（2013b：3）

该文件还清楚地表明，教师必须知晓并理解"婴幼儿如何学习和发展"（标准 2.2 和 3.1）、依恋理论（标准 2.3），以及如何通过小组学习培养"儿童的自信心、社交能力和沟通技巧"（标准 2.6）（2013b：2）——这最后一点没有指出一对一回应的重要性，特别是面对小婴儿时。还有一个明确的期望，即教师要示范"适合儿童发展的积极价值观、态度和行为"（标准 1.3）（2013b：2）。优秀教师的这些品质同样适用于所有那些从事早期教育与保育工作的人。

☁ 反思性任务

选择《指南》中儿童个性、社会性和情绪发展的一个方面，并依据《早期发展成果》（*Early Years Outcomes*）持续观察追踪一名儿童的发展情况。其发展是否与文件显示的发展过程相匹配？如果有差异，你能找出导致这些差异的因素吗？（可参阅第 8 章和第 9 章中的例子）

本章小结

　　本章讨论了儿童发展的关键方面：个性、社会性和情绪发展。虽然本章对个性、社会性和情绪发展单独进行了探讨，但有必要强调其受到其他发展方面，如认知、语言和身体发展的影响。下一章中将展示个性、社会性和情绪发展对儿童其他方面发展的重要性。这是《指南》的一个优点，规定个性、社会性和情绪发展是儿童发展的基本领域。

识记要点

- 本章着眼于儿童的个性、社会性和情绪发展。虽然这 3 个方面的发展是分开探讨的，但它们实际上是相互联系的，共同构成了儿童认知领域发展的基础。
- 与非常年幼的儿童一起工作时，了解他们与家人及其他儿童的关系，以及他们在机构中如何建立关系非常重要。
- 儿童早期阶段环境的创设与所使用的材料和资源在儿童个性、社会性和情绪发展中起着至关重要的作用。

讨论话题

- 当你计划招收一名新生时，思考依恋的含义。你会用什么策略来帮助他过渡？你将如何分派负责老师？你打算如何让新生参与机构的日常活动？
- 如果没有计划对个性、社会性和情绪发展提供有效支持，那么可能会产生什么影响？
- 你会如何鼓励一名犹豫不决的儿童参与角色扮演游戏？

拓展阅读

书

Broadhead, P., Johnston, J. and Tobbell, C. (2010) *Personal, Social and Emotional Development (Supporting Development in the Early Years Foundation Stage)*. London: Continuum.

Dowling, M. (2014) *Young Children's Personal, Social and Emotional Development*, 4th edn. London: Sage.

Manning-Morton, J. (2014) 'Young children's personal, social and emotional development: foundations of being', in P. Mukherji and L. Dryden (eds), *Foundations of Early Childhood*. London: Sage. pp. 303–319.

Papatheodoropoulou, T. and Moyles, J. (eds) (2009) *Learning Together in the Early Years: Exploring Relational Pedagogy*. London: Routledge.

Sheppy, S. (2009) *Personal, Social and Emotional Development in the Early Years Foundation Stage*. London: David Fulton.

文章

Aubrey, C. and Ward, K. (2013) 'Early years practitioners' views on early personal, social and emotional development', *Emotional and Behavioural Difficulties*, 18 (4): 435–447.

参考文献

Ainsworth, M. D. S. (1969) 'Object relations, dependency, and attachment: a theoretical review of the infant–mother relationship', *Child Development*, 40: 969–1025.

Ainsworth, M. D. S. (1979) 'Attachment as related to mother–infant interaction', *Advances in the Study of Behaviour*, 9: 2–52.

Ainsworth, M. D. S. (1985) 'Attachments across the life span', *Bulletin of the New York Academy of Medicine*, 61: 792–812.

Ainsworth, M. D. S. (1989) 'Attachment beyond infancy', *American Psychologist*, 44: 709–716.

Ainsworth, M. D. S. and Bell, S. M. (1970) 'Attachment, exploration, and separation: illustrated by the behaviour of one-year-olds in a strange situation', *Child Development*, 41: 49–67.

Ainsworth, M. D. S. and Bowlby, J. (1991) 'An ethological approach to personality development', *American Psychologist*, 46: 333–341.

Ainsworth, M. D. S., Bell, S. M. and Stayton, D. J. (1971a) 'Individual differences in the strange situation behaviour of one-year-olds', in H. R. Schaffer (ed.), *The Origins of Human Social Relations*. New York: Academic Press. pp. 15–71.

Ainsworth, M. D. S., Bell, S. M., Blehar, M. C. and Main, M. (1971b) 'Physical contact: a study of infant responsiveness and its relation to maternal handling'. Paper presented at the biennial meeting of the Society for Research in Child Development, Minneapolis, MN.

Ainsworth, M. D. S., Blehar, M. C., Waters, E. and Wall, S. (1978) *Patterns of Attachment: A Psychological Study of the Strange Situation.* Hillsdale, NJ: Lawrence Erlbaum Associates.

Bandura, A. (1977) *Social Learning Theory.* New York: General Learning Press.

Bandura, A. (1986) *Social Foundations of Thought and Action: A Social Cognitive Theory.* Englewood Cliffs, NJ: Prentice-Hall.

Barnes, K. E. (1971) 'Preschool play norms: a replication', *Developmental Psychology*, 5: 99–103.

Black, B. and Logan, A. (1995) 'Links between communication patterns in mother child, father child, and child peer interactions and children's social status', *Child Development*, 66: 951–965.

Bowlby, J. (1951) *Maternal Care and Mental Health.* Geneva: World Health Organisation Monograph (Serial No. 2).

Bowlby, J. (1960) 'Grief and mourning in infancy and early childhood', *The Psychoanalytic Study of the Child*, 15: 9–52.

Bowlby, J. (1969) *Attachment and Loss, Volume I: Attachment.* London: Hogarth Press.

Bowlby, J. (1973) *Attachment and Loss, Volume 2: Separation: Anger and Anxiety.* (International Psycho-analytical Library No. 95). London: Hogarth Press.

Bowlby, J. (1980) *Attachment and Loss, Volume 3: Loss: Sadness and Depression.* (International Psycho-analytical Library No. 109). London: Hogarth Press.

Bowlby, J. (1999) *Attachment and Loss, Volume I: Attachment,* 2nd edn. New York: Basic Books.

Bowlby, J. (2005) *The Making and Breaking of Affectional Bonds.* London: Routledge Classics.

Damon, W. (1988) *The Moral Child.* New York: Free Press.

Davison, J. D., Sherer, K. R. and Goldsmith, H. H. (2009) *Handbook of Affective Sciences.* New York: Oxford University Press.

DCSF (Department for Children, Schools and Families) (2008) *Social and Emotional Aspects of Development: Guidance for Practitioners Working in the Early Years.* Nottingham: DCSF Publications.

DeRosier, M. E., Gillessen, A. H., Coie, J. D. and Dodge, K. A. (1994) 'Group social context and children's aggressive behavior', *Child Development*, 65: 1068–1080.

DfE (Department for Education) (2011) *The Early Years Foundation Stage (EYFS) Review: Report on the Evidence.* London: DfE.

DfE (Department for Education) (2014) *Statutory Framework for the Early Years Foundation Stage: Setting the Standards for Learning, Development and Care for Children from Birth to Five.* London: DfE. Available at: www.foundationyears.org.uk/files/2014/07/EYFS_framework_ from_1_September_2014__with_clarification_note.pdf (accessed 28 September 2015).

DfE (Department for Education) (2013a) *Early Years Outcomes: A Non-Statutory Guide for*

Practitioners and Inspectors to Help Inform Understanding of Child Development Through the Early Years. Runcorn: DfE Publications.

DfE (Department for Education) (2013b) *Teachers' Standards (Early Years)*. Runcorn: DfE Publications.

DfE (Department for Education) (2014) *Statutory Framework for the Early Years Foundation Stage: Setting the Standards for Learning, Development and Care for Children from Birth to Five*. London: DfE. Available at: www.foundationyears.org.uk/files/2014/07/EYFS_framework_from_1_September_2014__with_clarification_note.pdf (accessed 28 September 2015).

DfES (Department for Education and Skills) (2005) *Excellence and Enjoyment: Social and Emotional Aspects of Learning (Guidance)*. Nottingham: DfES Publications.

Donaldson, J. (1999) *The Gruffalo*. London: Macmillan.

Dunn, J. (1993) *Young Children's Close Relationships: Beyond Attachment*. London: Sage.

Early Education/DfE (2012) *Development Matters in the Early Years Foundation Stage (EYFS)*. London: Early Education.

Elfer, P., Goldschmied, E. and Selleck, D. (2002) *Key Persons in Nurseries: Building Relationships for Quality Provision*. London: National Early Years Network.

Gilligan, C. and Wiggins, G. (1987) 'The origins of morality in early childhood relationships', in J. Kagan and S. Lamb (eds), *The Emergence of Morality in Young Children*. Chicago, IL: University of Chicago Press.

Howes, C. (1990) 'Can the age of entry into child care and the quality of child care predict adjustment in kindergarten?', *Developmental Psychology*, 26: 292–303.

Howes, C. (1992) *The Collaborative Construction of Pretend*. Albany, NY: SUNY Press.

Howes, C. and Matheson, C. C. (1992) 'Sequences in the development of competent play with peers: social and social pretended play', *Developmental Psychology*, 28: 961–974.

Hymel, S. (1983) 'Preschool children's peer relations: issues in sociometric assessment', *Merrill-Palmer Quarterly*, 19: 237–260.

Hymel, S., Rubin, K., Rowden, L. and LeMare, L. (1990) 'Children's peer relationships: longitudinal prediction of internalizing and externalizing problems from middle to late childhood', *Child Development*, 61: 2004–2021.

Kohlberg, L. (1969) 'Stage and sequence: the cognitive-developmental approach to socialization', in D. A. Goslin (ed.), *Handbook of Socialization Theory and Research*. Chicago, IL: Rand McNally.

Mosley, J. (2005) *Circle Time for Young Children*. London: Bloomsbury.

NCB (2012) *'Know How': The Progress Check at Age Two*. www.gov.uk/government/uploads/system/uploads/attachment_data/file/175311/EYFS_-_know_how_materials.pdf (accessed March 2014).

Nikolopoulou, A. (1993) 'Play, cognitive development, and the social world: Piaget, Vygotsky and beyond', *Human Development*, 36: 1–23.

Nutbrown, C. (2012) *Foundations for Quality: The Independent Review of Early Education and Childcare Qualifications. Final Report*. Runcorn: Department for Education. Available at: www. gov.uk/government/uploads/system/uploads/attachment_data/file/175463/Nutbrown-Review.pdf.

Piaget, J. (1932) *The Moral Judgment of the Child*. New York: The Free Press.

Piaget, J.(1951) *Play, Dreams and Imitation in Childhood*. London: Routledge and Kegan Paul.

Rosen, M. (1989) *We're Going On a Bear Hunt*. London: Walker.

Rubin, K. H. (1982) 'Non-social play in preschoolers: necessarily evil?', *Child Development*, 53: 651–657.

Rubin, K. H., Fein, G. G. and Vandenberg, B. (1983) 'Play', in E. M. Hetherington (ed.), *Handbook of Child Personality and Social Development*, 4th edn. New York: Wiley. pp. 693–744.

Selleck, D. (2001) 'Being under 3 years of age: enhancing quality experiences', in G. Pugh (ed.), *Contemporary Issues in the Early Years*, 3rd edn. London: Paul Chapman Publishing.

Singer, J. L. and Singer, D. C. (1990) *The House of Make Believe*. Cambridge, MA: Harvard University Press.

Smith, P. K. (1997) *Play Fighting and Fighting: How Do They Relate?* Lisbon: ICCP.

Vygotsky, L. S. (1978) *Mind in Society: The Development of Higher Psychological Processes*. London: Harvard University Press.

Vygotsky, L. S. (1986) *Thought and Language*. London and Cambridge, MA: The MIT Press.

第 20 章

沟通和语言

克莱尔·黑德

本章概述

《指南》指出，沟通和语言领域主要涉及"让儿童有机会体验丰富的语言环境，培养他们自我表达的信心和技能，学习在各种情形下倾听和表达"（DfE，2014：8）。

沟通是人类一种至关重要的行为，应该从儿童出生的那一刻起就成为儿童社交网络的核心。儿童通过言语和非言语的方式进行交流，从而体验情感，发展关系，并开始了解自己的世界。这个过程始于家庭。

本章将探讨的研究证据有一个共同之处：婴幼儿已做好与世界联结和沟通准备，只待周围世界给予鼓励和机会。旨在促进父母与婴儿之间高效沟通的"面对面"（Face to Face）研究项目（2009—2011 年）提示我们，英文婴儿（infant）一词源自拉丁语，意思是"无言"。然而事实远非如此。婴儿找到了许多表达自我的方式，并积极寻求与他人的互动。事实上，儿童的语言和对声音的敏感性从出生前就发展了，因为研究表明，尚处于子宫中的胎儿可以识别母亲的声音（Karmiloff and Karmiloff-Smith，2001）。本章旨在帮助你：

- 认识到儿童需要适当的环境才能发展有效的沟通技巧——这包括与真正有兴趣聆听儿童并帮助儿童发展有助于思考问题、回应和表达情感的语言的成人交流。

- 认识到儿童早期是大脑发育的关键阶段，儿童与主要照看者沟通对大脑发育起着决定性影响。
- 认识到学习语言系统是个复杂的难题，语言系统内各部分互相联系，成人需要帮助儿童充分利用他们所有的语言资源。

为沟通而建立联系

家长和早期服务从业者应考虑的一个关键问题是，在儿童从出生到 3 岁这段蕴含无限潜能的发展阶段，如何发挥自身积极的影响，为儿童的终身交往交流奠定良好基础。成人怎样才能"收到"儿童的声音，并鼓励儿童分享他们的想法、疑惑、兴趣和感受？劳斯·塞莱克（Rouse Selleck）提醒我们，成人需要学会倾听儿童："尽管大多数儿童直到第二年才学会说话，但他们从出生起就开始发声，等待着我们聆听。"（David et al，2003：80）

由马拉古奇（在第二次世界大战刚刚结束之后）创立的瑞吉欧教育法的基础便是"倾听儿童"，该教育法认识到儿童能够运用多种不同的方式表达自己，教师的任务就是关注和聆听儿童的声音，并找到能听懂儿童的一百种语言的途径。

同样地，布鲁斯（Bruce）也鼓励成人与儿童分享音乐、韵律、节奏和动作，以培养彼此感情并分享经验（2010）。这两种方法都强调：沟通和语言经验是一个人浸入语言环境和文化背景的起点。

2014 年《指南》提出，应该对沟通和语言与具体的读写层面加以区分。将传统上联系在一起的读写与听说分离，归因于一些研究结论——早期大脑发育与沟通和语言技能发展之间存在敏感关系，大脑发育存在最佳窗口期，需要经验（Tickell，2011）。

大脑发育依赖于个体基因与生活体验之间复杂的相互作用，这些相互作用产生神经活动并由此建立神经联系（关于大脑发育的更多信息，请参见第 24 章）。因此，儿童早期的教养经历可能会对未来的生活产生重大影响（Gopnik et al.，2001）。

建构意义

有效的沟通是生活和学习的基础。为了成为有能力的语言使用者，婴幼儿需要机会在社交场合中演练自己的沟通技巧，并得到值得信赖和爱戴的、重视与儿童互动和建立联系的成人的鼓励。《0—3 岁很重要》(Birth to Three Matters) 信奉儿童是"熟练的沟通者"，并强调了儿童"与生活中熟悉的人建构意义的重要性"(David et al., 2003：77)。

关于语言发展的社会互动理论信奉这样的理念：为了促进语言习得，与另一个人进行有意义的互动至关重要。布鲁纳指出，当婴儿对母亲的面部表情表现得敏感时，亲子之间的交流就开始了，双方轮流进行表达，尝试达成共识 (Bruner, 1983)。谢弗 (Schaffer) 强调了这种互惠交流在儿童吃母乳时表现得非常明显，母亲抱着婴儿并和他说话。他还指出，母亲和孩子关系非常融洽，他们很少会同时"说话"，他们互相应答，温柔沟通 (1977)。同样地，特利瓦森和艾特肯 (Trevarthen and Aitken) 将这些早期的互动描述为"原始交际"，因为它们为儿童长大后更复杂的社会交际活动提供了一个训练场 (2001)。

学说话首先需要习得语言，如果没有社会认同和意义共建就不能习得语言，而这在温馨、规律、富含有趣交流的家庭中相当常见 (Bruner, 1986)。例如，在 20 个月大的时候，我的侄女可以用一句简单的"嘘"来表达自己的感受，而当她严重不满或她的计划受到另一个家庭成员阻碍时，伴随着"嘘"，她还会摆手指。

学会交谈

儿童需要学习互动规则，学习识别言语，尝试沟通，维持对话。哈特和里斯利 (Hart and Risley) 强调这个过程中"社会性互惠"的重要性，并描述了儿童为了保持互动而进行有意义的交流、轮流、解释和回应的成功沟通方式 (1999)。成人的回应性行为就好像他们正在与儿童进行真正的交谈一样，他们稍做停顿，让儿童以身体动作、声音或微笑等进行回应 (Trevarthen, 1979)。这种交流是一个复杂而敏感的过程，需要双方都发挥主体性（主体间性），因为"学习语言就是协调你做什么和其他人做什么"(Gopnik et al., 1999：101)。韦尔斯 (Wells) 认为这种由照看者建立的主体间性是"后续所有交际能力发展"的可能基础（1986：6）。母亲的天性让她赋予婴儿早期发出的声响、做出的姿势不同的意义，这不仅是鼓励婴儿说话，更是在第一时间搭建了脚手架。

儿向语言（motherese）

研究人员一致认为，当父母／照看者（和哥哥姐姐）与婴幼儿进行互动时，所有语言都呈现一个共同特征，这就是所谓的"儿向语言"或婴儿导向的言语（infant-directed speech）（Snow and Ferguson，1977）。儿向语言的特点是简短且语法简单。成人会使用较高的声音，以较慢的速度说话，不断重复，并运用夸张的表情。大多数成人似乎很适应这种与儿童互动的模式，并通过在句子结尾处说关键词来加强对儿童的支持，通过语调和神情来吸引儿童注意。当儿童需要进一步深入学习的时候，母亲本能地就会增加言语的复杂程度（Henning et al.，2005）。

研究证据表明，在早期阶段未能获得良好互动体验的儿童，由于缺失有效互动的成人，不仅语言发展受到影响，而且情绪、认知和社会性发展都受到损害。戈尔德施迈德勒和塞莱克（Goldschmeid and Selleck）描述了在一个政府收容所（意大利的里雅斯特）发现的儿童养育方式，这些儿童得到了充分的"身体保育"，但却表现得"退缩、被动和绝望"，缺乏生活自理能力，专注力差，而且几乎不再尝试与他人建立关系（1996：11）。婴儿正是从照看者回应的目光中，开始意识到自己的重要性，这是发展的基础。支持性的成人给予儿童敏感的回应，能够帮助儿童建立基本的自尊（Winnicott，1971）。

语言的习得和发展

在儿童的语言发展中，亲子互动的方式举足轻重。亲子互动的形式和频率对儿童的词汇量、表达能力与正在萌发的读写能力都有重大影响（Kokkinaki and Kugiumutzakis，2000）。我们从最近开展的旨在支持亲子沟通的研究中了解到，"父母健谈，则孩子也健谈"，并且"儿童早期阶段家长的言谈水平预示了儿童后来的语言能力"（National Literacy Trust，2010）。

在语言到底如何发展的讨论中，学者们往往陷入先天和后天谁为主的争论。儿童天生就能够获取语言，并且大脑神经网络被连接起来以支持这一过程，尤其是从出生到 5 岁期间（先天论）。这种语言习得的观点认为，大自然为儿童设计了一条清晰的发展路径。相反，持反对意见的学者则认为，早期语言发展最重要的影响因素是儿童所在的语言环境（后天论）。

诺姆·乔姆斯基（Noam Chomsky）提出，所有的儿童生来就具有语言习得能力，并能够使用他们内在的语言习得设备（LAD）来解码声音（1957，1965）。这有助于儿童根据适当的语言规则组织语言，包括运用语法知识来构造新的句子和短语。乔姆斯基后来将此定义为"普遍语法"（Universal Grammar）理论，用来解释具有先天能力的婴儿在很小的时候如何学习语音和语法，即使他们处在有限的、"恶劣的"的语言交流环境中（如"儿向语言"）。批评者则认为，环境，尤其是与他人的互动，在语言发展中起着比乔姆斯基认为的更重要的作用（Vygotsky，1962；Bruner，1983）。布鲁纳认为，参与交谈的成人和儿童之间的相互关系是帮助儿童发展语言并从交往中获得意义的关键因素（Bruner，1983）。他将这个过程称为"语言习得支持系统"（LASS）。他认为，成功的互动有赖于成人提供最恰当的脚手架，这样有效的对话就可以帮助儿童学习语言。同样，维果茨基也强调了对话（自说自话和人际交流）与认知之间的关系，并坚信："语言与思维不可分离。"（Vygotsky，1978）

☁ 反思性任务

思考布鲁纳关于成人与儿童之间相互关系的观点，并讨论如何在儿童早期阶段进行有效的互动。

思维语言（language for learning）

英国教育标准局（Ofsted）2011 年的总结报告《〈指南〉的影响》（*The Impact of the Early Years Foundation Stage*）指出，"儿童的思维语言比他们的沟通语言要弱"，其原因在于教师没有抓住时间拓展儿童的思维或者根本没有提供时间供儿童思考，从而导致"错过机会"（2011：17）。督导人员提供了一个良好的案例，是一位教师设计的解决玩具火车"脱轨"问题的活动。儿童一进班，教师就问："我想知道是谁弄坏了轮子。"然后她让他们进行讨论。

《指南》附带的指导材料表明，为了建立积极的关系，成人应该创造机会，让儿童可以与同伴和成人谈论他们所看到、听到、想到和感受到的东西（DfE，2014）。这意味着要充分利用自然发生的谈话的契机，并积极为儿童创造机会来表达他们的感受，共同解决问题。

案例分析

拥抱（4—6 岁混龄班系列课程）

有一天早上，老师与孩子们分享了杰兹·阿波罗（Jez Alborough）2001 年的故事《抱抱》（*Hug*），他们谈论了主角（小猩猩波波）在需要拥抱时的感受。随后是"线上"游戏时间，老师鼓励孩子们想一想自己需要几个拥抱或想拥抱别人几次。老师用一只玩具小猩猩作为教具，鼓励孩子们说出可以尽情表达感情的词，以此来扩大他们的词汇量。在反复阅读故事的过程中，配合每个情节，孩子们使用小镜子来观察和描述自己的表情。第二天，当孩子们来到学校时，他们发现玩具小猩猩波波被挂在操场的一棵树上。这天孩子们的大部分时间都在讨论这是如何发生的，波波会有什么感受，然后精心制定让波波下树的方案。

图 20.1　玩具猴子和《抱抱》故事书

☁ 反思性任务

反思案例，并讨论教师是如何在一日生活中为儿童提供思考的时间和机会的。反思你所观察到的让儿童参与批判性思考和解决问题的活动，想一想该活动是如何激发并鼓励儿童发展沟通技巧的。

在家和学校里说和学

戈登·韦尔斯（Gordon Wells）在分析了家庭和学校背景下儿童与成人之间的谈话样本后得出结论，家庭环境中有更丰富的机会来支持成人与儿童进行真正有意义的对话（Bristol Language Development Project 1984，in Wells，1986 / 1990）。在家里的谈话倾向于由儿童主导，支持性的成人维持并拓展与儿童的互动，也相应地挑战他们正在形成的语言技能。相反，在学校里，大部分的谈话都由教师主导，儿童在回应教师时，提问较少，表达方式也较简单。韦尔斯指出，在词汇学习方面取得最大进展的儿童是那些与成人进行互动的儿童，他们"接受并延伸了以前的话语中所表达的含义"（Wells，1990：3）。这个过程要求成人表现对儿童想法和对话的真正兴趣，并且牢记，在通过谈话学习的过程中，"儿童是自己知识的主动建构者"（Wells，1986：65）。成人需要积极帮助儿童意识到自己的错误，通过对话达成共识，从而在新知识和旧经验之间建立联系。爱德华兹和默瑟（Edwards and Mercer）将这种同情式共建（sympathetic co-construction）描述为"视角的相互性"（1987：95）。

成人可以使用一系列策略，如重新表述、扩展对话和命名来维持儿童的兴趣和注意力，并拓展互动。这为儿童提供了脚手架，引发儿童更多的讨论，特别是在回忆过去的事件和在熟悉的环境中说话的时候。

案例分析

洪水

阅读下面的对话。这是一个下雨的午后，母亲（母）和她 4 岁的儿子（子）之间发生的对话。寻找以下信息 / 证据：

- 谈话的背景和目的；
- 母亲跟随孩子的兴趣和导引；
- 引入新词汇；
- 提出问题；
- 母亲通过重新表述或拓展孩子的话语进行回应；
- 关于原因、结果、物品和行为的信息。

子：再给我讲一次，妈妈。

母：再讲一次什么呢？

子：你知道的，妈妈——洪水！那太可怕了！

母：哦，你的意思是在我们老房子里的那次。

子：是的——那时雨下得非常大。

母：那是一场暴雨，雨太大，水不能全部排到外面的排水沟，并且——[儿子打断]

子：它不能去海里吗？

母：不，相反，有些水流进了我们的房子！

子：你划船了吗？[儿子笑]它从哪里进来——顺着烟囱下来吗？

母：烟囱里是进了一些雨水，但我们家里大部分的水是后门渗进来的。你觉得它为什么渗进来？

子：它钻进来的——是的，通过小洞。它找到了一条路。它漏水了吗？我们的房子漏水吗？你是怎么把水弄走的？

母：这很难——你记得我之前告诉过你的泵和专门机器吗？

子：是的——吸盘泵和灭火器[除湿器]。

☁ 反思性任务

在日常生活中尝试观察儿童之间、儿童和成人之间自发的沟通。如果你打算记录，需要征求成人的许可。

反思你的观察。成人是否有"儿向语言"或声调的变化？儿童是如何回应的？双方如何保持对话？儿童是否试图表达他/她的经历和感受？

营造共同构建的氛围

如果我们希望儿童成为学习的积极参与者并发展思维语言，那么成人的角色至关重要。在一些游戏活动中，儿童与成人之间的互动可以导向"持续的共同思考"（Siraj-Blatchford et al.，2002），尤其是当成人通过询问能延伸儿童思维的开放式问题来干预儿童的学习时。当成人能够追随儿童的兴趣和思考过程，并使儿童在有意义的体验中成为真正平等的主体时，就会出现"持续的共同思考"。

有效学前教育教学法研究（Researching Effective Pedagogy in the Early Years, REPEY）报告了有效学前教育项目（EPPE 1997—2004）成果。有效学前教育项目调查了学前教育的影响，并确定了有效学前教育的特点（Siraj-Blatchford et al., 2002）。有效学前教育教学法研究以 14 个被认为"有效"的早期服务机构为案例开展研究。以下摘录的报告揭示了最重要的发现。

> "杰出"机构里的儿童和教师"保持共同思考"的比例最高，表明在成人和儿童共同构建想法或活动的环境中，优质的环境也能与儿童对话并促进儿童的智力发展。对于"良好"机构中的教师来说，最常用的交流是"监控"，这与"杰出"机构和预备班有明显的差异。（Siraj-Blatchford et al., 2002：51）

支持早期奠基阶段各领域发展的有效学习的关键特征之一，是思维的批判性和创造性。早期服务从业者需要设计多种活动，维持儿童的兴趣并促进对话和共同的思考，在儿童主导型和成人主导型学习之间维持一种谨慎的平衡。

对话式教学指在讨论观点和进行有目的的谈话（talk）时提高儿童的批判性思维和沟通技巧。亚历山大（Alexander）认为，"教学干预"中最有效的"工具"之一是"谈话。……（谈话）使用最广泛，具有最多的可能性"（2008：2）。在《剑桥评论》（*Cambridge Review*）中，亚历山大概述了对话式教学法的许多优点，并强调"教师如何思考自己的实践与学生如何学习之间的必要关系"（2008：308）。对话式谈话的主要特点之一是互惠性，为此，儿童需要时间、空间以及倾听和表达的技能。

"谈话"的数量和在课堂上"谈话"的时间常常取决于教师对谈话地位和价值的认识。布朗（Browne）认为，面对幼小儿童，教学的有效性取决于教师：

- 对谈话价值的理解；
- 对谈话的态度；
- 对谈话的组织；
- 对语言的使用；
- 对鼓励听说的策略和活动的意识。（2009：11）

沟通障碍

当儿童因早期语言障碍而交流困难时，教师通常会第一个注意到，因此需要准备好去支持儿童特定的言语、语言和交流需求（speech, language and communication needs, SLCN）。如果没有扎实的口头语言技能，儿童在每个课程领域的学习中都会遇到障碍（Communication Trust，2011）。理解儿童如何学习语言以及如何支持儿童语言发展，是相关教师培训的一个方面，目的是提高教师的认识，使他们了解这些占十分之一之多的"看不见"的障碍儿童在学校面临的困难。

英国皇家言语和语言治疗学院（Royal College of Speech and Language Therapists）的卡密尼·加德霍凯什（Kamini Gadhoks）界定了儿童存在的言语（speech）、语言（language）和交流（communication）问题：

- 不能发出声音和形成文字；
- 不能形成句子和表达想法；
- 不能理解言语和语言；
- 不能在社交中使用语言；
- 言语和语言技能发展存在延迟和障碍。（Gadhok，2007）

沟通与社会性、情绪发展

与同龄人或兄弟姐妹玩，尤其是协商游戏角色或尝试解决冲突时，儿童的沟通技巧能够得到发展。成人可以有计划地鼓励这些社会性交际和实验性谈话，设计活动培养情感素养，并帮助儿童成为优秀的听众，学习明确表达自己观点。在有效学前教育项目"互动很重要"这一部分中，西拉杰－布拉奇福德解释说，为了让儿童从简单地交换信息转变为交谈，成人需要通过以下方式来帮助他们：

- 解释发生了什么；
- 承认儿童感受——帮助儿童定义问题；
- 为儿童如何解决冲突提出实用办法。（Siraj-Blatchford，2003）

在瑞吉欧，教师鼓励儿童进行谈判，就不同的观点展开争论，并与同伴和成人讨论想法、感受。这是两名儿童在被问到"儿童在幼儿园的权利"时的回答。

　　两个朋友有权争吵。争吵有利于知道什么时候你错了。你可以讨论，也可以争吵。这就像用你的声音打人。（Malaguzzi，1996：36）

为了促进儿童发展早期沟通和语言能力，教师在尝试创设有趣的互动环境时，可以考虑以下关键因素：

- 在角色扮演区提供电话和留言簿；
- 利用木偶 / 角色玩偶来示范冲突或问题的解决；
- 邀请参观者说话——儿童在感兴趣的成人的鼓励下，不得不寻求新的话语来提问；
- 引入分享游戏，如"教一教老师和朋友们怎么玩"；
- 创设乐器 / 发声桌，如"向你的朋友描述一种声音，这种声音让你想起什么了吗？"；
- 创设一个舒适的角落 / 会议区供儿童交流、发布新闻；
- 设置"展示和演说"讲台，并邀请儿童分组讨论一些有重要意义的东西；
- 带"神秘包"回家，并鼓励儿童练习描述包中物品，准备第二天在班上展示。

本章小结

本章讨论了沟通和语言发展，旨在说明这两个术语在儿童早期阶段的含义。沟通和语言发展被认为对儿童的学习与发展至关重要——与第 21 章将要介绍的读写一样重要。本章强调环境在沟通和语言发展中的作用，强调环境应该是丰富的、有启发性的，能够提供机会让儿童以有趣的方式探索。

识记要点

- 早期教育与保育应该为儿童提供丰富的机会，让他们从出生起就开始分享想法、提出疑问和表达感受，因为从出生那一刻起他们就开始发出声音了。
- 学习沟通需要一个有意义的社会性环境，让所有的儿童都感觉受到重视，得到认可、温暖和尊重。
- 许多理论，如乔姆斯基、维果茨基和布鲁纳的理论，都探索了成人的角色、成人和儿童之间的互动，以及这些互动如何促进儿童沟通和语言能力发展。
- 家庭与早期服务机构之间的伙伴关系对于有效发展沟通和语言技能非常重要。

讨论话题

- 如果你计划给一组儿童上课或开展活动，如何引入和解释新的词汇，并让儿童有机会在课上交谈和倾听？
- 讨论如何捕捉"儿童的声音"以形成观察和评估档案，并确保儿童习惯于与支持他们的成人一起享受学习，展示学习成果，分享想法和观点。
- 罗宾·亚历山大（Robin Alexander）概括了对话式谈话的 5 个基本原则：集体性的、互惠的、支持性的、累积的和有目的的（2008：22）。你有没有见过教师与儿童进行这种谈话？讨论它可以如何支持儿童学习。

拓展阅读

书

Bruner, J. (1983) *Child's Talk: Learning to Use Language*. Oxford: Oxford University Press.

Evangelou, M., Sylva, K., Kyriacou, M., Wild, M. and Glenny, G. (2009) *Early Years Learning and Development Literature Review*. DCSF Research Report: University of Oxford.

Sylva, K., Melhuish, E., Siraj-Blatchford, I. and Taggart, B. (2004) *The Effective Provision of Pre-School Education (EPPE) Project: Final Report*. London: Department for Education and Skills.

文章

Henning, A., Strian, T. and Lieven, E. V. M. (2005) 'Maternal speech to infants at 1 and 3 months of age', *Infant Behaviour and Development*, 28: 519–536.

Kokkinaki, T. and Kugiumutzakis, G. (2000) 'Basic aspects of vocal imitation in infant–parent interaction during the first 6 months', *Journal of Reproductive and Infant Psychology*, 18 (3): 173–187.

参考文献

Alborough, J. (2001) *Hug*. London: Walker Books.

Alexander, R. (2008) *Introducing the Cambridge Primary Review*. Cambridge: University of Cambridge, Faculty of Education.

Browne, A. (2009) *Developing Language and Literacy 3–8*. London: Sage.

Bruce, T. (2010) *Early Childhood: A Guide for Students*, 2nd edn. London: Sage.

Bruner, J. (1986) *Actual Minds, Possible Worlds*. Cambridge, MA: Harvard University Press.

Bruner, J. (1983) *Child's Talk: Learning to Use Language*. Oxford: Oxford University Press.

Communication Trust (2011) *Let's Talk About It: What New Teachers Need to Know About Communication Skills*. London: The Communication Trust.

Chomsky, N. (1957) *Syntactic Structures*. The Hague: Mouton.

Chomsky, N. (1965) *Aspects of the Theory of Syntax*. Cambridge, MA: MIT Press.

DfE (Department for Education) (2014) *Statutory Framework for the Early Years Foundation Stage: Setting the Standards for Learning, Development and Care for Children from Birth to Five*. London: DfE. Available at: www.foundationyears.org.uk/files/2014/07/EYFS_framework_ from_1_September_2014__with_clarification_note.pdf (accessed 28 September 2015).

David, T., Goouch, K., Powell, S. and Abbott, L. (2003) *Birth to Three Matters: A Review of the Literature*. London: Department for Education and Skills.

Edwards, D. and Mercer, N. (1987) *Common Knowledge: The Development of Understanding in the Classroom*. London: Methuen/Routledge.

Gadhok, K. (2007) 'Speech, language and communication needs – a definition'. National Literacy Trust website. www.literacytrust.org.uk/talk_to_your_baby/news/2528_ peech_Language_and_ communication_needs (accessed July 2012).

Goldschmeid, E. and Selleck, D. (1996) *Communication Between Babies in Their First Year*. London: National Children's Bureau.

Gopnik, A., Meltzoff, A. N. and Kuhl, P. K. (1999) *The Scientist in the Crib: What Early Learning Tells Us About the Mind*. New York: HarperCollins.

Gopnik, A., Sobel, D. M., Schulz, L. E. and Glymour, C. (2001) 'Causal learning mechanisms in very young children: two-, three-, and four-year-olds infer causal relations from patterns of variation and covariation', *Developmental Psychology*, 37 (5): 620–629.

Hart, B. and Risley, T. R. (1999) *The Social World of Children: Learning to Talk*. Baltimore, MD: Paul H. Brookes Publishing Inc.

Henning, A., Strian, T. and Lieven, E. V. M. (2005) 'Maternal speech to infants at 1 and 3 months of age', *Infant Behaviour and Development*, 28: 519–536.

Karmiloff, K. and Karmiloff-Smith, A. (2001) *Pathways to Language: From Fetus to Adolescent*. Cambridge, MA: Harvard University Press.

Kokkinaki, T. and Kugiumutzakis, G. (2000) 'Basic aspects of vocal imitation in infant–parent interaction during the first 6 months', *Journal of Reproductive and Infant Psychology*, 18 (3): 173–187.

Malaguzzi, L. (1996) 'The hundred languages of children', translated by Lella Gandini. Reggio Children, Preschools and Infant–Toddler Centres, Istituzione of the Municipality of Reggio Emilia.

National Literacy Trust (2010) Talk to Your Baby Face to Face Project: Literature Review. www.talktoyourbaby.org.uk (accessed October 2010).

Ofsted (2011) The Impact of the Early Years Foundation Stage. Ofsted document [Online]. Available at www.ofsted.gov.uk/resources/impact_of_early_years_foundation_stage (accessed September 2012).

Schaffer, H. R. (ed.) (1977) *Studies in Mother–Infant Interaction*. London: Academic Press.

Siraj-Blatchford, I., Sylva, K., Muttock, S., Gilden, R. and Bell, D. (2002) *Researching Effective Pedagogy in the Early Years*. London: Department for Education and Skills, Research Report 356.

Siraj-Blatchford, I., Sylva, K., Taggart, B., Sammons, P., Melhuish, E. and Elliot, K. (2003) *The Effective Provision of Pre-school Education (EPPE) Project: Intensive Case Studies of Practice Across the Foundation Stage*. London: Department for Education and Employment/Institute of Education.

Snow, C. E. and Ferguson, C. A. (1977) *Talking to Children*. New York: Cambridge University Press.

Tickell, C. (2011) *The Early Years: Foundations for Life, Health and Learning*. An Independent Report on the Early Years Foundation Stage to Her Majesty's Government. London: Crown. Available at: www.education.gov.uk/tickellreview (accessed July 2012).

Trevarthen, C. (1979) 'Communication and cooperation in early infancy: a description of primary intersubjectivity', in M. Bullowa (ed.), *Before Speech: The Beginning of Interpersonal Communication*. Cambridge: Cambridge University Press.

Trevarthen, C. and Aitken, K. J. (2001) 'Infant intersubjectivity: research, theory and clinical application', *Journal of Child Psychology and Psychiatry*, 42 (1): 3–43.

Vygotsky, L. S. (1962) *Thought and Language*. Cambridge: Cambridge University Press.

Vygotsky, L. S. (1978) *Mind in Society: The Development of Higher Psychological Processes*. London: Harvard University Press.

Wells, G. (1986) *The Meaning Makers: Children Learning Language and Using Language to Learn*. Portsmouth, NH: Heinemann Educational.

Wells, G. (1990) *The Meaning Makers: Children Learning Language and Using Language to Learn*. London: Hodder & Stoughton.

Winnicott, D. (1971) *Playing and Reality*. Harmondsworth: Penguin.

第21章

读写

克莱尔·黑德　约安娜·帕拉约洛戈

本章概览

《指南》指出，读写是"沟通和语言"领域的一个方面，二者是有区别的。传统上相互关联的读写和听说的分离是由相关研究引发的，这些研究强调了早期大脑发育与获得交流、语言技能之间的关系具有时间敏感性（见第 20 章）。但是，在这个关键时期，读写能力同样不应该被忽视，甚至应该从出生时就开始培养，这样儿童就能沉浸在"谈论读和写的氛围"中了（Tickell，2011：98）。

读写应该是儿童发展的一部分，而不应独立于儿童所成长的社会和文化环境。读写过程需要协作，因为儿童会多次参与读写活动和体验。

本章旨在帮助你：

- 认识到成为有读写能力的人（学会读和写）需要合作进行探索，需要有意义的情境；

- 认识到高效的读者追求的是理解，不仅仅需要解码文本，还需要结合情境对词进行解释，以获得文本所蕴含的认知的、社会性和情感上的价值；

- 了解真正的书写者在写之前需要口头练习，他们会制订计划，然后起草并修改，他们的书写需要有真实的目的和目标读者。

儿童早期读写能力的发展

在早期教育与保育中，教师要扩展读写的基本概念——读写是保证人们在社会上独立灵活发挥作用的能力的标志——这是《指南》的理论基础之一。

有关研究和理论已经改变了我们对儿童读写能力的理解。"读写"包括阅读和书写，并表明作为沟通的这两方面共同发展并相辅相成。重要的是要牢记，儿童的语言习得和他们正在萌发的读写技能，在不同时间、以不同速度发展。阿尤布和费希尔（Ayoub and Fischer）解释说，儿童的发展遵循一条特殊的路径，而不是一条既定的线性道路，成人在引入新技能时需要理解这一点（2006）。麦克罗里（Macrory）警告，在儿童仍然需要"玩"语言并在熟悉的环境中探索其使用的阶段，不能过早引入正式的读写教学（2006）。

读写萌发（Emergent Literacy）

这个概念是指儿童处于学习读写的阶段，大致是从 6 个月大到入学这一段时间，由马里·克莱（Marie Clay）首次提出，描述了儿童在入学前对印刷符号（print）逐步增长的经验和知识（1991）。读写能力发展被认为源于儿童的口语发展，以及他们最初的、通常非常规的阅读（一般是图片）和书写（起初多为涂鸦）：由此就有了术语"读写萌发"（Holdaway, 1979; Sulzby, 1985, 1989）。在这一框架下，儿童早期的非正规阅读和书写尝试，被视为读写能力的"合法"开端。克莱（Clay）强调听、说、读和写之间的相互关系，以及将儿童视为一个积极的、自主的学习者的重要性：这个学习者从小就创造了一个"能力网，为随后的独立读写学习提供支持"（Clay, 1991：1）。

环境中的印刷符号

儿童的环境中充斥着各种印刷符号，这些往往也是儿童在熟悉的情境中最先认识的有意义的印刷符号。例如，今天许多儿童认识麦当劳店是通过构成其标志的两个金色拱门。儿童这方面的意识逐渐扩展，他们的相关知识也因越来越频繁地见到书本、杂志、报纸、信件和其他材料上的印刷符号而增加（Goodman，1980）。这些早期经历直接影响儿童的印刷符号意识，因此可以视为儿童成为阅读者的阶梯。

在早期的"字符阶段"（logographic phase），儿童倾向于整体辨识词语或形状，而不是关注单个字母（Frith，1985）。家庭和学校中的"关键人物"可以谈论日常生活中出现的标志和符号的含义，以此来帮助儿童建立这种认识。例如，儿童通常可以在超市认出他们最喜欢的麦片。教师可以在教室提供有意义的印刷符号，并鼓励他们参与相关活动，发展阅读和书写技能。亲子散步时找一找、认一认标记是让家长参与并加强课堂内外学习联系的好方法。

读写学习

读写能力的发展比之前人们想象的要早得多。蒂尔和萨尔兹比（Teale and Sulzby）认为，我们不应该再说"阅读准备"或"前阅读"，而应该是"读写能力发展"（1989）。读写萌发理论强调儿童读写能力是持续发展的，而不是"让儿童准备好"来学习阅读。怀特赫斯特（Whitehurst）试图界定读写萌发，假设"阅读是从生命早期开始的发展连续体"（1998：23）。因而，读写萌发的定义是"正式读写前的一系列技能、知识、态度和支持环境"（Whitehurst，1998：34）。

读写萌发的主要内容包括：

- 语言意识；
- 印刷符号意识；
- 早期涂鸦；
- 语音意识；
- 字素；
- 音素—字素对应；
- 态度，如对图书的兴趣；
- 环境，如共同阅读、字母游戏和宝藏篮。

在家中和学校为儿童读书（Heath，1983；Neuman and Roskos，1997），同时让儿

童有机会自由探索印刷符号、词、儿歌和歌曲，有助于他们在非常年幼的时期就开始拥有读写体验。

随着经验的增加，儿童开始关注印刷符号传达的信息。他们开始乱写乱画，逐渐能准确地把握字母和声音之间的关系。当儿童思考如何通过书写来表达词的发音时，他们也是在发展对阅读很有用的技能。这些是传统读写的基础，应该在家庭、幼儿园和正规学校初期获得支持和鼓励（Searfoss and Readence，1994：58）。

读写：从家庭延伸到学校

一些研究者通过测查家庭及幼儿园中的材料、亲子阅读机会，对儿童读写能力进行了一定的研究，对家庭环境与儿童读写素养之间的联系、早期读写经验对长期成就的影响，进行了大量的讨论（Goodman，1980；Ferreiro and Teberosky，1983；Hannon，1995；Neuman，1992，1996，1997 and 1999）。马里·克莱提出，家长的阅读能力与对不同类型文本的阅读，成为亲子互动的"支架"。她建议家长在儿童读写萌发的过程中发挥关键作用，获取印刷文字资源并开展亲子共读。

谢菲尔德读写能力早期提升项目（Sheffield Raising Early Achievement in Literacy Project）发现，推动家庭读写有助于强化家庭与学校之间的联系，并提高儿童对环境中的印刷文字、书、早期书写和口头语言的理解（Hannon and Nutbrown，2003）。该项目始于 1995 年，主要针对学龄前儿童，并指导家长 / 照看者承担以下 3 种角色，为儿童提供示范：

- 读文章、写笔记或购物清单；
- 提供适宜的印刷材料，或引导儿童关注环境中的印刷文字，为他们的读写提供机会；
- 鼓励儿童，对儿童取得的成绩进行表扬。

ORIM 框架指的是机会（opportunities）、识别（recognition）、互动（interaction）和示范（models），该框架支持家长学习如何通过日常语言交流和读写事件，比如看环境中的印刷文字，来与儿童进行互动。读写能力早期提升项目的成果非常显著，儿童的语言、读写和社会性发展方面得到显著进步。例如，在项目的第一年结束时，

- 经常共读图书的儿童占比从 27% 上升到 78%；
- 持续进行涂鸦的儿童占比从 17% 上升到 63%；
- 所有家长都反映自己与孩子的互动更多，能够发现更多帮助孩子学习的机会；
- 教师在与家长合作、支持家长和讨论儿童读写能力发展等方面，感到更加自信。（PEAL，2011）

在儿童读写能力发展上，家庭和学校之间的联系始于教师认识到并重视儿童在社区的早期读写经验，并试图通过在学校组织相似的读写练习来强化这种联系。

成为一名阅读者

儿童开始慢慢意识到，拿着一本书是为了"阅读"这些图片。最初的"读写事件"发生在儿童拿着一本书看图片之时。渐渐地，儿童从一个"幼稚的"读者成长为一个更"专业的"读者，并且学会了打开书，翻页，关注文本，等等。同样地，在掌握了这些技能之后，儿童开始模仿看书或讲故事。这不仅仅是儿童的模仿游戏——模仿家长或教师看书，这是一个真正的读写活动。

为了从这个"表演阅读"阶段继续前行，儿童需要发展语音意识。他们首先要能够区分不同的声音，以便听到构成词语且有意义的声音（Williams and Rask，2003）。通过在幼儿园和家中分享童谣和歌曲，玩语言游戏，儿童的音素意识得以发展。正如第 20 章所讨论的，交流和语言技能的发展，特别是儿童表达情感的词汇和能力的发展，是后续读写能力的基石。一些研究人员研究语音意识和词汇发展的联系，研究二者如何相互作用，支持早期阅读乃至识字（如 Goswami，2001；Snow，2006）。

早期阅读教学

对于什么是帮助儿童成为读者的最有效的方法，长期以来都存在争议，而当代的讨论集中在语音的教学上。2005 年，吉姆·罗斯（Jim Rose）受命对早期阅读教学进行独立审查，他的报告（2006）为当前小学政策和实践奠定了基础，其中"早期阅读拼读教学"部分提出了一些关于"最佳实践"的建议，强调了在大多数儿童接近 5 岁、达到最佳"时间敏感期"时开始以独立、系统和明确的方式教授语音的重要性。对教师的建议是在关于阅读的"概述"中提出的。这提醒教师，阅读的目的是从文本中获得意义，要做到这一点，取决于两个要素的成功协作。

- 解码——依赖于语音信息。这需要将声音与字母联系起来读出单词。罗斯推荐了一种"综合语音"的方法，混合字母声音，读出整个单词。
- 理解——依赖于更广泛的语言技能，包括对词汇、语法的理解和推理能力，从而辨别意义。

罗斯强调了语音教学在早期阅读教学中的首要作用，但也指出，语音教学应该"嵌在广泛而丰富的语言课程之中"（2006：35）。为了支持教师提供高质量的语音教学，指导材料《字母与发音》（*Letters and Sounds*）面世，为教师提供了一个"六阶段语音发展方案"，旨在确保"在关键阶段一结束时，儿童能熟练地识别单词"，并让教师认识到拼写技能教学将在儿童 7 岁以后持续进行（DCSF，2007：3）。该方案的理论基础是"语音教学应被视为在很大程度上必须依靠直接教学的知识、技能和理解力的重要组成部分"（DCSF，2007：10）。学习阅读和拼写技能是一个需要系统指导和实践的过程。《蒂克尔评论》（*Tickell Review*）重申了这一观点。

> 读写能力发展受制于文化，并依赖包括字母代码（即系统的语音教学）在内的知识体系，这就好比数学学习主要依靠对数字的符号化表征的认识和理解。（Tickell，2011：98）

> 因而，在早期奠基阶段可找到教授"读写"的方法："读写萌发意味着鼓励儿童将声音和字符联系起来，并开始阅读和书写。"（DfE，2014：8）

优秀的读者怎么做？

"语音是必要的，但不足以培养高效和热情的读者。"（UKLA，2008：第 3 节）我们知道高效的读者可以在阅读早期就使用解码技巧，但教师还需要牢记，成为终身的阅读者是一个漫长的过程。同时，成人向儿童传递对阅读的热情，并示范如何做一个优秀读者，也十分重要。

> 优秀的读者远不仅仅是功能完备的扫描仪和事实性经验的捕猎者。他们在书中发现人类经验的深度和广度。（Meek，1988：17）

通过讲述故事和分享阅读，围绕高质量图画书进行讨论，我们得以帮助儿童步入书的世界，获得认知、社会性和情感的发展。虽然大量分级的、易于解码的图书可以培养儿童的自信心，并提供练习阅读技巧的机会，可儿童却可能不会像沉浸在"真正的书"中那样，具有高度的热情和兴趣。教师需要确保儿童的阅读不受能力的限制，并且在规划读写课程时优先考虑激发阅读动机的问题。在读完自己的课本之后，坎贝尔（Campbell）的5岁孙女艾丽斯（Alice）宣布："很快我就能读真正的书啦！"（Campbell，1999：134）以下案例中的儿童给我们提供了一个很好的例子。在分享了一系列传统故事后，儿童成为讲故事的人，他们的想象与有关"真正的书"的知识和经验，相互融合在一起。

案例分析

来自奇尔德黑文（Childhaven）社区幼儿园的《杰克与魔豆》（*Jack and the Beanstalk*）

我们上周阅读了《杰克与魔豆》，本周我们使用头饰来重新讲述这个故事，并补充了一些内容。在我们的版本中，杰克要去市场卖一头名为 Steeleymoo 的牛和两只绵羊，最终他仍然只得到3粒魔豆。他将豆子扔出窗外后，5只蝴蝶飞进卧室，告诉他豆长得超级壮。当杰克进入城堡时，巨人和巨人夫人、蝙蝠女正在喝茶！复活节兔子还要求鹅下一些巧克力蛋，但鹅说她"只能下金蛋"。好吧！在故事的最后，杰克和他的妈妈非常高兴地决定邀请3只小猪喝茶——这是多么忙碌的一天。我想我们下周会有更多的故事。

☁ 反思性任务

根据上述案例分析，回顾你见过的最成功的角色扮演活动。它是如何推进读写活动的？教师是如何激发并维持儿童兴趣的？

成为一名书写者

《英国国家读写战略》在给教师的指南《发展早期书写能力》中，将书写萌发描述为"有目的的标记"（DfEE，2001：166）。正是这种创造标记的愿望显示儿童逐渐认识到符号的意义。成人可以鼓励儿童谈论他或她的书写及其所表达的意义，丰富儿童对书写和构词的经验。对教师来说，这是一个较难达成的平衡，因为这其中重要的是通过回应儿童书写的内容，来鼓励和肯定儿童的书写尝试，而不是紧紧盯着儿童的正确性以致其不愿再次进行这种高难度的尝试。教师可以创造一种支持性的书写氛围，并通过各种策略鼓励儿童积极进行实验，获得书写成功经验，从而发展早期书写技巧。

坎贝尔在《与艾丽斯一起阅读》（*Reading with Alice*，1999）一书中，叙述了自己的孙女在幼儿园和家庭中的发展，强调了让儿童成为阅读者和书写者的重要性。他指出，艾丽斯在读写方面取得了相当大的进步，这是因为她主动参与读和写，而不是接受了这两个方面的直接教学。他担心一些教师单纯依赖作业单而不是促进儿童积极参与契合他们兴趣的读写活动。图 21.1 提供了一名

图 21.1　制作标记示例——舞蹈动作的符号

儿童（6 岁）的案例，当她需要找到一种方法来记录复杂的舞蹈动作时，她就有动力去制作对自己有意义的标记，以便重复并与朋友分享。

读写学习过程的重要一步，是在儿童第一次尝试书写时（见图 21.2）。萨尔兹比认为，在这个年龄段，儿童应该被鼓励，或者说"被轻轻地推动"，而不是被强迫去开始书写（Sulzby，1992）。当儿童首次自发地用图来表征时，绘画和书写没有什么差异。当儿童第一次尝试用笔时，他们想要做的就是在任何地方留下他们的印记，例如在纸上或墙上（Ferreiro and Teberosky，1983；Morrow，1992）。

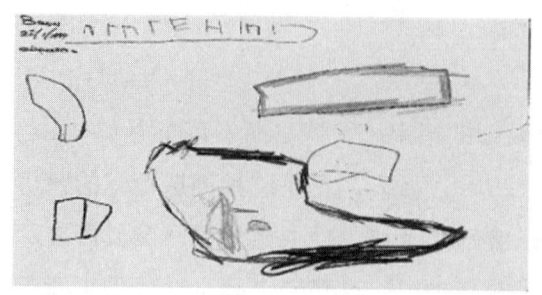

 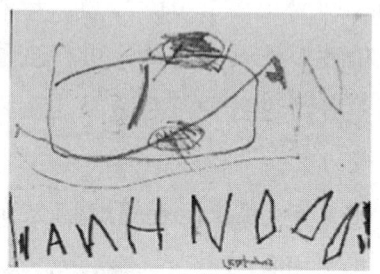

图 21.2　儿童的书写尝试

书写教学

儿童需要学习书写常规，也需要学习书写的情境。儿童作为"主动学习者"参与其中，理想情况下应该能体会创作过程所包含的乐趣和挑战（Graves，1983）。儿童可以像文字工作者一样开展多个方面的工作，如编辑、筛选和提炼。适当时教师还能引导儿童关注拼写、标点、语法和版式等。

为了帮助儿童理解不同书写形式（不同情境中的不同类型）的文本特征，教师需要讨论写作的原因和目的。赖利和里迪（Riley and Reedy）建议，在遇到新文本类型时，让儿童回答以下问题，将会为他们的书写提供示范，并帮助他们更深入地理解不同类型的书写方式：

- 这是什么？写这个文本是为了什么？
- 你为什么读它？
- 我们知道它是谁写的吗？（Riley and Reedy，2000：62）

做真实的读者，发现儿童书写的真正目的，是教师角色的重要组成部分，因为这会激励儿童参与他们所在的文明社会。

书写的机会

提供书写机会至关重要，因为它将使儿童欣赏并认识到言语与文字之间的联系。海伦·达顿（Helen Dutton）注意到她的孩子（6 岁）在角色扮演游戏过程中自然而然地书写，她描述了 6 种主要的书写：

- 字母；
- 消息；
- 个人笔记；
- 说明；
- 事实描述；
- 故事。（Helen Dutton，1991，引自 Campbell，2002）

源于结构游戏的有目的的书写，使儿童能够发展早期的书写技巧。准备干预的成人可以敏锐地发现"教育时机"，为儿童的读写活动赋予意义，从而支持和加强儿童的早期读写（Owocki，1999：28）。

创设一个丰富的读写环境

为儿童提供不同情境和状况下的阅读和书写机会至关重要。教师需要鼓励儿童在有意义的环境中理解这些符号的目的，以此催生关于课堂和环境中文字符号的讨论。例如，为了真实目的而制作的标志和标签，将会证明印刷文字能够用来沟通（见图 21.3）。

奥沃其（Owocki）主张在环境中创设富含读写因素的游戏中心，并提醒教师评估自己的角色并自问：

图 21.3 "请记得每周一给这株植物浇水"

- 儿童在游戏过程中读写了吗？这些材料对他们有意义吗？
- 读写在儿童游戏中起什么作用？儿童是否在探索各种类型和形式的书面语言？（Owocki，1999）

图 21.4 是儿童在《小红帽》故事地图上的注释。儿童觉得书写就像他们捏橡皮泥一样，是必要的，能帮助其他儿童玩这个游戏并重新讲述故事。

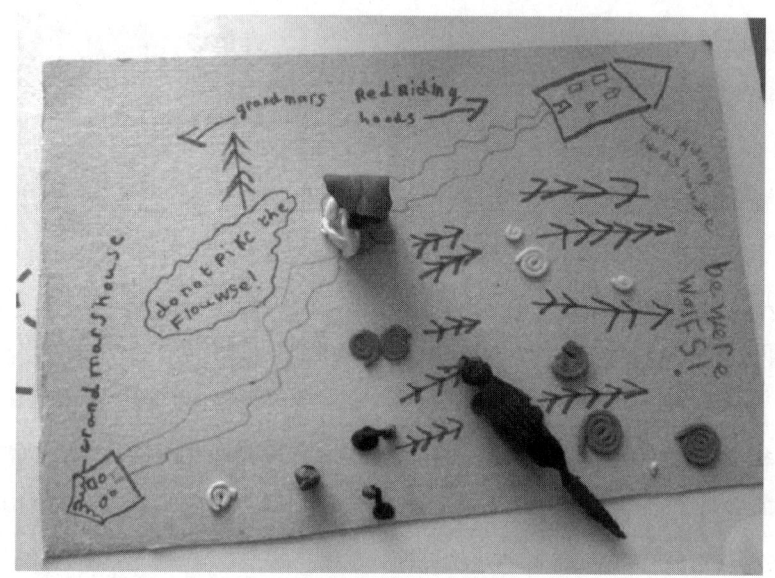

图 21.4　故事地图

游戏中的读写

本书一直强调游戏的重要性。这里也不例外，游戏在儿童读写萌发中亦发挥重要作用。纽曼（Neuman）考察了体现儿童现实生活中的读写情境的早期服务机构（1997）。她发现，在富含读写因素的环境中，游戏中的读写活动可能会变得更有目的性。她还发现，在一定情境下开展读写活动时，读写就成了儿童游戏的一部分。

基于对 35 个班（5—6 岁儿童）的研究，莫罗（Morrow）得出结论，许多早期服务机构的环境布置能促进儿童的读写行为（1992）。她发现，儿童可以便捷获取和使用的读写材料相对缺乏，而且教师在游戏过程中很少推动儿童开展真正的读写活动。为了在游戏的自然进程中开展读写活动，儿童需要拥有读写材料。"游戏区域内富含读写材料，是激发读写学习的基础。"（Campbell，2002：104）

丰富的读写环境可能是这样的：

- 每个区域都有笔、纸、书和其他印刷材料；
- 环境中有文字（要展示所有儿童的母语）；
- 有书——教室里摆放虚构和非虚构的文学作品，以便儿童可以在适宜的情境中探索不同的作品类型，如在角色扮演区与金发姑娘和三只熊一起探讨怎么熬粥；
- 有道具、木偶、故事袋、服饰——促进戏剧表演游戏；
- 有供复述故事用的系列卡片；
- 有书写区或标记制作站；
- 有邮箱——给故事中的角色或其他班里的伙伴写信；
- 有日历——标记重要事件，比如儿童的生日、外出参观日、图书日；
- 有信箱——鼓励儿童给别人留言；
- 有儿童告示板——张贴儿童在家里或幼儿园中完成的标记。

成功的角色扮演区能自然地促进读写活动，不过教师仍需要不断"培育"这种创造力，并激励儿童探索文字，如提供诸如旧电话和便签之类的道具，可以激发大量对话和书写。如果教师在这一区域为儿童示范边接电话边做记录，并将信息大声读给大家听，这很可能会推动一系列更进一步的信息传递活动。

案例分析

花园中心——一位老师的讲述

我创设的最成功的角色扮演区，是在我的预备班 / 一年级孩子们的帮助下创设的花园中心。这个创意来自一次到当地一个花园中心的参观。这个花园中心是我班上一个孩子的父母拥有并管理的。外出参观后，孩子们就十分热切地要在班上再造一个迷你版花园中心，急切地开始谋划并列出需要的材料。下面仅列出部分由种子生发的活动。

- 环境创设——标志、标签、通知；

- 播种向日葵——与我们的科学主题相关；
- 书信往来——感谢花园中心的工作人员，并向他们询问照顾植物的技术问题；
- 种子袋设计——鼓励儿童使用真正的种子袋做参考；
- 种植说明——我们在书写环节一起设计了一个清单；
- 植物浇水值班表——我们发现如果过度浇水，植物就会遭殃，因此我们必须进行监测；
- 校园向日葵种植比赛——我们向学校每个班级捐赠了一棵幼苗，并附照顾说明，在学期结束时举行评比；
- 我们在一起读相关的虚构类文学作品，如《杰克和豆茎》，以及非虚构类文学作品，如《从种子到向日葵》，并让孩子们自由翻阅这些作品；
- 价目表——附有收银台和"钱"，方便购物；
- 开花植物的描述——艺术活动中渗透了对不同花的简要描述。对花的描述与花的图片是分开的，需要孩子们一一配对；
- "猜猜这个种子会长成啥？"——基于种子活动的比赛；
- 诵唱与植物有关的儿歌和歌曲；
- 关于植物的故事表演——由一幅画着两朵花的大幅图画引发，孩子们能够站在画的后面，探出头来，以角色身份互相交谈。

☁ 反思性任务

思考环境中有哪些文字，都在什么地方，为家庭或机构的儿童提供"遭遇"文字的机会。反思文字在人们日常生活中的作用。你也可以对比你去外国时看外语的经验。

本章讨论的是语音意识如何促进读写的发展，但本节旨在介绍有关语音的争论——它已经被政治化并引起了很多争议。

由于政府在一年级末引入了一项评测，以确定儿童掌握语音的情况，因此早期奠基阶段的一个重点就是帮助儿童准备测试。语音是儿童阅读教学的重要内容之一，在早期奠基阶段可以成为一种有趣的活动。语音运用即帮助儿童学习字母和声音（"音素")之间的对应关系,以及将声音组合起来的方法,主要包括 4 个部分。

- 合成语音——与阅读教学相关的一种方法,其中与特定字素(字母)相关联的音素(声音)单独发音、合成发音。例如,教儿童将单音节词如 cat 分成 3 个字母,依次发出每个字母的音,然后将 3 个音合在一起,发单词的音。

- 分析语音——与阅读教学相关的一种方法,其中与特定字素相关的音素不单独发音。儿童识别(分析)一组单词中的共同音素,其中每个单词都包含正在学习的音素。例如,教师和儿童讨论以下单词的共同点:pat,park,push 和 pen。

- 类比语音——分析语音的一种方法,儿童根据单词中的表音符号来分析语音元素。语音学中的表音符号由元音和其后的所有声音组成,就比如 cake 这个单词中的 ake。儿童使用这些表音符号来了解"单词家族",例如 cake,make,bake,fake。

- 嵌入式语音—— 一种阅读教学方法,其中语音是课程内容的一部分。这种方法与其他方法的不同之处在于,其教学总在文学的大背景下而不是在单独的课程中进行,并且,技能的教授是随机的,无系统设计。(National Literacy Trust,2015)

大量的研究发现促使人们使用以上所有方法来帮助儿童学习读和写,但目前政府倡导统一路径,于是争论就集中在哪种方式管用上:分析还是合成? 2005 年,英国下议院教育专责委员会(House of Commons Education Select Committee)呼吁对语音进行更大规模的研究,但直到政府决定支持"合成"法时,争论仍在继续。因此,政府委托吉姆·罗斯(Jim Rose)进行独立审查,审查报告于 2006 年出版,推动"合成"法作为一种阅读教学有效方法引入。

> 新版《指南》应确保初级阅读者享有丰富的课程,课程拥有全部的 4 种语言要素:说、听、读和写。……所有这些技能都是通过高质量、系统的语音活动获得和发展的。早期开始系统的语音学习对那些没有强大的家庭读写支持环境的儿童尤为重要。(Rose,2006:31)

对于政府的行动,现在似乎还存在许多疑问和担忧,即基于证据的读写研究已经被压制,读写教学法正在逐渐机械化。官方报告(Rose,2006;DfES,2006,2007;

DfE，2011）不仅坚持强调"合成"法，而且现在还建议通过统一机制对儿童读写能力进行标准化的测试。这种方式有违研究所告诉我们的儿童读写能力的习得规律，尤其忽视了通常人们说的元语言意识的习得。没有考虑到这一点似乎是政府的疏忽，这种疏忽阻碍了儿童有效的语言和读写能力发展。

许多研究坚定地认为，语音在读写习得中十分重要，但不是阅读教学的中心（如 Bradley and Bryant，1983；Anthony et al.，2002；De Cara and Goswami，2002；Hanley et al.，2004；Hall，2006；Goswami，2007，2008a，2008b，2010）。政府审查将读写教学限为需要向每一个学习者直接传递的内容，而忽略了其他一些构建读写环境的因素。正如本章所探讨的那样，儿童是在这个环境中不断地成长为掌握语言和读写的人。从国家读写教育课程（National Curriculum on Teaching Literacy，DfE，2011）的建议看，人们担心读写学习会被视作独立于儿童认知发展的内容，从而导致课程鸿沟和疏离。

因此，有人认为，虽然语音意识——儿童发现和操控那些组成单词的声音"元件"的能力（Goswami，2010）——是获得读写能力的核心，但它并不是唯一焦点。在教授儿童读写，特别是阅读时，必须帮助儿童理解和概念化这些符号与语音之间的对应关系。对于许多拼音文字（基于字母发音的文字），例如希腊语或意大利语，这些可以通过"合成"法来实现，但在像英语这样的语言中，语音的教授就需要通过多种心理语言学方法来实现。

> 阅读不只是解码书面文字或语言，它还天然地与关于世界的知识交织在一起。语言和现实是动态联系的。通过批判性地阅读文本获得理解意味着感知文本和语境之间的关系。（Freire and Macedo，1987：29）

大多数研究的共识是：读写教学不应该是机械的，而应是"复杂的"、成体系的，并且在充满文字的环境中进行，以便儿童能够探索和学习书面语言的本质与功能；语言也必须被视为一个整体；认同并在日常活动中关注儿童的读写能力。儿童掌握沟通技巧，获得与年龄相适应的、在社会中能有效使用的语言，读写能力就发展了。从这个意义上来说，读写能力的教学不能仅仅靠简单的语音知识的教学。

为了成长为一位"阅读者"，儿童需要发展元语言意识。例如，他们必须知道词到底是什么，无论这个词是书面的还是口头的，并且知道它与数字、字母、声音和句子的区别。他们必须学习一些与阅读相关的技能，例如看书要从左到右、从上到下。

为了掌握读写技巧，儿童必须形成"字母发音规则"。在第一次接触文字时，儿童经常认为这是对某一物体的具体表征。实际上，他们需要意识到，字母表中的字母都代表着声音。为了理解字母发音规则，他们必须熟悉字母的形式，并且意识到字母有不同的发音，这被称为音素意识。然而，英语的语音很复杂。例如，儿童可以用"cat"（猫）这个词来掌握音素"a"，但是遇到"but"（但是）这样的词又该怎么办呢？

罗斯的报告将"合成"法作为一种有效的教儿童阅读的方法。然而，将教学简化为机械地将课程传递到学习者头脑中的一系列方法，导致的结果只能是将儿童分类并标签化。如果我们根据儿童的表现评估任何儿童，那么我们会自动将一些儿童排除在读写之外。例如，斯诺（Snow）发现，除了患有神经系统疾病的儿童，面临阅读困难的儿童主要来自社会经济背景差的群体和少数族裔（1998）。

如果每一名儿童都很重要，那么政策制定者应该考虑阅读教学不应该以教条化的语音法为主导（Dombey，2006）；政府工作的主要目标之一——克服成就的不平等——并没有实现，相反，差距越来越大。2003 年进行的一项研究（Sylva et al.，2003）调查了从入园到关键阶段二结束时 3000 名儿童语言和读写能力的发展，证明了来自年收入超过 67500 英镑的家庭的儿童，5 岁时的阅读技能水平比那些父母失业的儿童超前 6 个月。由此，问题是如何能够弥补这一差距。

读写和读写教学法研究发现，多种语音教学法，而不仅仅是某一种语音教学法，更有可能为儿童带来积极的结果。尽管对语音意识进行了研究，但政治家们却只朝一个方向推进语音教学，而且仅仅评估语音意识。然而，研究证据表明，那些家校环境不匹配的儿童在上学时将面临智力冲突，导致不平等的结果，并被排除在学业成功之外（Coles，2000，2006；Gee，2001，2004；Sylva et al.，2003；Giroux，2005，2011）。

☁ 反思性任务

罗斯的报告和《字母和声音》（*Letters and Sounds*）（DCSF，2007）提倡采用多感官并重的方法来开展语音教学。反思你所看到的语音活动，思考多感官参与（摸、看和听）如何增强儿童的语音知识和技能。

本章小结

　　尽管本书分别对交流、语言和读写进行了探讨，但重要的是要说明它们之间是相互关联的，而且交流和语言在儿童读写学习中起着关键作用。在早期教育与保育中，必须创造丰富环境，让儿童有充足的机会接触读写并通过游戏探索读写。游戏是读写学习的核心，因为游戏能丰富儿童读写经验。

识记要点

- 读写的两条线——阅读和书写——交织在一起，共同建立在儿童早期沟通和交流的基础之上。
- 通过阅读获得意义，需要儿童使用解码技巧（将书面文字转换为口语）和语言理解能力。
- 富含读写资源的环境、一位真正的听众以及书写的动机，可以改变儿童的读写行为和他 / 她作为书写者的感觉。

讨论话题

- 正如第 12 章所示，在这个数字化时代，许多儿童现在已经具备了更多的计算机知识（Marsh et al., 2005）。教师如何使用数字技术来增强儿童的读写经验以及与多媒体文本的互动？
- 鉴于儿童的家庭和周围环境中充斥着大量电视节目、视频、玩具和相关产品，我们是否需要将"文本"活动纳入课堂生活？马什和哈利特（Marsh and Hallet）认为文本是必不可少的，教师需要确保儿童找到他们自己的文化及其所反映的生活方式，并基于儿童兴趣提供相应的经验，而不是始终遵循成人的议程（2008）。那么，流行文化应该反映在课堂上吗？
- 列出你所在机构中可用的资源，尝试设计活动来创设读写环境，和儿童分享故事，并创造探索文字的机会。

拓展阅读

书

Bradford, H. (2009) *Communication, Language and Literacy in the Early Years Foundation Stage*. London: David Fulton.

Marsh, J. and Hallet, E. (eds) (2008) *Desirable Literacies: Approaches to Language and Literacy in the Early Years*, 2nd edn. London: Sage.

Riley, J. and Reedy, D. (2000) *Developing Writing for Different Purposes: Teaching About Genre in the Early Years*. London: Paul Chapman Publishing.

文章

Marsh, J. (2010) 'Young children's play in online virtual worlds', *Journal of Early Childhood Research*, 8: 23–39.

Williams, M. and Rask, H. (2003) 'Literacy through play: how families with able children support their literacy development', *Early Child Development and Care*, 173 (5): 527–533.

Wyse, D. and Goswami, U. (2008) 'Synthetic phonics and the teaching of reading', *British Educational Research Journal*, 34 (6): 691–710.

参考文献

Anthony, J. L., Lonigan, C. J., Burgess, S. R., Driscoll, K., Phillips, B. M. and Cantor, B. C. (2002) 'Structure of preschool phonological sensitivity: overlapping sensitive to rhyme, words, syllables and phonemes', *Journal of Experimental Child Psychology*, 82: 65–92.

Ayoub, C. and Fischer, K. (2006) 'Developmental pathways and intersections among domains of development', in K. McCartney, and. D. Phillips (eds), *Blackwell Handbook of Early Child Development*. Oxford: Blackwell.

Bradley, L. and Bryant, P. E. (1983) 'Categorising sounds and learning to read: a casual connection', *Nature*, 310: 419–421.

Campbell, R. (1999) *Literacy from Home to School: Reading with Alice*. Stoke-on-Trent: Trentham Books.

Campbell, R. (2002) *Reading in the Early Years Handbook*, 2nd edn. Buckingham: Open University

Press.

Clay, M. M. (1991) *Becoming Literate: The Construction of Inner Control*. London: Heinemann Educational.

Coles, G. (2000) *Misreading Reading: The Bad Science that Hurts Children*. Portsmouth, NH: Heinemann.

Coles, G. (2006) 'Introduction: Human rights, equality and education', in M. Cole (ed.), *Education, Equality, and Human Rights: Issues of Gender, 'Race', Sexuality, Disability and Class*, 2nd edn. London: Routledge.

DCSF (Department for Children, School and Families) (2007) *Letters and Sounds: Principles and Practice of High Quality Phonics*. London: DCSF.

De Cara, B. and Goswami, U. (2002) 'Statistical analysis of similarity relations among spoken words: evidence for the special status of rimes', *English Behavioural Research Methods and Instrumentation*, 34 (3): 416–423.

DfE (Department for Education) (2011) *Criteria for Assuring High-Quality Phonic Work*. www. education.gov.uk/schools/teachingandlearning/pedagogy/phonics/a0010240/criteria-forassuring-high-quality-phonic-work (accessed 10 March 2012).

DfE (Department for Education) (2014) *Statutory Framework for the Early Years Foundation Stage: Setting the Standards for Learning, Development and Care for Children from Birth to Five*. London: DfE. Available at: www.foundationyears.org.uk/files/2014/07/EYFS_frame work_from_1_September_2014__with_clarification_note.pdf (accessed 28 September 2015).

DfEE (Department for Education and Employment) (2001) *Developing Early Writing*. London: DfEE.

DfES (Department for Education and Skills) (2006) *Primary Framework for Literacy and Mathematics: Core Papers Underpinning the Renewal of Guidance for Teaching Literacy and Mathematics*. London: DfES.

DfES (Department for Education and Skills) (2007) *How to Choose an Effective Phonics Programme: Core Criteria and Guidance*. London: DfES.

Dombey, H. (2006) 'Phonics and English orthography', in M. Lewis and S. Ellis (eds), *Phonics: Practice Research and Policy*. London: Paul Chapman and the United Kingdom Literacy Association. pp. 95–104.

Ferreiro, E. and Teberosky, A. (1983) *Literacy Begins Before Schooling*. London: Heinemann Educational.

Freire, P. and Macedo, D. (1987) *Literacy: Reading the Word and the World*. London: Routledge.

Frith, U. (1985) 'Beneath the surface of developmental dyslexia', in K. E. Patterson, J. C. Marshall and M. Coltheart (eds), *Surface Dyslexia*. London: Erlbaum.

Gee, J. P. (2001) 'What is literacy?', in P. Shannon (ed.), *Becoming Political Too: New Readings and Writings on the Politics of Literacy Education*. Portsmouth, NH: Heinemann.

Gee, J. P. (2004) *Situated Language and Learning: A Critique of Traditional Schooling*. Abingdon: Routledge.

Giroux, H. A. (2005) *Schooling and the Struggle for Public Life: Democracy's Promise and Education's Challenge*, Boulder, CO: Paradigm Publishers.

Giroux, H. A. (2011) *On Critical Pedagogy*. London: Continuum.

Goodman, Y. (1980) 'The roots of literacy', in M. P. Douglas (ed.), *Reading: A Humanising Experience*. Claremont: Claremont Graduate School. pp. 42–68.

Goswami, U. (2001) 'Early phonological development and the acquisition of literacy', in S. B. Neuman and D. K. Pickinson (eds), *Handbook of Early Literacy Research*. New York: Guilford Press. p. 111.

Goswami, U. (2007) 'Learning to read across languages: the role of phonics and synthetic phonics', in K. Goouch and A. Lambirth (eds), *Understanding Phonics and the Teaching of Reading: Critical Perspectives*. Maidenhead: Open University Press.

Goswami, U. (2008a) 'Reading dyslexia and the brain', *Educational Research*, 50 (2): 135–148.

Goswami, U. (2008b) *Learning Difficulties: Future Challenges*. London: The Government Office for Science.

Goswami, U. (2010) 'Phonology, reading and reading difficulties', in K. Hall, U. Goswami, C. Harrison, S. Ellis and J. Solder, *Interdisciplinary Perspectives on Learning to Read: Culture, Cognition and Pedagogy*. London: Routledge.

Graves, D. H. (1983) *Writing: Teachers and Children at Work*. Exeter, NH: Heinemann Educational.

Hall, K. (2006) 'How children learn to read and how phonics helps', in M. Lewis and S. Ellis(eds), *Phonics Practice, Research and Policy*. London: UKLA/PLC.

Hanley, R., Masterson, J., Spencer, L. and Evans, D. (2004) 'How long do the effects of learning to read a transparent orthography last? An investigation of the reading skills and reading impairment of Welsh children at 10 years of age', *Quarterly Journal of Experimental Psychology*, 57: 1393–1410.

Hannon, P. (1995) *Literacy, Home and School: Research and Practice in Teaching Literacy with Parents*. London: Falmer Press.

Hannon, P. and Nutbrown, C. (2003) 'REAL involvement for parents', *Literacy Today*, September, pp. 24–25.

Heath, S. B. (1983) *Ways with Words*. Cambridge: Cambridge University Press.

Holdaway, D. (1979) *The Foundations of Literacy*. Portsmouth, NH: Heinemann Educational.

Macrory, G. (2006) 'Bilingual language development: what do early years practitioners need to know?', *Early Years*, 26: 159–169.

Marsh, J., Brooks, G., Hughes, L., Roberts. S. and Wright, K., (2005) *Digital beginnings: Young children's use of popular culture, media and new technologies*, funded by BBC worldwide and the Esmee Fairbairn Foundation. Sheffield: Literacy Centre University of Sheffield.

Marsh, J. and Hallet, E. (eds) (2008) *Desirable Literacies: Approaches to Languages and Literacy in the Early Years* (2nd edn). London: Paul Chapman Publishing.

Meek, M. (1988) *How Texts Teach What Readers Learn*. Stroud: Thimble Press.

Morrow, L. M. (1992) *Family Literacy: Connections in Schools and Communities*. Newark, DE: International Reading Association.

National Literacy Trust (2015) 'Phonics – methods of teaching'. [Online] www.literacytrust.org.uk/resources/practical_resources_info/1035_phonics-methods_of_teaching (accessed 12 June 2015).

Neuman, S. B. (1992) 'Is learning from media distinctive? Examining children's inferencing strategies', *American Educational Research Journal*, 29 (1): 119–140.

Neuman, S. B. (1996) 'Children engaging in storybook reading: the influence of access to print resources: opportunities, and parental interaction', *Early Childhood Research Quarterly*, 11: 495–513.

Neuman, S. B. (1997) 'Guiding young children's participation in early literacy development: a family literacy programme for adolescent mothers', *Early Child Development and Care*, 32: 127–128.

Neuman, S. B. (1999) 'Books make a difference: a study of access to literacy', *Reading Research Quarterly*, 34 (3): 286–311.

Neuman, S. B. and Roskos, K. (1997) 'Literacy knowledge in practice: contexts of participation for young writers and readers', *Reading Research Quarterly*, 32 (1): 10–32.

Owocki, G. (1999) *Literacy Through Play*. Portsmouth, NH: Heinemann Educational.

PEAL (Parents, Early Years and Learning) (2011) 'Great first year for REAL'. [Online] www.peal.org.uk/latest_news/news_archive/success_for_real.aspx (accessed 9 May 2012).

Riley, J. and Reedy, D. (2000) *Developing Writing for Different Purposes*. London: Paul Chapman Publishing.

Rose, J. (2006) *Independent Review of the Teaching of Early Reading: Final Report*. Nottingham: DfES Publications. Available at: http://dera.ioe.ac.uk/5551/2/report.pdf(accessed 28 September 2015).

Searfoss, L. and Readence, J. (1994) *Helping Children to Read*. Boston, MA: Allyn and Bacon.

Snow, C., Burns, S. and Griffin, P. (1998) *Preventing Reading Difficulties in Young Children*. Washington, DC: National Academic Press.

Snow, C. E. (2006) 'What counts as literacy in early childhood?', in K. McCartney and D. Phillips(eds), *Blackwell Handbook of Early Childhood Development*. Oxford: Blackwell. pp.

274–294.

Sulzby, E. (1985) 'Kindergarteners as writers and readers', in M. Farr (ed.), *Children's Early Writing Development*. Norwood, NJ: Ablex. pp. 82–126.

Sulzby, E. (1989) 'Forms of writing and rereading example list', in J. Mason (ed.), *Reading and Writing Connections*. Boston, MA: Allyn and Bacon. pp. 51–63.

Sulzby, E. (1992) 'Research directions: transitions from emergent to conventional writing', *Language Arts*, 69: 290–297.

Sylva, K., Melhuish, E., Sammons, P., Siraj-Blatchford, I., Taggart, B. and Elliot, K. (2003) *The Effective Provision of Pre-school Education (EPPE) Project*. London: Institute of Education/Department for Education and Employment.

Teale, W. H. and Sulzby, E. (1989) 'Literacy acquisition in early childhood: the roles of access and accommodation in storybook reading', in D. A. Wagner (ed.), *The Future of Literacy in a Changing World*. Oxford: Pergamon. pp. 111–130.

Tickell, C. (2011) *The Early Years: Foundations for Life, Health and Learning*. An Independent Report on the Early Years Foundation Stage to Her Majesty's Government, Annex 9. London: Crown. Available at: www. education.gov.uk/tickellreview (accessed May 2012).

UKLA (United Kingdom Literacy Association) (2008) Submission to the Review of Best Practice in the Teaching of Early Reading. UKLA International Conference Report.

Whitehurst, G. (1998) 'Relative efficacy of parent and teacher involvement in a shared-reading intervention for pre-school children from low income backgrounds', *Early Childhood Research Quarterly*, 13 (2): 263–290.

Williams, M. and Rask, H. (2003) 'Literacy through play: how families with able children support their literacy development', *Early Child Development and Care*, 173 (5): 527–533.

第22章

数学

戴维·尼达姆　格雷厄姆·尼达姆

本章概览

儿童意识不到自己的数学知识与技能是在社会性活动中发展起来的。他们在这个过程中武装自己,以便应对日常生活的各种需求。可以说,数学知识与技能为儿童应对快速变化的世界发挥了关键作用(Tipps et al., 2011)。本章探究儿童从出生到5岁期间为什么发展数学能力,如何发展数学能力,以及为什么这一发展过程应当同时是发展适宜性的、对儿童有意义的(Seefeldt et al., 2012)。儿童在认识世界的时候,对数学有自然的需要。关于数字、形状、空间和测量的日常活动为儿童提供了丰富的和有意义的一手经验,并刺激着他们的好奇心。儿童在游戏时创造、建构和发展数学知识——这不过是他们体验和尝试新事物的方法之一。因此,数学与儿童的日常生活紧密相关,帮助他们不断理解经验的意义。本章还着重讨论了早期教育与保育工作者如何创设环境,提供简单、可操作的学习机会以提高儿童对数学的理解。

本章的目标是帮助你:

- 思考数学推理的关键作用;
- 反思如何发展一种适宜的教育方法,帮助早期奠基阶段的儿童实现数学领域的学习目标;
- 理解儿童如何建构和发展其数学技能;
- 重视在游戏和社会性互动中提升儿童发展数学知识的机会;

- 了解影响学习的因素（如室内和室外的学习环境）；
- 思考家园关系如何支持儿童数学技能与概念的发展。

情境中的数学推理

数学反映了人类大脑如何认识世界并与世界互动，进而定义和解释生活的规律。在这个意义上，数学是人类社会的一种文化特征，融合在日常生活中。数学，和我们凭直觉使用的其他技能一样，涉及逻辑、推理、计算、理论、分析和证据（Courant et al.，1996；Hersh，1997）。各式各样的数学技能帮助各年龄段的人们在不同背景下成功地处理生活事件——这些技能很容易被认为是理所当然的。告诉别人时间，付钱，安排下一周的生活与工作，测量，比较，解释图表，阅读进度表，进行简单的加减乘除运算，理解比较关系，进行逻辑推理等，都大量存在于人们的各种日常决策中。这些活动——其中大部分是社会性的（Munn，1996a）——几乎是儿童在好奇心的驱使下进行的本能的学习和发展。儿童是天生的问题解决者，总是想要理解自己看到的和做的事情。儿童不仅在发展阅读技能，同时也在发展数学技能。他们对看到的事物尤其是符号进行试验——这是他们发展的核心（Worthington and Carruthers，2003）。研究者进一步明确："我们的核心观点是，儿童通过使用自己的记号和自我建构来帮助自己理解抽象符号。"（Worthington and Carruthers，2003：70）芒恩（Munn）进一步强调了有关符号的活动中读写和数学之间的联系（1996b）。她认为"他们（儿童）有关符号的活动与他们对阅读活动及自身作为读者的身份的理解有关"（1996b：31）。在这个意义上，数学只是儿童在发展过程中发现自己是谁并应对生活世界的诸多方法之一（Devlin，2000）。

儿童有关符号的活动与意识的发展通常是由于某个问题或决策情境需要使用复杂的运算、推理和数字技能。戴维斯（Davis）认为问题解决在工作、社会和私人生活中发挥着基础性作用，并进一步强调数学学习会"通过对数学问题的分析"来影响"思维方式"（1984：1）。

儿童的数学经验会在与他人互动，包括与朋友、教师和其他成人的互动的过程中得到提升，并且这些互动可以是成人发起的，也可以是儿童在寻找日常问题的解决方法时发起的（Miller et al.，2010）。例如，家长可以谈论问题，询问儿童对解决方式的意见，鼓励儿童思考他们是如何提出解决方法的。这都能帮助儿童推理。问题通常可以用不同的方法——并不局限于通过讨论解决；儿童也可以借用图表等表示数字和符号，从而解释自己的想法。通过这种方式，数学成为儿童用来理解周围世界的直接经验。正如皮亚杰所阐明的那样，这引导儿童建构并使用自己的数学知识（Piaget and Inhelder，1969）。

虽然对很多人而言，使用运算和数字技能来推理和解决问题是一个下意识的过程，但它确实在日常生活中发挥着关键作用。良好的决策通常能让人们正确做事，带来的结果也能让人更高兴或满意。正因如此，人们从很小的年纪就开始需要理解运算和数字，这是一项逐步获得的生活技能，就像语言一样，能帮助儿童在面临确定或不确定的情境时更加自信。根据纽恩和布莱特（Nunes and Bryant）的理论，"儿童需要学习数学才能理解周围的世界"（1996：1）。数学学习帮助儿童探索世界，成为理性的人，利用身边的机会提高抽象思维能力。

数学能力是终身技能

也许谈论这个话题的最佳起点是思考其涉及什么样的数字和推理能力，进而理解这些能力分别对日常生活中的问题解决发挥了多大作用。我们经常感到，作为一种思考方式或者语言形式，"数学涵盖了大量的认识与活动"（Cooke，2007：2）。在你想到数学或运算能力时，你可能会发现许多不同的想法涌现：你可能会思考更抽象的数学概念，比如方程式、分数、代数、几何、数据处理；或者非常基础的层面，比如点数、测量、尺寸、模式、关系、形状或简单运算。《指南》强调，儿童应当认识并使用数字与数量，从而正确地计数并解决实际问题，如分享、等分或翻倍（DfE，2014）。这就将数学与语言联系起来，让儿童理解诸如"更多""更少"或者"更大""更小"等。这意味着数学有助于儿童更广泛地学习与发展。

对一些儿童来说，数学似乎很难，这可能有诸多不同的原因。数学在很多方面与其他学科不同，它有独特的符号与标志，涉及对概念的逐步理解并在此基础上理解其他概念。甚至单是"数学"这个词本身就被视为一个障碍，因为它可能向学习者传递消极的观念（Skemp，1989）。如果儿童不自信的话，数学活动会让他们感到备受挑战。他们可能停滞不前，不知道如何进步。这会带来焦虑，让学习者更难脱离困境。类似地，相对来说，家长可以自信地为儿童阅读，却可能对支持儿童的数学发展感到力不从心。

这时教师的角色便显得非常重要。他们要能够意识到困难的存在并进一步支持儿童，可以通过提供更多信息或将问题简化或结构化，使之成为积极的学习经验。讽刺的是，根据斯肯普（Skemp）的观点，"数学思维和我们在生活中使用的其他思维方式没有本质区别"（1989：49）。

一个人对数学的认识与可能为其奠定了基础的教学法有紧密的联系。例如，学习可能是机械的，包括机械背诵数字 1 到 10，或进行反复练习。当然，儿童也许可以通过机械的学习学会一些东西，但真正的问题是这种学习只是在组合信息，儿童也许并没有真正地学习或理解他们所做的事情（Downs，1998）。学习可能只是简单地记忆而不是真正理解。反之，还可以通过问题解决的方式来发展运算和数字技能，让儿童清楚地理解所学习的知识可以如何用于日常生活中的推理、决策或问题解决（Cooke，2007）。《发展很重要》就成人如何建立积极关系提出了若干建议，例如鼓励家长：

- 唱数数歌；
- 玩与顺序有关的游戏；
- 用数学语言提问，例如"多少"；
- 与儿童谈论如何通过手指或大声数数来找到简单问题的解决办法；
- 与儿童讨论他们可以用于解决问题的方法。（Early Education/DfE，2012）

大量教育研究指出要将问题解决技术作为数学教学的基础。希伯特等人（Hiebert et al.）指出：

> 允许数学充满疑问意味着允许学习者去探究事物的本质，去询问，去寻找解决办法，去纠正不协调。它意味着课程和教学应当始于给学习者提出问题、困境。（1996：12）

他们认为，课程设计应当让学科"问题化"。这意味着儿童在其中解决问题，而不是简单地获得技能、回答提问，这是基于杜威反思性探究的概念（Dewey，1938）。

案例分析

园 艺

埃利奥特（Elliot）（2 岁 7 个月）参加了园艺小组活动。他负责种豆子。这个园艺小组需要每天在笔记本上画当天豆子的变化，记录豆子的成长。

埃利奥特和其他小组成员一起开始种豆子，随后教师向他们介绍了笔记本的使用方法。他们小组需要用记号来表示谁在什么时候给豆子浇了水，并画下来豆子长成什么样。埃利奥特负责每天数有多少豆子发芽。在教师的帮助下，他们进行观察并在笔记本上记录。每一天，埃利奥特的小组都被要求花大约 5 分钟的时间观察豆子，并在笔记本上记录。

埃利奥特在给豆子浇水的过程中学会了如何从 1 数到 4，说明有多少豆子发芽，学会了区别大和小、多和少。

反思性任务

- 数学学习是一个持续一生的过程。回顾你所掌握的数学技能，试着辨别最重要的技能有哪些。

学习数学知识

随着儿童的发展和成长，他们需要发展一些策略来理解周围的环境并与之互动。从出生到 5 岁，不论儿童上什么样的幼儿园，他们的学习始终是连续的。在儿童开始正式上学之前，通过与环境的互动，学习得以发生。例如，即使是 6 个月的宝宝也能够在视觉上区别小和大。他们还能发现重复的东西。这意味着他们拥有做出数量判断的某种基础。

另外一个问题是儿童应该学习什么数学知识与技能。克莱门茨等人（Clements et al.）指出："学前儿童的数学基本可以被分为两个领域：几何与相关技能；数字和数量的理解与技能。"（2004：366）谢弗等人认为儿童应当首先理解 3 个数字技能，分别是：更多，对数的相对判断（判断一组事物比另一组多），识别数量较少的模式（Schaeffer，et al.，1974）。儿童在家庭环境中的多种学习方式都对其数学能力的发展有益处。例如，家长可以：

- 使用歌曲中的数字，如"一，二，扣好鞋"；在日常生活中的情境里使用相应的数字，例如当儿童在解扣子时。
- 当儿童玩水和玩沙时使用形状、空间和测量概念，让儿童思考"满""一半"和"空"，或引导他们注意日常物品，如餐具垫、餐巾纸等的形状。

显然，所有这些家庭环境中的早期学习都对儿童入园或入学以后的课程学习有着重要的启示。正如雷斯尼克（Resnick）强调的：

> 关于如何学习数学，建构主义理论认为，数学知识——和其他所有知识一样——不是被直接吸收的，而是由每个个体建构的。这种建构主义的观点在皮亚杰的理论中很常见。（1989：162）

因此，儿童借助从日常生活中发展的策略而获得了非正式数学知识。奥伯里（Aubrey）指出：

> 儿童在日常情境中通过与环境的互动建构自己的知识，发明自己的策略。然而，为了将这种知识和学校中正式的数学知识联系起来，必须分析儿童的策略，包括他们的错误，还需要详细地分析完成这些任务所需要的数学知识。（1993：29）

这与支持儿童学习的成人的角色定位明显有关。此外，正如奥伯里强调的那样，儿童自身带来的能力"可能会挑战传统的课程"。她强调教师需要了解学习者已有的数学知识和能力，也需要能够评价已经发生的学习。在此基础上，教师可以基于数学概念发展规律进行进一步教学。家长支持儿童发展数学知识的机会是无穷的，如帮助儿童进行真实的计数任务，用手指点数，按相似性分类，认识模式、形状、颜色和尺寸，找不同，玩游戏并在游戏中计分，认识角度与图示，使用形状分类器，玩拼图，设闹钟，都是帮助儿童学习几何、空间知觉、数字、时间与分数概念的活动。

好奇心

儿童具有天然的好奇心，教师支持儿童时的任务之一就是以一种让学习可见的方式促进其好奇心。这是因为数学的推理和逻辑使得儿童想要回答他们自己的问题，以便理解他们每天看到或经历的事情（Higgins，1998）。从这个意义上来说，20 世纪的美国作家多萝西·帕克（Dorothy Parker）所说的"无聊的解药是好奇心，而好奇心没有解药"也许是恰当的，因为它意味着，当儿童主导自己感兴趣的活动时——这里是数学活动——活动便成为儿童自发的探索之旅。因此，好奇心就是儿童对于理解事物的渴求，这种渴求促使他们探索新事物。教师可以在日常活动中引入数学要素，让数学活动与真实生活联系，从而激发儿童好奇。例如，在一日生活中对日历、日期等进行讨论，可以发展儿童的好奇心。这个意义上的好奇心是学习的功能之一，因为它鼓励学习者提问、获取信息、推理、探索、解释、概括和证明等（McInerney and Darmanegara，2008）。

数学不是让儿童做的练习，而应当是他们谈论的事情，是与他人互动的媒介，因为数学帮助他们提问，满足他们的好奇心。数学思维的发展是儿童提出支持其思考的问题的结果。多年来，由利物浦大学的伊恩·波蒂厄斯（Ian Porteous）发起的"趣味数学巡回展"（FunMaths Roadshow）提供了许多帮助儿童通过讨论、问题解决和解释想法来探索数学的活动。让数学同时具有挑战性和趣味性，对鼓励和满足儿童的好奇心都十分重要。

数学是一种社会活动

正如我们所见到的那样，数学是一门有生命的学科，因为我们需要数学来解决周围的许多问题。当儿童认识世界的时候，他们便开始认识模式，寻找帮助他们探索和解决日常问题的方案。例如雷斯尼克（Resnick）表示："大概 6 个月大时，婴儿便可以通过视觉辨别一小堆物体的数量。而且，他们还可以'跨感官'匹配，能通过视觉和听觉辨认出相同数量的东西。"（1989：162）

舍恩菲尔德（Schoenfeld）指出，"数学是一种内在的社会活动"（1992：3）。他还强调学习数学的过程让学习者获益良多。事实上，维果茨基提到了要重视学习的社会情境（Vygotsky，1978）。没有什么比儿童通过游戏学习更能解释数学学习的社会性了。根据伍德和阿特菲尔德（Wood and Attfield）的观点，"早期教育的基础，是将游戏视为学习与发展之核心的强大传统"（2005：1）。虽然并非所有的游戏都有目的，但游戏可以为儿童的学习与发展做出贡献。它为儿童提供了创造和实验的机会，对儿童的发展有着广泛的影响。儿童在游戏中参与的许多活动都可以被用来发展和支持学习。正如伍德和阿特菲尔德所强调的，"如果游戏和成长就是生命本身的话，那么终身游戏便可以被视作终身学习的重要方面"（Wood and Attfield，2005：13）。

下面我们将会证明，在数学领域，游戏通过为学习提供背景而成为与儿童进行有目的的社会互动的大好机会。结构良好、有计划的游戏可以提供一种情境，比如教师为儿童设立有挑战性的学习环境，拓展儿童的语言，并提高他们对于关键领域如运算与数学的理解。在这样做的时候，游戏也提供了充满创造性和想象力的学习经验。虽然这些经验可能会是一种挑战，但它们同时也会满足儿童的好奇心，鼓励他们提问或想要学习更多。游戏还是一种创造性的教学方式，问题解决可以成为学习的基础。

情境化的学习机会

儿童与成人互动并发展数学技能的活动和机会非常多，本章不可能逐一进行介绍，这里只是强调一系列情境化的学习机会，举例说明儿童与成人可以参与的活动类型。

> 家庭和学校都可以提供数学学习的情境。研究表明，家庭和学校都有能力为 5 岁儿童的学业技能发展做出关键贡献（Dickinson and Tabors，1991）。温特等人（Winter et al.）强调，儿童生活在两个不同的世界（2009）。他们解释说，儿童在日常活动中与家庭成员游戏也是一种学习。虽然这种学习很细微，而且通常没有被认识到，但却是数学学习的关键要素。由于儿童在两个非常不同的环境中学习，为了形成协同效应并更好地理解儿童如何在不同的环境中学习，学校应与家庭紧密合作，以便恰当利用儿童从家里带来的学习经验。（Jones，1998）

因为数学涉及标记、符号等从一个层次向另一个层次的递进，通常会给学习者和教师制造障碍，引发焦虑。绝大多数情况下，克服这种焦虑只需要建立数学自信。家长如果能支持儿童并表现出兴趣，便可以促进儿童的学习。强调推理和支持儿童，比答案的对错更重要，因为重要的是让儿童用数学的方式进行思考，而不是最后提出什么样的解决方案。在这个过程中，家长帮助儿童建立自信，进行推理，从而理解和应用概念。询问儿童为什么用这种方式而不是另一种方式，可以帮助儿童加深理解，做出解释。随后的活动可以鼓励家长与儿童合作。

儿童在活动中直觉地学习大小与形状（Price et al.，2003），如用积木搭建塔或房子，玩玩具或者是给糖果分类，都帮助儿童学习基本的数学技能。积木对于让儿童理解形状、大小和颜色尤为有效。到了学步儿阶段，互动的机会就更多了。例如，交接物品时进行点数，背诵包含数字的歌曲，玩手指游戏，可以帮助他们理解"更多"或"更少"的概念，比较数字。它还可能帮助儿童在恰当的情境中说数字并鼓励他们开始独立点数。阅读与数学有关的图书有助于儿童在感兴趣的情境中学习读写技能、数学词汇与概念。

儿童天然有很强的好奇心，他们会提出许多问题，如他们可能想知道街上有多少辆汽车，或公交车里有多少个人。回答问题时，也许可以和他们一起数数，或为他们提供理解大小、轻重的方法。好奇心还可能激发儿童理解形状，如圆、长方形，或用他们自己的语言来描述某物品的形状。比如，在切蛋糕的时候，完全可以当着儿童面把每一块蛋糕数出来。同样，把物品放到儿童面前，通过添加或拿走的行为，可以发展他或她对加和减的理解。测量活动也可以满足儿童的好奇心。如果儿童玩沙或玩水，杯子或勺子可以帮助他或她理解哪个容器装得更多。

内尔·格里菲思（Neil Griffiths）发明了"故事袋"（Story Sacks）（1998）。这种方式很有创意，让材料激发儿童的兴趣，让他们的故事更"真实"。故事袋是一个大布袋，里面放有童书以及其他与故事有关联的材料。这些材料可以被一个个地数出来，或者可能有不同的形状和大小，可以用于讲故事，以便让故事更真实。故事袋提供了一种全新的阅读形式，也为成人和儿童提供了互动与学习的机会，有助于维持儿童对阅读的兴趣。材料激发儿童好奇心，同时让学习变成儿童的主动行为。通过提供聚焦算术的材料，如卡片、游戏、活动或知识背景，故事袋成了帮助儿童学习关键数学技能如计数的"数学袋"。

对儿童来说，角色游戏是一种充满想象的学习方式。斯托布（Staub）曾指出：

　　儿童在与其他儿童互动时大量进行角色游戏。通过在互动情境中扮演角色、变换角色，儿童学习从不同的视角来看问题。（1971：806）

　　在角色游戏中，儿童可以模仿不同行为并表演不同的情境。娃娃家是儿童参与角色游戏的完美地点。教师只需创设一个角色游戏区域。比如，儿童可以帮忙做饭，参与材料分类，从而学习比较材料的多少、大小和数量。他们可以把炊具作为玩具或其他促进角色游戏的材料。角色游戏可以包括种植芹菜或太阳花，数花盆，在"商店"中购物，给糖果或贝壳分类，给材料称重，或发展时间概念。

案例分析

角色游戏

　　一组两三岁的儿童在听了《小红帽》后，决定给其他小组表演这个故事。他们列出了一个物品清单：一个蛋糕，一只装着食物的篮子。最后，他们决定选择角色。

　　他们首先决定准备食物。他们决定做一个蛋糕。他们查了食谱，并把食谱写在一张大海报上，让每个人都可以看。他们在过程中探索多少、大小和增减等概念。

　　为制作蛋糕，他们需要进行测量，增加或减少一些原材料，如加两杯糖、一杯水、一些面粉等。教师决定在做蛋糕和随后的活动中只聚焦于这些概念。

　　接着，他们决定用不同的事物来"包装"篮子。他们又有机会探索大小、多少等概念，并统计在篮子里放了几样东西。

　　最后，角色表演开始了。他们准备好篮子，选择自己的角色（小红帽、狼、树、奶奶、猎人或母亲）。在这个活动（由一个童话故事衍生出来）中，儿童有机会商量角色及各自的责任，制订计划，"创作"角色和经验。整个活动以儿童的问题解决和计算能力为目标，同时，儿童的语言和交流、社会性和创造力也得到了提升。

　　教师创造机会，鼓励儿童使用多少、大小的概念，数 5 以内的数。教师利用一系列不同的材料渗透概念，帮助儿童操作不同的材料，以便他们在不同情境中理解概念。教师还为儿童提供时间来讨论。

> ☁ **反思性任务**
>
> - 反思你自己的实践或工作安排，讨论你作为一名教师，可以如何在游戏情境中与儿童互动，为儿童数学领域的学习提供条件。

拼图是一种很好的材料，它可以帮助儿童在不同环境中发展空间技能（Siraj-Blatchford et al.，2002）。儿童在拼拼图的时候，实际上是把不同部件放到一起，亲自解决问题。儿童开始认识到各部分可以形成一个整体；通过旋转，各个部件都能拼接起来。然后，拼图就完成了。如今已经可以买到许多为不同年龄儿童设计的拼图，以及有不同声音、用不同材料制作的拼图。事实上，设计一个拼图或数学游戏并不难，但其中蕴含丰富教育内容，比如：

- 数量；
- 比较；
- 策略；
- 歌曲；
- 排列。（Clemson and Clemson，1994）

室内与室外环境

儿童需要一个能够刺激他们学习与发展的有趣的环境。这种环境的关键在于空间布置、可使用的材料以及其他所需设备。这样的环境应当激起儿童进行富有挑战的探索的欲望，同样也应该是安全和有序的。施罗德（Schroeder）指出："与成人相比，儿童的身心健康受物质环境质量的影响更大。"（1991：129）一个适宜的环境能为儿童提供在室内外探索的机会。儿童还需要成人的支持与监护。

室内环境应当是一个可动可静的地方，应当能支持儿童学习与发展，应当为儿童提供资源和材料，让儿童游戏并按自己的步伐进一步学习。这些材料和玩具应当基于每一名儿童的年龄和发展阶段。所有的东西都应有想象的空间，诸如贝壳和松果等自然材料，木头勺子、瓶瓶罐罐等简单生活用品有趣又有教育意义。只需要简单浏览各购物网站就可以发现许多玩具，如教学用钟表、玩具收银机、七巧板，以及购物游戏、智力游戏、数字游戏、拼图、思维游戏套装。玩具几乎是无穷无尽的。泰勒等人说，"玩具可以用来促进儿童认知、大肌肉、小肌肉、语言、社会性与情绪情感的发展"（Taylor et al.，1997：235）。

任何户外环境都应有挡风、遮雨、防晒的地方，应当有自然材料和人工材料供儿童游戏（如挖掘、打滚、移动）（见第 12 章）。儿童还可以在玩水区探索干湿、沉浮、相似和不同等概念。教师可以和儿童一起建一个鱼市，让儿童有机会扮演顾客和商贩的角色进行买卖，思考鱼应该如何存储，清点待出售的鱼的数目等。

在这种环境中，儿童遵循自己的节奏做出如何探索和学习的选择。沙、蜗牛壳、枝条等自然材料有助于儿童参与有意义的活动，如分类、分组、排序游戏等。为发展数学能力而设计的材料也许可以帮助儿童在游戏中进行收集、测量或建构。秋千、跷跷板、滑梯、帐篷或攀登架会很有用。户外环境是让儿童在收获具体经验的同时保持活力和进行体育锻炼的地方。许多户外玩具都是专门用来发展儿童数学技能的，如豆袋、巨型充气数字、数字章鱼、图形魔杖、神秘盒和大型拼图等。

制订计划

《发展很重要》指出，材料的目的是帮助教师支持儿童的学习、发展与当前需要（Early Education/DfE，2012）。为此，该文件明确了可以支持儿童数学能力发展的 3 个方式。其中，方式一"积极的关系"强调应当鼓励儿童在游戏情境中发展数学概念，尤其是以儿童为中心的和儿童发起的活动。数学协会指出："儿童以自己的速度发展，借助成人的积极回应，从游戏、实验和讨论中学习，在这个过程中，儿童还会理解关系，发展心理结构——数学形式的心理结构。"（Mathematical Association，1955：v，vi）

方式二是为儿童创造一个支持性环境，包括户外环境，以便儿童开展身体活动，探索距离、形状和测量；也包括室内环境，让儿童有机会进行点数和计算。资源是这两种环境的关键特征。

方式三是"独特的儿童"，强调促进数学发展的创造性元素，如歌曲、游戏、想象性游戏，与引发数学学习和问题解决的活动，都应当整合到日常活动中，从而提供发展的路径。《发展很重要》将"积极的关系""支持性环境""独特的儿童"与儿童回应社区和文化的独特方式联系了起来。

家园关系在计划过程中的重要性

儿童的学习与发展应当是家长和教师乃至整个早期服务机构的关注点。家长可能会关心儿童在早期服务机构里怎么样，同时教师也想与家长讨论影响儿童学习的问题。这并不一定很容易，尤其是对于不确定自己该如何帮助儿童发展的家长来说。布思和邓恩（Booth and Dunn）说："家长对儿童学业成就和社会情绪的发展都发挥着关键作用。"（1996：3）他们撰文例证了亲子关系如何促进儿童在早期服务机构里取得成就。

家长可能会需要一定信息，以对儿童在早期服务机构里进行的活动在性质和种类上进行补充。对一些（尤其是教育背景较好的）家长而言，这可能较为容易。家长参与的程度可能取决于家长可以获得的资源、对于家园共育的信念以及对于教育的一般性态度。

☁ 反思性任务

- 在学习了第 11 章和 13 章后，思考你作为教师，可以采取什么策略让家长参与儿童的数学活动。正如第 18 章所说的那样，儿童有在家里使用电子设备的经验。你可以如何利用这些经验来促进儿童的数学经验并与家长交流？

本章小结

《发展很重要》明确了促进儿童学习问题解决、推理与运算的 3 种方式：

- 积极关系，涉及提供资源、空间和探索机会；
- 支持性环境，包括室内和室外环境，蕴含丰富资源，以便促进和发展儿童的学习；
- 把每一名儿童视为独特的个体，一日常规活动根据其所在文化和社区量身定制，并在游戏和活动中促进儿童学习与发展。

数学能帮助儿童更好地感受和理解周围的世界。它让儿童同时发展相关概念和问题解决能力。在发展的最初阶段（婴儿阶段），儿童就能发现模式和建立联系。数学有特殊性，因此对一些儿童而言，它比较难。研发能帮助儿童发展其数学知识和问题解决能力的策略很重要。在这个过程中必须记住，数学学习是一种社会性活动。发展数学知识的方式多种多样，数学学习可能发生在室内或室外的游戏情境中。

　　虽然本章单独对数学进行了探讨，但有必要强调的是，交流、语言和读写技能非常重要，它们与儿童数学技能与知识有着内在的联系。

识记要点

- 数学的学习从儿童很小时就开始了，儿童在日常活动情境里探索数学，成人要认识到发展儿童终身学习技能的意义。
- 游戏让儿童有机会以一种创造性的方式学习诸多数学技能。让儿童获得有创造性、充满想象力的学习机会是关键。
- 有效的家园合作关系对儿童数学学习非常关键。

讨论话题

- 教师的个人背景对教师采用的支持策略有何影响？
- 根据你的工作经验，找出婴儿 / 儿童建构数学知识的具体场景或真实情境。
- 举出儿童的数学学习被设计为社会活动的真实例子。学习的社会性如何影响学习活动的丰富性？在社会互动中可能会产生什么问题或难题？

拓展阅读

书

Cooke, H. (2007) *Mathematics for Primary and Early Years: Developing Subject Knowledge*, 2nd edn. London: Sage.

Carruthers, E. and Worthington, M. (2006) *Children's Mathematics: Making Marks, Making Meanings*, 2nd edn. London: Sage.

Pound, L. (2006) *Supporting Mathematical Development in the Early Years*. Maidenhead: Open

University Press.

Tucker, K. (2014) *Mathematics Through Play in the Early Years*, 3rd edn. London: Sage.

文章

Aubrey, C. (1993) 'An investigation of the mathematical knowledge and competencies which young children bring into school', *British Educational Research Journal*, 19 (1): 27–41.

Carruthers, E. and Worthington, M. (2009) 'Children's mathematical graphics: understanding the key concept', *Primary Mathematics*, 13 (3): (Autumn).

Geary, D. C. (1994) *Children's Mathematical Development: Research and Practical Applications*. Washington, DC: American Psychological Association.

参考文献

Aubrey, C. (1993) 'An investigation of the mathematical knowledge and competencies which young children bring into school', *British Educational Research Journal*, 19 (1): 27–41.

Booth, A. and Dunn, J. (1996) *Family–School Links: How Do They Affect Educational Outcomes*? Philadelphia: Lawrence Erlbaum Associates.

Clements, D. H., Sarama, J. and DiBiase, A. (2004) *Engaging Young Children in Mathematics*. Philadelphia: Lawrence Erlbaum Associates.

Clemson, D. and Clemson, W. (1994) *Mathematics in the Early Years*. London: Routledge.

Cooke, H. (2007) *Mathematics for Primary and Early Years: Developing Subject Knowledge*, 2nd edn. London: Sage.

Courant, R., Robbins, H. and Stewart, I. (1996) *What Is Mathematics: An Elementary Approach to Ideas and Methods*. New York: Oxford University Press.

Davis, R. B. (1984) *Learning Mathematics: The Cognitive Science Approach to Mathematical Education*. Norwood, NJ: Greenwood.

Devlin, K. J. (2000) *The Language of Mathematics*. New York: Henry Holt.

Dewey, J. (1938) *Logic: The Theory of Enquiry*. New York: Henry Holt.

DfE (Department for Education) (2014) *Statutory Framework for the Early Years Foundation Stage: Setting the Standards for Learning, Development and Care for Children from Birth to Five*. London: DfE. Available at: www.foundationyears.org.uk/files/2014/07/EYFS_framework_from_1_September_2014__with_clarification_note.pdf (accessed 28 September 2015).

Dickinson, D. K. and Tabors, P. O. (1991) 'Early literacy: linkages between home, school and literacy achievement at age five', *Journal of Research in Childhood Education*, 6 (1): 30–46.

Downs, S. (1998) 'Technological change and education and training', *Education and Training*, 40 (1): 18–19.

Early Education/DfE (2012) *Development Matters in the Early Years Foundation Stage (EYFS)*. London: Early Education. Available at www.early-education.org.uk (accessed 14 July, 2015).

Griffiths, N. (1998) *Story Sacks*. Video. Bury: Story Sacks Ltd.

Hersh, R. (1997) *What Is Mathematics Really?* New York: Oxford University Press.

Hiebert, H., Carpenter, T. P., Fennema, E., Fuson, K., Human, P., Murray, H., Olivier, A. and Wearne, D. (1996) 'Problem solving as a basis for reform in curriculum and instruction: the case of mathematics', *Educational Researcher*, 25 (4): 12–21.

Higgins, P. M. (1998) *Mathematics for the Curious*, New York: Oxford University Press.

Jones, L. (1998) 'Home and school numeracy experiences for young Somali pupils in Britain', *European Early Childhood Education Research Journal*, 6 (1): 63–72.

Mathematical Association (1955) *The Teaching of Mathematics in Primary Schools*. London: Mathematical Association.

McInerney, D. and Darmanegara, A. (2008) *Teaching and Learning: International Best Practice*. New York: Information Age Publishing.

Miller, L., Cable, C. and Goodliff, G. (2010) *Supporting Children's Learning in the Early Years*, 2nd edn. Abingdon: Routledge.

Munn, P. (1996a) 'Progression in literacy and numeracy in preschool', in M. Hughes (ed.), *Progression in Learning*. Clevedon: Multilingual Matters.

Munn, P. (1996b) 'Assessment of literacy and numeracy acquired before school', in R. Duggan and C. J. Pole (eds), *Reshaping Education in the 1990s: Perspectives on Primary Schooling*. London: Routledge.

Nunes, T. and Bryant, P. (1996) *Children Doing Mathematics*. London: Blackwell.

Piaget, J. and Inhelder, B. (1969) *The Psychology of the Child*. New York: Basic Books.

Price, S., Rogers, Y., Scaife, M., Stanton, D. and Neale, H. (2003) 'Using tangibles to promote novel forms of playful learning', *Interacting with Computers*, 15: 169–185.

Resnick, L. B. (1989) 'Developing mathematical knowledge', *American Psychologist*, 44 (2): 162–169.

Schaeffer, B., Eggleston V. H. and Scott, J. L. (1974) 'Number development in young children', *Cognitive Development*, 5: 357–359.

Schoenfeld, A. H. (1992) 'Learning to think mathematically: problem solving, metacognition, and sense-making in mathematics', in *Handbook for Research on Mathematics Teaching and*

Learning. New York: Macmillan.

Schroeder, H. E. (1991) *New Directions in Health Psychology*. Oxford: Taylor & Francis.

Seefeldt, C., Galper, A. and Stevenson-Garcia, J. (2012) *Active Experiences for Active Children: Mathematics*, 3rd edn. London: Pearson.

Siraj-Blatchford, I., Sylva, K., Muttock, S., Gilden, R. and Bell, D. (2002) *Researching Effective Pedagogy in Early Years*. London: HMSO.

Skemp, R. R. (1989) *Mathematics in the Primary School*. London: Routledge.

Staub, E. (1971) 'The use of role playing and induction in children's learning of helping and sharing behaviour', *Child Development*, 42 (3): 805–816.

Taylor, S. I., Morris, V. G. and Rogers, C. S. (1997) 'Toy safety and selection', *Early Childhood Education Journal*, 24 (4): 235–238.

Tipps, S., Johnson, A. and Kennedy, L. M. (2011) *Guiding Children's Learning of Mathematics*, Belmont: Wadsworth.

Vygotsky, I. (1978) *Mind in Society: The Development of Higher Psychological Processes*. Cambridge, MA: Harvard University Press.

Winter, J., Andrews, J., Greenhough, P., Hughes, M., Salway, L. and Yee, W. (2009) *Improving Primary Mathematics: Linking Home and School*. Abingdon: Routledge.

Wood, E. and Attfield, J. (2005) *Play, Learning and the Early Childhood Curriculum*. London: Sage.

Worthington, M. and Carruthers, E. (2003) *Children's Mathematics: Making Marks, Making Meaning*. London: Sage.

第23章

认识世界

加里·博尚

本章概述

　　《指南》第四个重要原则是儿童发展与学习的方式不同，速度也不同。此原则适用于所有的学习与发展领域。所有的领域都同等重要并且互相联系。因此，我们在做整体规划时，不能将认识世界与其他学习与发展领域隔绝开来。研究已表明："大脑会从每件经历过的事情里学到东西，但因为（认知）表征是分散的，所以累积学习很重要。在所有经历中，类似事物出现的次数越多，表征会越强；出现的次数越少，表征会越弱。"（Goswami and Bryant, 2007：4）在这种情况下，教师有计划地巩固各个学习领域的关键概念非常重要。同时，关键点与概念需要在多种情境中以多种可辨识的形式呈现，以便儿童发现在不同地点以不同材质（甚至是不同生命形式）呈现的事物的共同特征（如关于形状的概念）。就像戈斯瓦米和布赖恩特（Goswami and Bryant）总结的那样："经验会有很多种呈现方式（如在运动皮质区和感觉皮层），这给多感官教育提供了理论基础。"（2007：4）认识世界能提供与众不同的机会，可以用来引入新观点（这些新观点可以在其他领域强化），巩固新观点。关键是要意识到认识世界领域提供的独特机会，包括在儿童与教师之间、儿童之间以及儿童与周围环境之间的互动中提供的机会。

　　本章旨在帮助你：

- 在《指南》的框架下厘清"认识世界"领域的特征；

- 了解这些特征怎样与其他学习领域整合，并提升其他领域的学习；
- 提高你通过不同学科视角理解学习的能力；
- 思考信息与交互技术（information and communication technology，ICT）在学习中的作用及其有效使用。

儿童：个人社交世界中的一个特别的演员？

《指南》承认每一名儿童都是特别的，独一无二的，但是，尽管儿童用不同的方式学习，学习的速度也不一样，但他们都需要在"有利的环境"中发展与他人的"积极关系"。因此，"社交在儿童的学习中起到一种中介作用。家庭、同伴和教师对儿童来说都非常重要"（Goswami and Bryant，2007：20）。这一点在 2011 年《指南》被评估时被提及，有人呼吁对父母或其他照看者在儿童学习中扮演的角色予以更多的重视（Tickell，2011：5）。所以当前版本《指南》规定教师与父母以及 / 或其他照看者建立更紧密的联系。

在这种情况下，尽管儿童经常沉浸于他 / 她自己的小世界，但教师可以拓展他们的小世界，帮他们在早期服务机构内外建立多种联系，认识伙伴，与此同时提供可以发展社会性的机会。伙伴关系也应该算作认知发展中的关键部分，因为"当把认知发展与社会性发展看作互相补充的内容时，可以得到最为理想的儿童发展结果"（Siraj-Blatchford et al.，2002：10）。确实，有证据表明，提升儿童认知水平可以快速提高家长的参与度。有研究得出这样的结论："父母的参与度受到儿童成就水平的极大影响。儿童成就水平越高，父母的参与度就越强。"（Desforges and Abouchaar，2003：4）本书其他章节对家园合作关系的重要性做了更为深入的探讨，在此要指出的是，认识世界可以做出特殊贡献，因为它需要通过"对人、场所、科技和环境的探索与观察来引导儿童认识物质世界和社区"（DfE，2014：8）。

在早期服务机构，教师能直接与其他专业人员和儿童建立关系，职业的和个人的关系就更容易建立。而其他人，尤其在实习教师岗或其他岗位（如观察研究）的学生们，与儿童的父母 / 照看者建立联系就较为困难，对他们来说，与儿童建立关系更为紧迫与重要。然而，教师尤其是实习教师，不应忽略能与家庭（见第 13 章）以及社区（见第 12 章）发展关系的机会。你们应该利用机会来了解儿童的家庭背景和社区的需求。即使是一小步，例如让别人能看到你，并且知道随时都能找你，也是一个良好的开端。你可以在每天入园和离园环节让家长知道这些。下一步可包括参加当地社区的活动，尤其是那些与学校无关的活动——像当地的狂欢节或村庄里的庆祝活动——以此来展示你对社区的兴趣。

如果想了解家长与社区需要些什么，应该与父母或其他照看者建立定期、双向信息沟通机制（DfE，2014：29）。第一步是要看到父母（以及其他家庭成员）拥有的知识及技能。教师可以利用当地社区有价值的资源来充实儿童的经验。珀金斯（Perkins）提出这需要一个大环境（1997：89）。他还对"个人"（不包括他 / 她身边的资源）以及"个人＋"（个人以及他 / 她的周遭环境）进行了区分。尽管需要考虑正常的关于审查、健康以及安全有关的要求，但对所有的教师来说，父母 / 照看者以及当地可以提供特殊知识或技能（像宗族史或当地历史）的人是环境（亦是可利用资源）的一部分。总体来说，我们也许可以得到这个结论：在"认识世界"这个领域，让家长参与是机会，而不是挑战。

用一种学科的视角来发展多种学习视角

认识世界领域包括多个内容，下面将分别阐述，但教师有必要意识到这一领域作为一个整体怎样有机融入早期教育与保育中。人们在讨论认识世界以及其他学习领域时，要平衡学科的严谨性（如学科知识）与一个更广泛话题或主题的课程之间的矛盾。巴恩斯（Barnes）指出："我们对世界的感知是跨学科的。在实体世界里，我们周遭的一切都能从多种角度去看，去理解。"（2007：1）这多种角度也许包括科学家、地理学家或历史学家的角度。挑战在于如何为儿童建构学习经验。这不是要采用学科教学法，而是指采用学科的方法论或视角。如历史（作为一种知识体系）不应该作为一种科目来教，历史学家的探索方法才应该是学习重点（详细内容见下）。这说明每个科目提供了一种认识世界的特殊方式。从学科的视角，如科学的视角看教学，可以提供新的洞察力，发掘有效的学习机会，最终有可能"在两个水平上运行"（一个水平是教师考虑计划的多种可能，另一个水平是儿童思考如何解决一个问题）。但关键是你考虑潜在的价值，例如从音乐或历史的视角切入会有什么价值（Beauchamp，2012：118–119）。

世界、人们以及社区

从本质上来说，儿童"探索地点、物体、材料以及生物的异同"的需求（DfE，2014），是他们科学探究的起点。

> 儿童对世界的探索是他们以后更系统的探究的跳板。更系统的探究也许以后会被描述成"科学探究"。然而，任何科学探究的第一步都是探索或者"游戏"。（de Boo，2000：1）

这种游戏不以时间衡量；儿童通常一遍遍重复相同的活动。它也不浪费时间，因为它让儿童不断巩固他们对所发生事物的理解，例如：每次我从罐子里舀走水后，水位线会降低；每次我把水倒到沙子上后，沙子都会变色；每次太阳出来后，小水坑会消失。儿童需要机会来探索不同环境中的材料与物体。例如，橡皮泥可以压扁，也可以变成不同形状，可以与其他不同颜色的橡皮泥揉在一起，还可以探索其他多种不同性质，如：橡皮泥会浮起来吗？可以在它上面画画吗？能作为胶使用吗？可以与其他材料混合吗？会像制陶黏土一样变硬吗？好奇的儿童一定会提出很多疑问。这里只列举了一种材料，还有很多其他材料。因此，教师给儿童提供机会去探索一系列合适的资源（水、橡皮泥等）是非常有必要的。这种开放式探索可以是一种非常有创意的过程。克雷明（Cremin）等指出："早期的创造教育与科学教育都认识到了儿童开展调查和探索、思考知识和概念的价值。"（2015：406）

有些探索是可以预测并提前计划的，但有一些则是自发的并无法预料的。不管是哪一种，都应该受到欢迎与鼓励。确实，像是在第 7 章与第 8 章中强调的那样，教师通过观察儿童无意识的探索，思考在自己的计划中"复制"这些探索的可能性，可以有很多收获。仔细观察是评估的关键，也关系到教师是否可以通过无意识事件为儿童提供其他资源或环境。总体而言，目的是提供有质量的、有意义的并且"值得积极参与的经验。如果儿童努力地去理解世界，那么这个世界一定是值得这种努力的"（Fisher，2002：15）。

积极参与的重要特征之一是让儿童参与计划的制订。这对探索与调查来说尤为重要。大多数的话题可以从教师和儿童进行头脑风暴开始。可以问自己如下问题："我们已经知道了什么？""我们想要学习什么？"不论年龄大小，让儿童掌握自己的学习方向都应是核心。当然，教师要进行整体把握，确保覆盖相关的技能，避免重复，但最重要的是儿童不需要总是遵循事先定好的、十分详细的工作框架。就像我在写作本章内容期间采访的一位幼儿教师所说，计划"不能拿起来就直接用"。除此之外，确保活动进度合适也具有挑战性。计划（即事先确定的评估任务与发展要求）意味着对于每一次探索，教师都需要考虑他们该怎样评估，并确保其中包含了适量的挑战，足以扩展儿童的学习。评估时采用一些学科如科学的视角非常重要，因为这也许能提供一种特别的理解。比如说，探索与调查的过程——包括哈伦（Harlen）提出的由观察、提出问题、做出假设、预测、计划、解释与沟通组成的过程技能（2003）——本身就是一种结果，与调查得出的结论同样重要。

教师要开展认识世界领域的教学与评估，两种技能，即观察与提问是核心。在本章写作过程中，一位受访教师指出，需要"统一规定我们应该为儿童做的事，但不同学校可有不同调整"。对提问的使用较为普遍，好的问题能增加教学的互动性，但这很依赖于教师的聆听技能（听儿童真正说的，而不是你想让他们说的）。在儿童提问或发表评论时，所有的教师也应该发展"在关键时刻处理问题的技能与策略"（Myhill et al.，2006：117），从而决定怎样回答最为恰当。

技术

像在第 18 章中讨论的那样，在当今这个科技日新月异的时代，儿童很可能已了解了一些科技，尤其是信息及通信技术以及关于电脑和电子玩具的隐性知识（Hayes，2006）。如今，信息及通信技术已经是日常生活不可或缺的一部分，很多家庭都有网络。2008 年，在评论一项信息及通信技术在儿童早期阶段应用的研究时，奥伯里和达尔（Aubrey and Dahl）提出了如下观点。

> 现今大多数 0—5 岁的儿童都成长于充斥着媒介信息的环境中，他们从很小就开始积极参与其中了。家庭成员对此态度积极，并且通过家庭的社会文化活动来积极提倡使用新科技。他们支持在家庭外开展信息教育，并认为相关教育应该尽早融入儿童早期课程中。儿童对使用新科技非常有信心，并且非常愿意探索他们以前没遇到的小玩意儿。（2008：4）

最近，奥伯里和达尔做了一项小规模的调查，发现"尽管教师现在已经熟悉并运用了更广泛的数字技术，但在家庭或幼儿园中运用最多的科技依然是电脑、网络、电视与 DVD 播放器"（Aubrey and Dahl，2014：106）。

除此之外，儿童的玩具也变得更为精致复杂，儿童"被信息与通讯时代的产品所包围"（Feasy and Gallear，2001：5）。儿童需要弄明白越来越发达的科技与可编程玩具，并学会使用它们。从这个意义讲，"教师应该接受并帮助儿童拥抱高科技产品"（Beauchamp，2012：6）。

这可以在课堂内实现，随着移动技术的出现，也可以在课堂外实现。甚至进门对讲机和过马路按钮都是控制技术的实际应用案例，可在散步时或散步之后使用。在这场"科技"之旅中，也可以鼓励儿童去寻找其他使用信息技术的人。也许信息技术最好被视为一种新工具："可以而且应该以符合儿童发展规律的方式融入实践中，补充而不是取代其他重要的第一手经验和互动，并辅以成人高质量的投入，帮助儿童了解并应用高科技。"（O'Hara，2008：30）

在儿童探索信息技术资源时，所有的教师、家长以及儿童都需要考虑何时适合使用。一般而言，教师会根据学科的教学需求和儿童的年龄，就如何及何时使用（如果使用的话）做出明智的选择（Beauchamp，2006）。对较小年龄儿童来说，不能根据学科教学的要求，最应该考虑的是年龄特征。虽然教师需要考虑如何发展儿童特定的信息技能（如移动鼠标），但他们更需要关心信息技能如何对学习环境做出贡献，即它可以提供哪些别的资源所无法提供的东西。信息与交互技术的以下特点将产生影响：

- 速度——无论对个人还是对整个团队来说，它能让速度变得更快；
- 自动化——使困难的过程自动完成，例如在平板电脑上拍摄和编辑视频；
- 容量——无论是通过网络还是借助外部设置，能存储和检索大量资料；
- 范围——可以从原本不可能的、更加广泛的来源中获得不同形式的资料；
- 即时性——在必要的情况下改变内容，然后再恢复（如修改与撤销修改）的功能，换句话说，个人或团体可以自由"玩"创意；
- 交互性——不断回应用户，因为机器不会像人一样会感到无聊！（改编自 Kennewell and Beauchamp，2007）

在所有特点中，有一些特点（像存储大量预先准备好的资源）对教师的计划和准备工作更为关键，而有一些（如速度与网络资源）也许对儿童学习更为有用，一些

（如交互性）可能是经验本身。然而，当儿童在使用信息技术设备时，所有的特点都会显现。因此，有必要考虑信息技术在早期服务机构中的作用，并决定如何、何时和谁来使用它。为了解决这个问题，我们应该考虑信息技术可以扮演的多种"角色"，这能帮助我们将这些"角色"分配给不同的"演员"（教室里的人）。博尚（Beauchamp）曾建议对信息技术的使用进行分类（2011），下表根据其分类观点改编。

表 23.1　信息技术的使用

类型	最终产出
a. 被动的交互工具：信息技术为完成教师主导的任务提供了手段，或者教师运用信息技术展示或示范活动	教师的示范（通常面向全班）或任务展示，对学习者具有一定的限制
b. 交互的对象：信息技术提供了一些可以用于互动的东西（如视频片段或儿童作品），经常由教师提供交互结构	对任务的性质极少进行对话 / 讨论，即极少进行关于数字化"对象"的对话 / 讨论
c. 交互的参与者：信息技术"参与"活动（没有信息技术，该活动无法完成），并且经常设置任务、提供即时反馈（如游戏、测试或模拟）	完成任务——如果多人参与的话，可能大家一起讨论完成
d. 主动的交互工具：信息技术给了儿童沟通和 / 或构建想法的机会（如电子邮件 / 聊天、注释以及思维导图），并且通常由学习者提供互动的结构，如通过选择工具以及 / 或与谁互动——人与高科技	关于知识的对话、讨论、学习及共建

　　在计划使用信息技术时，要思考表 23.1 中的类型。持续时长取决于学习的成果。在决定如何以及何时用信息技术或一般的高科技时，你是在做一个重要决定，也就是由谁控制学习方向：你还是儿童？

案例分析

　　这个班的儿童 4—5 岁，正在调查生活在幼儿园操场上的生物。一开始，教师使用互动白板（IWB）向儿童展示他们可能会发现的一些生物的图片和可能会光顾的一些地方的图片 [被动的交互工具]。整个班级分成几个小组，每个小组配一个联网的平板电脑——学生之前用过此类平板电脑，所以知道其使用方法。随后，每个小组与一位成人助教一起外出探索。他们会对发现的生物进行拍照及录像。回来后，教师会将平板电脑上的影像投到互动白板上，这样全班同学都能看到他们找到的生物。接下来，全班一起讨论这些动物，并且试着辨认它们［交互的对象］。然后，另一个小组的平板电脑也会连上电视进行展示。随后，教师会在互动白板上打开一个名为"命名你发现的生物"的互动游戏。儿童来到互动白板前，用手指轻点相关生物，提示音会告诉他们回答是否正确［参与互动］。游戏结束了，但大家都没能辨别出来某一种生物，因此教师问他们怎样才能知道它的名字。几名儿童建议把这张图片发邮件给有可能知道的人，因此全班开始讨论他们应该写什么话，而教师就在大家面前的互动白板上输入这些话。在附上图片后，教师将邮件发送，而儿童则到室外玩耍。在他们玩耍的时候，教师会查看电子邮件（刚才把邮件发给了自己）并回复。当儿童回到教室后，教师在他们面前打开邮件，给他们读一下回复，然后再进行下一个新的活动［积极的互动工具］。

☁ 反思性任务

- 运用下面的表格（改编自 Beauchamp，2012），说明信息技术等可以怎样用于设计一次认识世界的活动（如一次旅行）。你可以根据需要增加一些学科视角。要确保你所选的视角是可以使儿童受益的。可以参照表 23.2。

表 23.2　活动计划表

视角	信息技术资源
电影制作人	☐ 数码相机（有照相及录像功能）或平板电脑
	☐ 图像编辑软件
	☐ 用来呈现最终成品或连接平板电脑的互动白板——连接电视
音乐家	☐
诗人	☐
舞者	☐
艺术家	☐
历史学家	☐
地理学家	☐
科学家	☐

当从信息技术的角度来规划活动时，教师要考虑运用表 23.1 里的哪一类。在使用信息技术时，主要考虑的是儿童的需要。核心问题也许一直是：使用信息技术的目的是支持学习，还是信息技术本身？如果是后者，就不要使用！

人与社区——过去与现在的事件

当儿童无法想象过去对他们的直接影响时，他们很难理解过去。库珀（Cooper）引用了马尔博（Marbeau）的观点，"历史最初是儿童自身的历史化过程"，认为儿童"通过向他人（或自己）诉说自己的过去来建立存在的连续性"（2002：18）。这反映了一种基于证据或经验的历史观，即做出解释，然后以多种形式（如文字或口头故事、照片、电影、艺术或歌曲）讲给他人——可以单独使用一种形式或整合多种形式。为了能有效地做到这一点，与其他学习领域或认识世界领域其他内容相互补充，可以让儿童注意到一段时间的变化和影响（如栽种植物）。

对儿童来说，关键是让他们发现过去和现在的事件与他们自己或家人的生活相关。他们有很多种讲述自己故事的方法（包括使用上面介绍的信息技术）。并且，在这个过程中，他们会学到很多关于多样性与文化的知识。然而，要注意的是，这些故事都是私人的，这意味着人们应该小心处理——参见下面的"反思性任务"。如果有任何值得关注的细节出现，教师应该记住：一旦对儿童的安全与福利有任何影响，都应该遵循相关的流程，即"如果服务提供者对儿童的安全或利益有顾虑，那他们必须立即告知负有法律责任的机构"（DfE，2014：17）。

在计划认识世界的活动时，教师需要了解相关历史（从历史的角度），从而为儿童的发展奠定一个合适的基础。在此，我们不是考虑教授学科知识（如某次战争的年份这样的历史"事实"），而是考虑儿童需要发展哪些技能，以便使他们在以后的学校生活中成为有效的"历史学家"。以下是适用于所有"历史学家"的探究过程：

- 寻找证据；
- 审查证据；
- 记录事件；
- 总结与历史有关的陈述或争论。（Turner-Bisset，2005）

你也许已经注意到了，这些与其他领域的探究过程有很多共同之处。在考虑关于"时间"的活动时，对于第一步做什么，答案显然是"巧妙的提问"——它经常将事件与个人成长里程碑联系起来，比如，"这事发生在你入园之前还是之后？"因此，锻炼"询问技能"是必不可少的。教师需要用开放式的问题，以及其他能将他们的注意力集中在重要细节与过程上的问题，来鼓励儿童（独自或与其他人合作）寻找自己所提问题的答案。

以下为儿童发展过程的一些例子：

- 儿童的语言运用（例如，"昨天""明天"或"下周"，可以引出"过去""现在"和"然后"）——"了解过去涉及学习在某种程度上与历史有关的词汇"（Cooper，2002：16）；
- 从考虑影响自己的事件到考虑影响他人的事件；
- 能够对一系列更长时间、更复杂的事件进行排序。

人与社区——家庭、社区与传统

这个领域的实质就是发展"空间"和"地点"概念（Palmer and Birch，2004）以及其中家庭、社区和传统的定位。这种发展将以儿童对他们周围世界的现有认知为基础。儿童是"大脑里有一个世界的小地理学家"（Smeaton，2001：15）。然而，每一名儿童大脑里的世界会因他们入园前的经历而大相径庭。为了拓展儿童的经验，或者建立儿童共同经验基础，认识世界领域活动常以旅行展开，旅行目的地可以是当地或更远的地方。这为教师筹划后续工作提供了一个关注点——像上文中讨论过的，和儿童一起进行头脑风暴（"你已经知道什么？你还想知道什么？"）。共同去过的一个新地方（不受街道、城镇或者国家文化的影响）可以为开放式讨论奠定基础。这也可以确保所有儿童的熟悉程度相同——例如，关于"在农场"的活动，确定是否所有的儿童都去过农场（闻过里面的气味！）很重要。在计划这样的旅行时，重要的是要记住儿童的经历是多种多样的。即使附近就有农场，我们也不能保证他们每个人之前的经历都相同（更多关于户外活动的细节，请参见第 12 章）。

（更多信息见第 14 章）

反思性任务

早期教育与保育的核心是保护儿童（更多信息见第 14 章）。探索周围的世界（早期服务机构内外）、设计和制作工具时，你都需要考虑安全性。

在你计划认识世界的活动时，为了保证儿童的安全，你需要考虑哪一种或几种特定的情况？

使用任何区域（包括室内）都需要考虑如何让它变得"又陌生又熟悉"（Barnes and Shirley，2007）。这意味着鼓励儿童通过一系列的方式，特别是诗歌、绘画和音乐等去探索与表达这个地方的独特性。教师可以再次从不同的角度（如从音乐家、电影制作人或舞者的角度）出发，并给儿童提供不同视角和新的挑战，引导儿童投入学习。教师的角色是促进者，让儿童自己管理自己，并提供相关资源供他们选择。儿童可以用声音、形状、材料、视频、照片（电子版或者打印版）、故事、舞蹈、歌曲、艺术表演甚至雕塑来展示他们的看法（或好恶）。这样一种方法也自然地导致或更好地整合了对附近社区的探索。探索的结果可以通过传统的方法（绘画）、信息技术（网站、幻灯片以及电影）和现场表演（音乐、戏剧和舞蹈）来分享给不同观众（包括本社区的人）。

在探索社区时，正如我们上面所述，家庭、社区内的重要人物也可能是非常宝贵的资源，因为他们经常可以提供第一手经验以及关于此社区或其他社区的故事。这些故事可能是非常私人的，会透露很多信息。因此，很有必要在来访者进班前，先讨论他们会在正式分享中要说的内容。

反思性任务

本章提醒教师，儿童将在一些活动中透露个人隐私细节。此外，本章还强调教师事先了解那些来访的家庭或社区人员的分享内容。

考虑在以下情境中你会怎样处理。在你思考的过程中，心里要一直考虑儿童的兴趣，但也要留意《指南》的安全要求。

- 一名儿童正在向其他儿童讲述自己的生活故事，并透露在他搬到现在这个国家之前，他亲眼看见自己的父母被杀害；
- 你邀请社区中的一员来与儿童对话，发现他们想要讨论的内容不适合讨论；

- 尽管来访者答应你他/她不会说某件事，但当他/她与全班儿童谈话时，还是说了。

本章小结

总的来说，我们看到了认识世界领域拥有的独特机会及其与其他学习领域的内在联系。活动应该有助于儿童建立与他人的良性关系。这里的"他人"包括园所、家庭以及当地的社区中的人。认识世界领域的独特性还在于它能为后续学习，尤其是科学、地理、历史、技术等的学习奠定基础。然而，这并不意味着要尽早开始学习这些学科，而是用它们的学科视角来观察。这样做就是创造机会"点燃儿童对学习的好奇心与热情，培养他们的学习能力、与他人建立关系的能力以及健康成长的能力"（DfE，2014：4）。

识记要点

- 认识世界是《指南》的一个学习领域。教师可以借此帮助儿童发展探索周围世界的技能，与此同时，也为他们日后科学、历史、地理或科技的学习打下基础。
- 对于儿童来说，认识世界可以被看成通过不同学科的视角来发展技能，因为这些学科都提供了探究世界的独特方法。儿童的发展取决于良好的教育教学活动，如提问与系统观察等。
- 认识世界可以发生在园所举办一些新奇的、有创意的活动的区域。
- 认识世界活动既可以在园所内进行，也可以在园所外进行，适当的时候可以使用电子移动设备。

讨论话题

- 你能说出认识世界能提供的、其他学习领域没有的独特机会以及方法吗？
- 在充满"真实"物体（如植物和生物）的地方使用信息技术（如交互式白板或平板电脑）是否合适？如果合适，什么时候使用？为什么？如果不合适，那么真实物体可以提供哪些信息技术无法提供的东西？
- 你见过儿童使用信息技术来探索户外环境吗？他们是如何探索的？

拓展阅读

书

Beauchamp, G. (2012) 'ICT in the early years', in *ICT in the Primary School: From Pedagogy to Practice*. London: Pearson.

Price, H. (ed.) (2008) *The Really Useful Book of ICT in the Early Years*. London: Routledge.

文章

Cremin, T., Glauert, E., Craft, A., Compton, A. and Stylianidou, F. (2015) 'Creative Little Scientists: exploring pedagogical synergies between inquiry-based and creative approaches in Early Years science', *Education 3–13: International Journal of Primary, Elementary and Early Years Education*, 43 (4): 404–419.

参考文献

Aubrey, C. and Dahl, S. (2008) *Parents as Partners in Education*. Coventry: Creative Partnerships.

Aubrey, C. and Dahl, S. (2014) 'The confidence and competence in information and communication technologies of practitioners. Parents and young children in the Early Years Foundation Stage', *Early Years*, 34 (1): 94–108.

Barnes, J. (2007) *Cross-curricular Learning 3–14*. London: Paul Chapman Publishing.

Barnes, J. and Shirley, I. (2007) 'Strangely familiar: cross-curricular and creative thinking in teacher education', *Improving Schools*, 10 (2): 162–179.

Beauchamp, G. (2006) 'New technologies and "New teaching": a process of evolution?', in R. Webb(ed.), *Changing Teaching and Learning in the Primary School*. Maidenhead: Open University Press. pp. 81–91.

Beauchamp, G. (2011) 'Interactivity and ICT in the primary school: categories of learner interactions with and without ICT', *Technology, Pedagogy and Education*, 20 (2): 175–190.

Beauchamp, G. (2012) *ICT in the Primary School: From Pedagogy to Practice*. London: Pearson.

Cooper, H. (2002) *History in the Early Years*, 2nd edn. London: Routledge Falmer.

Cremin, T., Glauert, E., Craft, A., Compton, A. and Stylianidou, F. (2015) 'Creative Little Scientists: exploring pedagogical synergies between inquiry-based and creative approaches in Early

Years science', *Education 3–13: International Journal of Primary, Elementary and Early Years Education*, 43 (4): 404–419.

de Boo, M. (2000) *Science 3–6: Laying the Foundations in the Early Years*. Hatfield: ASE.

Desforges, C. and Abouchaar, A. (2003) *The Impact of Parental Involvement, Parental Support and Family Education on Pupil Achievement and Adjustment: A Literature Review*. Research Report No. RR 433. Norwich: HMSO.

DfE (Department for Education) (2014) *Statutory Framework for the Early Years Foundation Stage: Setting the Standards for Learning, Development and Care for Children from Birth to Five*. London: DfE. Available at: www.foundationyears.org.uk/files/2014/07/EYFS_framework_from_1_September_2014__with_clarification_note.pdf (accessed 28 September 2015).

Feasey, R. and Gallear, B. (2001) *Primary Science and ICT*. Hatfield: ASE.

Fisher, J. (2002) *Starting from the Child: Teaching and Learning from 3 to 8*, 2nd edn. Maidenhead: Open University Press.

Goswami, U. and Bryant, P. (2007) *Children's Cognitive Development and Learning* (Primary Review Research Survey 2/1a). Cambridge: University of Cambridge Faculty of Education.

Harlen, W. (2003) *The Teaching of Science in Primary School*, 3rd edn. London: David Fulton.

Hayes, M. (2006) 'What do the children have to say?', in M. Hayes and D. Whitebread (eds), *ICT in the Early Years*. Maidenhead: Open University Press.

Kennewell, S. and Beauchamp, G. (2007) 'The features of interactive whiteboards and their influence on learning', *Learning, Media and Technology*, 32 (3): 227–241.

Myhill, D., Jones, S. and Hopper, R. (2006) *Talking, Listening, Learning: Effective Talk in the Primary Classroom*. Maidenhead: Open University Press.

O'Hara, M. (2008) 'Young children, learning and ICT: a case study in the UK maintained sector', *Technology, Pedagogy and Education*, 17 (1): 29–40.

Palmer, J. and Birch, J. (2004) *Geography in the Early Years*, 2nd edn. London: Routledge Falmer.

Perkins, D. N. (1997) 'Person-plus: a distributed view of thinking and learning', in G. Salomon(ed.), *Distributed Cognitions: Psychological and Educational Considerations*. Cambridge: Cambridge University Press. pp. 88–110.

Siraj-Blatchford, I., Sylva, K., Muttock, S., Gilden, R. and Bell, D. (2002) *Researching Effective Pedagogy in the Early Years*. Research Report No. RR 356. Norwich: TSO.

Smeaton, M. (2001) 'Questioning geography', in R. Carter (ed.), *Handbook of Primary Geography*. Sheffield: Geographical Association. pp. 15–17.

Tickell, C. (2011) *The Early Years: Foundations for Life, Health and Learning*. An Independent Report on the Early Years Foundation Stage to Her Majesty's Government. London: Crown.

Available at: www.education.gov.uk/tickellreview (accessed July 2012).

Turner-Bisset, R. (2005) *Creative Teaching: History in the Primary Classroom*. London: David Fulton.

第 24 章

身体发展

约安娜·帕拉约洛戈

本章概览

儿童生活的重要特征是体育活动。布鲁纳强调了儿童体育活动的重要性，并声称儿童的体育活动是童年文化的一部分（Bruner，1983：121）。本书中一些理论家详细讨论了身体在儿童生活中的重要性。例如，皮亚杰认为儿童的发展从感官运动阶段开始，在这一阶段他们获得了感官图式。目前人们对体育素养的讨论比以往任何时候都多，将体育活动纳入课程是让儿童获得全面发展的一个重要途径（Parry，1998；Bailey，1999；Talbot，1999；Almond，2000）。《指南》将儿童的身体发展定为主要学习和发展领域之一。身体发展包括这些方面：运动（moving）和操作（handling）、健康和自理（self-care）（DfE，2014：8）。

本章旨在帮助你理解：

- 儿童身体和生理发育的重要性；
- 身体发育对儿童健康和福祉的影响；
- 早期服务机构如何促进儿童的身体发展。

身体发育

儿童刚出生时就会展现一些对他们生存至关重要的技能。在生命的最初几个月里，反射在身体发育中起着重要作用——帮助婴儿建立社会关系，这对他们其他所有方面的发展都至关重要。婴儿的反应，如呼吸、吸吮、吞咽和眨眼，帮助婴儿和父母互动。例如，当婴儿抓住父母的手指时，父母会回应并鼓励这些行为，这是亲密关系的开始。

大约 6 个月大时，婴儿的这些反应开始减弱。渐渐地，随着大脑的成熟，反应成为自主控制行为。这是一项复杂的发展任务。例如，最初婴儿会本能地吸吮奶瓶或母亲的乳房，但在 6 个月左右时，他们手眼能协调起来，并最终自己够到瓶子或母亲的乳房。

如《指南》所述，儿童身体发育的一个方面是运动。儿童的动作分为粗大动作和精细动作。粗大动作指的是儿童用以操控环境的所有空间运动，如爬、坐、走、跑、跳。精细动作涉及所有更细小和更复杂的运动，如抓取、搭建、绘画和书写。

儿童的身体正在快速发育。伴随着骨骼生长和荷尔蒙的分泌，身体各部分及其比例都有变化。在此期间，儿童身体不知疲倦地活动，因此必须为儿童提供可以自由安全移动的空间以及能鼓励他们运动的活动。哈尔和其他研究人员强调有丰富刺激的环境对于儿童身体运动的重要性，因为一个积极的、支持性的环境让儿童感到舒适并且乐于学习（Hale，1994；Parry，1998；Bailey，1999；Talbot，1999；Almond，2000；Doherty and Bailey，2003）。

儿童通过活动不断学习。他们摸、闻、嗅，四处走动，通过跑、走、跳、爬、抛等进行探索。身体活动是儿童体验周围世界、练习技能、获得自信的最佳方式。

儿童的很多游戏都以运动为特征。不能不让儿童奔跑，或强迫他们长时间坐着。当儿童有机会在家中或园所环境中自由活动时，他们会不停地运动。律动、包含运动的角色游戏、攀爬、跳跃和平衡等活动是最受儿童欢迎的活动。他们所有的游戏都是在不断地运动。

脑的发育

　　身体发育中必不可少的是大脑的发育。大脑引领人的所有发展。正如第 6 章所示，神经科学证据对教育教学产生了影响，并帮助我们理解大脑发育对儿童学习和发展的重要性。

　　生命的最初几年对大脑发育非常重要。大脑在生命头 3 年以惊人的速度发展，到 3 岁时儿童的大脑就和之后若干年一样复杂了（Shore，1997）。大脑包含数十亿神经元细胞，旨在发送和接收器官、肌肉的信息。大脑发育的一个重要过程是突触的发展。在生命的最初几年，数十亿个神经元迅速相互连接。

　　从图 24.1 可以看出，在最初的 6 年中，大脑中的突触发展迅速。随着儿童进入青春期、成年期，新突触的数量会减少。婴儿获得的突触多于他们需要的突触。3 岁以后，一些突触会丢失。18 岁时，人一般会失去早期阶段获得的一半突触。大脑中未使用的突触会消失。人们必然想知道为什么当我们还是孩子时，我们可以做某些事情，而现在我们作为成人却不能了。肖（Shore）认为，突触如果不使用，就会消失，这意味着环境刺激的持续性具有重要意义（1997）。例如，如果儿童不能继续进行身体活动，他们对体育活动的兴趣就会降低，成年后运动也就不太可能成为他们生活的一部分。金姆（Kimm）等人发现，到 15 岁时，五分之一的英国女孩每周运动时间不超过 60 分钟（2002）。在西方社会，青少年每天花费 5 个多小时看电视和电脑屏幕、玩电子游戏（Hardman and Stensel，2003）。

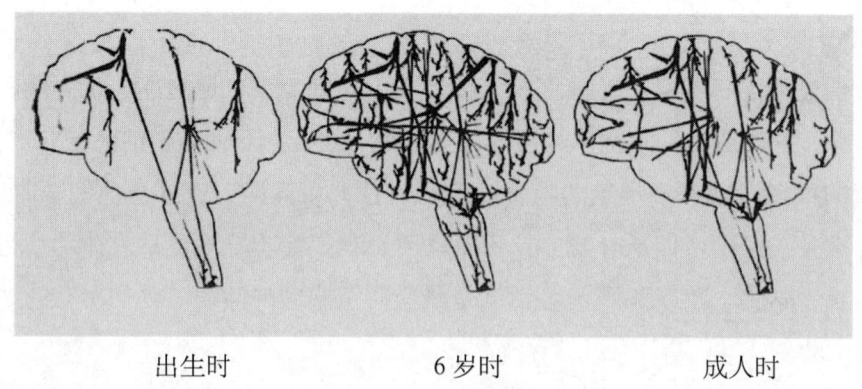

出生时　　　　　　6 岁时　　　　　　成人时

图 24.1　早期阶段大脑突触的发展（改编自 Chugani，1997）

　　在城市公寓中长大的人，身体发育所需的运动和活动机会较少，可能会导致负责身体活动的突触丢失。从儿童早期开始加强身体活动至关重要。必须重视鼓励儿童活动身体以促进他们的发展。如图 24.1 所示，儿童生命的前 6 年对大脑发育很重要。这段时间被视为神经元生长的"黄金时间"。肖认为父母 / 照看者的主要责任是"每日照看儿童的大脑"（Shore，1997：26）。这要求环境中充满刺激。早期刺激对于充分发挥儿童潜力、促进儿童大脑生长非常重要。为儿童提供发展身体和认知的机会将有助于大脑中突触的形成，持续提供刺激将防止这些突触的丧失。

关于大脑发育的研究使研究人员了解了儿童发育的许多方面。例如，第 11 章和第 19 章讨论了童年时期依恋的重要性。众所周知，处于压力下或焦虑的婴儿更有可能产生一种叫皮质醇的激素（Hertsgaard et al.，1995；Nachmias et al.，1996）。当这种激素产生时，大脑受到威胁并减少突触，使神经元受损。冈纳（Gunnar）发现，当婴儿与父母 / 照看者建立安全的关系时，皮质醇会保持较低水平。与父母 / 照看者一起保持温暖和安全的环境——儿童在这个富含刺激的环境中快乐地玩耍——有助于促进大脑的生长发育（2001）。

对大脑发育的研究提供了有关儿童发育的广泛知识和理解，不仅涉及儿童的身体发育，还涉及其他方面，如语言（第 20 章）、数学（第 22 章）和创造力（第 25 章）。了解婴儿期大脑的快速发育有助于教师创造富含刺激、促进儿童发育的环境。

文化对儿童身体发展的影响

虽然世界各地儿童的身体发育遵循类似的模式和阶段，但跨文化研究表明，不同的环境对儿童运动的影响是不同的。丹尼斯（Dennis）研究了伊朗孤儿院的婴儿（1960）。这些婴儿被剥夺了基本权利，大量时间都是躺在婴儿床上，没有玩具，运动能力发育延迟。到他们两岁时，因为长期躺着的原因，他们还习惯保持坐姿，而不是像正常儿童那样爬行。

在后来的一项研究中，霍普金斯和韦斯特拉（Hopkins and Westra）研究了世界各地的婴儿，发现某些文化强调让儿童早早就开始运动（1988）。例如，他们发现，在印度西部，父母每天都会锻炼自己的孩子。从婴儿刚出生几个月起，父母就会提起婴儿，伸展他们的手臂，或者抓住脚踝将婴儿倒立。霍普金斯和韦斯特拉通过采访母亲们发现，这些习俗已融入文化，有助于儿童身体发育。

在肯尼亚基普西基，父母有意教儿童运动技能。在刚出生的几个月里，婴儿被用毯子卷起，竖着放到在地上挖的洞里。婴儿经常被大人提着蹦跳，学习走路（Super，1981）。据观察，比起经济较发达的社会中的婴儿，这里的婴儿会更早学会走路。

身体活动的水平因文化而异。一项对波多黎各和欧美的母亲的比较研究表明，波多黎各母亲对儿童体育活动评价较高，而欧美母亲认为体育活动不受欢迎（Harwood et al.，1995）。

面对来自不同文化背景的儿童时，了解文化差异非常重要。与家长合作也非常重要，需要了解他们的价值观和信念，畅通沟通渠道，这样家长才会对儿童身体活动水平感到满意。

现代有一种趋势是强调儿童学习知识，不太重视体育活动。人们会支持和鼓励儿童早期阶段的身体活动，但在正规学校教育开始后，儿童的精力就更加集中在学业上了。

一个值得注意的现象是，儿童长大后身体活动不足。世界卫生组织（1999 年）指出："在许多发达国家，只有不到三分之一的儿童和成人的运动量能使他们现在和将来的健康受益。"《指南》明确指出儿童的身体活动是影响儿童发育的重要因素，是儿童建立信心、获得健康生活方式与习惯的基础，这非常明智。《指南》中身体发展作为儿童学习和发展的领域之一，包含两个关键方面：运动和操作，健康和自理。两岁综合评价评估儿童的身体发育，是早期识别"儿童发展低于预期"的手段（DfE，2014：10）。两岁综合评价可以用于判断儿童"可能发育迟缓的领域"（DfE，2014：10），并以此制定策略，以便在室内和室外为儿童提供锻炼身体的机会，促进脑乃至身体发育。

健康与幸福

在《指南》中，身体发育的核心是帮助儿童了解什么是健康的生活，并树立健康生活的理念。第 15 章探讨了培育健康儿童的医学手段和要求。此处我们将重点放在健康和身体发育上。如上所述，儿童喜欢运动，但随着年龄的增长，他们不会保持这种活动水平。哈德曼和斯滕瑟勒（Hardman and Stensel）指出，现代社会三大趋势——肥胖、体质欠佳和人口老龄化——是 21 世纪的主要"疾病"。他强调了身体活动的重要性（2003）。

如第 15 章所述，在过去的 20 年中，肥胖患者迅速增加。越来越多的儿童超重。导致肥胖患者增加的因素有许多，如饮食习惯、营养不良和缺乏运动。然而，许多研究人员将肥胖与不运动而不是饮食过量联系起来（Prentice and Jebb，1995；Baur，2002；Kimm et al.，2002）。大多数城市儿童缺乏活动空间，往往采用别的游戏方式，例如玩电脑和电子游戏。因此，为儿童创造机会，使之积极参与体育活动非常重要。活动应该引人入胜，令人愉快。情境化的活动，例如投掷游戏，或更复杂的活动，如唱歌、跳舞和游泳（要求动起来的活动），都能促进他们的身体发育。

多尔蒂和贝利（Doherty and Bailey）认为，早期服务机构促进儿童身体发育的活动，首要的也是最重要的特征就是趣味性（2003）。儿童会愿意参加这些活动并乐在其中。这些活动贯穿整个学校教育阶段，而不仅仅是儿童早期。贯穿所有年龄段的体育活动，让儿童自小就打下了"坚实的运动经验基础"（DCSF，2008）。

多尔蒂和贝利还建议，如果目标是使运动成为一种习惯以促进终身健康和幸福，儿童应该每天参与体育活动。儿童根据兴趣和身体技能，自由选择活动和材料（Doherty and Bailey，2003）。

儿童的身体发育和大脑发育对于维持儿童的健康与幸福非常重要。应该从小培育儿童健康生活的习惯。影响儿童健康和福祉的因素有很多，如营养、情绪、家庭和社区，这些因素综合起来影响儿童的身心健康。

儿童的身体活动有助于他们维持健康的生活方式。比德尔等人（Biddle et al.）的研究强调了身体活动的益处（1998：4–5）。他们声称身体活动促进儿童心理健康，发展儿童自尊心，有助于儿童的道德和社会性发展，并预防肥胖、慢性病，抵御危险因素。因此，必须在日常生活中为儿童提供锻炼身体的机会，为他们提供支持，当然，最重要的是，儿童要有时间锻炼和玩耍。

怀特黑德（Whitehead）引入"身体素养"（physically literate）概念，扩展了上述观点。他声称身体活跃的儿童将成为有身体素养的人。

> 具有身体素养的个体的特征是，在各种对身体形成挑战的情境下，能够以平和、有效和自信的方式活动。此外，个体能敏感地"阅读"物理环境的各个方面，预测运动需求或可能性，并通过思考和想象做出适当反应。身体素养需要包括感知、经验、记忆、预期和决策的全面参与。（2000：10）

怀特黑德强调了一个充满挑战的环境的重要性，在这个环境中，儿童不断被激励着活动，并享受快乐。他还认为，体育活动与其他发展领域相关联。例如，当儿童在玩水区跳舞或玩耍时，不仅身体在活动，而且还进行许多认知活动，如语言活动（"举手""围成圆圈走""排队走"）、问题解决活动（"让物体在水中漂起来或沉下去"）。核心是创造促进身体活动的环境。

环境的作用

在探讨环境对于儿童身体发育的作用之前，了解"健康的环境"（healthy environment）的含义非常重要。纳特比姆（Nutbeam）将"健康的环境"描述为"人们参与日常活动的地方或社会情境，其中，环境、组织和个人因素相互作用，并影响健康和福利"（1998：362）。

"健康的环境"受文化价值观和实践的影响，有多种形式。例如，一些家庭会通过移动家具来重新布置家庭环境，以便儿童可以有空间自由活动。一些家庭对儿童可以接触的东西以及可以玩的地方都有规定。不能说某种形式一定是"错误的"或者"正确的"。身体活动、儿童空间与家庭的价值观有关。如上述第二种情况，可以说，通过这种方式，儿童学习规则，了解什么是正确的，什么是错误的，从很小的时候就开始学习安全知识，并了解行为界限。

莱文（Levine）进行的一项经典研究表明，不同国家在为儿童提供健康和安全的环境时所使用的策略多种多样（1996）。他观察世界各地不同的部落和文化后，提供了肯尼亚的一个案例。在肯尼亚，因为母亲忙于日常琐事，婴幼儿在户外度过很长时间。在没人监管的情况下将儿童留在户外存在很多风险，因为他们可能烧伤自己，从悬崖上跌落或掉进湖泊，或被毒蛇咬伤。他发现一个村庄的父母将儿童背在背上，只有当儿童足以理解他们周围的规则和危险时，才允许他们在没人监管的情况下留在户外。

文化还通过对室外或室内环境的选择对身体发育产生影响。在以下不同课程模式案例中，可以看到室内外环境如何被用来促进身体发展。

案例分析

通过艺术促进身体发育：来自瑞吉欧·艾米莉亚的例子

在瑞吉欧·艾米莉亚，艺术发展是核心。甘第尼（Gandini）视绘画、雕刻和唱歌等活动为儿童基本学习途径，也重视儿童的身体发展（即粗大动作发展和精细动作发展）（1997）。甘第尼认为艺术不仅对儿童的认知发展至关重要，而且促进儿童身体发育。

艺术可以促进儿童个性、社会性和创造性的发展。儿童在参观完博物馆或画廊后，可以使用材料来表达，尝试绘画、雕刻等。所有这些活动都需要精确而复杂的动作。因此，他们是在结构化的环境中获得身体发展的。儿童的运动被认为具有创造性，在时间和空间上不受任何限制，在表达时可以不用考虑时间或空间。

案例分析

新西兰早期教育课程中的身体发展

新西兰早期教育课程已在新西兰的学前教育机构落实。它强调多元文化，允许儿童自由选择材料和活动，促进儿童成为自己学习的主人。这种课程方法将儿童视为"有能力、自信的学习者和传播者，身心灵健康，有归属感，认为自己为社会做出了有价值的贡献"（Ministry of Education，New Zealand，1996）。

与英格兰情况类似，新西兰早期教育课程有 5 个目标：幸福、归属、贡献、沟通和探索。在该课程框架下，儿童在室内和室外自由活动。他们可以在沙区制作城堡，也可以在另一个区域利用工具制作物品，如椅子，从而发展精细动作技能。

在户外，儿童可以单独或分组爬、跑和跳。户外环境充满真实物品，鼓励和激发儿童开展体育游戏（见图 24.2—图 24.4）。他们用汽车轮胎建造隧道，或把轮胎当作秋千、水坑。

图 24.2 户外玩耍的儿童：练习平衡

图 24.3 练习攀爬

图 24.4 户外奔跑的儿童

歌唱活动伴随着身体运动，如摆动手臂来模仿波浪。儿童在活动中不断移动身体并使用多种材料。儿童也可以利用区角的服饰玩扮演游戏，这样儿童的运动技能得到了发展。

探索不同材料是新西兰早期教育课程的主要原则之一。该课程强调儿童的整体发展，儿童被视为一个整体。需要注意的是，儿童是以整体的方式发展的，不仅要考虑儿童身体、社会性、情感和认知的发展，还要考虑儿童环境的文化背景和精神因素。

☁ **反思性任务**

- 思考你熟悉的幼儿园所进行的日常活动。儿童是否有机会锻炼身体（精细动作或粗大动作）？
- 健康和健康的环境比以往任何时候都受到重视。在你看来，什么是健康的环境？如何落实在实际工作中？
- 反思案例，并思考早期奠基阶段如何利用室内和室外环境。

本章小结

本章讨论了身体发育对儿童整体发展的重要性。儿童游戏的特点是运动，儿童的运动应该得到鼓励。身体活动对儿童学习的各个方面都很重要。此外，儿童早期大脑发育很快，神经突触的形成在儿童生命最初几年比之后快得多。为儿童创造环境会带来诸多影响。儿童的健康和幸福与身体运动密切相关。如果成人希望儿童获得健康的生活方式，那么必须让身体活动成为终生的习惯。只有感到愉悦，儿童才会进行体育活动。

识记要点

儿童的身体发展是《指南》的一个主要领域。该领域两个关键内容是运动和操作、健康和自理。活动身体是养成健康习惯的途径，比以往任何时候都更受重视。

身体发展受到许多因素的影响，如文化、社会和经济背景。

早期教育与保育应创设大量机会来促进儿童的身体发展。正如案例中描述的那样，身体发展的机会应嵌入早期服务机构的日常生活和活动中，成为所有活动的基础。

讨论话题

看图 24.5。假定这是两岁儿童的教室。你应如何设计环境以促进儿童的身体发育？在你的新设计中，如何保证有足够的空间让儿童四处走动？提供什么设备？如何重新设计和提供资源？有能让儿童自由去户外的通道吗？

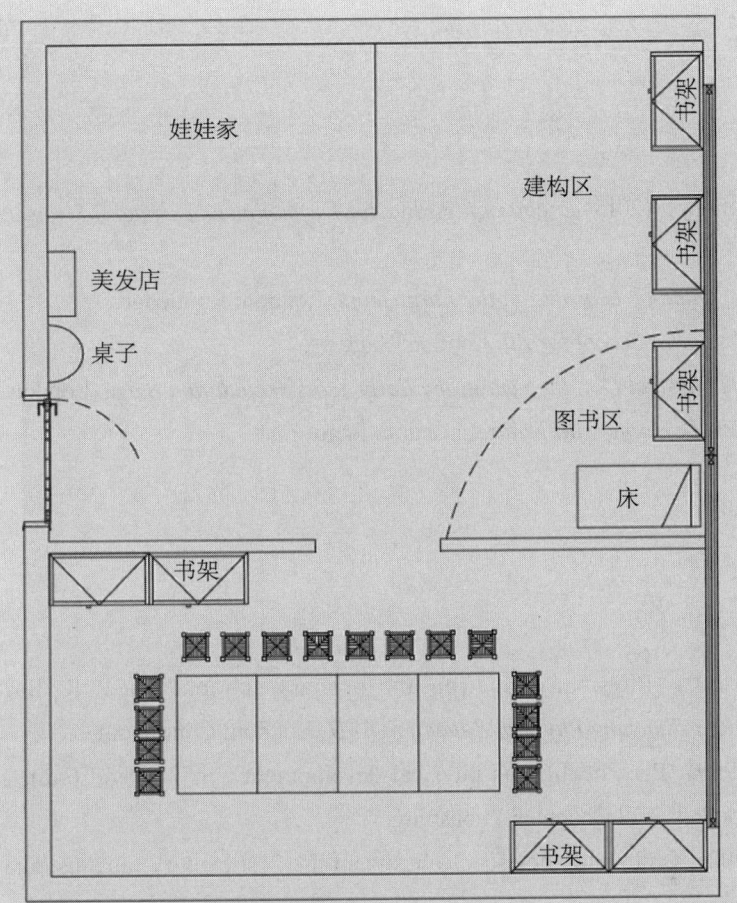

图 24.5　幼儿园平面设计

比尔顿（Bilton）建议，在室外环境中，应考虑以下因素：

- 环境布局；

- 可用空间；

- 固定设备；

- 天气；

- 存储需要。（2003：38）

在户外环境中组织活动时，你还能想到其他任何因素吗？你可以设计哪些活动为儿童提供适当的身体挑战？

学习完第 12 章后，比较一下瑞吉欧教学法、新西兰早期教育课程、森林学校和英格兰的幼儿园。它们在哪里不同？在促进儿童的身体活动方面有何相似之处？

拓展阅读

书

Archer, C. and Siraj, I. (2015) *Encouraging Physical Development Through Movement Play*. London: Sage.

Bilton, H. (2010) *Outdoor Learning in the Early Years*. London: Routledge.

Knight, S. (2011) *Forest School for All*. London: Sage.

Nurse, A. (2009) *Physical Development in the Early Years Foundation Stage*. London: David Fulton.

Warden, C. (2015) *Learning with Nature*. London: Sage.

参考文献

Almond, L. (2000) 'Physical education and primary schools', in P. R. Bailey and T. M. Macfadyen(eds), *Teaching Physical Education 5–11*. London: Continuum.

Bailey, P. R. (1999) 'Play, health and physical development', in T. David (ed.), *Young Children Learning*. London: Paul Chapman Publishing.

Baur, L. A. (2002) 'Child and adolescent obesity in the 21st century: an Australian perspective', *Asia Pacific Journal of Clinical Nutrition*, 11: 524–528.

Biddle, S., Cavill, N. and Sallis, J. (1998) 'Policy framework for young people and health-enhancing physical activity', in S. Biddle, J. Sallis and N. Cavill (eds), *Young and Active? Young People and Health Enhancing Physical Activity: Evidence and Implications*. London: Health Education Authority.

Bilton, H. (2003) *Outdoor Play in the Early Years*, 2nd edn. London: David Fulton.

Bruner, J. (1983) *Child's Talk: Learning to Use Language*. Oxford: Oxford University Press.

Chugani, H. T. (1997) 'Neuroimaging of developmental nonlinearity and developmental pathologies', in R. W. Thatcher, G. R. Lyon, R. Rumsey and N. Krasnegor (eds), *Developmental Neuroimaging: Mapping the Development of Brain and Behaviour*. San Diego, CA: Academic Press.

DCSF (Department for Children, Schools and Families) (2008) *The Early Years Foundation Stage: Setting the Standards for Learning, Development and Care for Children from Birth to Five*. Nottingham: DCSF Publications.

Dennis, W. (1960) 'The effects of cradling practices upon the onset of walking in Hopi children', *Journal of Genetic Psychology*, 56: 77–86.

DfE (Department for Education) (2014) *Statutory Framework for the Early Years Foundation Stage: Setting the Standards for Learning, Development and case for Children from Birth to Five.* London: DfE. Available at: www.foundationyears.org.uk/files/2014/07/EYFS_framework_from_1_September_2014__with_clarification_note.pdf (accessed 28 September 2015).

Doherty, J. and Bailey, R. (2003) *Supporting Physical Development and Physical Education in the Early Years*. Buckingham: Open University Press.

Gandini, L. (1997) 'The Reggio Emilia story: history and organization', in J. Hendrick (ed.), *First Steps Towards Teaching the Reggio Emilia Way*. Englewood Cliffs, NJ: Merrill/Prentice-Hill.

Gunnar, M. R. (2001) *Quality of Care and Buffering Stress Psychology: Its Potential for Protecting the Developing Human Brain*. Minneapolis, MN: University of Minnesota Institute of Child Development.

Hale, J. (1994) *Unbank the Fire: Visions for the Education of African American Children*. Baltimore, MD: Johns Hopkins University Press.

Hardman, A. and Stensel, D. (2003) *Physical Activity and Health*. London: Routledge.

Harwood, R. L., Miller, J. G. and Irizarry, N. L. (1995) *Culture and Attachment: Perceptions of the Child in Context*. New York: Guilford Press.

Hertsgaard, L., Gunnar, M., Erickson, M. F. and Nachmias, M. (1995) 'Adrenocortical responses to the strange situation in infants with disorganized, disoriented attachment relationships', *Child Development*, 66: 1100–1106.

Hopkins, B. and Westra, T. (1988) 'Maternal handling and motor development: an intracultural study', *Genetic, Social and General Psychology Monographs*, 14: 377–420.

Hopper, B., Grey, J. and Maude, T. (2000) *Teaching Physical Education in the Primary School*. London: Routledge Falmer.

Kimm, S. Y. S., Glynn, N. W., Barton, B. A., Kronsberg, S. S., Daniels, S. R., Crawford, P. B., Sabry, Z. I. and Liu, K. (2002) 'Decline in physical activity in black girls and white girls during adolescence', *New England Journal of Medicine*, 347: 709–715.

Levine, R. A. (1996) *Child Care and Culture Lessons from Africa*. Cambridge: Cambridge University Press.

Ministry of Education (New Zealand) (1996) *Te Whāriki. He Whāriki Matauranga mo nga Mokopuna O Aotearoa. Early Childhood Education*. Learning Media. www.minedu.govt.nz/web/downloadable/dl3567_v1/whariki.pdf (accessed December 2008).

Nachmias, M., Gunnar, M., Mangelsdorf, S., Parritz, R. H. and Buss, K. (1996) 'Behavioral inhabitation and stress reactivity: the moderating role of attachment security', *Child Development*, 67: 508–522.

Nutbeam, D. (1998) 'Evaluating health promotion – progress, problems and solutions', *Health*

Promotion International, 13: 27–43.

Parry, J. (1998) 'The justification for physical education', in K. Green and K. Hardman (eds), *Physical Education: A Reader*. Aachen: Meyer & Meyer.

Prentice, A. M. and Jebb, S. A. (1995) 'Obesity in Britain: gluttony or sloth?', *British Medical Journal*, 311: 437–439.

Shore, N. (1997) *Rethinking the Brain: New Insights into Early Development*. New York: Families and Work Institute.

Super, C. M. (1981) 'Behavioural development in infancy', in R. H. Monroe, R. L. Monroe and B. B. Whiting (eds), *Handbook of Cross Cultural Human Development*. New York: Garland.

Talbot, M. (1999) 'The case for physical education'. Paper presented at the World Summit on Physical Education, Berlin, November.

Whitehead, M. (2000) 'The concept of physical literacy'. Paper presented to the HEI Conference, 'Meeting Standards and Achieving Excellence. Teaching PE in the 21st Century', Liverpool John Moores University, 11 June.

World Health Organisation (1999) 'Health Promotion, Active Living: The Challenge Ahead'.[Online] www.who.int (accessed September 2008).

第 25 章

表达性艺术与设计

尼克·欧文　　劳拉·格林德利　　藤井美智子

本章概览

虽然《指南》（DfE，2014）用"表达性艺术与设计"取代了"创造性发展"，更强调对媒介与材料的探索和使用，更强调想象力，但就创造力而言，儿童参与艺术、音乐、律动、舞蹈和角色游戏仍然非常重要。《指南》中指出：

> 表达性艺术与设计意味着支持儿童用丰富多样的媒介和材料进行探索、游戏，创设机会，鼓励儿童用不同的音乐、律动、舞蹈、角色游戏、设计与技术等，分享想法、创意和感受。（DfE，2014：8）

本章认为表达性艺术与设计只是创造力的一个方面。艺术是创造力的重要元素，因此本章的核心观点是：创造力是儿童智力、情感与社会性以及认知发展的重要元素。

本章的目的是说明在早期服务机构里，创造力是一个内涵丰富、常见的人类表达方式，并探索如何促进创造性实践。本章着重讨论一种表达性艺术活动模式——点石成金创造性学习项目（the Midas Touch Creative Learning Project），并借此明确优化儿童创造性学习经验的思维模式和技能。

接下来所讨论的活动将说明创造性实践并非艺术领域专属，并强调合作的重要性。在这里，创造力不是个人特质，而被视作一种在关系中发展起来的特征。因此，它是一种有赖于情境和背景的现象，不是个人心理现象。合作强调了成人与儿童有意识地共同想象，即兴创作，保持开放，接受偶然的和未知的风险，接纳"混乱"及其带来的乐趣。

本章的目标是帮助你：

- 理解创造性实践可以在早期奠基阶段所有领域中开展，不限于艺术领域；
- 尝试创造性实践，为旨在培养创造力的行动研究奠定基础；
- 重视早期服务机构里有助于开展创造性实践的背景因素。

创造性实践：有什么值得大惊小怪的？

"提高儿童创造力"近年来一直都是政策关注的重点。教育机构经常被政界要求以更多更好的方法来确保儿童更有创造力，将创造力教育纳入一日生活中，尤其是在早期教育与保育机构中。

更多的工作机会和财富，更快的发展，更大的繁荣：创造力教育是由政治对经济发展的期待所推动的，这在 1999 年英国创造力与文化教育顾问委员会（National Advisory Committee on Creative and Cultural Education，简称 NACCCE）关于创造力与文化教育的报告《我们所有人的未来》（*All Our Futures*）中就已明确。该报告提出了一个权威的关于创造力的定义——"富有想象力的活动，从而产出原创的、有价值的结果"（Robinson, 1999: 30）。随后，许多教育人士致力于思考如何争取更多专项经费来缓解教育领域经常性的经费紧缺：是通过调整学习成就、修改奠基阶段课程、为教师提供创造力培训，还是修建新的儿童中心？还是通过采取完全以儿童为中心的方法，将儿童的想法置于成年人的想法之上，视所有儿童为纯洁、没有任何杂念的人？儿童视世界为永恒之谜，游戏中蕴藏无穷创造力。我们如何促进创造力的发展而不是遏制它？

讽刺的是，两条简单的路径可以轻而易举地遏制儿童的创造力。

- 路径一：对儿童所有的建议与思考、游戏和好奇说"不"，确保扼制主动性，制止不可接受的行为，引起他们对行为后果的恐惧。让他们担忧自己的外表、在他人眼中的形象以及他们对你而不是对自己的态度与行为。

- 路径二：对儿童所有的建议与思考、游戏和好奇说"可以"，确保他们认识到任何事情都没有界限，任何情况下的所有行为都是可以接受的。让他们相信自己所有的想法都是完美的，不需要利用任何外界资源进行任何修正。对所有的行为都进行无偿的、无条件的、无休止的表扬，对每一次他们做出的你认为有创意的行为都进行无尽的赞许。

早期教育与保育机构里的创造力发展——如果意味着鼓励和挑战儿童的创造力经验的话——需要有一个生存空间，应当处于上述两种极端之间，而且可以采取一些措施来确保儿童拥有发展创造性的最佳机会。让儿童"更有创造性"不像留长发或通过考试一样是"有形的"，而是要给他们理解和体验其过程的时间与空间——这个过程涉及运用个人特质、努力与不断试验，同时也需要合作与相互批评等社会性特质。为了实现这些，需要一个远比一把画刷、一把吉他或一双芭蕾舞鞋更重要的元素——你，另一个人。

创造性关系

安娜·卡特勒（Anna Cutler）关于创造性学习的四阶段发展模式，使创造性学习被引入许多早期教育与保育机构。这个模式告诉我们在鼓励儿童创造时可以怎么做，简单地说就是：投入、行动、展示和反思（见图 25.1）。

卡特勒在模式中的"行动"阶段列出了 7 个创造性学习的特征：识别和 / 或制造问题的能力，发散思维的能力（接受新的、突然的、不寻常的和可能让人不舒服的想法），乐于接受令人着迷或好奇的经历的特质，能接受冒险、共同游戏和提出建议（2005）。这些只能在一个没有恐惧的环境里才会发生，儿童在为自己做事的过程中找到乐趣，而不是肩负着紧张的功课。简而言之，体现这 7 个特征的关键问题可以总结如下。

- 识别问题：这个项目会提出任何挑战吗？这个项目可能会带来什么问题？这些问题会成为每个人经验中的重要部分吗？这些问题将如何得到解决？
- 发散思维：这个项目可以提供哪些独一无二的思维方式、视角以及运用想象力的新机会？哪些不同寻常的元素或想法可以被放到一起？人们可以如何进

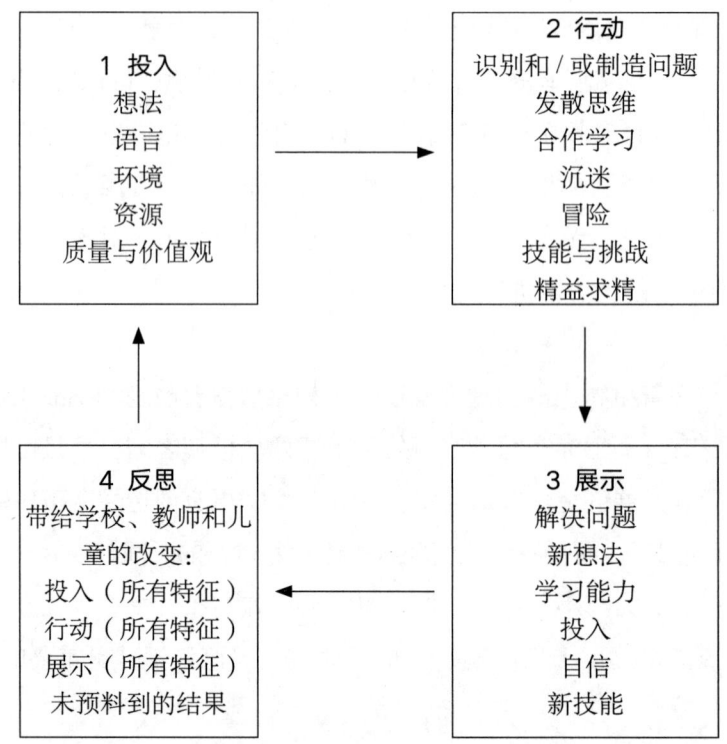

图 25.1　创造性学习的四阶段发展模式（Cutler，2005）

行尝试？

- 合作学习：在一个所有参与者一起学习新事物的环境，或教师与儿童一起做事的过程中，如何与儿童和其他员工合作？
- 沉迷：这是如何引发的？在项目以外的时间，是否还持续吗？
- 冒险：项目可以提供超越个人舒适区的东西吗？项目提供冒险的机会了吗？
- 技能与挑战：项目有效运用了参与者的技能，并促进技能的提升了吗？参与者是否被困在已经会的事情里（所以感到无聊），或被扔到深渊里而没有足够的资源（所以感到恐惧）？
- 精益求精：活动要求练习、重复和不断调整吗？

　　卡特勒的工作不仅明确地描述了创造力发展所需要的氛围，还清楚地说明了创造力不仅仅是个人的特质，更是共享的、建构的、合作的经验。与其说是"你的"或者"我的"创造力，还不如说是"我们的"创造力。比如，当提到如何让我们的儿童更有创造力，以及如何保护他们的创造力不被压制的时候，从我们自己开始，从我们如何与儿童一起创造（不是关于儿童的创造、给儿童创造或者为儿童创造）开始，真的是一个绝好的起点。

走向创造性关系：创造性实践的方法

克拉夫特认为创造是一件每个人都会的事，一种像呼吸或消化一样的功能，为了生活而无意识地、自动地进行（Craft，2002）。创造力不是著名艺术天才独有的，而是我们共同拥有的——无论年龄、阶层、性别、种族、健康。这个过程有点可怕，以至于有人可能会想，辨识克拉夫特谈到的"小 C 创造力"（little-c creativity）或"可能性思维"是很容易的事情。

> 小 C 创造力……聚焦于普通人的智慧和能动性……指的是想办法通过日常活动成功描绘新图景的能力……。它包括有想象力，有原创 / 革新精神，时常打破常规，超越显而易见的事情，在采取积极、有意识、有目的的行动时，保持清醒认识。它并不一定与成果有关。（Craft，2002：56）

然而，如果辨识创造力这种潜意识的、自动化的有时甚至可能是隐形的特质很简单的话，本章或者无数其他文章就没有必要尝试解释应该如何鼓励创造力了。

这里提供的是一种方法，一种在早期教育与保育机构里利用最不可能的资源发展创造力的方法，这些资源是：杂物、废弃物和垃圾（正如下面的点石成金创造性学习项目所展示的那样）。

回收利用过程中的创造力发展：点石成金创造性学习项目

点石成金创造性学习项目于 2010 年 3 月在默西塞德郡（Merseyside）的圣海伦斯（St Helens）进行了为期 4 周的试点，经费来源于"寻找你的天分"项目（Find Your Talent program）——一个鼓励儿童与青少年在校内外参与文化活动的项目。

点石成金创造性学习项目是一个具有变革性的学习项目，面向每一个希望在日常生活中提高敬畏心与好奇心的儿童、家长与早期服务从业者。该项目将回收的、"普通的"物品用作游戏、工作与学习的工具，目的是发现寻常中的不寻常、熟悉中的陌生以及"毫无防备"的美。它改变再回收的、被丢弃的和明显无用的物品，融入有挑战性的学习经验，记录对儿童学习的影响与作用。

点石成金创造性学习项目基于意大利瑞吉欧的雷米达法（Remida approach）。一位教师和一位艺术家合作，提出"扔掉的材料可以成为资源"的理念。该团队还希望践行瑞吉欧模式的以下核心原则：

- 儿童必须能够在一定程度上控制学习的方向；
- 儿童必须通过触摸、运动、倾听、看和听来学习；
- 儿童与其他儿童、物品之间相互关联，必须允许儿童探索；
- 儿童必须有无穷的方法与机会来表达自己。

点石成金创造性学习项目的另一个重要元素是成人，可以是教师、家长 / 照看者。成人在项目中的角色是倾听者、观察者和"指南针"。儿童可以按自己的兴趣探索，不一定要有成果。成人可以观察和倾听儿童的兴趣、认识和观点，并通过提出恰当的问题来引导儿童的学习，发挥指南针的作用——提问不是将他们的认识和观点强加给儿童，而是拓展儿童的学习。该项目给教师和儿童提供了共同学习的机会，以及保持共同思考的机会。这可以让成人通过清楚了解儿童的兴趣、观点和游戏图式来更好地理解儿童，这反过来有助于支持儿童的学习。

计划、反思和记录是这个试点方案的核心要素。这些要素在早期奠基阶段非常重要。每一周都会介绍一个与所用物品（塑料、木材、金属、自然材料与黑白卡）有关的开放的主题。大部分的计划都是自然发生的、具有反思性的，是在回顾上一周的观察与反思中出现的。这意味着介绍材料是为了拓展儿童的学习与兴趣，例如各种做记号的材料与真实工具。该项目使用了诸如拍照、录像和书面记录等方式观察和记录儿童的学习。这些记录被用来增加学习机会，同时也被制成了书籍、展示墙，与儿童、家长、教师与社区分享。

案例分析

点石成金案例研究：火药

　　亚当（Adam）和列维（Levi）与其他 3 名预备班（reception class）儿童、5 名幼儿班（nursery class）儿童以及两位教师一起参与了活动。在第一次活动时，亚当和列维特别想要探索整个环境。两个男孩对塑料物品进行了好一顿翻捡，把各种各样的容器清空，所有物品都在地板上摆开。看起来两个男孩对这种宽松和自由还不习惯，想探索环境中的所有物品。

　　在随后的一周，我们稍微转移了一下焦点，在塑料物品的基础上增加了大型木头和金属材料与工具。亚当和列维一入园就被一个装满自行车零件的箱子吸引住了，开始思考这些金属零件的不同组装方式。他们发现一个工具箱里面有铁锤和镊子等。很明显，他们特别希望使用这些工具，似乎以前从没有机会使用过它们。他们在整个项目进行过程中都在使用这些工具，尤其是铁锤——他们用许多不同的方式进行分享和互动。这个铁锤可以用于建构，也可以用于角色扮演、做记号和制造噪声。

　　亚当和列维来到他们上周的工作区。他们轮流举起铁锤敲木鞋和木板，听发出的不同声音。藤井美智子带来了一些木炭和其他做记号的工具。亚当捡起一块木炭。他发现了一块树皮，开始用木炭把它抹黑。然后，他和列维一起用铁锤敲打木炭和树皮。

　　藤井美智子建议他们转移到后面的区域，那里空间更大，于是亚当问能不能再拿几块木炭。他和列维在工作区里把木炭都锤烂了。他们听发出的声音，探索锤的痕迹，发现木炭在被铁锤敲击的时候会产生一种灰尘。

　　"我发现了烟！"亚当宣布，"这是火药！"然后他对藤井美智子说："你带来了火药……让我们再做一些吧！"两个男孩在整个活动期间都一直在锤木炭，然后轮流收拾整理，玩得不亦乐乎。

　　教师这样说："我爱这种模式。我相信这是理想世界中儿童应有的学习方式——探索他们自己的想法。我们在那里鹰架他们的学习。"

　　劳拉、藤井美智子和教师在为期 4 周的项目中进行合作，让亚当和列维用一种他们平常不习惯的方式探索空间和材料。教师发现了工作区存在一些潜在危险或伤害，但尽管如此，她还是相信让男孩们自由探索的益处。劳拉、藤井美智子和教师抛开一切已有的关于男孩们的认识或评价，平等地参与所有活动。

尽管心存顾虑，教师还是放手与亚当和列维一起工作。劳拉、藤井美智子认为教师的支持是无声的信任，这鼓励她们进一步支持亚当和列维的学习。她们都希望男孩们拥有能够提升他们自信、交流、创造力的体验，实现《指南》目标。

受到了什么阻碍？

"火药"是一次性的创造性游戏。在设计类似的游戏经验时，似乎总有一些限制因素，阻碍游戏的进行。我们目前似乎生活在一个"拒绝危险"的社会，我们出于对危险的恐惧而阻止儿童进行体验和探索。然而，让儿童获得一手经验不仅能够满足他们的好奇心，还能提高他们对危险的预判能力。

消费主义和预设课程也在一定程度上阻碍儿童获得这些经验。在幼儿园里，我们经常只留出很少的时间用于真正的开放性游戏，让儿童探索开放材料的机会则更少。似乎我们太急于打开一本教育目录，然后购买崭新的玩具和指定的资源，而它们会在无意中限制儿童创造力。

如果我们的最终目标是确保儿童成长为一名专注的、自信的、有责任的和可

信赖的人，并且对自己的命运有一定的控制力，敢于承担行为的后果，那么，儿童就需要与家庭和学校以外的人和环境进行经常性的、不受约束的自主沟通，并有机会从错误中学习。(Gill, 2008)

克服阻碍

在第一次活动结束后，劳拉、藤井美智子意识到亚当和列维很享受倒进倒出材料的过程，于是决定在第二次活动中引入不同的工具，借此鼓励男孩们运用更有创造性的方式。第二次活动的主题是木头和金属，正好与引入工具的想法契合。

能够确定的是，男孩们开始在摆满不同金属和木头材料的区域进行探索时，被真实工具深深地吸引了。教师注意到了这一点。她们没有阻止亚当和列维进一步探索，而是在接下来的 4 周里都坐在他们旁边，支持他们追求自己的兴趣。点石成金创造性学习项目构建了一个"支持性环境"，其中成人和儿童之间达成了同等程度的信任。在不同活动区域，材料的摆放都鼓励着儿童开展不同的活动，以便满足儿童的不同需求和兴趣。

结果

点石成金创造性学习项目结束几个月后，我们回去见老师们。我们带了一本相册和学习过程记录册，并一起谈论了我们关于铁锤、真实工具、木炭和可怕的火药的经验！

老师们谈论了她们对于项目的看法，还展示了一些照片来说明她们尝试拓展原有课程模式。对亚当、列维来说，看照片和谈论所做的事是在回顾之前的经验。

看到操作木头和真实工具时，亚当说：

> 我在做……一座教堂，在上面画画，然后放到上面，然后使劲敲它，它跑得哪里都是。这就是我用木炭做的事情。列维和我做的一样。他让我拿着铁锤，然后我们交换。老师拍了照片。然后我把它（木炭）敲得哪里都是……火药。然后我再清理干净。

关于什么是最重要的：

> 铁锤。

关于学习成果，教师这样说：

> 列维的爸爸真的非常高兴，他刚才在门口问我（接上孩子之后）："怎么样？

他玩得开心吗？"列维爸爸用很多证据，说明我们的工作对列维产生了很大影响，他们在家里明显感觉列维不一样了，看着更自信了。

关于未来：

我们都知道早期教育原则，我们 100% 同意这些原则。但是在学校里落实那些原则很困难，有很多限制。让我们真正参与项目并在那个体系中工作，真的很棒。所以我们决定进行尝试，在特定限制条件下，采取这些原则……你们的方式。

☁ 反思性任务

- 教师报告的冲突之一是学习的创造性与提高质量的要求之间的冲突。但这二者是互不相容的吗？你所在机构认为创造性课程与质量提高的要求存在冲突吗？如果存在的话，这种冲突的原因是什么？

- 在你的机构里，回收材料是如何用于创造性学习的？你认为可以如何更好地实践创造性学习？你如何记录在这个过程中发生的学习？

- 点石成金创造性学习项目中的开放式学习存在若干风险。你的机构将如何回应？是花更多的时间创造新的学习机会还是降低成本？你的管理团队开会时会花更多的时间进行思想碰撞，还是讨论绩效指标？在你的机构里，什么会影响你们冒险或反对冒险？

本章小结

本章讨论了尝试创造性实践的复杂性。我们对于创造性的看法通常受到个人经验与态度的影响。因此，满足《指南》表达性艺术与设计的要求很重要，如此我们才能在制订计划时保持理性。正如《指南》所规定的其他领域那样，创造可以是一个单独活动，也可以是一个社会性活动。我们认为，当创造力被视为一个社会性活动并以游戏为工具的时候，可以产生超出预期的结果。

识记要点

- 创造性是一个内涵丰富的概念，它要求人们鼓励儿童创造，挑战儿童的相关经验。
- 早期教育与保育机构应当为儿童创造机会，让他们能够探索不同的材料与想法，进行自我表达，从而让他们有最好的发展创造性的机会。
- 创造是一种社会性活动，因此它也是一种共享的、建构的和合作的经验。

讨论话题

- 你个人在创造力方面的经验如何？持什么观点和态度？以卡特勒的理论为例，你能想起你在什么时候被允许用一种共享的、建构的和合作的方式探索？
- 《指南》没有明确规定创造力是教学领域之一，但教师必须支持儿童的创造力发展。你认为其中的原因是什么？
- 在你的机构里，教师与家长如何看待各种杂物？哪些杂物或废弃的资源被用到你的教学中？你认为它们对于促进创造性学习发挥了什么作用？

拓展阅读

书

Abbott L. and Nutbrown, C. (2001) *Experiencing Reggio Emilia: Implications for Pre-school Provision.* Buckingham: Open University Press.

Bruce, T. (2011) *Cultivating Creativity in Babies, Toddlers and Young Children*, 2nd edn. London: Hodder and Stoughton.

Sefton-Green, J. (2008) *Creative Learning.* London: Creative Partnerships.

文章

Sternberg, R. J., Kaufman, J. C., and Pretz, J. E. (2004) 'A propulsion model of creative leadership', *Creativity and Innovation Management*, 13 (3): 145–153.

参考文献

Craft, A. (2002) *Creativity and Early Years Education: A Lifewide Foundation*. London/New York: Continuum.

Cutler, A. (2005) *Signposting Creative Learning*. Kent: Creative Partnerships.

Daniels, H. (2001) *Vygotsky and Pedagogy*. London: Routledge.

DfE (Department of Education) (2014) *Statutory Framework for the Early Years Foundation Stage: Setting the Standards for Learning, Development and Care for Children from Birth to Five*. London: DfE.

Gill, T. (2008) 'No fear – growing up in a risk averse society', *Children, Youth and Environments*, 18 (1).

Okri, B. (1997) 'Newton's child', in *A Way of Being Free*. London: Phoenix.

Robinson, K. (1999) *All Our Futures: Creativity, Culture and Education*. London: National Advisory Committee on Creative and Cultural Education.

Stern, D. (1985) *The Interpersonal World of the Infant*. New York: Basic Books.

Sternberg R. J., Kaufman J. C. and Pretz J. E. (2004) 'A propulsion model of creative leadership', *Creativity and Innovation Management*, 13 (3): 145–153.

Trevarthen, C. (1993) 'The self born in intersubjectivity: the psychology of an infant communicating', in U. Neisser (ed.), *The Perceived Self*. Cambridge: Cambridge University Press.

Vygotsky, L. S. (1978) *Mind in Society: The Development of Higher Psychological Processes*. Cambridge, MA: Harvard University Press.

Woolf, F. and Belloli, J. (2005) *Reflect and Review: The Arts and Creativity in Early Years*. London: Arts Council of England.

Wright, B. (2001–2002) Review of D. Trotter, *Cooking with Mud: The Idea of Mess in Nineteenthcentury Art and Fiction*, Oxford: Oxford University Press. 2000. In: *Nineteenth-Century French Studies*, 30 (1 and 2): 179–182.

出 版 人　郑豪杰
责任编辑　王春华
版式设计　孙欢欢
责任校对　白　媛
责任印制　叶小峰

图书在版编目（CIP）数据

有准备的儿童：早期奠基阶段儿童的学习与发展 /
（英）约安娜·帕拉约洛戈（Ioanna Palaiologou）主编；
易凌云等译 . —北京：教育科学出版社，2022.9
　ISBN 978-7-5191-3095-4

　Ⅰ.①有…　Ⅱ.①约…　②易…　Ⅲ.①儿童教育—早
期教育　Ⅳ.① G61

中国版本图书馆 CIP 数据核字（2022）第 072829 号
北京市版权局著作权合同登记　图字：01-2017-4602

有准备的儿童：早期奠基阶段儿童的学习与发展
YOU ZHUNBEI DE ERTONG: ZAOQI DIANJI JIEDUAN ERTONG DE XUEXI YU FAZHAN

出版发行	教育科学出版社			
社　　址	北京·朝阳区安慧北里安园甲 9 号	邮　　编	100101	
总编室电话	010-64981290	编辑部电话	010-64989395	
出版部电话	010-64989487	市场部电话	010-64989572	
传　　真	010-64891796	网　　址	http://www.esph.com.cn	
经　　销	各地新华书店			
制　　作	高碑店格律图文设计有限公司			
印　　刷	保定市中画美凯印刷有限公司			
开　　本	787 毫米 × 1092 毫米　1/16	版　　次	2022 年 9 月第 1 版	
印　　张	29.5	印　　次	2022 年 9 月第 1 次印刷	
字　　数	491 千	定　　价	95.00 元	

The Early Years Foundation Stage：Theory and Practice (3rd Edition)

By Ioanna Palaiologou